高等政法院校法学系列教材

外国行政法学

主　编：姬亚平

撰稿人：（以撰写章节先后为序）

姬亚平　徐文新　彭　涛

李瑰华　王丹红　汤洪源

中国政法大学出版社

2016·北京

作者简介

姬亚平　男，1968 年出生，陕西米脂人，西北政法大学行政法学院副院长、教授，法学博士，兼职律师，中国行政法学研究会理事，英国兰开斯特大学访问学者，陕西省行政法学研究会副会长兼秘书长。研究方向为行政法与行政诉讼法学。先后主编、参编、独著行政法专业教材与专著 17 部，发表论文 30 余篇，主持完成国家、司法部、陕西省等社科基金项目 6 项。代表作有："质疑《公务员法》中的八大问题"（载《法学》2005 年第 7 期，《高等学校文科学报文摘》转载）、"论行政证据与行政诉讼证据关系之重构"（载《行政法学研究》2008 年第 4 期）、《行政奖励法制化研究》（法律出版社 2009 年版）等。

徐文新　男，1976 年出生，江苏常州人，西北政法大学行政法学院兼职教授、处长，法学博士，博士后，中国行政法学研究会理事。主持完成国家社科基金项目等多项，在《法律科学》等期刊上发表专业论文 12 篇。代表作有：《警政革新与警察裁量权之规范》（法律出版社 2010 年版）、《警察刑事裁量权的规制》（中国人民公安大学出版社 2011 年版）、《社区警政背景下之警察裁量权之规范》（中国人民大学 2010 年博士后出站报告）、《选择性执法研究》（国家社科基金结项报告）。

彭　涛　男，1977 年出生，陕西商洛人，西北政法大学行政法学院副教授，法学博士，法国巴黎第一大学访问学者，兼职律师。主持国家社科基金项目 1 项、省部级项目 2 项、厅局级项目 5 项。代表作有："论美国管制征收的认定标准"（载《行政法学研究》2011 年第 3 期）、"法国 CGPPP 的公共财产法律制度及其启示"（载《行政法学研究》2010 年第 3 期）、"论行政诉讼的功能"（载《法律科学》2010 年第 4 期）等。

李瑰华　女，1976 年出生，安徽定远人，西北政法大学行政法学院副院长、教授，法学博士，陕西省法治政府研究会副会长兼秘书长。研究方向为政府法治理论。代表作有：《指导性行政案例研究》（法律出版社 2012 年版）、"指导性案例的概念之辩"（载《西北大学学报》2010 年第 3 期）、"官员工资应否公开"（载《法学家茶座》2013 年第 1 辑）。

王丹红 女，1970 年出生，陕西西安人，西北政法大学行政法学院副教授，法学博士，中国人民大学宪政与行政法治中心兼职研究员，日本大阪大学访问学者。研究方向为行政法与行政诉讼法。代表作有：专著《日本行政诉讼类型法定化制度研究》（法律出版社 2012 年版），译著（合译）《私人行政——法的统制的比较研究》（中国人民大学出版社 2010 年版），论文"诉讼类型在日本行政诉讼法中的地位和作用——以我国《行政诉讼法》的修改为观察视角"（载《法律科学》2006 年第 3 期）等。

汤洪源 女，1972 年出生，湖南浏阳人，西北政法大学行政法学院副教授，法学博士，欧盟访问学者。代表作有："中国政府在社会权保障中的职责"（载《世界宪法研究（第三辑）》，中国环球文化出版社 2011 年版）、"中英规划督察制度之比较与借鉴"（载《城市规划》2011 年第 7 期）、"动态定性、分段监管——欧盟煤灰污染监管立法与启示"（载《环境保护》2011 年第 2 期）等。

编写说明

　　行政法学是高等院校法学专业的核心课程。但是，我国的行政法学理论在很大程度上属于"舶来品"。要学好行政法学，一方面要深入研究中国依法行政的实践，另一方面要了解外国行政法的基本理论和制度。如果说学习中国行政法是掌握一个"点"的话，学习外国行政法就是掌握一个"面"，再学习各国行政法的历史发展，就掌握了一个"体"。只有掌握了一个"体"，才能更加深刻地认识中国行政法这个"点"。

　　基于这种认识，西北政法大学在二十余年前就开设了外国行政法课程，但是，当时没有一本适合的教材，笔者就自编了一本校内油印教材，资料来源非常有限，主要就是王名扬先生的"三部曲"。当时王老的《美国行政法》尚未出版，幸好笔者上王老的课时做了详细的笔记。后在学生的鼓励下，2003 年本人与同仁合作出版了《外国行政法新论》。实话实说，凭本人的学识和资历是没有资格出版这一教材的，只能说是因教学工作需要赶着鸭子上架了。近十余年来，外国行政法的理论与立法发展迅速，该书内容明显滞后。在几次会议上，使用该教材的其他院校的老师们也多次建议笔者修订。于是，本人组织本校的几位中青年教师撰写了本书。写作中，明显感到资料来源比十几年前丰富得多，中国行政法学者终于走出了"王名扬时代"，此时此刻，更加感受到王老对中国行政法学的非凡功绩。

　　本书的写作分工如下（以撰写章节先后为序）：

　　姬亚平：第一章、第二章；

　　徐文新：第三章；

　　彭　涛：第四章；

　　李瑰华：第五章；

　　王丹红：第六章；

　　汤洪源：第七章。

　　撰写教材其实是老师们给学生交答卷，我们不仅期待同学们阅卷和评判，更期待指出问题，以便以后能取得更好的成绩，教学相长是实实在在的，这是我多年来教学的切身感受。

主　编

2016 年元月 22 日

于银装素裹的西北政法大学

| 目 录 |

第一章

外国行政法导论

第一节 行政法的产生

一、关于行政法产生的两种观念

关于行政法的产生，存在两种观念。

一种认为，行政法是法律家族中古老的一员，它是随着阶级和国家的产生而产生的。随着人类社会进入阶级社会，以及作为阶级统治工具的国家的出现，行政管理和相应的法律也随之出现，这种调整行政管理关系的法律就是行政法，如土地、户籍、军功制度等。因此，早在奴隶社会和封建社会就有了行政法，只不过还没有形成独立的法律部门，而是诸法合体，各种法律规范相互交织、混为一体。从内容上看，它是维护统治者的独裁统治的工具，在管理关系中，政府一方是基本不受约束的管理主体，奴隶和农民是纯粹的管理对象，这种行政法将维护奴隶社会和封建社会的长治久安作为其根本宗旨。

另一种行政法观念是现代意义上的行政法，这种行政法是资产阶级革命胜利的产物，是在资产阶级民主政治和三权分立的基础上形成和发展起来的，它与古代行政法存在质的区别。尽管两大法系之间由于历史传统和国情不同而使其行政法有所差异，但是他们都规范行政权为手段，以实现法治政府为目标，将防范行政专制和维护人权作为自己的天然使命，这种行政法经过几百年的发展，内容日趋丰富，形式日臻严密，成为一个独立的法律部门。

对于行政法的产生之所以存在上述两种观念，是由于人们对行政法的本质存在不同的认识，现在，人们在理论上和实践中使用行政法这一概念时，一般是持后一种观念，即现代意义上的行政法，本书也是如此。

二、行政法的产生基础

任何法律制度都不是无源之水、无本之木，其产生与发展都需要相应的基础，现代行政法也是如此，它是建立在以下一系列的经济关系、政治制度和思想意识的基础之上。

（一）商品关系的产生与发展

16 世纪起，资本主义生产关系的萌芽在发展较早的西欧国家出现，这些国家采用重商主义政策，鼓励资本原始积累，大批农民离开土地而获得人身自由，成为可以自由选择职业的工人阶级。商品生产者和经营者不断扩大其生产经营规模，一种新的生产关系开始形成，这种关系极大地冲击了旧的封建法律体制，与之相适应的新的法律体系逐步发展起来。商品经济的大潮首先促进了私法的发展，同时人们也要求获得迁徙自由、交换自由和人格平等，特别是新兴资产阶级的所有权受到封建法律的限制，这对它们的发展极为不利，他们迫切要求废除封建制度，使自己的财产变为神圣不可侵犯的私有财产，要求建立与商品经济相适应的新的政治权力结构，限制统治者的专制行为。商品经济打破了以控制为特征的封建行政管理模式，培养了人们的平等与权利意识，它不仅打下了资产阶级革命基础，也为现代行政法的产生提供了原动力。

（二）民主政治的建立

民主政治是指国家权力属于人民所有，以社会上的多数人的意志作为政权基础，全体公民享有基本的权利和自由的政治统治形态。尽管中西国家关于民主的本质有不同的认识，但对民主的内容和形式的看法是基本相同的，民主的内容包括选举与监督两部分，形式主要是代议制，公民通过选举方式将权力授予代表机关，代表机关对全体公民负责，受其监督。与民主相对的是专制，在专制国家中，国家权力属于少数的统治者，公民仅仅是其管理的对象，不能监督统治者，在专制国家也有关于行政的法律，但它的目的是保障行政权的有效行使，而不是公民制约统治者的手段。欧美资产阶级革命胜利后，率先建立了资产阶级民主政治，为现代行政法的产生提供了政治基础，因为现代行政法的核心是规范行政权的行使，使行政权在法律的轨道内向着人民利益的方向运行，而在专制社会里，统治者不可能制定限制自身权力、维护被统治者利益的法律。

（三）分权制衡的政治体制

分权思想早在古希腊哲学家亚里士多德的《政治学》中就已出现，但作为政府的组织原则，首先是由英国思想家洛克提出的，法国思想家孟德斯鸠进一步发展和完善了这一学说，他们通过考察历史，得出结论，绝对的权力绝对地腐败。要防范专制和腐败，就应将国家权力分开，以权力制约权力，分权制衡可以防止国家权力的滥用，保护公民的权利和自由。资产阶级革命胜利后，西方国家依据这一理论建立起三权分立的政治体制，可以说，三权分立乃资本主义国家的立国之本。分权政体同样是现代行政法产生的基础，现代行政法以规范行政权为己任，首先要规范行政权的设定，现代国家的行政权都是立法机关以法律设定，行政机关只享有法律范围内的权力，行政权的行使要符合法律的要求，受立法机关的监督。没有立法权与行政权的分离，法律对行政权的规范就无从谈起。司法权的独立为司法机关监督控制行政权奠定了基础，现代国家普遍建立了司法审查制度，由独立的司法机关审查判断行政权的行使是否合法，并追究违法行政的责任，实现行政法的基本价值。司法审查是行政法治的重要保障，也是现代行政法的基本制度。

（四）法治原则的确立

法治与人治是两种相对的治国方略，从形式上看，法治即法律的统治，法律在国家的政治生活和社会生活中处于至高无上的地位，任何人，尤其是掌握国家权力的人都要服从于法律，而不得凌驾于法律之上；人治则是个别的掌握权力的人处于至高无上的地位，法律由他制定和改变，他不受法律的约束。形象地说，在法治国家里，法律就是国王，在人治国家里，国王就是法律。从内容上看，法治之"法"应当是良法，即代表民意、维护人权的法，体现自由、公正、秩序、效率等价值，而不是维护专制统治、限制自由、侵犯人权的恶法，现代的法治与古代的一些封建皇帝搞的严刑峻法之法治是不可同日而语的。

人治与法治作为两种治国方略并不能简单地说孰优孰劣，而是各有利弊，但是总的来讲，法治的优越性明显大于人治：①法治的最大特点是国家权力在法律的轨道内稳定有序的运行，维护了国家的长治久安和繁荣兴旺；②法治保障了人民对国家机关的监督制约，防止国家权力的滥用；③法治有利于公民平等地享有各项权利和自由，因此，资产阶级革命胜利后，西方国家将法治原则确立为宪法基本原则。法治不是空中楼阁，而是以民主政治为基础，反过来，它又是民主的重要保障。法治原则的确立，不仅是行政法产生和存在的宪法基础，也为行政法的发展提供了广阔的前景。

（五）人权意识的觉醒

人权没有一个统一的概念，一般是指人赖以生存、发展、维护尊严、实现自身价值所必需的基本权利。从内容上看，它既包括经济权利，又包括政治权利；从主体上看，既有个人主体，也有集体主体。商品的交换和私有财富的积累激发了人权意识的觉醒，人权理论起源于资产阶级革命前夕的思想启蒙运动，资产阶级启蒙思想家提出天赋人权口号，主张人的权利是与生俱来的，神圣不可剥夺的，以此来对抗封建君主的君权神授理论，反对封建专制统治。资产阶级在革命中高扬人权大旗，获得了广泛支持，革命胜利后，他们又依据人权理论建立起资产阶级政治法律体制。现代行政法与人权存在天然的联系，行政法的使命就是规范行政权，保障公民权利不受行政侵犯，人权意识的觉醒成为行政法产生和发展的又一原动力，反过来，行政法又成为人权的有力保障，是地地道道的人权保护法，行政法必将随着人权的发展而发展。

第二节　外国行政法的概念与特点

一、行政的概念与分类

行政是行政法学上的一个基础性的概念，同时也是一个众说纷纭的概念。作为国家的一种职能，行政古已有之，在奴隶社会和封建社会，行政尚未从国家的职能中独立出来，统治者以国家的名义实现自己的意志，集中地通过行政表现出来。资产阶级革命胜利后，按照三权分立理论建立了资产阶级民主政权，行政才与立法和司法相分离，专指特定的国家机关执行法律、管理国家和社会公共事务的活动。

行政与立法的区别在于，立法是由民选的代议机关将选民的意志上升为国家意志，制定具有普遍适用性的法律规范的活动；而行政是特定的国家机关执行立法的原则和内容，实现国家目的的活动。

司法和行政的关系是，都是实施法律的活动，但它们的区别是：①司法是居中解决当事人之间纠纷的活动，而行政是行政主体与相对人之间管理与被管理、服务与被服务的关系。②司法是基于当事人的申请被动实施的活动，而行政是主动性的活动。③司法追求的首要价值是公正，行政则强调效率。④司法要求裁决机关具有独立性；行政则强调整体的统一性和协调性。⑤司法具有间断性，一案一判，无案则止；行政具有连续性，因为行政事务是持续不断的。

由于各国的行政实践不同，各国学者们对行政的分类也不同。

1. 法、德等大陆法系的学者将行政分为形式意义上的行政和实质意义上的行政。前者是从行政的主体的角度出发，将行政机关的一切活动都纳入行政的范畴，它包括了行政司法与行政立法；后者则从行政的实质意义，即执行性出发，指一切国家机关的执行法律的活动，它包括了立法机关和司法机关的执法行为，如立法机关对法律实施的监督和司法机关对裁判的执行。

形式意义上的行政又可分为立法行政、执法行政和司法行政，尽管其主体都是行政机关，但内容完全不同。立法行政是指行政机关根据宪法或其他法律的授权制定具有普遍约束力的行为规范的活动；执法行政是行政机关执行法律、实施管理的活动，这是最主要的行政；司法行政是指行政机关依照法律的授权解决争议的活动。立法行政和司法行政都是现代行政权扩张的结果，现代行政已不再是最初三权分立意义上的行政，它从立法机关那里获得一部分立法权，从司法机关那里获得一部分司法权。这是由于科学技术飞速发展，社会问题日益复杂，立法机关因自身的缺陷已经无法胜任立法工作，只得将部分立法权授予行政机关，而行政机关由于自身的特点正好可以弥补立法机关的缺陷，对现代立法工作显得得心应手。现代社会中各种纠纷呈几何级增加，法院由于程序严格也无法胜任如此大量的负担，只得由行政机关解决部分纠纷，行政机关的专业性强，也有能力解决这些纠纷，因此。大量的案件都是经行政解决后，当事人不服才起诉至法院。

形式意义上的行政按照其主体可以进一步分为国家行政、自治行政、委托行政三种。国家行政，是国家行政机关作为国家的代表所实施的行政。自治行政是指依法享有自治权的自治组织管理法定范围内的事务。自治行政的产生是公共事务分化的结果，随着社会的发展，公共事务进一步分为国家事务和社会事务，国家事务归国家机关管理，社会事务归法律授权的自治组织管理。委托行政则是指公共团体和个人依据行政机关和自治组织的合法委托管理特定的行政事务的活动。

实质意义上的行政着眼于行政的执行性，而不考虑行为的主体，因此，它还包括了立法机关和司法机关的执行性活动，例如，立法机关除了对法律的立、改、废，还有大量的决策、审批、检查、调查等执行性活动，司法机关除了裁判纠纷还要执行自己的裁判、对内务进行管理，都是实质意义上的行政。

2. 从行政的目的角度将行政分为秩序行政和给付行政。秩序行政也叫做管制行政或警察行政，是指行政机关维护公共秩序和安全的行政，它的特点表现为采用强制性的手段限制公民的权利和自由，早期的行政主要是秩序行政。给付行政也叫做福利行政或服务行政，是指行政机关使用给予公民和团体一定利益的方式实现国家目的的行政，如给弱势群体以资助、兴建和管理公共设施、发展教育文化事业等。进入 20 世纪后，给付行政在欧美发达国家迅速发展，但是它并不能够取代秩序行政，而是扩大了行政的范围。

二、行政法的概念

由于产生过程和表现方式不同，当今世界的法律被分为两大法系。不同法系对行政法的性质有不同的认识，因此，行政法的概念也分为两种。

在英美法系，最早给行政法下定义的是英国法学家奥斯丁，他在《法律学》一书中认为，公法由宪法和行政法两部分组成，行政法是规定主权行使的限度和方式的法，君主和主权者直接行使其主权，或其所属的高级官吏行使主权者授予或委任的部分主权。美国早期著名行政法学家古德诺在《比较行政法》一书中认为，行政法是公法的一部分，它规定行政机关的职权，并规定公民在受到行政行为侵害时的法律救济。现代英美行政法学者的理念是通过如何控制行政权的运行程序来救济公民权。美国著名行政法学家施瓦茨的行政法概念就典型地反映了这种理念，他认为行政法是管理政府活动的部门法，它规定行政机关可以行使的权力，确定行使这些权力的原则，对受到行政行为侵害时给予法律补偿。这一定义表明行政法包括三部分：①行政机关所具有的权力；②行使这些权利的法定条件；③对不法行为的救济。英国行政法学家威廉·韦德也认为"行政法是控制政府权力的法，无论如何，这是该学科的核心"。从上面的介绍我们可以看出，英美法系的行政法是应用法律程序控制行政权的法。

大陆法系的行政法是以法国行政法为基础发展起来的，法国有行政法"母国"的美誉。大陆法系行政法的基本特征是有独立的行政法院，行政法院审理行政案件使用的是行政法和行政诉讼法，因此，行政法得以独立的发展起来，而不像英美行政法那样与普通的私法交织在一起。法国学者普遍认为，行政法是关于行政的法。①它是国内法；②它是调整行政活动的法；③它属于公法的范畴。在德国，最早给行政法下定义的是著名法学家奥托·迈耶，他认为，行政法是特别用于调整作为管理者的国家和作为被管理者的臣民之间的关系的法律部门，它从属于公法。当代德国学者和教授认为"行政法是宪法的具体化"。

比较一下，我们就可以看出，两大法系的行政法概念有明确的区别：①英美法系是从控制行政权的滥用、保护公民利益的角度确立行政法的概念；大陆法系则是较多的考虑保护公共利益和行政效率。②英美法系侧重于以法的支配原理为基础构建行政法的概念；而大陆法系侧重从国家管理的角度确立行政法的概念。③英美法系行政法的内容比较窄，主要内容为行政程序和司法审查制度，不包括内部行政法和实体行政法；而大陆律法系行政法的内容较广，一般由总论和分论两个部分构成，总论又包括行政组织法、行政行为法和行政救济法三大块，分论有计划行政、经济行政、教育行政、环境行政等多块构成，既包括实体法，又包括程序法，既包括内部行政法，又包括外部行政法。

三、行政法的分类

对于行政法的分类，不同的国家有不同的标准，从宏观上考察各国的行政法，我们可以从以下几个角度加以区分：

1. 从行政法的调整范围上看，我们可以把行政法分为外部行政法和内部行政法。前者是指调整行政主体与公民之间的行政关系的行政法，后者指调整行政系统内部的组织之间、人员之间的行政法。从传统上看，大陆法系的行政法既包括外部行政法，又包括内部行政法；而英美法系的行政法仅限于外部行政法，行政内部关系是行政学研究的对象，法律基本上不关注，但是新近的美国行政法学者拓宽了行政法的内涵，认为行政法也应当包含内部行政法。

2. 从行政法的体系结构方面来看，可以把行政法分为一般行政法和专门行政法。前者是指用以调整一般行政关系的法，即各行政主体在行使行政权时需要共同遵守的法律规范，以及司法机关实施监督的规范，如行政程序法、行政诉讼法等。后者是指调整特定的行政关系的法，即特定的行政主体在行使特定的行政权时应当遵守的法律规范，如规划、税收、环保等行政机关行使自己的职权时所依据的规划法、税法、环保法等。传统上，大陆法系的行政法体系既包括一般行政法，又包括专门行政法；而英美国家由于把控制行政权作为行政法的宗旨，其行政法则等同于一般行政法，规划法、税法等都是独立的法律部门。

3. 从行政法规范的性质上分析，我们可以把行政法分为行政公法与行政私法。这种分类至今还没有被国内外的学界直接地表达出来，因为自从罗马法时代提出公法与私法的划分后，各国的学者一般认为，私法是调整私人之间旨在保护私人利益的法，民法是典型的私法，公法是调整国家与人民之间关系的法，行政法是典型的公法，无论在大陆法系还是英美法系都是如此，学者们毫不犹豫地把行政法划入公法的领域，这是符合数百年来行政法的实际情况的。

但是，到了20世纪后，行政活动出现了全新的方式，大量的行政活动采用私法上的方式来完成的。例如，在法国，国家大量从事经济活动和工商活动，这些活动是为了满足公共利益的需要，被称为经济公务或工商公务；自由职业者组织同业公会，负责审查开业资格和维持职业道德，这些活动被称为职业公务，都受私法的支配。在美国，为了克服严重的经济危机和满足战争时期军事需要，政府要从事企业活动，传统的行政组织方式很不适应，于是设立了行政公司，如铁路公司、发电公司、邮政公司。这些政府公司一方面和普通的公司有很大的区别，是一个以执行特定职务为宗旨的专门行政主体，董事和总经理由总统提名后经参议院同意任命，公司的职员按照文官制度任用，资本和经营亏损和国会拨款；另一方面又类似于普通的公司，是一个法人，享有法人的各种权利，用自己的名义处理财产，签订合同，参加诉讼，会计制度和审计制度也和商业性公司完全一样，也就是说，行政公司尽管是一个行政主体，但是主要是受公司法、合同法、会计法等私法的约束，这些调整行政主体活动的私法就是行政私法，它是行政活动采用私法方式的结果。即便出现了行政私法，但是它肯定处于补充地位，行政法的主要部分仍然是公法。

4. 还有一种新的分类方法逐渐出现，就是把行政法分为国内行政法和国际行政法，这是从调整的行政事务是否具有涉外因素的角度所作的分类。传统上的行政法都是国内法，即由一国的立法机关制定的仅适用于国内行政活动的法。但是，随着全球化的产生与发展，某些问题的解决已经超出国内法的管制范围。如国际贸易、气候变化、知识产权等，需要由各国政府或国际组织协调解决，于是就出现了国家行政法的概念，那么，什么是国际行政法呢？有的学者认为，国际行政法就是各国政府及其组织为了建立国际秩序就某些共同性的问题进行合作和协调共同遵守的条约、公约和习惯，但是，这实质上是国际公法的内容，把国际公法称作国际行政法是换汤不换药，没有多大意义。

笔者认为，国际行政法应当是指一国在处理涉外事务时，对外国的行政法和国际公约等如何适用的规则。例如，我国的一艘渔船在国际公海进行捕捞时使用了违反国际渔业资源保护公约的工具，被美国的海岸警卫队查获，这一违法行为既不是发生在我国的领海，也不是美国的领海，因此既不能适用我国的渔业法，也不能适用美国的相关法律，国际渔业资源保护公约也没有设定专门的执行组织和相应的措施。根据该公约的规定，这种案件交由渔船所属国按照本国法来处理，这一规则就是典型的国际行政法，它非常类似于国际私法的作用方式。我们知道，国际私法是一国政府或国际组织制定的用来调整涉外民事关系的法，其任务是解决各国民法之间的冲突。事实上，在处理涉外行政案件时，也会遇到各国行政法之间的冲突，国际行政法就是处理不同国家行政法冲突的一系列规范，它不直接规定当事人的权利义务，仅仅指出适用哪一国的法律，为国内执法机关处理问题提供准据法。

四、外国行政法的特点

由于两大法系的行政法各自具有明显的个性，所以分析外国行政法的特点，要从不同法系的角度出发。

（一）英美行政法的特点

英美行政法的特点可用两个"同一"概括。

1. 一切争议（含行政争议）由同一法院系统，即普通法院系统审理，除此之外，不存在独立的行政法院系统，这和大陆法系国家完全不同。这个特点是由历史原因形成的。在资产阶级革命前夕，英国是高度君主专制的国家，星座法院（Star Chamber）主要受理公法性质的诉讼，近似于行政法院，它由国王依特权设立。与国王关系密切，是维护王权的重要工具，因而受到人民仇视。在资产阶级革命过程中，普通法院和议会结盟反对王权，革命胜利后，星座法院被废除，普通法院乘虚而入，受理一切公私法案件，普通法院在英国人心目中是维护公平和法治的神圣殿堂。

2. 第二个"同一"就是普通法院在审理各种案件（含行政案件）时适用同一法律规则，调整行政关系的法律规则和调整民事关系的规则基本上是相同的。以合同关系和侵权关系为例，无论其主体是行政机关还是普通公民，都适用相同的法律规则。政府的合同与公民的合同适用相同的法律，政府侵权与公民侵权适用相同的法律，这是由英国人对法治原则的理解决定的。法治原则要求法律面前人人平等，因此，适用的法律规则也不宜有所区别，但是适用同一规则只是原则，还有例外存在，对某些政策性强的活动，法律可以作出特殊规定。这一点和法国相反。法国的行政活动原则上适用行政法的特别规则，只有法律另有规定时才适用一般规则。美国曾作为英国的殖民地，完全继承了英国法的上述特点，尽管在独立战争胜利以后，美国曾经试图断绝与英国法的联系，向大陆法系靠拢，但是，这种努力是徒劳无益的，就像美国人体内的英国血统一样，不是想废就能废的。

当然，与英国法相比，美国法还是形成了自己的一些个性：首先，美国的立法体制上具有联邦制的特点，因此，其行政法也由联邦法和州法构成。联邦法包括联邦宪法、法律、条约、总统命令等。州法包括州宪法、法律、行政法规。另外，还有地方政府制定的法令。其次，美国的三权分立是立法、行政、司法三部分地位平等，互相制约，而不像英国那样实行议会至上原则，因此，美国的司法审查不仅包括法院对行政行为是否合法的审查，还包括对议会的立法是否合宪的审查。再次，从法律渊源上看，美国既有制定法，又有判例法，二者的关系复杂，总的来讲，制定法的比重较大，效力较高。最后，美国特别重视行政公开，关于行政公开的立法独具特色。

（二）大陆法系行政法的特点

大陆法系的行政法与英美法系行政法表现出截然相反的特点。

1. 大陆法系有明确的公私法划分，公私法是两套相互独立的、存在质的区别的法律体系，公法案件适用公法，私法案件适用私法，行政法是典型公法。例如，他们将合同分为公法合同和私法合同，将财产分为公产和私产，损害赔偿分为公法上的损害赔偿和私法上的损害赔偿，甚至公务人员还分为公法人员和劳动雇佣关系的私法人员，分别适用公法和私法。只是在少数例外的情况下，行政案件才适用私法。大陆法系之所以存在独立的行政法体系，主要是由于行政的需要，行政活动以满足公共利益为目的，私人活动以满足私人利益为目的，二者目的不同，手段不同，适用的法律规则也因此不同。

2. 大陆法系都在普通法院之外设立行政法院，专门审理行政案件，行政活动是否合法，由行政法院裁决。行政法院和普通法院是两个独立的审判系统，行政法院受理行政诉讼，普通法院受理民事和刑事诉讼，当二者就某一案件发生管辖权上的争议时，由一个法院之上的法院——权限争议法院来裁决。法国之所以存在行政法院，是由其历史原因决定的。法国大革命前夕，普通法院代表封建残余势力，阻挠反映资产阶级利益的行政改革。大革命后，法国禁止普通法院受理行政诉讼，建立了独立的行政法院，德国也仿照法国建立了行政法院。可以说，英美法系是公私不分，合二为一，大陆法系是公私分明，一分为二。

但是，作为大陆法系代表国家的法国和德国的行政法也有较大的差异。其一，法国把行政诉讼活动看作是行政的一部分，法国的行政法院是行政性质的机构，最高行政法院的院长就是由总理兼任，而德国的行政法院是司法系统的组成部分。不受行政干预，具有完全的司法性。其二，判例法在法国行政法中起着重要作用。重要的行政法原则都由判例产生。有人说，若立法者大笔一挥取消法国全部的民法条文，法国将无民法存在，取消全部刑法的条文，法国将无刑法存在，但是取消了全部行政法条文，法国行政法仍将存在。但是，德国的成文法在德国行政法中占据主要地位，1960 年的《行政法院法》和 1976 年的《行政程序法》构成其行政法的完整基础。

第三节　行政法的理论基础

一、行政法理论基础的概念和意义

任何法律制度作为一种社会现象，都不可能是无根之木、无源之水，而是建立在一定的基础之上的。行政法也是如此，其基础包括经济基础、政治基础、文化基础和理论基础，这四个基础正如一张桌子的四条腿一样，支撑着行政法的产生、发展与运行。前面我们已经分析了，现代行政法的经济基础是商品经济，政治基础是以民主、分权、法治为核心的宪政，文化基础是以人权保护为遵旨的法律文化，理论基础则是为现代行政法产生、发展和运行提供理论依据的学说，但究竟是哪一种学说，争议极大，仁者见仁，智者见智，笔者认为，之所以产生如此之大的争议，很重要的一个原因是学者们对理论基础的内涵与外延理解不一。这里，笔者首先对理论基础这一概念进行界定，然后提出个人的观点。

各国行政法产生于不同的历史背景和文化基础之上，因此，各具特色，流派纷呈。但是，他们又遵循着普遍的规律，不同国家的行政法之间存在着对话和沟通的基础，这就说明，各国行政法之间存在着共同的基础。对于行政法的理论基础，笔者认为就是指行政法的立法、执法和司法等原则、规则和制度的逻辑基础和理论依据，它属于理论的范畴，但不是行政法自身内的理论，而是一种基础性的、决定行政法理论与制度的理论。

在探讨行政法的理论基础时，要把这一概念和以下概念相区分：①行政法的基本原则。基本原则是指贯穿于全部行政法的始终、对行政法的制定和适用起指导作用的规则，它反映着行政法的制度结构，具有普遍性、指导性和补充性。而理论基础则是基本原则的确立依据，没有理论基础，基本原则就是无源之水。②行政法的基本功能。行政法的理论基础和基本功能是交织在一起的，理论基础的建立要从基本功能入手，但是功能和理论基础又是两个不同的概念，比如，无论认为行政法是控权法，还是保权法，都是在讲行政法的基本功能，但是，理论基础的内涵远远广于基本功能，基本功能仅仅是理论基础的一个方面。③行政法的基本观念。基本观念回答的是什么是行政，从古到今，人们所理解的行政多种多样，并且不断变化，关于行政的认识影响到行政诉讼与民事诉讼的界限，影响到行政法院的管辖范围。④其他法律部门的基本理论。行政法的基础理论应当是行政法所特有的，而不是与民法、刑法等部门共有的理论，当然，一定的重复是允许的，比如，行政法是宪法的具体化，因此，行政法的理论基础会与宪法理论有很多相近之处。

行政法的理论基础作为一种法学理论，属于意识形态的范畴，归根结底，是由行政法的客观基础决定的，即一定的生产关系中的公共利益和个人利益关系决定的。反过来，行政法的理论基础对于行政法的实践具有重要意义，它是我们分析研究行政法的现象和具体问题、总结归纳行政法的基本原则和构建理论体系的出发点。它隐藏在纷繁复杂的行政法现象背后，对行政法的制定、执行和研究具有重要的指导作用。

二、古代行政法的理论基础

关于行政法的产生有两种认识，一种观点认为行政法古已有之，它是调整古代的行政机关与相对一方之间管理与被管理的法律。有的学者还把它的总体特征概括为：①封建宗法性；②君主专制；③体制多变，分工不严；④维护特权。[1] 在奴隶社会和封建社会，由于经济上的人身占有关系和政治上的独裁统治，奴隶和农民不具有法律上的主体资格，他们只能作为行政机关的管理对象，而不可能成为平等的行政法主体。这种行政法的核心内容是，它一方面多规定行政机关的权力，而不规定或少规定行政机关的义务，另一方面多规定奴隶和农民的义务，少规定甚至不规定奴隶和农民的权利。这种权利和义务的不平等性决定了古代行政法的本质只能是一种管理法。

奴隶主和封建皇帝也要给自己的行政法寻找一个理论基础，这就是君权神授理论，他们自封为"天子"或上帝的使者，宣传自己受命于天，因此，其统治权是神圣的。例如，在英国历史上，英王被认为是正义的源泉，"国王不得为非"是一项悠久的法律原则，意思是国王永远不会犯错误，永远不需承担法律责任。[2] 在中世纪的欧洲，教会法成了占主导地位的法律，与此相适应的是，一些理论家也著书立说，为教会和君主的专制统治寻找理论根据，例如，罗马帝国的著名思想家奥古斯丁从神学世界观出发，认为一切权力来源于上帝，教皇是上帝在人间的代表，教权高于君权，教会可以管理包括国王在内的基督徒，

---

〔1〕　王士伟：《中国行政法制史》，陕西人民出版社1993年版，第9页。
〔2〕　王名扬：《英国行政法》，中国政法大学出版社1987年版，第235页。

同时，他认为人民有服从君主命令的义务。[1] 著名神学法学家托马斯·阿奎那认为，上帝是人和人性的创造者，人间的君主是按照上帝的意志在管理国家，具有至高无上的权威，他说："上帝通过先知答应他的人民：作为一个巨大的恩惠，他要把他们放在一个人之下，只有一个君主来统治他们大众。"[2] 古代行政法及其全部理论早已随着专制统治的瓦解而灰飞烟灭，因此我们不作详述。

三、现代行政法的理论基础

另一种观念认为行政法是在资产阶级革命胜利以后诞生的，它以维护公民的权力和自由，防范行政权的专横任性为己任，这种意义上的行政法我们称之为现代行政法，它与古代行政法不可同日而语。行政法之所以发生如此巨变，是由于其政治基础、经济基础、文化基础和理论基础都发生了天翻地覆的变化。

关于现代行政法的理论基础问题，学者们各持己见，众说纷纭。笔者认为，现代行政法的理论基础应当是在资产阶级革命前夜和过程中产生的具有启蒙意义的思想，从政治学角度看，它属于自由主义政治哲学，从法学的角度看，它属于古典自然法学。

大约17、18世纪时，在欧美初步发展起来的国家中，涌现出一大批著名思想家，他们提出的一系列理论不仅是资产阶级革命的指路明灯，也是革命胜利后建立资产阶级政治法律制度的理论指南，同时也直接构成现代行政法的理论基础。这些思想家的代表人物有格劳秀斯、霍布斯、孟德斯鸠、洛克、卢梭、杰斐逊、汉米尔顿、潘恩等。他们在广泛考察西方国家实践的基础上，著书立说，出版了一系列的经典作品，其总的思想是：①主张天赋人权，认为人权是与生俱来的，它包括生命、自由、财产、平等和追求幸福和实现人的价值的权利，这些权利是与生俱来的，是不可剥夺、不可转让的，以此来反对君权神授理论；他们提出主权在民的主张，认为人民是一切权力的主体，公民权是一切权力的来源，国家和君主的权力来源于公民权，而不是公民权来自国家的授予。②他们提出社会契约理论，认为个人与国家之间存在一种社会契约，人们将自己的权利通过社会契约让渡给国家，目的是用共同的力量来维护每个人的安全和自由，如果国家违背了契约的目的，损害人民的公共利益时，人民有权重新建立新的国家。③他们主张建立分权制衡的政治体制，认为绝对的权力绝对的腐败，防止权力走向专制和腐败的根本出路是以权力制约权力。④主张实行法治，即法律的统治，法律在社会生活中享有至高无上的地位，任何人不得凌驾于法律之上。政府的统治也必须经过被统治者的同意，这样的统治也只有在一

〔1〕 张宏生、谷春德主编：《西方法律思想史》，北京大学出版社1990年版，第53页。
〔2〕 〔意〕阿奎那：《阿奎那政治著作选》，马清槐译，商务印书馆1963年版，第44页。

个全体的法律体制下才能表现出来。因此所有的政府都只是人民所委托的代理人，当代理人背叛了人民时，政府就应该被解散。当法律被违反或是代理人滥用权力时，一个政府便是背叛了其人民。当政府被宣告解散后，人民便有权再建立一个新的政府，以对抗旧政府的不正当权威。这种理论一直在西方政治生活中占主导地位，构成现代行政法的理论基础。

这种理论在法学史上被叫做古典自然法学，是由于它以古代的自然法思想中的自然状态和自然权力观念为前提，具有浓厚的理性主义色彩，被当时的人们认为是古希腊、罗马的自然法的复兴。事实上，它是继承了古代自然法中的理性主义。在新的资本主义生产关系形成的基础上产生的新的意识形态。

自然法思想源远流长，毫无疑问是西方历史最悠久、影响最广泛的政治法律思想。关于自然法的含义，在人类认识史上出现过多种不同的认识。但通常是指宇宙秩序本身中作为一切制定法制基础的关于正义的基本和终极的原则的集合。它萌发于古希腊哲学，其中智者学派将"自然"和"法"区分开来，认为"自然"是明智的，永恒的，而法则是专断的，仅出于权宜之计。苏格拉底、柏拉图和亚里士多德则断定能够发现永恒不变的标准，以作为评价成文法优劣的参照。在古希腊和罗马，人们认为，国家（城邦）和法律，与江河湖海、飞禽走兽一样同属自然现象，是自然形成的，城邦中通行的伦理道德、风俗习惯也不例外，亚里士多德在《政治学》一书中认为，"人天然是城邦中的动物"，当时的思想家主张，人要和自然相一致地生活，这种生活准则就是自然法，由于它是自然的东西，人必须服从它，而不能改变它，自然法的本质是正义与理性。古罗马的法学家们承袭了希腊思想家亚里士多德、柏拉图等人的思想，把法分为自然法、市民法和万民法，自然法是最根本的法，自然法就是正义，包括分配正义和平均正义，市民法和万民法应以自然法为根据。

进入中世纪后，自然法学以神学主义为根本特征，这一时期的代表思想家是托马斯·阿奎那，他沿袭了亚里士多德的政治法律思想，同时把它改造为适合教会意志的神学理论，他的理论成为教会长期专制统治的根据。

古典自然法萌芽于资产阶级革命前夜，其根本特征就在于它是理性主义的，他汲取了古代自然法和中世纪自然法中的理性主义，排除了朴素直观的自然思想和蒙昧的神学主义，成为启蒙思想的核心内容，是资产阶级进行反封建革命的锐利武器。古典自然法的代表人物众多，他们的学说既有一致性，又有个性。荷兰法学家格劳秀斯（1583～1645年）是古典自然法的主创人，也是现代国际法之父，他的思想集中体现在他的著作《战争与和平法》之中。他认为"自然法是正当的理性法则，它指示任何与我们的理性和社会性的行为相一致的行为就是道义上公正的行为，反之，就是道义上罪恶的行为"，"自然法能禁止人们去做非法的行为，支配人们去做必须履行的行为"。他的国家学说认为，国家是人民通过社会契约成立的。最早提出社会契约说。[1] 与格劳秀斯同时代的另一位荷兰思想家斯宾诺莎（1632～1677年）著有《神学政治论》，提倡天赋人权，信仰自由和言论自由。他说："我已注意到神所显示的天意赋予每个人以言论自由"，"政治的目的绝不是把人从有理性的动物变为傀儡，而是使人有保障地发展他们的身心，没有拘束地应用他们的理智"。他还是一位英勇的无神论者，他批判了上帝创造万物的说法，揭去了教会和教皇身上的神圣外衣，摧毁了宗教统治的思想基础。

在英国资产阶级革命早期，最有影响的思想家是托马斯·霍布斯（1588～1679年），他以自然法思想为理论武器，为资产阶级和新贵族的反封建要求作辩护，但在政治上又主张保留君主制，拥护主权在君，因而具有极大的妥协性。在英国资产阶级革命后期出现的思想家约翰·洛克（1632～1704年）是欧洲启蒙运动的先驱者，也是古典自然法学的杰出代表，他将自然法融入了他的许多理论学说与哲学体系中，尤其是在《政府论》中。其中的法律思想成为1688年光荣革命后建立的立宪君主制的理论根据。洛克认为，自然法的本质是理性，每个人都享有自然法所规定的自然权利，即保护自己的生命、健康、自由和财产不受侵犯的权利。国家和政府是人们在订立社会契约的基础上形成的。他反对专制，提倡法治，主张统治者只能根据法律来实施统治法律面前人人平等，"法律一经制定，任何人不能凭他的权威逃避法律的制裁"。洛克把国家权力分为三种：立法权、行政权、对外权，它根据英国的政治历史，指出这三种权力不是平行的，立法权处于支配地位，行政权和对外权由国王行使，所以他的主张实际上是两权分立。洛克的思想极具自由主义色彩，认为自由是"其余一切的基础"，"自由固然要受法律约束，法律的目的却不是废除和限制自由，而是保护和扩大自由"。[2] 洛克的学说给欧美资产阶级革命带来深远的影响。

在18世纪的法国资产阶级革命中，也涌现出一大批思想家，其中的杰出代表有孟德斯鸠（1689～1755年）和卢梭（1712～1778年）。《论法的精神》是孟德斯鸠最重要的著作，也是法学发展史上为数不多的鸿篇巨制。像其他启蒙思想家一样，孟德斯鸠也是古典自然法学派的代表人物，将其学说建立在自然状态、自然权利和自然法的基础上。他运用唯物主义的方法研究法律，指出法的精神就是法律与其他事物间的普遍联系，认为法律与国家政体、自由、气候、

---

〔1〕《战争与和平法》，转引自法学教材编辑部《西方法律思想史编写组》编：《西方法律思想史资料选编》，北京大学出版社1983年版，第139页。

〔2〕［英］洛克：《政府论》（下篇），叶启芳、瞿菊农译，商务印书馆1964年版，第35页。

土壤、民族精神、风俗习惯、人口、宗教都有关系，这些关系综合起来就是法的精神。三权分立思想是孟德斯鸠的最大贡献，他把洛克的分权思想发展为典型的分权思想，即立法、行政和司法三权分立，"一切有权力的人都容易滥用权力，这是万古不变的一条经验，有权力的人们使用权力一直到遇有界限的地方才休止。""要防止权力的滥用，就必须以权力制约权力。"他认为没有分权就没有公民自由可言，"当立法权和行政权集中在同一个人或同一个机关手里，自由便不复存在了，因为人们害怕国王或议会制定的暴虐的法律，并暴虐的执行这些法律。""如果司法权和立法权合二为一，则对公民的自由施行专断的权力，因为法官就是立法者。如果司法权和行政权合二为一，法官便掌握有压迫者的力量。"[1] 另一位激进的启蒙思想家、自然法学的卓越代表人物卢梭著有《论人类不平等的起源和基础》和《社会契约论》等。卢梭政治法律思想的主要特征是追求自由和平等，他认为，要实现人们的社会生活自由，需要实现人们的社会平等，平等是自由的前提，没有平等就无所谓自由。真正的契约是人民自由协议的产物，是政治共同体与它的成员之间的约定，订立社会契约的目的和任务就是"要寻求一种结合形式，它能够以全体的共同力量来防御和保护每个结合者的人生和财富，而同时又使每一个结合者只不过是在服从他本人。并且仍然像以往一样自由"。[2] 根据社会契约而产生的国家是为了实现公意而统治，当执政者破坏契约、违背公意时，人民有权取消契约，用暴力把自由和财产夺回来。卢梭倡导民主共和，主张人民主权，认为主权既然是公意的体现和运用，而公意又是订立契约的全体人民的共同意志，主权应当并必然属于人民。

18 世纪，在北美还爆发了殖民地人民反殖民统治的革命斗争，这场革命中的著名领袖有华盛顿、杰斐逊、富兰克林、亚当斯、汉米尔顿等，他们同时也是著名的资产阶级民主革命思想家，他们受到欧洲启蒙思想的强烈影响，共同思想是反对君主专制和殖民统治，反对蓄奴制，倡导天赋人权、人民主权，主张建立民主共和、分权制衡的政体。托马斯·杰弗逊在《独立宣言》中描述"不可剥夺的权利"（unalienable rights）时，亦引用了自然法理论：我们认为以下这些真理是不言而喻的，人生而平等，造物者赋予他们若干不可剥夺的权利，其中包括生命权、自由权和追求幸福的权利。

汉米尔顿的联邦主义思想是美国革命在世界法律思想史上独有的贡献，因而被誉为"美国宪法之父"。

19 世纪末 20 世纪初，自然法学获得新的发展，从而进入现代自然法学阶

---

〔1〕　[法] 孟德斯鸠：《论法的精神》（上），张雁深译，商务印书馆 1982 年版，第 154、156 页。
〔2〕　[法] 卢梭：《社会契约论》，何兆武译，商务印书馆 1963 年版，第 20 页。

段。神学派的代表人物有法国的马里旦、比利时的达班和德国的布伦纳，世俗派的代表人物有美国的富勒、罗尔斯、德沃金，现在，后一派已经压倒前一派，得到迅猛发展，并将自然法的研究中心从欧洲移至美国。世俗派的共同点在于，不同程度的秉承了古典自然法学的传统，信仰以个人为中心的自由主义，反对法律实证主义和功利主义，强调法律与道德的紧密联系，并对正义问题进行了实体和程序方面的全面研究。

　　以上仅是粗线条地勾勒了自然法的发展史，可以看出，古典自然法阶段的思想最为辉煌，影响最为深刻，构成资本主义国家政治法律制度的理论依据。自然法学从产生以来就在不断发展完善，尽管它受到其他流派的各种批评，甚至否定，但是它经久不衰，一直在西方政治法律思潮中占据主导地位。古典自然法思想决定着行政法的本质和全部特征，应当是当之无愧的行政法理论基础。

　　1. 它决定了现代行政法的使命是规范行政权的运行、维护公民权利和自由、防止行政机关专职任性，滥用职权。

　　2. 它决定了行政权的本质与行使方式。公民权与行政权是源与流的关系，公民权是天赋的，行政权来自公民权，全体公民通过立法机关制定的法律将行政权授予行政机关，法律即公意，行政机关必须依法行使行政权，也就是依据公意行使权力，由此产生了依法行政的原则，违法行使行政权的行为是无效的。

　　3. 它决定了行政机关的地位。行政机关应当由代议机关选举产生或者由人民直接选举产生，向议会或选民负责，人民与政府之间的关系应当是主仆关系。

　　4. 它决定了行政法律关系的性质。一方面，行政机关依照法律有权管理国家和社会事务，公民作为社会契约的缔约人有义务接受行政机关的合法行政管理；另一方面，公民有权利监督行政机关，有权对行政机关进行监督、控告、申诉。

　　5. 它还决定了司法审查或者行政诉讼制度。具有独立地位的司法机关有权以法律为依据审查判断行政行为的合法性。

　　四、行政法的新动向与行政法的理论基础

　　进入 20 世纪，尤其是第二次世界大战以后，行政法的观念发生了许多新的变化。主要有：①消极行政向积极行政转变，管得最少的政府不再是最好的政府，政府应当积极主动的采取措施，实现国家的目的；②传统的以限制公民权利自由为特征的警察行政仍然保留，但福利行政和给付行政大幅增加，政府的任务不再仅仅是维持社会秩序，而要全面地给公民创造各种福利、提供完善的服务；③行政的方式也发生了转变，传统的行政管理以命令—服从模式为主，行政权的行使具有单方性和强制性，随着行政的民主化，非强制的行政方式发展迅速，主要表现是行政合同和行政指导的崛起，这种行政不再把相对一方看作简单的管理对象，而是注重他们的参与和合作。

这些变化是否说明行政的理论基础发生变化了呢？笔者认为没有，行政法制度和实践层面的变换并不能够必然引起理论基础的改变。①人民主权原则没有改变，在新型的行政管理中，人民的主体地位得以进一步加强。②分权制衡关系没有改变，行政权的行使依然要受到立法机关和司法机关的严格监督。③法制原则没有改变，无论是行政机关的积极干预活动还是提供服务的活动都必须以法律为依据。随着民主政治的发展，这些基本原则得以进一步的深化。

还有一个问题，古典自然法思想是资产阶级革命的理论依据，是资本主义国家的立国之本，它能否成为我们社会主义国家行政法的理论基础呢？答案也是肯定的。社会主义制度是比资本主义更为高级的制度，但社会主义并不完全排斥资本主义制度所创造的文明，而是要继承和发展其创造的一切优秀成果，包括其政治法律文明，社会主义同样要坚持人民主权原则和法治原则，尽管我们不搞三权分立，但是我们的国家机关之间也有分工，我国宪法规定，人民代表大会行使立法权，行政机关是人大的执行机关，行使行政权，人民法院和检察院独立行使审判权和法律监督权，行政机关由人大选举产生，受人大监督，行政机关和司法机关各司其职、互相监督制约。我们的行政法与资本主义国家的行政法有共同的任务和功能，就是维护公民的权利和自由，规范行政权，防止行政机关滥用职权。

在古典自然法思想指导下建立起来的行政法体系的功能是控制行政权，但是这并不是说控权论能够成为行政法的理论基础，因为控权论只是说明行政法的手段或功能是控制行政权，但是没有揭示控权的来龙去脉。平衡论一说主张保持行政权与公民权之间的平衡关系，[1] 其实也是似是而非，其弱点是只看到现代行政权运行的新变化，而忽视了行政权的本质特点，从而否定控制行政权的必要性，它把"平衡"作为行政法的目标，但缺乏对行政法的功能和手段的说明。事实上，平衡与控权是一致的，平衡是一个目标，要达到这个目标，必须要控制行政权，控权是实现平衡目标的手段。

现代行政法的基本功能仍然是控制行政权，但是控权一词的涵义更为丰富，近代的控权就是指严格限制行政权，防范和制裁违法行政行为。但是我们今天所讲的控权，是指法律高于行政权，法律支配着行政权，控制成为一个中性词，它除了传统的限制的含义外，还包括引导和鼓励等方式。现代社会的控制方式就是法律的控制，即通过法律调整社会关系，从而建立和维护稳定的社会秩序。

---

[1] 罗豪才、袁曙宏、李文栋："现代行政法的理论基础"，载《中国法学》1993年第1期。

行政法和其他法律部门一样也具有控制功能，这种控制是全面的、综合的，包括了对法律关系双方主体的控制，但也有主次之分，更多的是对行政机关的控制，控制的目的不是捆住其手脚，使其不能有所作为，而是一方面要防止行政机关滥用职权从而保障公民的基本权利；另一方面还要使行政权有效地运作，最大地发挥其效力，以尽为民服务之天职。

第四节　英美法系行政法的背景

任何一国的法律都是在特定的时空下产生与运行的。当今世界各国的法律，绝大部分可以纳入英美法系和大陆法系，行政法也是如此，介绍外国行政法，通常也是放在这两大法系的背景下来展开的。因此，为了更好地理解外国行政法，我们有必要首先介绍一下两大法系的了历史发展、法律文化、宪政特征及其对行政法的影响。

一、英国法的起源与发展

英美法系是由"母国"英国及其众多的殖民地国家的法律组成的一个大家庭，因此，英国是理所当然的代表国，同时，由于美国的政治、经济与文化的强劲发展，毫无疑问地成为这个大家庭的"长子"，其法律既继承了英国法的基本特征，又发展出明显的个性，也成为该法系的代表性国家。当然，由于血缘关系，考察该法系必须要从其发源地出发。

英国的全称是大不列颠及北爱尔兰联合王国，在世界法律之林中，英国法独具特色，影响广泛。要了解其精髓，把握其特征，必须要从其历史与地理入手。

早在远古时代，不列颠岛上就有人类活动，他们都先后来自欧洲大陆，"不列颠"一词就是来自欧洲大陆的一个部落的名称。公元1世纪，随着罗马帝国的扩张，罗马皇帝派兵占领了不列颠岛，并开始了长达400年的统治，期间，罗马人将它们的政治法律制度带至不列颠，至今可以发现其遗迹。

公元4世纪，随着罗马帝国的衰落，罗马人逐渐撤离不列颠，同时，欧洲大陆的另一个部落盎格鲁撒克逊人入侵不列颠，英格兰（England）一词的本意就是盎格鲁人的土地（Anglaland）的意思，他们在这里定居下来，并建立了英格兰王国，英国就是中国人对英格兰王国的简称。公元10世纪，英格兰征服了威尔士和苏格兰，成为名副其实的大不列颠王国。在长达10个世纪的时间中，英国形成了较为完善的封建性质的政治法律体系，以国王为核心的中央政府掌握着国家政权，同时还存在着由大贵族和高级神职人员组成的贤人会议，于国王共同行使立法权和重大问题的决策权。法律体系的范围包括土地所有权、税收、刑法、诉讼和王位继承等内容。

1066 年，欧洲大陆的诺曼人在威廉公爵的率领下入侵英国，威廉进一步建立了中央集权的君主专制制度。13 世纪初，约翰国王在位时，英国的国内矛盾激化，1215 年，大贵族联合起来反对王权，国王被迫签署了《大宪章》。《大宪章》确认了一系列保护民权的原则，如未经国民同意，国王不得随意征税；未经依法审判，国王不得随意逮捕和监禁自由民，并成立了一个由大贵族组成的委员会监督大宪章的执行。《大宪章》尽管是一个封建性的政治文件，存在历史性的局限，但是他是英国法制发展的一个里程碑，他第一次确立了国王要服从于法律的原则，为以后的英国宪政体制的建立奠定了基础。《大宪章》从 1215 年起，历经修改，至今有效。

15 世纪后，欧洲出现了资本主义的萌芽，"三 R"运动（即文艺复兴、宗教改革和罗马法的复兴，其英文的第一个字母都为 R，故名）兴起，英国虽远离欧洲大陆，也受到波及，衡平法的形成就深受罗马法的影响，衡平法院的判决甚至大段的摘引查士丁尼安国法大全的原文，当然，由于特殊的自然和人文条件，英国没有完全走上罗马法全面复兴的道路。

封建的生产关系日益成为不断增长的资本主义生产力的障碍，1640 年，英国终于爆发了资产阶级革命。国王查理一世于 1649 年被作为"暴君、叛徒和杀人犯"推上断头台。1689 年，国王威廉被迫签署了议会提出的《权利法案》，至此，这场革命以资产阶级的胜利而结束。英国资产阶级革命以其不彻底性和妥协性著称，因此，在革命过程中发展起来的资产阶级法律便兼具保守性与革命性，它一方面继承了传统的普通法和衡平法的基本内容和形式，另一方面又对其作了发展，特别是通过议会的制定法确认了资产阶级的一系列权利，这是英国与其他资本主义国家法律的一个明显区别。

1536 年英格兰与威尔士合并。1707 年英格兰与苏格兰合并，1801 年又与爱尔兰合并。17 世纪以后，工业革命极大的发展了英国的国力，英国的殖民地扩张至全球，1914 年占有的殖民地比本土大 111 倍，是第一殖民大国，自称"日不落帝国"。英国的法律也随之传遍世界，形成了由数十个国家组成的英美法系。

进入 20 世纪，受民主政治的影响，以及英国的国际地位的下降，英国的法律发生了多方面的变化。英王大权旁落，由贵族组成的上议院的权力不断缩小，国家权力由民选机构行使。行政法、民商法、社会法、诉讼法等领域都有新的发展。

特别是二战之后欧共体和欧盟的成立与加强，对各成员国的法律体系影响深刻，欧洲议会的立法能够直接对各成员国生效，欧洲法院成为各国的终审法院，欧盟的法律已占各国法律体系的半壁江山，作为欧盟成员国的英国也不例外，其主权在事实上已经受到很大的限制。

二、英国法的总体特征

1. 从发展变革的角度看，英国法律具有保守性和渐进性相统一的特征。保守性取决于英国人的民族性格，及其革命过程中的妥协性，表现为保留了封建法律的内容与形式，如保留了封建时代中形成的普通法，保留了女王和议会中的贵族院。渐进性表现为，在一千多年的法律发展史上，英国法没有其他国家那种大起大落的剧烈变化，而是缓慢发展，不曾中断，保持了连续性和一贯性。就具体制度而言，英国的国家机构、陪审制、判例制、信托制、巡回审判制都是古已有之，日渐发展，绵延至今。

2. 从法律的起源上看，英国法律具有原生性。各国的法律或多或少地会影响到别的国家，或者受到别的国家的影响。受到他国法律影响而形成的法律被称为派生性法律，土生土长、不受他国法律的影响而形成的法律被称为原生性法律。绝大多数国家的法律属于派生性法律，英国法则是地地道道的少有的原生性法律。原生于英国的法律制度有两院制的议会制、内阁制、判例制、对抗时的诉讼制、配审制、信托制、法制原则、司法独立原则等，这是英国对世界法律发展的巨大贡献，也是至今仍为英国人引以为自豪的成绩。

3. 以判例法为主要表现形式。判例法之所以在英国能够长期存在，是由于它具有以下优点：①实践性。它不以任何抽象的理论为依据，而是现实社会的产物，是一种极具实用性的法律规范。②确定性和可预见性。先期作出的判决对以后的案件具有约束力，当事人就可以通过先例来预测自己案件的结果。③灵活性。在没有制定法或者先例可循的情况下，法官可以根据具体情况作出一个新的判例，如果法官认为旧的判例不适应新的条件，也可以通过判例发展出性的法律规则。但是，由于判例法历史悠久，其规模浩如烟海，使得法官适用起来极为棘手，普通人更是难以掌握。

4. 不重视法律部门的划分，公法与私法没有明确的界限。

5. 律师在司法中非常活跃、作用重大，法官的权威性和社会地位很高。

三、英国的宪政及其对行政法的影响

在任何国家，行政法都是在宪政的背景下发展和运行的，英国也是如此。

英国被誉为宪政之母，其宪政历史久远，影响广泛，独具特色。英国不存在由一部立法机关制定的成文宪法典，有关国家机关的组织和公民的基本权利义务的问题散见于众多的法律文件和政治惯例中，如早在 1215 年制定的《大宪章》、1628 年的《权利请愿书》、1689 年的《权利法案》等。英国宪法也没有确定的内容，总的来看，范围较窄，大学的宪法教科书一般限于国家机关的组织和公民的基本权利义务。从效力上看，英国宪法属于柔性宪法，效力等同于其他法律，修改时也不需要经过特别程序。

从法律上看，国王集国家的一切权力于一身，但实践中，随着政治的民主化，英王仅是国家的象征，是统而不治的虚位元首。其形式上的权力有任命首相、部长、法官，解散议会，公布法律，统帅武装力量，缔结条约等。议会是真正的权力机关，拥有广泛的立法权，可以制定大到王位的继承，小到平民的权利义务的任何法律。议会实行两院制，上议院是贵族院，权力越来越小；下议院是由民选议员组成的平民院，是真正的权力行使机构，议长处于超然中立的地位，一般不参与表决。行政权由内阁行使，司法权由法官独立行使。但实践中，这些国家机关关系密切，三种权力相互交错，非常复杂。从议会与内阁的关系来看，内阁成员都是议会议员，但是议会可以通过不信任案迫使内阁辞职，首相也可提请英王解散议会，重新选举。从内阁与司法的关系上看，司法独立于行政，但法官是由作为内阁成员的大法官任命的。广泛设立的行政裁判所进行的裁判活动实际上是在行使司法权。从议会与司法的关系上看，法院从属于议会，上议院是终审法院，另一方面，法官可以通过判例立法，实际上是在行使立法权。

随着宪法性的法律和判例的积累，公民的权力日益扩大，享有人身、财产、表达、集会、结社等多方面的自由。英国是一个保守的、重视传统的国家，至今保留着贵族爵位，但贵族的身份日益成为形式，公民的平等观念不断增强，平等权在法律上受到重视和保障，人们开始讨论是否应当废除王室。

一般地讲，宪法是一国的根本法，一国的法律制度应当以宪法为基础。英国的宪法则是柔性的，其效力和其他法律没有差异，但是，英国宪法是其行政法的灵魂所在，行政法的基本理念，基本原则直接由宪法产生。

英国没有成文的宪法，其宪法规则由一系列的法律原则、法律传统、制定法、判例和习惯构成。英国宪法的原则主要有两个，一是法治原则，二是议会主权原则，这两个原则对英国行政法有着深远的影响。法治原则含义很广，从形式上讲，它要求法律享有至高无上的地位，任何人都得服从法律，政府亦不例外。从内容上讲，法律应当符合一定的标准，即法律应当维护人权，建设民主制度，尊重个人的自由和尊严，政府不得超越法定职权，政府应当平等地适用法律。从形式和内容这两个角度看，内容应当更为重要重要，它真正反映了法治的价值，若只讲法律至上，就可能造成专制的法律统治人民，侵犯人民基本权利的"法治"。议会主权原则是指议会在英国的政治体制中处于最高地位，国家的权力集中在议会，由议会分配，其他国家机关应当服从议会。议会由英王、上院（贵族院）和下院（平民院）组成。上院议员包括王室后裔、世袭贵族、终身贵族、教会大主教及主教。1999 年 11 月，上院改革法案获得通过，除 92 人留任外，600 多名世袭贵族失去上院议员资格，非政治任命的上院议员将由专门的皇家委员会推荐。下院议员由普选产生，采取简单多数选举制度，任期 5 年，但政府可提议提前大选。具体地讲，其一，议会的立法权没有限制，可以对任何事情立法。其二，议会制定的法律是最高的法律，其他机构所制定的规则都是从属性立法，其效力低于议会立法。其三，行政机关和法院必须执行议会的法律，不能像美国的法院那样审查议会的法律。英国的这种体制颇类似中国的人民代表大会制度。

各国的议会与政府总是处于一种此消彼长的关系，英国也是如此，资产阶级革命胜利后，议会的地位日渐增高，权利日渐扩大，议会成了英国主权所在的地方，"议会主权"原则得以确立，国王的地位则日渐衰落，19 世纪是议会的"黄金时期"。20 世纪以后，英国的宪法结构发生了一些新的变化。垄断资本主义的发展导致行政权力增强，政府的规模和管理范围都空前扩大，议会则由于自身的不足地位有所下降。

四、美国法的起源与发展

自从 1492 年哥伦布发现"新大陆"后，西班牙、法国、荷兰等国的殖民者就纷纷前来拓展这片新土地。英国人后来者居上，到 18 世纪中，将北美最富庶的地方建成自己的 13 个殖民地，欧洲殖民者不仅将它们的资本与宗教带至美国，同时还带来了他们的王权与法律。在长达 300 年的殖民统治时期，无论在公法还是私法领域，英国的普通法逐渐占据主导地位。

18 世纪中叶以后，英国为了偿还巨额的战争债务而加紧了对殖民地的掠夺，导致了英国与殖民者之间的矛盾激化。1775 年独立战争爆发，1783 年，美国赢得了战争。战争期间通过的《独立宣言》具有重要的意义，就法律方面而言，它所蕴含的自由、平等与人权保护精神奠定了日后美国法的基本原则，开创了美国法律民主与法治的传统，形成了区别于英国法的独特性格。

独立战争以后，美国人由于对英国的敌对情绪，曾试图走向大论法系的道路开始了成文法运动，但是，由于英国法的影响根深蒂固，他们不可能完全废除英国法的传统，正如美国人的血管里就流淌着英国人的血液一样，是不可废黜的，因此这种努力没能成功，但是，美国人却因此制定了一部成文的宪法典。到了南北战争时期，随着这种敌对情绪已经消失，成文法运动趋于低潮，美国确定继承英国法的模式，以普通法为理论基础，以判例法为主要表现形式，结合美国的社会实践建立美国的法律体系。

南北战争以后，美国逐渐成为最强大的国家，其法律也全面发展，国会和政府的制定法日益增加，占据了其法律体系的半壁江山。20 世纪初，美国出现了法典编纂运动，1926 年，出版了第一部美国法律汇编，即《美国法典》。各部门法的发展也取得了很大的进步，通过制定一系列的宪法修正案，公民的权力进一步扩大，特别是制定了一系列的适应市场经济的民商经济法律，其法律体系成为世界法律领域中的一面旗帜。

在 1929 年爆发的经济危机中，罗斯福总统实行了国家干预经济的"新政"（New deal），政府通过立法加强了对工业、农业、金融和社会保障的管制，公共行政由放任经济自由竞争的消极状态转向国家全面干预与促进的积极方式，美国法律的发展迎来了又一次转机，行政法与经济法获得了巨大的进步。

第二次世界大战后，美国的民主政治和市场经济得以进一步发展，其法律体系也相应地进行了改革和完善，美国的法学研究和教育也成为世界范围内的领头羊。

五、美国法的特征

和英国的其他殖民地一样，美国的法律基本上保留了英国法的特征。一是从法的表现形式上看，美国的民商法和刑罚都保留了判例法的传统，很多基本的法律规则都是由判例所确立的。二是法官在法的形成和发展中作用巨大，他们不仅仅是法律的执行者，同时也是法律的创制者和解释者，在社会上享有极高的威望。三是没有独立的行政法院体系，民事、行政、刑事案件都由同一法院系统即普通法院受理。四是在法律部门方面，没有明确的公私法的划分。五是存在重视程序法轻视实体法的倾向，在诉讼制度中实行当事人主义，有陪审团参与审判。

同时，美国法也发展出明显的个性。其一，由于美国没有像欧洲国家那样经历长期的封建社会，所以它的法律体系中几乎不包含封建因素，即使是殖民者带来的法律也是当时的欧洲资本主义性质的法律，因此，它具有包袱小、起点高、发展快的特点。其二，制定法的比重大，地位高。美国不仅开创了世界成文法的先河，在其他部门法领域，成文法的比重也越来越大，如反托拉斯法、破产法、行政程序法、统一商法典、刑法典等，而且制定法的地位在总体上高于判例法。其三，联邦制的法律体系。美国建国后，由于联邦党人以及美国宪法的努力，把 13 个主权国家合并为一个主权国家（当然宪法批准前的州的主权是不完整的），把美国从一个邦联式的政治实体转化为一个民族国家式的联邦。美国既有联邦的宪法和法律，也有个州的宪法和法律，各有自己的适用范围，数量繁多，内容庞杂。法院也有联邦法院和州法院之分，分别管辖不同的案件，不仅一般人难以知晓，就是专业法律工作者也只能掌握特定的领域，这也正是美国律师多如牛毛的原因。其四，高度法治。在美国，法律具有至高无上的地位，法律被视为国家有序运转、社会繁荣进步、公民权利得以保护的基础，因此，法律的制定、执行和法学教育受到高度重视，政治、经济和社会各方面法律完备，公民的法制观念深入人心。

六、美国行政法的宪法基础

各国的宪法和行政法都是关系密切，不可分割的。美国也是如此，宪法构成了行政法的基础，而行政法又是宪法的具体化，是"活着的"宪法。

美国宪法于 1787 年制定，最初只有 7 条，但其生命力却异常旺盛，历经 200 年而不衰。第 1、2、3 条按照三权分立的原则分别将立法权、行政权和司法权授予了国会、政府和法院，同时也规定了这三个国家机关的组成与权限。第 4 条也很重要，它按照联邦制原则确立了联邦与州之间、州与州之间的关系。第 5、6、7 条分别规定了宪法的修正程序、宪法的地位和宪法的批准条件。前 4 条的篇幅占整个宪法的 9/10，是宪法的核心部分。

美国宪法制定之后历经修正，到目前为止共制定了 29 个修正案，他们和最初的 7 个条文一道构成了完整的宪法体系。1989 年由著名的革命领袖麦迪逊起草了宪法的前 10 项修正案，史称《权利法案》，它以自然权利理论为基础，分别规定了公民的基本权利和自由。第 11～28 项修正案则历经二百余年分 18 次提出而成为宪法的组成部分，其内容大体分为三个部分：关于政府的组成与权限；关于公民权利的进一步扩大；对社会生活的进一步干预，如禁酒等。第 29 项修正案为禁止亵渎国旗，至今尚未完成其审查程序。

美国宪法有着鲜明的特征，其一，它在整个美国法律体系中，享有至高无上的地位，任何违宪的法律都是无效的；其二，美国宪法为刚性宪法，其制定和修改要经过严格的程序；其三，美国宪法是世界上第一部成文宪法，是美国独立后法律成文化运动的产物；其四，它第一次确立了较为完善的联邦制，成功地建立了联邦和州的关系；其五，它以欧洲启蒙思想家的理论为基础，建立了新型的分权制衡的国家机构模式，保证了国家权力的稳定而有序的运行。美国宪法的成功奠定了它在世界宪法理论与实践中的重要地位。

第五节　大陆法系行政法的背景

大陆法系（civil law system）一词中的"大陆"两字指欧洲大陆，故又有"欧陆法系"之称，与英美法系同为当今世界两大重要法系之一。法国、德国、意大利等均属大陆法系。大陆法系的起源可追溯到古罗马，其后在欧洲中世纪的后期（约 12～15 世纪），罗马法在欧洲大陆又再度受到重视。到了 18 世纪，欧洲大陆的许多国家都颁布了法典，尝试列出各种法律分支的规范，因此欧陆法系又叫成文法系。

一、法国法的起源与发展

公元843年，法兰克王国国王查理的三个孙子瓜分了法兰克王国，分别建立了德意志、法兰西和意大利，真正的法国历史从此开始。法兰西立国后，继承了法兰克的法律制度，发展形成了由日耳曼习惯法、罗马法和教会法构成的封建法律体系。

法国资产阶级大革命后，建立了资产阶级的法律体系。这个过程大致可以分为初创阶段和全面发展阶段。初创阶段从1789年革命开始，到1794年雅各宾专政结束为止。资产阶级革命爆发后，一系列的封建法律制度被废除，国民会议通过了著名的《人权宣言》，提出了资产阶级法治的基本原则，并于1793年制定了具有浓厚的资产阶级民主色彩的第一部法国宪法，但是这部宪法未及实行，雅各宾派就被推翻。

1799年，拿破仑上台执政使得法国资产阶级法律获得了迅速发展的机遇。为了发展经济，消除政局动荡和战争频繁带来法律极不统一的后果，拿破仑发挥自身专长，亲自主持制定了一系列的重要法典，它们有1804年的《法国民法典》（又名《拿破仑法典》）、1807年的商法典、1810年的刑法典、1806年的民事诉讼法典、1807年的刑事诉讼法典，这些法典的制定标志着法国确立了比较系统完整的资产阶级法律体系。

20世纪中，法国经历了两次世界大战并最终获胜，刺激了经济的发展和民主政治的完善，法律制度也发生了相应的变化。在宪政建设方面，对总统制、议会制作了相应的修改，创设了违宪审查制。在经济、计划、农业、环保和社会保障方面也颁布了一系列的法典，对原来的几部基本法典进行了修改和补充，以进一步适应当代资本主义发展的需要。

二、法国法的特征

与英美法系和大陆法系其他国家相比，法国法具有其明显的特征：

1. 法国法具有鲜明的革命性。尽管法国有着悠久的法制史和完整的封建法律体系，但是，法国大革命明确宣布废除封建的法律关系，废除一切封建特权，所以法国法不像英国法那样，保留了浓厚的封建色彩。法国在资产阶级革命中出现了孟德斯鸠、卢梭等一批著名的启蒙思想家，他们的思想不仅是革命的指南，也融入《人权宣言》。1789年的《人权宣言》确立了当时世界上最为先进、革命的法律原则，这些原则至今在世界范围内具有现实意义，受到广泛的称赞。

2. 法国法普遍实行法典化。成文的法典是法国法的主要渊源，早在大革命胜利后不久，法国就制定了宪法、民法、商法、刑法、刑诉和民诉等方面的法典。在二战后，法国又制定了矿业法典、森林法典、市政法典等，只有在行政法领域，判例法是主要法律渊源。在法律观念上，法国更为重视实体法。

3. 法国法具有较强的继受性。在近代的法律发展中，法国法全面系统地继受了罗马法的成果，不仅继承了罗马法的成文法典传统，也采纳了罗马法的各种原则、概念、术语和方法，在思维方式上，多采用归纳式，因此形成了抽象的概念和严密体系，术语众多，且内涵严谨。

4. 在司法制度方面，法国采用双轨制，普通法院和行政法院分设，分别适用不同的法律。法官的地位和作用不及英美法系，他们被视为严格执行法律的工具，不得自行创制法律，法官的选拔任命也不同，英美的法官一般从优秀的律师中选拔；而法国的法官和律师分别由不同的培养途径，经过专业训练后各自走上不同的道路，很少再发生变动。

5. 其公法的多变性与私法的稳定性并存。法国近代法的一个重要特点就是其宪法随着其政局激烈变动，从1791年制定第一部宪法到1958年第五共和国宪法的制定，共颁布了11部宪法。与此相对比的是，1804年的民法典和1808年的商法典历经修改，至今有效，200年来，社会生活条件发生了巨大变化，沧海桑田，它们依然地位稳固。

三、法国行政法的宪法背景

1789年法国资产阶级大革命中颁布的《人权宣言》是法国历史上第一个宪法性的文件，它吸收了启蒙思想家孟德斯鸠等人的君主立宪、分权制衡、国民主权和代议制思想。1791年，法国制定第一部宪法，《人权宣言》被用作序言，但这部宪法并未实行。

此后，法国政局动荡不安，曲折复杂，先后经历了拿破仑称帝、波旁王朝复辟、巴黎公社革命和两次世界大战，宪法也频繁更替。至今为止，共颁布了11部宪法，有些还几经修正。法国在200年的时间中产生了如此多的宪法，与美国的情况形成了鲜明的对比，美国于1787年制定的唯一一部宪法至今有效，而且生命力旺盛，所以，有人说，法国成了世界上唯一的宪法实验场。与宪法频繁更替相联系的是，宪法的内容也在不停地变，从宪法所确立的国家制度看，有的规定的是君主立宪制，有的规定的是封建帝制，大多数则规定为资产阶级共和制；同样是规定总统制的宪法，有的规定总统权力较小，有的规定总统的权力很大，按照现行的1958年宪法，总统就处于政治体制的中心。法国宪法在不断变化的同时，又保持了不变的一些方面。从形式上看，法国一直保持了制定成文宪法的传统，而且体系清晰、结构严谨，典型地体现了法国法的传统特征。从内容上看，大多数法国宪法都是以启蒙思想家的理论为指导，以《人权宣言》的原则为自己的原则。

法国现行宪法是在戴高乐直接领导和监督下于1958年制定的，所以又称为"戴高乐宪法"。这部宪法的制定程序非常特殊，戴高乐是在议会同意他提出的条件下接管政府的，他的条件之一就是，由政府制定宪法草案，征求宪法咨询委员会的意见后直接提交公民投票，而不经议会批准。采用这样一种程序，客观上是当时法国政局动荡的要求，主观上反映了戴高乐强化政府权力的主张。由于戴高乐的崇高威望，这部宪法获得高票通过。政府权威得到加强，为以后法国的快速发展打下了基础。

这部宪法由序言和 15 章组成，与以往的宪法相比，它呈现出以下特点：首先，它扩大了总统的权力。为了结束多党林立、政局不稳的局面，戴高乐建立了以国家元首为中心的政治体制，提高了总统的地位。宪法第二章"共和国总统"赋予总统以广泛的权力，以至于批评者把他和路易十四相比。与此同时，宪法缩小了议会的权力。法国人把内阁频繁更迭归因于议会滥用倒阁权，因此要改变议会掌握国家大权的体制。为此，1958 年宪法在保留议会的传统形式的同时，大大地缩小了议会的权力。议会的立法事项采用了列举的方式，不属于列举范围，议会就不得制定有关的法律，议会的财政权与对政府的监督权也受到了限制。最后，1958 年宪法完善了宪法委员会制度，宪法委员会的职责有监督总统选举、审查法律法令是否合宪、接受总统咨询等，它在法国的宪政实践中扮演着重要角色。

四、德国法的起源与发展

公元 843 年，法兰克王国分裂为东、中、西三个王国，其中的东法兰克王国就是现在的德国的雏形。919 年，国王亨利一世正式建立德意志王国，德国的历史至此真正开始。在德国漫长的封建社会期间，由于政治上常常处于四分五裂的状态，其法律制度也非常分散，发展十分缓慢。习惯法仍是其主要法律渊源，此外还有帝国法令、复兴后的罗马法和地方性法律等。

1806 年，第一帝国（神圣罗马帝国）被拿破仑摧毁，德国解体，1871 年，普鲁士国王重建德意志帝国（第二帝国）。这一时期，受法国法的影响，德国的法律有了很大的发展。1871 年，德国重新统一以后，经济和科技发展迅速，转入资本主义生产方式。与此同时，德国创建了近代资本主义的法律体系，1871 年的宪法确立了联邦制的君主立宪国体，1897 年和 1900 年，颁布了著名的《德国商法典》和《德国民法典》，其他方面的法典也相继制定。

德国在第一次世界大战中失败后，曾于 1919 年制定"魏玛宪法"，确立了民主共和制。但是，随着 1933 年希特勒的上台，魏玛共和国就名存实亡了。在纳粹党的法西斯统治时期，德国资产阶级民主与法制被彻底破坏，同时制定了一系列实行专制独裁、种族歧视的法律。

二战结束后，德国被分为东、西两部分，分别实行社会主义和资本主义制度。西德的民主法制一直稳步发展，具有宪法性质的基本法成为其宪政与法制的基石，其他方面的实体法和诉讼法都随着资本主义的现代化而发展。东德也制定了一系列的法律，但由于政治上的原因而未能建立起完善的民主法制。

1990年，东西德重新统一，由于德国的统一是以西德合并东德的方式完成的，统一后的德国完全实行了原西德的法律，原东德的法律全部终止。为了适应统一后的新情况，德国对原有的法律作了一些必要的修改，21世纪的德国法律，将会同其政治和经济一起获得新的进步。

五、德国法的特点

德国是大陆法系的代表国家之一，其法律截然不同于英美法，同时它与法国法也有一定的区别，从而形成鲜明的特色，具有重要的国际地位。具体而言，其特点如下：

1. 由于深受罗马法和法国法的影响，德国形成了以法典为本的成文法体系，现在，德国在各个主要领域都制定了法典，形成了完善的"六法全书"式的法律体系。

2. 德国有明确的公私法划分，处理公法案件和私法案件分别适用不同性质的规范。与此相适应，德国的法院也是二元化，公法案件由行政法院管辖，私法案件由普通法院管辖。但是，德国的行政法院是司法机关，具有高度独立性，而不像法国那样，把行政法院作为行政机关的一部分。

3. 德国由于历史原因，形成了联邦制的国家结构形式，因此，其立法与司法也体现出联邦制的特点，联邦和州议会依据基本法分享立法权，法院系统也由联邦法院和州法院两部分构成，分别管辖不同的案件。

4. 和法国相似，德国的法官要忠实地履行法律，不得通过制定判例的方法变更议会的立法，法官的地位也不如英美法官那样显赫。

5. 民法和经济法两个部门尤为发达，独具特色。受罗马法和拿破仑法典的影响，德国早就制定了民法典，并与时俱进，独立发展，例如，首创了股份公司的立法，根据垄断资本主义的特点，强调国家干预，为维护公共利益而限制个人自由等。在国家干预经济的背景下，德国在世界范围内开创并形成了成熟的经济法体系，德国的经济法传播至包括中国在内的许多国家，德国也被誉为经济法的母国。

6. 德国的法学研究和法学教育也同样发达且独具特色。德国学者以擅长抽象思维而闻名，德国哲学独树一帜，并深刻影响着德国法学，身兼哲学家与法学家的黑格尔就是典型代表，当代的德国法学仍是如此，具有强烈的理性主义和先验主义。德国拥有举世闻名的法学院，法学教育具有强烈的学术色彩，而不像英美的法学教育那样，是一种职业教育。

7. 德国法影响广泛。德国法不仅传播到中欧、南欧和东欧，使许多欧洲国家照搬其法律，而且深刻影响了日本和中国，日本正是在明治维新之后学习德国而走入大陆法系，中国（包括台湾地区）又是通过学习日本也成了大陆法系的一员。

六、德国的行政法的宪法背景

德国现行宪法是 1949 年制定的波恩基本法，该法之所以冠名为基本法而不叫做宪法，是由于其特殊的历史背景。二战结束后，德国的西部占领区由英美法盟国管制，西德不享有完整的主权，占领当局制定了"占领法"，它的效力才是最高的，其他的法律对于占领法而言都是附属性的。另一方面，西德人自己也顾虑到苏联分裂德国而不愿制定宪法。1948 年，盟军司令部授权西部占领区的国民议会制定了一部宪法性文件，但是，西德人为了不让占领东部地区的苏联获得成立东德的借口而不愿制定宪法，只同意召开议会委员会，制定基本法，盟国方面勉强同意。于是，同年 9 月，在波恩成立了议会委员会，议员们吸取了魏玛宪法在政权组织上的缺陷和希特勒严重践踏人权的教训，在盟国的监督下，于 1949 年制定了保障民主与人权的基本法，并建立了德意志联邦共和国。

基本法由序言和正文 11 章计 146 条组成。第一章为公民的基本权利与义务，广泛而详细地规定了公民的政治、经济与文化等方面的权利。第二章为联邦与州之间的关系，确立了偏向于中央集权的联邦制。第三至九章是关于联邦的立法、行政与司法机关的产生方式和职责权限，其中，联邦议会由联邦参议院和联邦议员组成，行使立法权、监督行政权、宪法法院法官的选任权等；总统为国家元首，行使一些象征性的权利；以总理为核心的内阁行使行政权；司法权分别由宪法法院、普通法院和专门法院行使。第十章是关于财政制度的规定。第十一章是关于基本法的实施的规定。

基本法制定之后，联邦德国根据国内外政治经济形势的变迁对它进行了多次修改，尤其是在 1990 年两德合并时修改幅度较大，现在，人们还在争论，是继续修改下去，还是推倒它制定一部新宪法。

鉴于二战时法西斯政权践踏宪法、侵犯人权的教训，德国特别重视宪法保障制度，1949 年的基本法设立了宪法法院，并赋予它广泛的管辖权。经过几十年的实践，德国的违宪审查制度形成明显的特点并获得世界范围内的声誉。其一，它与联邦议会、总统和行政机关并列，不隶属于任何国家机关，独立行使宪法和法律授予的权力，因而具有高度独立性；其二，由于它有权对其他国家机关的行为进行违宪审查，并作出撤销或宣布无效的决定，因而它相对其他国家机关更具有权威性；其三，它的管辖范围具有广泛性，其管辖事项之广远远超过世界上任何一个其他国家的宪法法院；其四，从司法效果来看，它作用巨大，影响深远。到 1990 年时，它审理的案件数量已接近 8 万件，不仅保障了公民的基本权利，同时还监督着议会的立法和政府的行政活动，维护了宪政秩序。

第六节   日本行政法的背景

日本是一个擅长向外学习的一个国家，其法律发展的过程就能够说明这一特点，日本法律发展的过程可以分为三个阶段，这三个阶段就是分别向不同的国家学习的阶段。

一、日本法的形成与发展

（一）古代日本法的形成与发展

在公元645年"大化革新"之前，日本的法律是奴隶制性质的法律，主要表现为氏族法。在这些氏族法中，宗教观念与意识占重要地位，如在司法中采用神明裁判；家长拥有巨大的权力，子女的生杀买卖也掌握在家长手中；土地制度既有氏族共有制，也有私有制；刑法特别残酷；婚姻制度还带有母系社会的残余，但已经向男尊女卑的观念过渡。

公元645年，日本发生宫廷政变，孝德天皇即位，定国号为大化，开始大刀阔斧的政治经济改革，史称"大化革新"。革新的主要内容是：废除皇族、豪族的私民私地，一切土地和人民均由国家直接管理；确立以天皇为中心的中央集权政治，废除原来的族长政治；实施户籍、记账、班田收授法。

大化革新以后，日本进入封建社会。天皇重用从中国留学回来的人员，全方位地学习中国。在法律方面，日本以中国的隋唐法律为模式，开始了以律令格式为主要形式的法律编纂工作。编纂的法律主要有《大宝律令》、《养老律令》、《弘仁格》、《弘仁式》等，其中《大宝律令》是日本第一部成文法典，这一时期被日本法律学者称为"律令制国家"。

从12世纪开始，日本进入幕府统治的武家政治时期。武家政治的特点是以将军为首的幕府"挟天子以令诸侯"，成为实际上掌握国家大权的机关。幕府下设行政、军事、司法等机构，均由幕府将军控制。到明治维新前，日本先后经历了镰仓、室町、德川等幕府时期，这些时期的法律称为幕府法，主要内容是武家政治体制下的封建从属关系、诸侯大名的权利义务、土地、婚姻、继承以及各种契约、借贷商业关系和诉讼制度，幕府法的基础是武家生活的习惯规范，同时也受到中国隋唐明清法律的影响。

（二）近代日本法的形成与发展

近代日本的法律是指明治维新之后到第二次世界大战前这一时期的法律。17世纪后，欧美西方资本主义国家迅速发展，为了占领和瓜分亚洲的资源和市场，西方列强强迫德川幕府签订了一系列不平等条约。与此同时日本国内矛盾日益激化，出现了倒幕运动。1868年，德川幕府被迫将国家权力归还明治天皇，为了富国强兵，明治天皇发动了自上而下的资产阶级革命运动。这场运动在日本历史上具有重大的进步意义，也是日本由封建社会转向资本主义社会的一个转折点，它维护了日本主权的独立与领土的统一，但是由于它是一次自上而下的不彻底的革命，也保留了大量的封建残余。

明治维新后，日本开始创建资产阶级法律制度。1868 年，天皇政府发表"五条誓文"，强调日本要仿照西方资本主义国家，建立政治制度，中央机关实行三权分立，铲除地方封建割据势力。1885 年日本内阁的组成和 1889 年《大日本帝国宪法》的颁布为日本成为一个统一的近代化国家铺平了道路。1871 年，明治政府颁布法令，改革封建等级法令，宣布贵族与平民地位平等。1872 年，天皇政府下令废除土地领主所有制，允许自由买卖土地。与此同时，大兴"殖产兴业"的国策，建立全国统一的市场，发展贸易和航运，兴办银行，实行契约自由，举办教育，发展科技。这些措施极大地发展了经济，同时也为资本主义民商法律制度的确立作了准备。19 世纪 70 年代，日本政府着手进行法典编纂工作。起初日本以法国法为模式，但是经历了资产阶级大革命涤荡的法国法并不适应天皇政府的需要，而刚刚完成统一、建立了高度统一的中央集权政府的德国，与日本的国情有相似之处，于是日本又转而学习德国。1989 年的明治宪法就是以 1850 年的普鲁士宪法为蓝本，有人甚至说，它的 76 个条文只有 3 条是日本人自己写的，其余全是照抄普鲁士宪法的。[1] 因而日本的资本主义法律体系属于大陆法系，而且更接近于德国法。明治宪法颁布后，日本又颁布了一系列的法典，包括 1890 年的《民事诉讼法》、《刑事诉讼法》、《法院组织法》、《行政裁判法》、1898 年的《民法典》、1899 年的《商法典》、1907 年的《刑法典》。这样，一个比较健全的资本主义法律体系在日本建立了。

（三）现代日本法的形成与发展

日本在第二次世界大战中失败后，美国军队以盟军的名义占领了日本。按照有关国际条约的规定，战后的日本应当向和平、民主、独立的方向发展，在美国的压力下，日本进行了多方位的改革。在法律制度方面，废除了《国家总动员法》、《治安维持法》等法西斯性质的法律。在美军的操纵下日本国会通过了新的宪法。为了实施宪法，又制定了内阁法、选举法、国会法等。为了重振日本经济，制定了反垄断法等一系列经济法律，对民法、刑法也进行了修改，废除了其中封建色彩较浓的内容。为了与欧美最新的司法观念对接，日本还改革了司法制度，制定了法院法、律师法。1952 年《旧金山和约》生效后，日本

---

〔1〕 林榕年主编：《外国法制史新编》，群众出版社 1994 年版，第 417 页。

基本上摆脱了美国的管制，走上独立的道路。

二、日本法的特征

日本法的发展历史明显地分为三个阶段，这三个阶段分别体现出明显的特征。

古代日本法是典型的封建法。其总体特征是：①它是中华法系的组成部分，封建时代的日本法律深受中国法律，尤其是隋唐法律的影响，例如，体现日本封建等级的"八虐"和"六议"就是中国唐律中"十恶"和"八议"的再版。②日本法律的封建性体现为维护天皇和幕府的封建集权、维护家族利益、刑法残酷、男尊女卑等；公开的等级不平等、封建的土地制度。③日本封建法律的表现方式为诸法合体、民刑不分，法典中刑法占主要部分，民法多表现为习惯法。

近代的日本法律是以大陆法系为特征的资本主义性质的法律。其显著的特点有：①日本近代资产阶级法律体系是在全面学习西方法律的基础上建立起来的。不仅是日本的宪法和各大法典，还有一些具体的条例和规定也都模仿了法德两国的立法，日本也大量吸收了西方的法学理论，包括公法理论和私法理论。②日本对西方法律的学习带有翻译的特点。西方法律不仅包括了各种法律原则和制度，还有不计其数的内涵严谨的法律词汇，这些词汇起始于罗马法，经历了上千年的发展，对于没有经历过相同历史与文化的东方国家来说是很难理解和接受的，日本的学者付出了艰辛的努力，将这些词汇译成日文汉字，使中国的法律也受益匪浅。我们现在使用的大量法律词汇就直接来源于日文，如行政、拘留、政府、宪法、议会、议员、民主、自由、人权、共和、法人等。③由于明治维新是一场不彻底的资产阶级革命，并且日本近代资本主义的成长几乎是与它对外扩张同步进行的，因此，日本法律在西方化的同时，也保留大量的封建残余和军国主义内容，例如，明治宪法体现了很强的专制色彩，明确规定天皇是国家的主权者，第1条规定："大日本帝国由万世一系的天皇统治之"；第4条规定："天皇是国家的元首，总揽统治权"；第11条规定："天皇统帅陆海军"，这就为后来法西斯主义的产生埋下了种子。

第二次世界大战后日本的法律是兼具有美国法特点的现代资本主义法律，呈现出两个明显的特点：①充分吸收了资产阶级民主、自由与法治的精神。这在日本宪法中表现尤为明确，天皇专制政体被废除，建立了三权分立的资产阶级民主政体，人民不再是简单的管理对象，获得了广泛的民主权利和自由。②向着英美法的方向发展，但并没有完全英美化，而是七分属大陆法系，三分属英美法系。例如，在战前，日本模仿法德，在普通法院之外建立了独立的行政法院，专审行政案件。第二次世界大战后，日本又废除了行政法院，一切案件均由普通法院审理。但是，又不像英美法系那样，对民事案件和行政案件适用同一诉讼程序，而是分别适用民事诉讼法和行政诉讼法。这两个特点显然是在战后特殊的历史条件作用下形成的。

三、日本行政法的宪法背景

1945 年日本无条件投降后，以美国军队为主的盟军对日本实行管制，日本失去了独立主权国家的地位。明治宪法由于具有天皇专制主义和军国主义内容，与盟军要求的政治民主化和非军事化不相容，日本国民也认识到封建军国主义的巨大危害性，希望建立民主、和平的新政治，因而需要制定新的宪法。1946 年，在盟军总司令麦克阿瑟的主持下，起草了新的宪法草案，该草案废除了天皇集权制度，规定了国民主权、放弃战争、保障人权等原则。尽管日本内阁和议会对此感到难以容忍，但是在盟军的压力下，还是不得不接受该草案。该草案于同年 11 月 3 日公布，称作《日本国宪法》，并于 1947 年 5 月 3 日正式施行。

《日本国宪法》共 103 条，由序言和 11 章组成，分别是：天皇、放弃战争、国民的权利与义务、国会、内阁、司法、财政、地方自治、修订程序、最高地位、附则。与明治宪法相比，新宪法的突出内容有：①国家的一切权力属于国民，天皇仅是国家元首，国民通过选举产生的国会行使主权，天皇是国家的象征，其地位服从于全体国民的意志；②宣布"永远放弃作为国家主权的战争、武力威胁或使用武力作为解决国际争端的手段"，由于有此规定，该宪法获得"和平宪法"的美誉；③规定国民享有广泛的权利和自由，并注重这些权利和自由的实际行使，规定了切合实际的保障内容；④规定了立法权行政权和司法权分别由国会、内阁、法院这三个具有独立地位的国家机关行使，并确立了这三个机关相互制衡的关系。

《日本国宪法》尽管在仓促之间制定，有一些不足之处，但在总体上它以民主、人权与和平为基石，体现了当代世界上最新的宪法观念，符合日本国民要求自由与和平的愿望，由于放弃战争、退出军备竞赛，为战后经济的高速发展赢得了机会。从该宪法制定到现在，日本国内的极右翼势力一直企图修改宪法，但是由于该宪法所确立的原则符合大多数国民爱好和平与自由的意愿，修宪的企图至今未能得逞。

日本宪法对现代日本行政法有着明显的影响。

1.《宪法》第十章规定宪法具有最高法律的地位，任何法律不得与宪法相抵触，因此，包括行政法在内的所有法律均得服从宪法确立的基本原则。

2. 日本宪法确立的国民主权原则使得日本的行政性质发生了由专制行政向民主行政的根本转变，在明治宪法下，国家权力属于天皇，人民仅仅是管理和奴役的对象，而新宪法下的国民是国家主权的主体，行政权要服从国民的意志和利益。宪法序言讲道："国政以国民的庄严委托,其权威来自国民,且其权利由国民代表行使,其福利由国民享受,本宪法以此原理为根据",从而否定了明治宪法中的天皇集权的专制行政。

3. 确立了行政机关的地位和行政权的性质。《宪法》第65条规定:"行政权属于内阁",内阁是行使行政权的最高机关。日本的三权分立并不像美国宪法规定得那样彻底,在三个国家机关中,国会占据最高地位,对国家政治拥有全面控制的权力,国会可以左右内阁并解散内阁,内阁对国会负有连带责任,内阁总理大臣经国会决议在国会议员中提名,半数以上的国务大臣应当是国会议员,众议院对内阁拥有不信任决议权,而内阁对众议院又有解散权。

4. 建立了地方自治制度,尽管日本是单一民族国家,但为了顺应民主政治潮流,日本宪法确立了地方自治,实行地方自治是国民对抗强大的中央集权的有效途径。所谓地方自治,是指基于地区居民的意思,由作为法人独立于国家的地域性统治集团自主处理一定的地区性事务。[1]《宪法》第8条规定了地方自治的宗旨,第92~95条分别规定了地方自治依法而定原则、居民自治原则、团体自治原则和居民投票制度。地方自治的理论基础是国民主权,国家与地方公共团体是出于并列对等的关系,这与天皇主权和官僚政治是相矛盾的,因此,在明治宪法下是没有地方自治的可能的。

第七节　现代行政法的发展方向

人类已经跨入21世纪,回顾20世纪,变化可谓沧海桑田。经济发展迅速,生产力空前发达,尤其是生产与贸易全球化,使得人类真正生活在了"地球村"。科学技术迅猛发展,它给人类带来巨大的福利超越了最大胆的幻想,同时,也带来噩梦一般的灾难。政治民主化成为不可阻挡的洪流,苏联与东欧国家的垮台是最为显著的证明。上述变化仍是21世纪不变的主题,这些变化深刻地影响着各国法律的发展,21世纪的行政法将会在这样的广阔背景下进一步展开。具体而言,新世纪的行政法将会沿着以下的方向发展。

一、两大法系的行政法日趋融合

传统中的两大法系的行政法可谓是泾渭分明,其一,大陆法系重视法律部门的划分,行政法是典型的公法,自成一体;而英美法系的行政法则与私法混为一体,没有自己的独立地位。其二,大陆法系专设行政法院,专审行政案件;

---

〔1〕〔日〕室井力主编:《日本现代行政法》,吴微译,中国政法大学出版社1995年版,第302页。

英美法系是无论案件的性质如何，均由普通法院审理。其三，大陆法系的行政法内容广泛，包括了内部法、外部法、实体法和程序法，传统观念上重视实体法；英美法系的行政法范围较窄，限于控制行政权的制度，重视程序的意义。随着全球化的过程，各国看到了自己的缺陷和他国的长处，于是，行政法突破一国的政治、经济和文化的约束，相互学习，取长补短。

英美国家最初认为行政法是大陆法系特有的东西，不承认自己存在行政法，直到 20 世纪初，才意识到行政法的意义，现在，其行政法正在从狭义向广义演进。狭义行政法认为行政法仅是起控制行政权作用的程序法；广义行政法则认为行政法既包括程序法，又包括实体法，既包括内部行政法，又包括外部行政法。[1] 尽管英国没有设立行政法院，但是其行政案件由高等法院内的王座法院专门审理，王座法院实际上就成了高等法院的行政审判庭，不服王座法院的判决，可向上诉法院上诉，过去上诉法院是把它看作私法案件，由上诉法院的民事庭审理，现在，上诉法院专设了行政庭，审理行政案件。[2] 英美法系的其他一些国家也是这样做的，如新西兰、加拿大的安大略。可见，具有英美法系特色的行政法院体系已具雏形。甚至有的英国学者开始研究用大陆法系的行政法院取代现有的审判模式的可能性，因为他们意识到英国模式的缺点，法官不是行政法专家，常常忽视主体的行政性，行政法的特点被杂乱无章的普通法淹没。

同时大陆法系的行政法也在学习英美行政法之长，比如，我国近年来对行政程序法空前重视，过去试图以实体法控制行政权的努力并不成功，因而转向以程序法控制的尝试，《行政处罚法》所取得的成就鼓舞了立法者的信心，《行政程序法》与以程序为主的《行政强制执行法》正在紧锣密鼓的起草之中。再如，大陆法系行政法已经突破公法的范围，在一些行政领域适用私法，在法德等国，行政私法已成为流行词，公私法的界限日渐模糊。

二、行政法的民主化

民主是人类追求的终极目标之一，因此它也是政治生活的必然趋势，这一趋势也左右着行政法的发展，尤其是在现代生活条件下，行政职能急剧增加，行政权大幅扩张，国家形态正在进一步向行政国家发展，这就要求其他国家机关和社会公众加强对行政权的监督，保障行政权按照公共利益的原则运行。行政法就是行政权运行的轨道，"轨道的建设"有助于保证行政机关正确的行使权力，防止其滥用职权，侵犯公民的权利和自由，这个轨道的终点就是民主政治。

---

[1] 王名扬：《英国行政法》，中国政法大学出版社 1987 年版，第 3 页。王名扬：《美国行政法》，中国法制出版社 1995 年版，第 39～41 页。

[2] *Constitutional and Administration Law*, Eighth Edition, by O. Hood Phillip and Jackson, p. 31.

行政法的民主化表现为以下方面:

1. 在行政法的制定上,立法机关应加强监督控制,坚持法律保留原则,[1]涉及公民的基本权利义务的事项,应由立法机关立法,不得授予行政机关立法。行政机关依照职权进行的立法,不得与宪法法律相抵触。行政机关依照议会的授权或委任进行立法时,应符合授权法的目的、原则和权限,应有权审查和撤销不符合宪法、法律和授权决议的行政立法。

2. 在行政执法方面,要加入民主和公正的因素,例如,在行政程序中,设置维护公民权的程序,如:调查程序、听证程序、公开程序、回避程序、告知理由程序、告知权利程序等,以维护公民的参与权和知情权。扩大公民参与行政的机会,还可以起到约束行政权,增强行政行为合法性与公正性的作用。同时,行政权的运作模式也会发生一些变化,传统的命令与服从模式会逐渐淡化,行政的历史证明,行政权的强制作用并不是万能的,它会受到相对一方的有形或无形的抵触而大大降低其功效,因而一些权力色彩较弱的手段,如行政指导与行政合同应当更多地使用。

3. 行政诉讼或司法审查是加强行政民主与法治的又一环节,也是现代行政法的重心所在。立法机关只能从法律上制约行政权,但不能保证每一个执法行为合法正确,行政系统内部的监督机制和公民的参与程序虽然也能够起到制约作用,但是也是有限的。具有高度权威和独立地位的司法机关一直被认为是维护法治与公正的最后力量,英美法系尤为如此,因此行政诉讼的作用必将进一步加强。我国的行政诉讼起步较晚,受种种因素的制约,目前对行政权的监督作用非常有限,在新的一个世纪里,随着民主与法治的发展,法院的权威性必将增加,法院的地位更加独立,受案范围会大幅扩大,行政诉讼法将会成为行政法治和公民权利的守护神。

三、行政法的法典化

过去,行政法学者们在总结行政法的特征时,总会加上一条:行政法没有统一的法典,不仅过去没有,现在没有,将来也不会有,因为行政法律规范数量极大,而且变化迅速,没有条件制定统一的法典,法典似乎是民法、刑法等部门的专利。因此,行政法的体系总是杂乱无章,甚至互相冲突。

从 20 世纪始,许多国家开始尝试行政法的法典化。一般认为,行政法由总则和分则两部分构成,行政法的法典化首先从总则入手,而名称一般叫做行政程序法,行政程序法又有两种模式,[2] 狭义的行政程序法,内容仅限于行政程

---

〔1〕 应松年:"依法行政论纲",载《中国法学》1997 年第 1 期。
〔2〕 王万华:"行政程序法典化之比较",载《法学》2002 年第 9 期。

序，如美国、瑞士、日本、德国、韩国的行政程序法；广义的行政程序法，其内容不仅包括行政程序，还包括大量实体行政法，如奥地利、葡萄牙、西班牙、荷兰等，荷兰则干脆将它命名为行政法法典。在总则方面，大多数国家或地区还制定了行政诉讼法的法典，如德国、日本、中国以及中国的台湾地区。在分则方面，有的国家也在搞法典，如，法国在总则方面没有法典，但制定了林业法典、矿业法典等。从未来社会中行政法发挥的功能来看，行政法的法典化是必然趋势，现在，这种趋势方兴未艾，在新的世纪中，各国必将制定多种多样的行政法法典。

四、行政法的国际化

传统的行政法被定义为国内法，制定主体限于本国的国家机关，其调整范围只限于一国的国内关系。但是，从 20 世纪中叶开始，行政法的制定主体和内容出现国际化的趋势，特别是国际经济的一体化进程有力地推动了法律的国际化，例如，联合国与世界贸易组织的法律规则成为其成员国法律体系的重要组成部分。有 25 个成员国的欧盟的法律一经制定就自然地成为每个成员国的国内法，无需经过成员国的立法机关批准，欧盟不仅有自己的立法机关，还有自己的司法机关，这些立法机关和司法机关是各成员国的最高立法和司法机关，各国原来的最高立法机关和司法机关变为"地方性"机关。类似的国际性组织还在增加，中国在今后不久也会加入东盟自由贸易区，也可能遇到类似情况。国际行政法的概念已经出现，今后再讲到行政法的分类时，会有一种新的分类方法，即国内行政法和国际行政法。

不仅是行政法的制定主体出现国际化，行政法的内容和价值也在国际化，即使在国内行政法中，也有大量的涉外行政法规范，这些规范会受到国际法和外国法的强烈影响，国际公认的价值标准和行为规则必将渗透到这些法律规范之中，例如，我国在加入世贸组织后，大量法律规范按照公开、透明、非歧视的世贸原则进行修改，而不管原来的国内制度有什么不同，它必须首先符合有关的国际公约、协议和惯例。

五、行政法的科技化

现代科学技术的发展不仅带来了行政法观念上的变化，同时也影响着行政法的内容和调整方式，具体表现为：

1. 行政法的调整范围扩大，日益发展的信息技术、生命科学、新材料技术、新能源技术和空间技术等领域的形成直接影响到行政法的发展，例如，网络的迅速发展催生了网络行政法，授予政府网络管理权，防范政府侵犯公民网上的言论自由，非法获取和传播公民的隐私。

2. 法律的科技含量提高，使得行政立法数量增加，冲击着传统的立法与行政格局。传统的立法机关是由民选的议员或代表组成，他们能够反映民意，但是他们并不是每个方面的专家，现代行政管理专业技术性很强，这些专业知识广泛渗透在行政法之中，如环境保护、金融管制、医疗卫生等，由民选的代表制定这些专业技术性很强的法律是力不从心的，因此，立法机关只能将大量的立法任务交给相关的行政官员和专家学者来完成，因而行政立法大量增加，例如，1974 年的英国议会只通过 58 个公法案，而行政机关制定的行政管理法规却达 2213 件。[1] 原来的那种将行政立法活动视为破坏分权体制的观点失去市场，议会从立法机关演变为立法监督机关。

3. 科学技术的发展还提出了许多闻所未闻的课题，推动了行政法的研究，如变性、试管婴儿、胎儿性别鉴定与选择、克隆人等医学技术提出的法律问题。在新的世纪中，科学技术的发展是不可估量的，行政法的"科技含量"必将加大，对行政执法人员的素质和执法方式提供了原动力。

六、行政法观念的变革

行政法的观念经历了三个阶段。

1. 资产阶级革命胜利后，建立了三权分立的政治模式，行政从国家的混合职能中分离出来，独立的行政活动出现了。在自由竞争的资本主义阶段，管得最少的政府是最好的政府，当时的行政仅仅是维护基本的社会秩序，行政的方式就是采用限制公民自由来维护社会安全，这种行政观念被称为警察行政，这种行政法被称为警察行政法。警察机关是最重要的行政机关，其他方面的行政职能很少，政府对经济的态度是放任自由、任其竞争，不加干预。警察行政法的内容单一，主要是防范行政机关滥用职权。

2. 20 世纪初，出现了垄断，为了保护平等竞争，政府开始干预经济，消除垄断和经济危机。特别是美国在 20 世纪 30 年代"大萧条"时，罗斯福总统实行"新政"，政府大规模地干预经济，于是，行政活动由消极转向积极，行政观念转向干预行政，西方国家普遍采用凯恩斯理论，由国家干预市场，由市场引导企业。为了维护法治和自由，政府的干预必须是依法干预，行政法迅速发展，这种行政法被称为干预行政法。行政职能空前扩张，行政机构空前庞大，其地位和作用远远超越立法机关和司法机关，西方国家进入了行政国家时代。

3. 第二次世界大战胜利后，西方国家的民主政治和经济科技飞速发展，公众要求政府提供广泛的服务，政府的服务能力也有了很大的提高，行政的模式从管理与被管理转向服务与被服务，政府建立起完善的社会保障体系，保护弱

---

[1] 王名扬:《英国行政法》，中国政法大学出版社 1987 年版，第 109 页。

势群体的平等地位，大量新建教育文化机构，创办和管理公共设施，行政的观念转为服务行政，行政法的主要内容也是服务，这种行政法被称为服务行政法，国家形态被称为福利国家。当然，实际生活中的情况远不如理论表述那样纯粹，警察行政和干预行政依然存在，只是地位下降而已，而服务的比重大大增加。在新的世纪里，提供服务和福利仍是行政机关的主要宗旨。中国自改革开放以来，民主政治和经济发展取得了前所未有的成就，行政的服务意识和服务能力空前增加，尤其是社会主义市场经济体制建立后，计划管理的范围缩至最小，政府的主要任务就是依法管制和提供服务，因此，中国也开始进入服务行政时代，我们的服务行政法方兴未艾。在新的世纪中，中国行政法将顺应世界潮流，将服务民众作为其主题。

第八节　外国行政法思想的产生与发展

一、外国行政法学的产生

行政法学是以行政法为研究对象的一个知识体系，是法学的重要分支学科。它的任务是探讨行政法的内在原理，揭示行政法运行的客观规则，并将这些原理和规则加以理论化和体系化。行政法的存在是行政法学产生的基础，但并不是有了行政法就有了行政法学，行政法学还是法文化的产物，一国的法律文化深刻地影响着其法学的研究。英美人把行政法理解为控制行政权的法，其行政法学就以控权为中心建立其理论体系，在承认行政权的优越性的国家，行政法学就以行政权的优越性为出发点。法国不仅是行政法的母国，也是行政法学的发源地，德国由于靠近法国，行政法的产生也较早。近代行政法于19世纪首先产生于欧洲大陆，重点是阐述行政诉讼的理论。英美国家受其公私法不分的影响，早期不承认存在行政法，自然也不会产生行政法学。进入20世纪后，英美学者才正视行政法的存在，并试图从理论上加以系统化。

二、大陆法系行政法学的发展

（一）法国的行政法学

行政法学作为法学的一个分支学科，首先是以法国的行政法为基础发展起来的，并形成其相应的理论特色。这是由于法国的行政最早从国家职能中分离出来，并专门设立了裁决行政案件的行政法院，行政判例构成了专门的法律体系，并推动了行政法学的研究。王名扬教授在《法国行政法》中就讲道，法国的经典行政法理论都是在19世纪末和20世纪初根据最高法院的判决作出的。

法国学者莫里斯·奥利弗将法国行政法的发展分为三个阶段:[1]

1. 1800~1818 年为"潜在的创造期"。该时期,系统研究行政法的著作还没有面世,但是,随着行政审判的展开,学者们开始研究行政判例,1814 年出版的玛卡雷尔的《行政判例要论》就是这方面的成果。

2. 1819~1860 年为"明显的形成期"。因为在 1819 年,巴黎大学法学院开设了行政法讲座,讲授国家租税、警察行政、土地征用、公共工程建设方面的法律知识。这一时期形成了有影响的两个学派,即普互坚学派和巴黎学派。1840 年以后,出现了行政法总论的研究,行政法院副院长维因在《行政研究》一书中首次将行政法分为总论和各论两大部分,从而在世界上最早开始了行政法总论的研究。

3. 1861 年到第二次世界大战时期是行政法的组织化时代。这一时期出现了大批的行政法学家,如狄骥、奥克、莱菲利埃尔、贝特勒米、奥利弗等。莱菲利埃尔发展了法国传统的以公共权力来划分公法与私法、行政法院与普通法院的管辖权标准,从而使公共权力成为法国行政法的基本观念。狄骥(1859~1928 年)的影响尤为广泛,他的一生都是在波尔多大学度过,他成为波尔多学派的核心人物。狄骥终生致力于建立一个实证主义的社会法学学说,这个学说反对当时占统治地位的个人主义和形而上学方法,取消传统法学中的一些基本观念,在法国产生了巨大影响。他在行政法上的贡献主要是提出公务理论,法国的公法案件由行政法院管辖,普通法院不能受理,但行政机关的活动并不全属于行政法范畴,它的活动属私法范畴,由普通法院管辖,因此,划分行政活动公私法性质的标准就显得特别重要,传统的学说是公共权力学说,即行政机关行使公共权力的行为是公法行为,由行政法院管辖,其他行为是私法行为,由普通法院管辖,但这一学说不适应新的行政,例如,教育、卫生、救济等行政管理就不是行使公共权力的行为,但也属于行政法的范畴。狄骥主张以公务观念代替公共权力观念,这是行政法理论上的一大创举。1892 年,奥利弗出版了名著《行政法精义》,该书是法国历史上第一本关于行政法总论的书,该书使得法国行政法学得以定型。

第二次世界大战后是行政法的成熟期。第二次世界大战后出现了许多新的情况,随着社会化大生产的形成,行政权力空前扩张,国家大量从事工商事业,开展社会安全保险,对自由职业加强了管理,这些活动主要受私法支配,公务理论不能适应新的情况,促成了新的理论的形成。在行政法的教学方面也有了

---

[1] 何勤华:《西方法学史》,中国政法大学出版社 1996 年版,第 167 页。

新的发展，出现了以乔治·为德尔为代表的主张行政法应以宪法为基础的理论，以马赛尔·互利那和勒内·夏皮斯为代表的主张公共服务与公共权力统一的理论，但是，总体局面是缺乏权威理论、众说纷纭。

法国行政法学的最大特点是以行政法院的判例为基础，从判例中探寻行政法的基本原理来指导政府的活动，保护公民的权利和自由，因此，法国行政法学实际上是一种判例注释学。

（二）德国的行政法学

德国行政法源于警察法，因而，德国的行政法学以国家的优越性为理论基础。形成以权力为中心的学说。大约于 19 世纪上半叶，德国行政法学成为一门独立的学科，为此作出贡献的是冯·迈耶和休泰儿。冯·迈耶致力于将各个国家分散的行政法统一为在整个德意志通行的行政法，并把行政行为作为中心来构造行政法总论的体系。休泰儿则在德国历史上第一次强调君主及其政府的行政活动必须符合作为国家意志的法律。[1]

用法学的方法系统地构造出近代德国行政法的是被誉为德国的行政法之父的著名法学家奥托·迈耶。他生活在德国由封建专制国家向民主国家过渡的时代，因此，他的研究目标就是要克服集权国家的弊端，建立法治国家。为了达到这一目标，他研究了德国的行政管理历史，说明警察国行政管理与法治国行政管理的根本区别，前者的特征是不受法律约束的自由裁量权，后者是依照议会通过的法律或授权来执行行政职务，行政权受立法权所产生的法律约束，并且还要由司法权来监督行政机关行为的合法性。行政法只有在现代分权条件下才能存在，行政法的制度在法国是通过大革命创建的，在德国是通过渐进式的变革发展起来的。1895 年他出版的《德国行政法》一书具有巨大的影响和价值，他创立了依法行政理论和法律优先原则、法律保留原则、行政行为、具体行政行为、特别权力关系等现代行政法的核心概念。该书成为德国行政法教材的范本，他以后的弗莱纳、莫克尔、耶利内克等教授所著的行政法著作都在体系和方法上借鉴了他的这本书。

第二次世界大战后德国行政法获得了新的发展，奥托·迈耶有一句名言：宪法消亡，系行政法长存。但是战后的德国行政并没有证明这一论断，相反，却证明了另一种论点：行政法是宪法的具体化。1949 年的德国基本法确立了议会民主原则、法治国原则和社会福利国家原则，这些原则的确立促使行政法学研究新的问题。巴乔夫教授在《面临行政的现代行政法学课题》一文中指出，

---

[1]　何勤华：《西方法学史》，中国政法大学出版社 1996 年版，第 264 页。

德国传统行政法学的缺陷有：行政法对宪法的价值说明不够；行政法学中存在立宪君主制与官僚主义色彩；行政法与司法实践脱节，对新的行政现象缺乏理论分析。学者们对传统的行政法学进行了反思，提出了取代行政行为理论的法关系理论，重点研究行政决策过程中的利益评价，应用程序保护权利和自由，以及减少行政中的对抗增强合作与信任的新机制。

三、英美法系行政法学的发展

英国的许多现代行政法制度早在 17 世纪就已确立，自然公正原则产生得更早。但是，英国的行政法学研究却起步较晚，1928 年，罗布森曾写过一本《司法与行政法》，1929 年波特写的《行政法》是第一次以行政法命名的著作，当时的法学界大部分人对行政法持批评态度，认为行政法的内容是行政机关的委任立法和行政司法，是官僚主义的胜利果实。直到 20 世纪 50 年代，英国学者才开始系统地研究行政法，至今，英国行政法学的系统性和广泛性都落后于法国。之所以形成这种局面，是因为，其一，英国公私法不分，没有独立的行政法体系，因此没有引起人们的注意；其二，受戴西的观点的影响，认为行政法是保护官僚特权的东西，于英国的法治原则不相容。1935 年，高等法院的首席法官休厄特还认为行政法是大陆法系的"行话"。然而，进入 20 世纪后，英国成为福利国家，行政职能和行政权力大幅扩展，迫使英国开始研究行政法。英国行政法的研究是以法官和议会官员为主导的。有些人的研究结论认为，大幅度发展的委任立法和行政裁判所是行政权在侵犯立法权和司法权，违反了英国宪法的基本精神，休厄特的《新专制》一书就是这种观点的代表。但是，也有不同观点，1932 年以多诺摩尔为首的部长委员会的报告认为，承认行政立法权和行政司法权是现代行政所必需，这个报告对行政法学的研究起到了推动作用。第二次世界大战后，行政干预更为深入积极，促使政府接受了弗兰克斯委员会的报告，于 1958 年制定行政裁判所和调查法。为加强对不良行政行为的监督，1967 年政府接受了怀亚特委员会报告中的建议，制定了议会行政监察专员法。近二十年来，英国行政法学的研究比较活跃，出版了大批教材和判例研究，讨论的中心问题仍然是如何控制行政机关的权力，保障公民不受行政侵害。

和英国的情形相似，美国的行政法早就存在，但是，行政法学的起步却很晚。其原因也和英国相似，受普通法公私法不分的影响，对行政法的性质存在误解，还有消极国家观念的影响。第一部比较系统研究行政法的著作是古德诺于 1893 年出版的《比较行政法》。进入 20 世纪后，由于行政权的扩张，才开始重视行政法的研究。第二次世界大战以前的行政法研究是从宪法的角度出发，探讨行政机关的权力和对行政违法行为的救济。1903 年，怀曼出版了《支配政府官员关系的行政法原理》，提出美国和大陆法系国家一样，也存在行政法。

1905 年，古德诺出版的《美国行政法原理》，初步阐述了美国行政法的特点。这一时期还出版了研究行政法判例的著作，如弗洛伊德于 1911 年出版的《行政法判例》。第二次世界大战以后，行政法的研究发生了转变，行政程序成为研究的中心问题，促进了 1947 年联邦行政程序法的诞生，这一时期重要的研究人物有盖尔霍恩、斯瓦茨、戴维斯、贾菲等。20 世纪 70 年代以后，行政法的研究内容进一步拓宽，行政组织法和内部行政法进入了行政法学者们的视野。

四、日本的行政法学的发展

日本是亚洲国家中第一个学习西方国家走上资本主义道路的国家，同时也是第一个建立现代法治的国家。日本的行政法学发展过程也可以分为战前和战后两个阶段。

日本行政法学的起点是在明治维新之后，最早的研究者是穗积八束，他从天皇主权论的角度否定法治主义，提出行政行为公定力理论，由于他代表政治官僚的利益，目的是维护天皇的专制统治，他的理论随着专制制度的消亡而销声匿迹。现代日本行政法的体系是由美浓部达吉所创建，因此，他被誉为日本行政法之父。他早年留学德法等国，引进了德国的理论。他在 1904 年发文认为，权力与权利是平等拘束对方的意志力，二者的界限是相对的，不能把二者对立起来。1909 年，他出版了《日本行政法》一书，主要理论是批判官僚主义的行政法学，主张自由主义的行政法学，强调对国民权利的保护。他提出国家法人说和天皇机关说，认为统治权应当属于作为法人的国家，天皇为国家最高机关，国家的主权属于民众，体现主权在民的最好政治体制是内阁制。他一度因为天皇机关说受到保守派和法西斯分子的打压和排挤，第二次世界大战后，又出任枢密院顾问。由于处于特殊的环境，战前的日本行政法学具有浓厚的官僚主义色彩，民权学派没有地位。

第二次世界大战后，随着和平宪法的颁布，开始出现了与新宪法价值观相适应的行政法理论，美浓部达吉的弟子田中二郎教授贡献突出，他继承了美浓部达吉的理论，结合战后新的行政情况，把自由主义作为行政法的基础性价值，构建了新的行政法学理论体系。20 世纪 60 年代后，今村成和教授批判了行政法等于公法的理论，主张重构行政法的理论，在原有的行政法制度中增加行政契约、行政指导、行政听证、苦情处理等制度。20 世纪 70 年代后，日本行政法学界出现两种思潮：①以室井力教授为代表的民主统治理论学派，认为行政法是以国家权力为背景的有关行政权的法，为保护人民的权利和自由，行政法要发挥授权与控权的功能；②以盐野宏教授为代表的行政过程理论，强调综合新的行政现象，扩大行政法的基础，注重行政行为过程的分析和行政效果产生的过程。

　　总的来看，由于历史的原因，日本行政法学既受战前德国法学的影响，又受战后美国法学的影响，形成了融合两大法系行政法学的独特理论。近代日本法律对中国法律影响很大，明治维新后，一些日本学者便将法国的六法全书翻译过来，并编纂了日本的六大法典，中国的北洋政府和国民政府借鉴了日本的做法，编纂了中国的六法全书。不仅如此，我们现在使用的大量法律词汇也来自日语。西方国家在上千年的法律史中创造了无数的"法言法语"，日本学者在翻译这些法律时，殚精竭虑，将之译成日文汉字，后来又融入现代汉语，使中国法学界深深得益。这些词包括宪法、行政、主权、人权、自治、共和、法人、法律、议会、议员、拘留、制裁等。

第二章

英国行政法

第一节　英国行政法概述

一、英国行政法的概念

英国学者对行政法（Administrative Law）的认识经历了一个变化发展的过程。

英国是英美法系的发源地，由于没有明确的法律部门的划分传统，早期的英国没有明确的行政法概念。介绍英国行政法，不能不提到著名宪法学家戴西（A. V. Diecy）。他在1885年出版的《宪法研究导论》一书中讲道，英国的法治是保障法律面前人人平等，政府官员在行使职务时也不得享有特权，行政法是法国特有的东西，是保护行政官员特权的法律，与英国的法治原则不相融，因此，英国不存在行政法。巴黎大学法律系主任 M. Barthelemy 曾说，他曾经向戴西问过英国行政法的地位，戴西脱口而出："我们对行政法一无所知，而且我们希望一无所知。"戴西的观点在英国影响了很长时期，其实，这是戴西对行政法的误解，行政法不等于行政诉讼法，英国没有行政诉讼法，也没有行政法院，但这并不等于说英国没有行政法。英国的确不存在保护行政权的法，但是一定有规范行政权的法，有调整行政关系的法，英国没有独立的行政法部门，但并非没有行政法性质的法律。[1]

和戴西同时代的或以后的一些英国学者逐渐承认了行政法，如霍兰在1880年的《法理学》一书中讲道，公法中最主要的是宪法和行政法。宪法是关于国家机构的组织的法律，是静态的法，行政法是关于国家机构的活动的法律，是动态的法。詹宁斯（W. I. Jennings）认为，行政法是关于公共行政的法律，是公法的一个部门，内容不以行政诉讼为限，包括行政机关的组织、权力、义务、

---

〔1〕　何勤华主编：《英国法律发达史》，法律出版社1999年版，第158页。

权利和责任在内。

二战后，英国行政法获得新的发展，曾在牛津、剑桥两校任教的著名法学家威廉·韦德所著的《行政法》影响很大，研究的范围也很广，全书分为七个部分，第一部分为行政当局，讲述了政府的法律结构，包括中央和地方政府、警察和国营公司；第二部分介绍了行政的职能；第三部分介绍了司法权对行政权监督的总原则，即越权无效原则；第四部分是自由裁量权的保护与控制；第五部分为自然公正，讲述其含义和对行政权行使的影响；第六部分介绍司法救济的具体制度，包括私法上的救济和公法上的救济两部分；最后一个部分为委任立法和行政裁判所。全书的结构看似零乱，实则紧密围绕控制行政权这一主题而展开。在中国，最新翻译出版的英国行政法著作则是彼得·莱兰与戈登·安东尼合著的《英国行政法教科书》（第五版）[1]。

到目前为止，英国人对行政法的性质和内容的认识还不尽一致，但司法审查制度毫无疑问是行政法的核心。大学法学院一般不设置独立的行政法课程，而只有《公法》（Public Law）或《宪法与行政法》（Constitutional and Adminis-trative Law），行政法仅占其中一编，重点讲述司法审查制度。但总的来讲，越来越多的英国人认识到行政法是作为法治国家的英国的法律体系的重要组成部分，它不是保护行政官员特权的法，而是规范性政权的、调整行政活动的法。

二、英国行政法的发展

事实上，行政法在英国有很长的历史。早在资产阶级革命之前，都铎王朝通过枢密院加强中央对地方的司法控制，枢密院（Privy Council）的监督是通过星座法院（Star Chamber）行使的，《简明不列颠百科全书》中说，"星座法院在英国法中，指中世纪时代从作为补充普通法法院常规审判的御前会议发展而来，由若干法院和枢密院顾问组成的法院"。星座法院不仅可以对不服从治安法官的人予以处罚，而且有权谴责治安法官或代替治安法官，该法院在一定程度上具有行政法院的性质。

后来，星座法院进一步演化为国王迫害进步人士的工具，因而，1642 年，在资产阶级革命中，该法院被废除。从司法制度的角度来看，星座法院被国会废除，这可以说揭开了近代英国资产阶级革命的序幕。1688 年的光荣革命摧毁了枢密院的许多行政权，旧的中央政治控制机构被打碎，王座法院（King's Chamber）乘虚而入，获得普遍的司法管辖权。王座法院是英国王室中央法院中唯一享有国王亲临审判殊荣的法院。王座法院与其他法院相比较而言，与国王

---

〔1〕 ［英］彼得·莱兰、戈登·安东尼：《英国行政法教科书》（第五版），杨伟东译，北京大学出版社 2007 年版。

以及政府保持着相当密切的联系，这一与生俱来的特点在整个中世纪乃至近代初期都始终保持不变，王座法院与王室之间的特殊关系决定了它在英国法院系统中享有最高的法律地位。它以英王名义来监督低级法院和治安法官的行为，以限制低级法院和地方官吏越权和命令他们履行义务。通过司法控制行政的时代开始了。现代意义上的行政法从此出现，任何对行政执法的合法性提出挑战的人都可以在王座法院得到救济。行政法迅速发展，法院稳步地发展出越权无效和司法审查原则，这些原则统一地适用于所有的行政机关。

由于具备了高度适应的前提条件，18、19 世纪成为英国行政法发展的黄金时期。但是进入 20 世纪，行政法开始落后，由于行政权的大力扩张，法院对自己的宪法作用没有信心，议会对行政的控制也大幅放松，社会上不可避免地出现了对官僚政治的强烈抱怨。著名法官戴维林曾说，普通法应当宣告死亡，因为它丧失了对行政权的控制权。为了平息抱怨，1932 年部长权利委员会的报告有力地批评了官僚行政，并提出对委任立法和准司法行为的控制意见。实际上的改革直到 1958 年行政裁判所和调查法的制定才开始，但这不是法院的功劳。〔1〕

20 世纪 60 年代，司法的状况完全改变了，人们开始意识到许多基础性的东西被丢弃了，不久，法院作出一系列的判决，重新恢复适用了行政法的基本原则，特别是 1963 年自然公正原则的复兴给正当法律程序提供了基础，行政自由裁量权不受限制的观点没有了市场。1971 年，丹宁大法官说道：现在我们已经真正拥有了发达的行政法体系。今天，人们普遍认为行政法不仅存在，而且意义越来越重要，英国高等法院中专门任命负责司法审查的法官们都是行政法领域的专家。

三、英国行政法的宗旨

20 世纪初，英国逐渐步入行政国家。所谓行政国家，就是指行政机关数量大，权力范围广，与立法机关和司法机关相比地位突出，行政机关与公民的日常生活联系密切的国家形态。之所以如此，又是因为英国正在发展为福利国家，随着经济与科学技术的发展，以及政治的民主化，国家的职能不再仅仅局限于治安、国防和税务，对公民承担着越来越多的义务，要为每个公民的生存提供全程照顾，其口号就是"从摇篮到坟墓"，国家要提供教育、就业、培训、医疗、住房、交通、水电、信息、养老、环境保护等条件。英国在 20 世纪初先后制定了《教育法》、《工厂法》、《公共健康法》、《国家保险法》、《老年退休金

〔1〕 〔英〕威廉·韦德：《行政法》，徐炳等译，中国大百科全书出版社 1997 年版，第 21 页。

法》、《住宅和城镇规划法》等，这些法都要靠行政机关来实施，因此，行政机关和行政权空前地扩张，这些事情法律还不宜规定得太细，需要行政机关自由裁量，比如说盖房子要经过许可，但是，房子适宜盖在什么地方，法律不可能规定得太具体，只能由行政机关根据具体情况来决定，因此，行政自由裁量权日益膨胀。自由裁量权是一把双刃剑，用好了可以造福于民，用不好则会伤害公民，因此，需要一系列的控制规范。

　　英国行政法就是控制行政机关行使权力、履行义务的一系列普遍规则，其首要宗旨就是控制行政权，"行政法的最初目的就是要保证政府权力在法律的范围内行使，防止政府滥用权力，以保护公民"，"无论如何，这是此学科的核心"[1]。英国实行议会至上的原则，议会作为民选的最高代议机关是至高无上的，不受法律制约的。其他所有的国家机关都要服从议会，遵守议会制定的法律。作为下级权力的行政权，无论是源于议会的立法，还是英王的特权，都具有两个特点：①它要受到法律的限制，不存在绝对的不受制约的行政权；②如果它被滥用，法院有权宣布该行为无效。可见，行政法的初衷就是保证行政权力在法律范围内行使，防止政府滥用职权，以保护公民的权利和自由。"滥用职权"（Abuse of power）一词并不具有贬义，行政中的具体情况和议会的立法都是很复杂的，行政机关不正确的行使权力是不可避免的，因此，防范行政权的滥用是必要的，行政行为被判为越权是很正常的。

　　四、行政法的功能

　　每一种行政法理论背后，都蕴藏着一种国家理论。在现代国家中，法律的功能十分复杂。根据法律的思想与实践，哈洛（Harlow）和罗林斯（Rawlings）把它概括为"红灯"理论与"绿灯"理论两种对立的模式，前者以控制为导向，更为保守；后者以自由或社会为导向，更注重效率。

　　红灯理论源于19世纪的国家理论，管的最少的政府是最好的政府，体现了传统上对政府权力的不信任和降低国家对个人权利自由的干预的要求，法律的运作旨在控制公权力的滥用。法院作为自主中立的机构，负责解释和适用法律，裁判行政行为的合法性。其前提是公权力一旦失去制约就会被滥用，危及个人自由。红灯理论认为，正是司法干预的存在，才为人们提供了安全之网。

　　20世纪并没有出现严重侵犯公民自由或正义的现象，相反，问题在于行政官员在获得法律授权后裹足不前，绿灯理论应运而生。这一理论建立在社会民主的国家观之上，国家被视为促进共同体目标实现的有效方式，国家承担最基

---

〔1〕　［英］威廉·韦德：《行政法》，徐炳等译，中国大百科全书出版社1997年版，第5页。

本的保障，包括住房、卫生、教育和地方服务等。为了实现这一目标，鼓励国家发挥作用被置于优先的地位，绿灯理论把法律视为授权工具，只有以法律作为支撑，行政机关才能提供高效的服务。绿灯理论认为，行政法是政府机制的有机组成部分，不仅是规制者，更是社会政策公正而有效的实施者。

现在，上述两种理论出现了融合的趋势，既要对行政权进行控制，又要让行政机关独立放手地开展工作，法律要在二者之间寻找平衡点，这一理论被称为黄灯理论。

第二节　英国行政法的基本原则

英国学者的著作中从来没有使用基本原则一词，甚至可以说基本原则是中国法律与法学上的独创，但是，无论是在实践中，还是在理论上，英国行政法都存在着类似于我们所讲的基本原则的东西。通过对英国行政法的考察，我们可以发现，其始终体现出两个基本原则。

一、行政法基本原则的基础

英国的行政法被视为宪法的一个分支，它直接来源于宪政原理中的议会主权与司法独立。如同我们前面介绍英国行政法的背景时讲到的那样，法治原则与议会主权原则是英国宪法的基本原则，这两个基本原则直接决定了英国行政法中的越权原则。

法治（Rule of law）的基本含义就是凡事必须依法而行，政府也是如此，必须在法律授权的范围内行使职权，这主要是指议会的立法授权。政府的所有行为只要影响到他人的权利、义务和自由都必须有法律上的根据。受影响的人都可以诉诸法院，如果法院审查认定依据不充分就会撤销该行为，使之不产生任何后果，受影响的人从而就可以不予理睬。法治原则还有更高的要求，政府享有广泛的自由裁量权，自由裁量权应当受到限制，政府必须根据公认的规则来办事，例如，规划局可以根据他认为适合的条件决定是否颁发许可证，但是法院不允许这些权利的行使违反议会的授权目的。法治的第三层含义就是法官有权独立裁断行政行为的合法性。第四层含义是政府与公民在法律面前平等。当然还有别的含义，但是与行政法无关，如罪刑法定等。

毫无疑问，法治原则是行政法的精髓。但是，在英国历史上也出现了一些错误的比较，从而影响了英国行政法的发展。英国著名学者戴西曾经认为，行政法与法治是不相容的，他认为法治要求所有的案件都由普通法院来审理，控告政府和控告私人一样，应当适用同样的规则、由同一法院来审理。他认为行政法就是法国的行政法院审理行政案件的规则，是政府为了维护自己的利益而赋予自己一系列特权立法，是把行政置于法律之上。这是一个流传很久的谬误，以至于丹宁大法官都曾说"我们英国不允许行政官员受到行政法的庇护"。但是，事实上，法国的行政法院是公正客观的法院，对行政机关成功地实施了司法控制。

议会主权（The sovereignty of Parliament）是英国宪法的又一核心原则，议会的地位高于行政和司法机关，议会制定新法律和废止旧法律的权力是不受控制的，议会有权对任何事项立法。议会通过立法来控制行政和司法机关，行政和司法机关应当按照议会的立法行事。议会的立法权由上议院、下议院和女王共同行使，尽管议会法规定法律可以不经上议院批准，但这只是授予了委托权。议会的立法权是不受限制的，议会的法律一旦通过，法院也不能质疑，只能无条件地适用，它们不像美国的联邦法院一样有权宣布法律违宪。行政机关的决定和命令也必须符合议会立法。制定法与普通法产生冲突时，制定法优于普通法。

但是，议会的这种控制正在减弱，法官可以通过判例为自己规定权力，他们可以依靠习惯和威望做很多的事情。随着政党政治的发展，政党可以通过内阁控制议会，这在立法中表现得非常明显，很多议案是由政府部门提出，并通过政党对议会的控制力来获得通过。绝大多数议会通过的法律几乎是与政府之前提出的议案完全相同，戴西过去所认为的能够制定和废止任何法律的议会之手如今在很大程度上被行政所控制。特别是作为欧盟的成员国，要受欧盟基本组织原则的约束，成员国的立法与欧盟发生冲突时，欧盟法优先适用。

二、越权无效原则

从法治原则和议会主权原则可以毫不费力地推导出越权无效原则（The doctrine of Ultra Vires）。越权无效原则是英国行政法的核心原则，它要求行政机关不得越权行事，任何越权行为在法律上都是无效的，这是因为法律行为的法律效力都是由法律授予的，如果超出法律授权范围，它就失去了法律依据。这一原则不会在每部法律当中明确地表达出来，但是它的存在是不言而喻的，行政机关须遵守这个默示的条件，否则，法院就会把它抽象出来，并以此宣布政府行为无效，或者撤销它，禁止执行它。一个行政行为一旦被宣布为无效，那就如同他从来没有发生一样，这时行政机关就可以作出另外一个行政行为，例如，法院宣布一个强制征收土地的命令为无效，行政机关就可以发布另一个关于此地的命令，只要合法即可。法院宣布一个行为无效，常常说它超越管辖权，但是这里的管辖权实质上就是法律的授权，因此越权的含义很广，等于我们所说的违法。例如，议会的立法规定，除公园以外的土地都可以被征用，如果产生了纠纷，法院就必须裁定纠纷中的土地是否是公园的一部分，然后作出裁决。

但是，如果授权法说，只要部长认为某一土地不是公园的一部分就可以征用，问题就不同了，法院首先要搞清部长是否持这种观点，并对他的观点进行审查。如果部长下令征用某公园的土地，并论证说这不是公园的土地，则法院完全有必要撤销这种滥用职权的行为，法院应当认定部长的行为是一种越权行为。议会立法是政府权力的主要来源，此外，还有两个来源，一是特权，二是缔约权，特权是普通法上的权力，范围包括从事外交事务、签订和批准条约、保护国家安全、守卫国家领土，以及英王行使的赦免权等。传统上，法院不对特权的行使进行审查，认为政治问题应当由议会来判断，但是，这种态度正在发生变化。缔约权是政府签订各种合同的权力，是政府享有的一般人在私法上的权利。

为了有效控制行政权、保护公民权利免受非法行政的侵犯，法院发展出适用该原则的一些技巧，他们按照自己的愿望来解释议会的法律。英国没有法官可以依赖的至高无上的成文宪法，任何时候法官都必须表明他是在执行法律中的议会意志。如果行政行为在议会授予的权力范围内，那么它就是合法的，法院就不能干预，因此，法官要认定一项行政行为为无效，必须说明它是违法的，为此，如果法律有明文规定，法官就要指明行政行为与法律相抵触，如违反了法定程序。在没有法律的明文规定时，他们就要从法律中找出默示的限制或条件，然后认定行政行为违法，例如法律授权政府以适当的方式行事，法官就要解释说，授权是有条件的，违反条件就是违法，诸如范围不合理，考虑了不应当考虑的因素，动机不当，违反程序正义等。总之，法官要干预行政行为，必须以越权无效原则为理由。

英国行政法的核心制度——司法审查（Judicial Review）就是建立在这一原则的基础之上。司法审查的基本原理就是行政机关不得超越法律授予他的权力，或者滥用该权力，否则法院有权干预并给受害人提供救济。相反，如果行政机关不存在越权的情形，法院就不应该干预。当法院审理涉及行政机关的案件时，通常适用的是普通法，除非制定法上另有规定。普通法把行政机关视为普通的公民，纠纷双方处于同等的地位，个人身份与官方身份并无区别。法院的救济可以很好地说明这一点。例如，一个人被警察错误地拘捕，他可以以非法限制人身自由为由控告警察或者下令拘捕他的人，官员不能把执行命令作为抗辩的理由。行政机关与官员之间的关系与一般的企业与雇员之间的关系一样，这就可以免除官员的侵权责任，而由机关承担责任。一般来说，原告总喜欢起诉发布命令的国家机关，而不是执行命令的雇员，因为国家机关最有能力支付赔偿金。

尽管普通法能够提供广泛的救济，但不是全部的救济。例如，行为机关违法驳回许可申请或国家保险救济的申请，非法吊销营业执照，就无法在普通法上获得救济。因此，发展出调卷令、禁止令、强制令以及人身保护令等公法救济形式，其性质是维护公共秩序，它们弥补了私法救济的不足。调卷令是由国王法院签发的用以撤销越权的行政决定的命令，禁止令是防止行政机关越权行事的命令，强制令是行政机关不履行法定职责时强制其履行职责的命令，人身保护令则是要求释放受到非法拘禁的人。

三、自然公正原则

自然公正（Natural Justice）原则是一个程序性规则，自然公正的本意是指"自然的是否观"，它的起源可以追溯到 17 世纪甚至更早，人们就已经要求裁判者不得偏袒并公开审理，即使是立法机关也不能改变它。首席大法官 Coke 曾经说过，假若议会立法允许某人做自己案件的法官，那么，法院就有权宣布该法无效。他不仅是这样说的，也是这样做的。1610 年，内科院生博纳姆在伦敦城营业由于没有医师协会颁发的许可证，被传唤到医师协会的一个理班会，受到监禁。博纳姆医生以监禁为理由向法院起诉。法院经审理判决博纳姆医生胜诉。当时的首席法官柯克在阐明判决的理由时指出：根据法律的规定，对无证营业者的罚款一半归英王（即国家）一半归医地协会，这个医师协会在此就有经济上的利益，使之成了自己案件的法官，因而"违反普遍的正义和理性"，因此，医师协会的判决是无效的，并且可以确认议会的这一立法也是无效的。

后来随着议会主权原则的兴起，法官再也没有权威审查议会的立法，可以说这是一个空前绝后的判决。在此后很长的一段时间里，这个原则受到冷落，在二战前的英国，司法热衷于通过限制行政权力的干预来保护个人自由，但在战时及战后的很长时间内，这种司法能动主义被认为有悖于公共利益；加上在战时的紧急状态下行政机关被赋予了大量的行政自由裁量权，而这些自由裁量行为又被认为是纯行政行为而不受自然公正原则的支配。所以这一段时期自然公正原则在英国行政法中没有得到很好的运用，几乎被完全抛弃。有些法官认为它含义不明，没有实际意义，甚至令人可悲。直到 1963 年，在里奇诉鲍德温一案（Ridge v. Baldwin）中重新受到重视。布莱顿的警长因为两名警察的犯罪行为受到广泛批评，警事委员会一致决定开除他，但没有给他辩解的机会，他先后向内政大臣和高等法院申诉，但是都被驳回，到了上议院，法官以 4∶1 的多数票支持了他的请求，本案的法官默里斯勋爵在判决中说："我们制度根本的东西就在这里：维持它的意义远远超过了任何具体判例的意义"。此后，自认公正原则重新得以广泛适用。但是，涉及国家安全时，自然公正原则不予适用。

自然公正的含义究竟是什么？在 1978 年诺维斯特公司诉贸易部长一案中，法官说道："自然"这个浪漫的词语除了有点怀旧的痕迹外没有任何意义，而且，公正根本不是一个自然的观念，越是在自然状态，公正就越少。但是，在行政法中，自然公正是一个准确完整的观念，它规范的对象不仅包括行政机关和法院，还包括其他行使权力的个人和团体。其内容有两方面：

第一，当事人有权获得公正的听证（The right to a fair hearing），即任何机关在行使权力时若可能给别人带来不利影响，就必须听取对方的意见，每一个人都有为自己辩护的权利。如果行政机关不询问当事人的意见，就对其作无不利的决定，就像司法上的不审而判一样，是不公正的。这一规则是法官从司法领域移植到行政领域的。法官认为，受害者享有公正的听证权，既是良好法律程序的准则，也是良好行政的准则，即使行政决定本事是无可挑剔的，法院至少可以在程序上加以控制，没什么能够比这更有益于良好行政的实现了。1863 年的一个判例库珀诉万兹沃斯工程局（Cooper v. Wandsworth Board of Works）一案可以说是这一规则的经典说明。1855 年的《大城市地方管理法》规定，任何人在建房前 7 天要从当地的工程局获得许可，否则工程局有权强行拆除。然而，市民库珀未经申请就开工建设，建到二层时，工程局连夜拆除了他的房屋。库珀提起了诉讼，工程局认为其行为完全合法，但是，法院还是判决工程局承担了赔偿责任，法官在判决书中说："我认为工程局本该通知原告并听取其意见，当事人未申请是一个可以得到解释的疏忽……但是我想象不出工程局在拆除房屋给当事人造成如此严重的损失之前听取一下当事人的意见会对工程局产生什么害处。然而，我倒能够想象出，通过我们施加的限制，即在造成损失之前听取一下意见，在公共秩序、谋求实体正义和实现法律目的等方面会产生多少的好处。"

就公平听证而言，当事人必须享有三种权利：①充分的告知，让当事人能进行足够的准备；②有权知悉对他不利的证据；③向裁判机构陈述理由，有机会对不利证据提出反驳。

第二，反对偏私（The rule against bias），任何人不能处理与自己有利害关系的事务，无论是法官还是行政官员，也无论是金钱上的利害关系，还是其他性质的，哪怕是多么微小。例如，一个法院曾经撤销了一个地区议会同意把亨顿地区的房地产改建成一个汽车修理厂和餐厅的决定，因为根据立法，议会有权批准这一开发，如果房地产的主人的打算被规划打乱的话，他有权获得补偿。但是，又一个议员是该房地产主人的经纪人，他出席了议会批准申请的会议，相邻关系人因此获得了法院的调卷令，撤销了该项许可，因为经纪人在此事上存在利害关系，他不应当参加会议，尽管证据表明他并没有积极的活动，但是法院还是认定他的出席足以使该决定无效。形成偏私的主要原因就是一个人有多重身份，当他以一种身份参与了案件，就不得再以裁决人的身份参加了，否则其裁决就是无效的或者应当被撤销。反对偏私的规则构成了回避程序和职能分离程序的基础。

第三节 行政组织

英国是一个没有成文宪法的国度，国家基础是自然演变而来的，与普通法的发展同步进行，古代的机构与实践根深蒂固，一些重要的行政法律制度起源于中世纪，例如，对低级法院和裁判所行使监督权的高等法院王座分院（King's Bench）、维护法律和秩序的治安法官（Justice of the Peace）、令状制度（Writs）和自然公正原则，等等。1688 年《权利法案》（Bill of Rights）制定后，议会逐步获得最高权力，大臣必须向议会负责，促成了大臣责任制，君主行使行政权的权威时代终结，议会制政府获得最终胜利。

一、行政组织概述

英国从来没有一个井然有序的行政系统，英国的行政法也不重视对行政组织自身的研究，其关注焦点是行政机关与公民之间的关系，但中国学者往往按照大陆法系的模式，首先研究行政组织的法律问题，这样做有利于确定政府的法律地位，有利于正确处理政府与公民之间的关系。

英国法的一个重要特点是不重视概念的界定，对于行政组织的称谓多种多样，常用的有行政当局（Adiministritive authorities）、公共当局（Public authorities）、公共机构（Public bodies），其实都是指一个东西。为了便于中国人的理解，我们统一地称之为行政机关，这个行政机关是广义上的，泛指所有的承担行政管理职权与职责、实施行政管理的主体，包括中央政府、地方政府、公法人（Public corporations）以及它们的官员。

在英国，行政组织的法制化主要是议会对财政的控制。任何行政活动都离不开财政支持，下议院通过批准公共开支、公共服务来确保财政预算的合理使用。行政机关的任何公共服务都需要议会的授权，这是议会与行政机关之间的基本原则，公共财政也是由议会控制的。每年秋季，政府各部门都要根据部长的决定和内阁批准的政策，准备其下一年度的财政预算，然后提交下议院审查通过，上议员无权修改。

行政组织内部的控制原则是部长负责制（Ministerial responsibility），指部长及其行政官员对其行政行为承担的法律后果。这是一种法律责任，主要通过法院来实施，例如，有人对部长的决定提起司法审查，法院判决其违法。公务员的权力来自部长，无论是否有法律上明确的规定还是部长的正式委托，因此公务员只对部长负责，而不直接对议会负责，但部长要对公务员的行为承担责任。简单地说，就是公务员对部长负责，部长对外负责。部长责任制不同于内阁负责制，内阁负责制是指代表中央政府的内阁及其组成人员对议会承担的集体责任和作为政治家的部长对议会承担的个人责任。这是一种政治责任，是由议会来实施的，例如，部长有义务对其政策和决定，以及委托机构的行为向议会作出说明并承担责任，部长要向议会提供真实准确的信息，误导议会必须引咎辞职。但是，二者也有相通之处，在民主社会中，管理者应当向被管理者负责，这不仅是立法的正当性基础，也是部长责任制的基础，无论是立法，还是行政决定，其有效实施的途径是广大民众的自觉遵守，而不是经常地动用国家强制力来强迫实施。[1]

二、中央政府

英国的中央政府独具特色，其形式主义色彩十分浓厚，形式上的中央政府和事实上的中央政府截然不同。在形式上，英王至今仍然是英国的中央政府，行使全部国家权力，是立法、行政和司法活动中不可缺少的因素。制定法在提及政府时，通常使用的是英王（Crown）一词，这里的英王是一个抽象的职位，而不是具体的人。作为个人的英王在法律上也享有某些特殊待遇。实质上的中央政府则是内阁（Cabinet），内阁起源于枢密院，起初它作为英王的顾问机关，由英王召集。资产阶级革命胜利后，英王退出，内阁独立举行会议，只对议会负责。英国的这种法律和实际相分离的现象是资产阶级革命不彻底的结果，英国的资产阶级革命以和封建势力相妥协而告终，并没有彻底摧垮以国王为代表的封建势力。

英国内阁由竞选中获议会多数议席的政党组成。党首自然就成为内阁首相，阁员由首相决定，一般是重要的大臣和部长，这实际上是内阁制国家政府的通行产生方式。内阁的决策方式是集体讨论，但不实行少数服从多数原则，而是由首相综合考虑后作出最后决定，内阁下设若干委员会和办公厅，委员会负责某一方面的行政事务，如国防、立法等，办公厅则是内阁的服务机构。内阁和议会的关系是：内阁执行议会的法律，议会可以对内阁进行信任表决，若议会不信任内阁时，内阁要么集体辞职，要么解散议会，重新选举，若重新选出的议会仍不信任内阁，内阁就必须辞职。因此，一个内阁能否完成任期取决于它在议会中有无有力的支持。这也是所有内阁制国家的通例。

中央政府的重要组成单位就是部（Government departments），承担中央政府的核心职能。英国的部主要指中央政府的部门，但是也包括在地方上设立的分支机构，英国的部以大为特点，或者说，英国实行的是大部制，我们从其名称上就可以看出，例如环境、交通与地区事务部、农业、渔业与食品部，教育与

---

[1]　张越编著：《英国行政法》，中国政法大学出版社 2004 年版，第 321 页。

就业部，而且部门的设置总是处在调整之中。最重要的部门有财政部、内政部、国防部、大法官部、外交与英联邦事务部和苏格兰事务部、威尔士事务部、北爱尔兰事务部。各部均由一名部长或大臣领导，由于实行部长负责制，中央的行政权力通常是授予部长，并由行政部门的公务员以部长的名义行使。各部都设有常任制的高级的公务员，协助大臣制定和执行政策。

三、地方政府

地方政府是由地方居民选举的负责管理法定的地方行政事务并具有独立的法律地位的组织。地方政府具有独立的法律人格，而不是中央政府驻地方的组织，地方政府的存在对于促进民主政治的发展和创新性行政管理起着重要作用。

英国由英格兰、威尔士、苏格兰和北爱尔兰四个地区组成，另外还有伦敦区。地方政府的框架由 1972 年的《地方政府法》确定，此后不断调整。其中，英格兰和威尔士的地方政府结构较为相似，设立两级地方政府，第一级为郡，英格兰设 39 郡，威尔士设 8 郡。郡下设区，英格兰设 296 区，威尔士设 37 区。苏格兰设 9 个行政区，3 个岛区，行政区下又划分为 53 个区，因此苏格兰的地方政府一般为二级，但岛区只有一级。伦敦地区只设一级地方政府，即 32 个伦敦自治市。1999 年《大伦敦当局法》（Greater London Authority Act）在伦敦设立由选举产生的市长和市议会。

英国是一个地方自治的国家，地方政府都是由地区选民选举产生的，中央和地方之间的关系是一种法律关系，不存在中国式的隶属关系，中央政府没有对地方政府发号施令的权力。英国实行议行合一的地方制度，地方议会就是地方政府，由地方居民选举产生。地方议会下设多种委员会，地方议会为了执行职务，可以任命它认为必要的地方官员组成执行部门，在有关委员会监督和指挥下活动。过去，地方政府的职权仅限于维持治安和救济贫穷。工业革命后，地方政府的职权不断扩大，目前主要负责道路管理、公共秩序、环境卫生、城乡计划、公用事业和福利服务等地方事务。

尽管在中央和地方之间实行分权制，地方依法实行自治，享有独立的法律地位，但中央政府仍通过立法、财政、人事等方面的措施，对地方政府实行监督，以保障国家的利益优于地方的利益。

根据 1998 年的《苏格兰法》、《北爱尔兰法》和《威尔士政府法》，在苏格兰、北爱尔兰和威尔士大选之后，于 1999 年开始实行权力下放制度。苏格兰的行政机关由第一部长（First Minister）和部长组成，接替了以前由苏格兰大臣承担的许多职能。苏格兰议会享有广泛的立法权。威尔士成立了由 40 名议员组成的威尔士议会，承担了过去的威尔士大臣的职责，享有重大决定的权力，如，在健康保障、教育、农业与环境等方面发布命令、任命人员、追究责任，但没有立法权，英国议会继续负责威尔士的立法工作。北爱尔兰议会由直接选举产生，享有立法权，行政权由行政委员会（Executive committee）行使，保证联合主义者和民族主义者共享权力。但在英格兰没有实行地方分权，2004年在英格兰东北区举行的全民公决中，成立地区议会的建议被否决。

四、公法人

英国的公法人（Public corporations）是指在具有一般职权范围的中央和地方行政机关以外，享有一定独立性和单独存在的法律人格并从事某种特定的公共事务的行政机构。由这个定义可以看出公法人的特征：①它本身不是国家行政机关；②它从事公共行政活动；③具有独立的法律人格。英国的公法人完全不同于法国行政法上的公法人，倒接近于法国的公务法人。我国也存在类似的组织，我国行政法将行政主体分为职权性主体和授权性主体，英国的公法人类似于我国行政法中的授权性主体。

在英国，设立公法人的原因有以下几项[1]：①避免某些活动受政治干涉的影响。②避免传统行政机关的某些缺点，例如官僚主义习气，僵化的行政程序。③利用政府以外的专门知识和才能。④分散行政权力，避免权力过于集中。⑤一般行政机关职务太多，当出现某种新的行政事务不宜由现有的机构处理时，必须设立新型的公务机构。⑥设立独立的机构进行某些容易引起争论的活动和从事社会非常敏感的管制，可以避免部长直接受到批评。

英国的公法人一般分为四类：

1. 工商企业法人。它们是公共所有并由公共机构控制的企业法人。公共所有一般是指国家所有，公共控制不是由行政机关直接控制，而是由专门设立的监事会一类的机构实现的，同时它们也有一定的经营自主权，这类企业法人有铁路、能源、钢铁、广播、电讯方面的公司。由于政府提供服务和承担职能的效率低下，而企业化部门由于竞争机制的作用能够更有效率地行使职能和提供服务，因此就出现了政府行为的企业化，公众有了选择的权利，可以获得更好的服务。

2. 行政事务法人。它们是负责执行某项经济或社会政策的组织，如卫生机构、全国海港委员会、旅游事业委员会等。

3. 实施管制的公法人。这类公法人也执行某项政策，但其方式不是执行具体业务，而是制定和实施一些行为标准，如全国放射性射线保护局、赛马赌博税征收局、自然环境保护委员会等。

---

〔1〕　王名扬：《英国行政法》，中国政法大学出版社1987年版，第108页。

4. 咨询与和解性质的公法人。其职能是提供咨询和调解纠纷，如法律委员会、种族平等委员会和就业机会平等委员会等。

公法人与行政机关保持一定的独立性，但公法人的活动必须符合法律和公共利益。为了实现这一目的，就有必要对公法人实施监督。其监督主要来自议会、部长、法院和社会公众四个方面。

自 1979 年以来，连续几届保守党政府通过一系列的创新性政策，提供市场导向的方案，解决一直以来被统称为官僚主义产生的通病。政府的履职方式发生了重大变化，从犯人监管、公路建设、道路维修，到清扫街道、法庭速记等众多职能都以契约方式交由私人公司完成。即使没有制定法的授权，政府各部仍可以将其职能私有化，因为各部享有签订私法合同的保留权力（Residual power）。这些发展给行政法学理论提出许多新的问题，这些私人公司完全独立于政府，政府与服务提供者围绕合同所产生的争议通常由民事法庭来解决。

五、警察体制

在英国的行政体制中，警察机构相对独立，有自己的特色，因而，在英国的行政法教科书中，一般将警察机构独立出来专章介绍。

在英国，是否应当建立一支国家级的警察力量是一个有争议的问题。一种观点认为这会导致极权主义，警察国家会死灰复燃；另一种观点认为前一种观点的担心是多余的，国家级的警察力量同样会受到议会法律的约束。在现实中，英国的警察力量受中央政府控制的程度很低，主要是与地方政府联系紧密，也就是说，警察事务属于地方事务。同时，内政部对于警察政策享有较广泛的监督权，可以为地方警察当局设定目标、指导其执行目标。根据警察法的规定，英国分为 43 个警务区，每个警务区内设有一个警察局，警察局与警察当局不同，前者是具体执行警察事务的组织，后者是监管警察事务的组织，接受民众对于警察的投诉，指导、监督与协调本地的警察事务，在事后报请内政大臣同意下还有权任命警察局长，警察局长则根据警务目标指挥本警务区的警力。[1]

六、公务员制度

资产阶级革命胜利后，英国废止了官爵世袭制。但是，随之又出现了政党分赃制。一个政党在选举中获胜后，免去原有的政府官员，而全部代之以本党的成员，这种做法不利于政府的连续和稳定运作。于是，18 世纪末，英国着手改革其官僚制度。19 世纪中叶，由诺斯科特（Northcote）和杜维廉（Trevehyan）为首的委员会起草了一份报告，提出了现代公务员制度的精髓思想，如公开竞

---

〔1〕　张越编著：《英国行政法》，中国政法大学出版社 2004 年版，第 385 页。

争考试原则、功绩制原则、选用通才原则等，这些思想直到 20 世纪初才全部实现。到 20 世纪 80 年代止，英国仍在不断完善其公务员制度。

英国的公务员在英文里称为 Civil service，直译就是民事臣仆，体现了英国的传统，也可以叫做公务员，因为不包括军人，因此区别于武官。其范围仅限于中央政府及其组成部门的工作人员，也不包括非政府性的公共机构工作人员。

现代公务员制度是以政务员和业务员的分类为基础的，公务员法律中的公务员实际上仅指业务员，政务员不受公务员法律的调整。政务员从事领导、决策任务，业务员的任务为执行。政务员与政党共进退，业务员则保持政党中立。政务员有明确的任期，业务员终身任职，非有过错不受免职。政务员由选举或政治任命的方式产生，业务员经过考试择优录用，不直接对议会负责，薪水由国库支付。

公务员有组织工会并参加其活动的一般性雇员的权利，公务员工会与政府的关系，与劳资双方的关系没有质的区别，法院也在具体案件中支持工会维护公务员的权利。公务员与政府之间是一种雇佣合同关系，因此，公务员作为受雇人员受法律的保护对于不正当的解雇有权提起诉讼，也可以通过内部程序申诉。

公务员的纪律有：遵守法律，忠实执行职务；服从上级命令，不损害国家利益；不从事营利性事业，不做和地位不相称的行为；保守机密。

公务员制度发挥着极其重要的作用：政务员富有变动性，实现了资产阶级的政党制度和民主制度，同时给行政管理带来活力和生机。业务员具有稳定性，保证了行政管理的连续性，二者相结合，便形成了动中有静，静中有动的机制，兼顾了民主与效率双重目标。因此，可以说，没有现代公务员制度就没有英国的政党政治和民主政治，也没有有效的行政管理。正因为如此，英国的公务员制度在世界范围内起着示范作用。

第四节　行政机关的权力

一、行政机关的权力概述

分权学说可谓是资本主义国家政府制度的理论基础。这个学说最初由英国政治学家洛克提出，法国的法学家孟德斯鸠对此作了进一步发展。他在《论法的精神》一书中指出："当立法权和行政权集中在同一个人或者同一机关之手，自由便不复存在了，如果司法权同行政权合而为一，则对公民的生命和自由实行专断的权力，因为法官就是立法者。如果司法权同行政权合而为一，法官便握有压迫者的力量。如果同一个人或者同一个机关行使这三种权力，则一切全完了。"分权学说是建立在古典自然法思想基础上的,同时也是古典自然法思想的必然结论。其天赋人权思想说明了公民的权利是公民固有的,不可剥夺的;社会契约思想解决了公民权与国家权的关系,公民权是国家权的源泉;主权在民说明人民是国家的权利主体,政府应当受制于人民。三权分立则是制约政府的具体方式。分权原则要求将立法、行政、司法这些不同的职能分给不同的机关,防止任何一个机关处于主导地位,防止权力过于集中,权力的滥用就会得到预防和限制。

但是,西方各国的具体分权模式又因其政治、历史条件而不同。而且随着行政权的扩张,行政机关突破分权理论的制约,兼行使立法权和司法权的现象已经司空见惯。英国也是如此,尽管学者们和法官一直强调分权理念,但是,行政机关大量参与立法,如,议会制定的法律大多由政府提出或支持通过,政府根据议会授权制定的法律数量远远超过议会的立法,政府还可通过传统的权力制定行政管理法规。其次,行政机关也大量行使司法权,其表现为广泛设立的行政裁判所越来越多地解决行政争议和民事争议。

下面我们分别介绍行政机关行使立法、行政、司法三种权力的方式。

二、委任立法权

在英国,议会享有立法权,但这并不表明一切法律全由议会制定。苏格兰议会(Scottish Parliament)和北爱尔兰议会(Northern Ireland Assembly)经授权获得了制定基本法律的权力,但不能超越 1998 年的《苏格兰法》和《北爱尔兰法》的限制;议会常常将自己的立法权授予行政机关,行政机关依据议会的授权制定行政管理法规的活动被称作委任立法(Delegated Legislation),这是行政机关立法权的主要来源。

委任立法在英国历史上早已存在,但其大幅增加是在 19 世纪后期工业化时期。工业迅速发展引发大量社会问题,如贸易、资源、环保、就业、金融等,议会争执不休、拖拖拉拉的立法方式无法满足社会的需求,不得不授权行政机关进行立法。早在 1920 年时,行政机关根据委任立法制定的行政管理法规就为议会立法的 5 倍多,到了 1974 年,这个比例已增加为近 40 倍。议会将大量的关于具体事务的立法权授给行政机关,自己仅仅规定一些永久性的法律框架,一些地方政府和其他机构也被授予立法权,它们有权制定地方性法规和部门规章,甚至律师协会等行业组织也有权为其行业制定内部规章,当然,这些规章、命令、规则的效力均来自议会。委任立法的任务是执行议会立法的规定或根据授权制定细化的规则。近几十年来,议会立法变得日益简单,原则性规定越来越多,结果是行政机关的委任立法权越来越宽泛。

除了上述原因外，委任立法增加的原因还有以下几点：[1] ①议会定期召开，没有足够的时间；②法律的专业技术性强，议会议员不可能是每个方面的专家；③某些立法富有变动性，这和行政机关工作方式的连续性相一致，与议会工作方式的阶段性相矛盾；④紧急情况和战争时期，政府需要扩大权力；⑤许多立法需要一个试验阶段。

最初的委任立法只是授权政府应对紧急情况，但是，现在的委任立法的范围非常广泛，例如，《济贫法》授权政府制定有关救济穷人的规定，《工厂法》、《反对性别歧视法》授权政府修改和补充的该法权力，《欧洲共同体法》甚至赋予行政机关一些不确定的权力，行政机关可以通过立法的方式使共同体法在国内生效，或者规定议会所能处理的任何事情。甚至处于议会严密控制下的敏感的税收权力也受到行政机关的染指。

事实上，委任立法是必需的，因为议会没有能力制定所有的法律，即使制定了也不能满足行政活动所需要的具体化和复杂化。委任立法则具有极大的灵活性，特别是在紧急状态下。

英国没有一个统一的行政立法程序，行政机关制定法律时分别依据单行的授权法进行。调查和听证是行政立法中常常适用的程序，因为经过调查和听证制定的法律比较公正、客观、易于实施。有些授权法还要求行政机关必须咨询有关团体，并成立咨询委员会提供意见。

委任立法必须接受议会和法院的监督。议会的监督方式一是规定政府制定的行政管理法规必须提交议会备查，二是由议会两院联合委员会对行政管理法规提出报告。报告的内容是行政机关行使委任立法权的情况，其目的是督促政府提高警惕，妥当地行使委任立法权力。委任立法的生效方式有两种：一种是批准程序（affirmative procedure），一般是议会两院作出决议，例外情况下只要下议院单独批准。另一种也最为常用的还是搁置程序（negative procedure），在40天的审查期限内，如果议会不作出无效决定，委任立法就自动生效。

法院无权评价议会的立法，但是委任立法没有这种特权，议会立法具有主权效力，而委任立法只有严格符合所受的权限才能有效。因此，法院也可以审查其有效性，主要就是审查行政机关制定的法规是否在授权法的范围之内，并宣告越权的立法无效。这里的越权含义很广，既包括了违背宪法原则、自然公正原则、法定程序，也包括了不合理，因为法院认为，议会不希望委任立法权被不合理地使用，例如，有一项地方性法规规定，未经市长许可，禁止在街道

---

〔1〕　王名扬：《英国行政法》，中国政法大学出版社1987年版，第110页。

上演奏乐曲、唱歌和演说，被法院认定为专横和不合理而被宣告为无效。

三、行政机关的行政权

行政机关的行政权是指行政机关享有的执行性的权力。按照其来源来划分，行政权包括制定法上的权力和普通法上的权力。

制定法上的行政权是指议会通过制定法授予行政机关的权力。由于议会处于至高无上的地位，它的授权范围是不受限制的。议会在授予行政权的同时，还会规定这些权力行使的条件，这些条件包括权力行使的目的、范围和程序等因素。这些条件必须遵守，否则就会因越权而导致无效。但有些程序不是强制性的，而是任意性的，行政机关根据具体情况决定是否使用。普通法上的行政权是指行政机关根据普通法享有的不为其他人所有的特权。目前，这些特权包括：立法方面的权利，如不需要议会的授权就可以制定文官管理规则；外交方面的权利，如缔结条约；军事上的权力，如统帅武装力量。

英国法律注意行政权行使的范围，而不关注行政权的行使方式。英国学者N.霍克把行政权的行使方式简单地分为以下六类：①行政机关主动采取行动。这种方式主要是行政机关为实施法律和政策而作出决定的行为。②颁发许可证。③财政控制。行政机关利用财政补助权监督受补助者的活动。④采取和相对人签订合同的方式。⑤对于违反行政法并产生严重后果的行为进行刑事处罚。⑥行政机关根据法律的要求制定纪律，并要求有关人员遵守纪律。

任何行政权的行使都要以查明事实为前提，要查明事实就离不开调查，因此，调查成为英国行政机关广泛使用的方法。调查的方式有以下三种：

1. 公开调查。2005年，英国议会公布了《调查法》，该法旨在对公众关心的问题进行公开调查方面确立法律框架，它授权大臣对某一涉及面广泛的问题或具体事件举行独立的公开调查，即对调查有兴趣的人都可陈述意见，提出证据和参加听证，调查的范围不一定限于有直接权利义务关系的人。因为某些行政决定不可避免地会对一个地区的公众产生持久的影响，例如，修建核电站、机场等，公众往往会对这些方案产生极大的争议，政府通过公开的调查来确定公众异议的正当性。只要有人对计划提出异议，就可以启动调查程序，由大臣任命产生并代表其听证的调查官将举行一系列的公开会议，听取支持的意见和反对的意见。调查必须符合公正的原则，有时调查会持续数月甚至数年，有的大臣将作出最终决定的权力委任给调查官，如对规划申请的调查，有的是向有关大臣提出建议，大臣未必会接受这些建议，但是他会受到政治上的压力，他必须说明作出决定的理由。异议者往往会因为有人听取了他的意见、有机会参与政府的决策而变得心平气和，这被称为参与式民主。

政府也可以对公众认为重要的问题进行非法定的调查，如重大事故。这种调查的建议可能会导致法律的制定或修改，这类调查的程序在许多方面接近于纠问式，调查的目的是收集证据，确定行动的方向和程序，或者是确定责任的归属。为了达到这一目的，调查人员行使与法院相同的权力，如传唤证人、命令交出文件、强制宣誓等。

2. 听证。一般指范围较小的调查，例如政府的决策只与一座房屋有关，这时就应听取特定范围内或受邀请的人的陈述。

3. 调查法庭。在少数情况下，议会两院通过决议认为某一问题是公众所关注的紧急而重大的事件，如泄漏国家机密、高级官员受贿、重大事故等，这些情况不能适用一般的民事诉讼或刑事诉讼的调查程序，两院要求政府组成一个临时的调查法庭调查。法院可以主动搜集证据，但在法庭不对案件作出处理决定，而是由其他机关根据法庭的调查结果来采取措施，可见，调查法庭并非真正的法庭，而是个由法官主持的调查组织。

长期以来，政府收到一个重要的批评就是保守了许多不必要的秘密，为此，工党政府发起了开放政府的方案，方案承认民主政府的责任机制的实现，在很大程度上取决于对信息的获取，公众应当有权获得公共领域中的信息。经过漫长的等待，2000 年《信息自由法》终于出台。该法第一编规定，公共机关有义务根据公众提出的申请提供相关的信息，除非不公开的公共利益大于公开的公共利益。该法第二编则列举了一长串信息不予公开的领域，包括，安全部门从事的所有工作；国防；与王室成员的通讯；所有政治性建议；国际关系；经济；警察和海关的调查；庭审笔录；商业性信息；等等。这些信息绝对不公开，公共机关无需提供可能造成损失的证据。同时，公众也不能获取可能对政府有损害的信息，除非政府根据自由裁量权决定公开这些信息。为了证明拒绝公开的正当性，政府需要证明公开可能造成损害的公共利益。这些限制导致公众对政府承诺要实践开放、责任、参与和民主的公法价值产生了怀疑和批评，尽管如此，该法的实施还是促进了政府行为方式的转变，公众还是享有信息公开的一般权利。

四、行政司法权与行政裁判所

随着行政事务所扩张，行政权已伸入每个公民的日常生活，公民权利受行政侵害的可能性大增。行政法的主要目的便成为保障公民的权利和利益不受行政机关的侵害。英国的法律因此为公民提供了充分的救济途径：

1. 部长救济。在法律有规定的情况下，受害的公民可以向部长提出申诉。

2. 议会救济。对于重大问题，公民可通过本选区的议员促使部长注意，也可由议员在议会中质问或辩论。

3. 行政裁判所。这是英国行政法的特色之一，后面我们详细介绍。

4. 向法院申诉。英国的普通法院在公众心目中地位崇高，被看作是公民权利和自由最可靠的保障。但它也有着程序繁琐、效率低下的弱点。

5. 议会行政监察专员（Parliamentary Ombudsman）。于对中央行政机关的不良行政行为（包括态度粗暴、不愿视申诉认为有权利之人、拒绝回答合理的提问、存在偏见等，而不是违法行政行为），公民可以通过议员向议会行政监察专员申诉。议会行政监察专员可以提出相关的建议，这种建议没有强制执行力量，但监察专员的批评性报告及其给政府带来的尴尬可以促成政府接受它原来不愿意给予的救济。这种制度起源于瑞典和丹麦等北欧国家，其他国家纷纷效仿。根据 1967 年《议会行政监察专员法》的规定，议会监察专员由女王任命，终身任职，其救济具有高效性、廉价性和非法律性，在行政法上的地位绝不低于其他的救济方式。

下面，我们介绍英国的行政裁判所。

作为独立裁判机关的裁判所已经成为英国行政法上十分突出的一个特点。行政裁判所（Tribunal）是指在一般法院以外，由法律规定设立的用以解决行政上的争端，以及公民之间与社会政策有密切联系的争端的机构。其具体名称有委员会（Commission，Committee）、专员（Comissioner）、局（Board）和裁判所等。行政裁判所是行政机构，还是司法机构，英国人自己也认识不统一。它是议会以法律设立的审判机关，但它又是在帮助行政机关完成任务，某些方面上受行政机关控制。裁判所的活动主要是裁决性的，它通过审理被上诉的行政决定，充当法院替代者的角色，它既认定事实，又适用法律，与普通法院不同的是，裁判所不严格遵循先例。

虽然英国行政法仍然受戴西所主张的控制行政权的传统理念（红灯模式）所影响，还是有许多政治家和法学家把法律视为推动福利进步政策的工具（绿灯模式），他们认为，有效的、公正的救济制度在很大程度上有赖于建立起替代法院的新机制，这些机制能够处理对政府产生的日益增加的抱怨。裁判所除了满足解决争议的需求外，也为公权力的行使提供了正当化功能，为行政活动的整体运作确立了良好的标准。

裁判所主要是 20 世纪的产物，传统上，解决争端始终是法院的职权范围。1911 年出台的《国民保险法》创立的名为仲裁庭的裁判所负责审理对仲裁员的决定不服提出的上诉，从而为裁判所的发展提供了典范。20 世纪初的社会立法为行政裁判所的发展创造了客观需要，因为行政机关是社会立法的执行机关，在执行过程中产生的大量行政的或民事的争端都需要一个相对独立的机构来解决，法院的法官受传统思想束缚，对于社会立法难于理解和执行，行政裁判所便应运而生。二战以后，行政裁判所发展更快，到目前为止，有 50 多种，2000

多个。现在，裁判所解决的争议日益广泛，不再限于公民与国家之间的争议，已经介入私营部门，如工业裁判所、租金裁判所，近年来又组建了许多新的裁判所，如残疾人裁判所、儿童抚养上诉裁判所、特别教育需求裁判所，因而有人主张不再称其为"行政"裁判所。

如何划分法院和裁判所的管辖权限呢？弗兰克斯在报告中讲道："作为一般原则，我们坚持认为，如果找不到支持由裁判所承担裁判权更为合适的特殊理由，那么就应当把裁判权授予法院而不是裁判所。"这些特殊理由包括：①专门管辖。专门管辖的优势在于，裁判所必然拥有专业性的人员，他们或者是由于具有专业技能而被选定，或者是熟悉相关的法律和问题。②方式灵活。法院的严格程序和遵循先例等方法有时并不适宜于某些情况，有些问题要求采用更为灵活的方式。③有些案件是公民向国家主张权利，而不是一般的争议，因而需要采用纠问式而不是对抗式的审理方法，审理人员不仅仅是坐听，还需要积极调查，这样更有利于实现公正。④需要激励申请人主张权利，因而，裁判所尽可能地使申请程序简便、费用低廉。因此，很多人不是诉诸法院，而是上诉到某一裁判所，裁判所除了实现了解决争议的功能外，还为公权力的形式提供了正当化的功能，并为整个行政活动提供了良好的标准。[1]

行政裁判所的活动遵循公开、公平和无偏私三个原则。公开是指裁判程序公开举行，裁决的决定须说明理由。公平是指裁判程序保障双方当事人充分知道对方的论点，陈述自己的观点和充分行使自己的权利。无偏私是指行政裁判所不受作出行政决定的机关的实际或可能的影响。

为了监督和指导行政裁判所的工作，英国议会设立了行政裁判所委员会，由 15 名有影响力的成员组成，既有法律界人士，也有行政专家和其他领域的专家，这个委员会是个咨询机构，本身没有执行权力，也不是一个超级的裁判所，它可以对行政裁判所成员的任命提出建议，它每年都要提出工作报告，这些报告会对裁判所产生一定的压力。

裁判所的设立毫无计划，往往是为了某个具体的法律的执行而设立，因此种类繁多，我们可将它大致分为四类：①财产和税收方面的裁判所，如土地裁判所、增值税裁判所；②工业方面的裁判所，如发明者报酬裁判所、运输裁判所；③社会福利方面的裁判所，如医疗委员会裁判所、警察年薪裁判所；④外国人入境裁判所。理论上可以把裁判所分为"法院替代者"型和"政策导向"型。对于前者，制定法要求其依法裁判，限制其行使过于宽泛的裁量权；对于

---

[1] Paul Jackson and Patricia Leopold, *Constitutional and Administritive Law*, by Sweet Maxwell Athomson Company, p. 648.

后者，允许考虑众多的政策性因素，灵活裁判。事实上，绝大多数裁判所处于两者之间。

裁判所的组织缺少统一规定。大多是相互独立的，但也有少数裁判所之间存在上下级关系。人员的选择上注重各方利益的平衡，为了保障裁判所独立工作，其人员具有独立性，裁判所的主席由大法官任命，或者是由部长在大法官同意的名单中挑选。裁判所也缺少统一的裁决程序，总的来讲，裁决程序是对抗式，而不是纠问式。裁判所根据具体情况作出判决，不必遵守先例。

当事人若不服裁决时，上诉的途径多种多样，由具体的法律规定，有的是向另一裁判所上诉，有的是向部长上诉，还有的是向法院上诉。若法律没有上诉规定时，当事人就没有上诉权，但这并不妨碍高等法院对裁决进行司法审查。

第五节　司法审查

一、司法审查的概念

英国不存在法国那样的由行政法院审理行政案件的行政诉讼制度。但是英国的法院同样可以审查行政机关的行为是否合法。而且，从产生上看，英国的这种制度绝不晚于法国的行政诉讼制度。因为法治原则要求政府依法办事，不得专横地行使权力，法律面前人人平等。另外，三权分立原则要求政府的三个部门应当各自行使自己的权力，行政机关的职权是管理，法院的权力是行政机关在越权的情况下作出裁判，这就意味着，在行政机关恰当地行使权力时，法院不得干预。法院应当适度地尊重行政行为。

英国的普通法院通过行使上诉管辖权和司法审查权的方式，对行政机关的行为是否合法所进行审查的制度就是英国的司法审查制度。在英国，公民和行政机关之间的争议有多种解决渠道，如向部长申诉，由行政裁判所裁判，向议员、议会行政监察专员和其他监察专员申诉等，但是，地位独立、程序严格、信誉良好的普通法院是英国人权利和自由的最强大的保障，司法审查在整个责任机制中无疑处于主导地位。从 1981 年到 2004 年，司法审查的申请增加了 10 倍还多，2004 年达到了 5498 件，数量最大的案件类型为移民与难民资格，第二位的是无家可归者的住房问题。

英国的司法查制度具有以下特点：

1. 不存在独立的行政法部门。英国是普通法的发源地。普通法没有法律部门的划分。公民和政府之间的关系同公民之间的关系一样，受同一法律支配，由同一法院系统管辖，没有独立的行政法体系的存在。

2. 司法审查由普通法院实施。英国人的法治观念是法律面前人人平等，所有人均受同一法律支配，由同一法院管辖，政府也不例外，因此，建立行政法院是多余的。

3. 行政裁判所作为普通法院的辅助机构而存在。行政裁判所大量解决行政、民事纠纷，减轻了普通法院的负担，大部分不服行政裁判所裁判的案件可以上诉至普通法院。二者相辅相成，缺一不可。不了解行政裁判所，也就不能完整地了解司法审查。

4. 判例制度。判例法在英国法律体系中占重要地位。如果从英国法律体系中抽出成文法，该体系仍能自成一体，但是若抽出判例法，该体系就失去基本原则，成为一堆支离破碎的东西了。

5. 越权无效原则是英国司法审查的依据。行政机关和行政裁判所的行为如果是在法律权限范围内，法院就无权干涉。司法审查只有在行政行为超越法律规定的权限时才发生，法院审查的标准就是是否越权，法院不能像在诉讼中那样以自己的决定代替行政机关的决定。越权原则的范围十分广泛，也包括违反义务和裁量不当。1999 年发生的一个著名判例是，S 怀孕后，医生考虑到她出现的特殊症状，建议她剖腹产，但 S 希望自然生产，拒绝了医生的建议。一名社会工作者根据《精神病法》的规定，向法官申请将 S 强制入院，最终 S 剖腹生下孩子，对 S 的限制人身自由措施很快解除。其间，S 拒绝接受治疗，医院向法官提出申请，但法官没有努力让 S 主动同意接受治疗，而是作出强制的决定。故 S 向上诉法院对法官提出诉讼。上诉法院认为，有正常心智的人有权拒绝接受治疗，即使当事人的观点古怪或不合常理，也不能强制限制当事人的人身自由，因此，同意 S 的请求，发出宣告令，宣告侵犯了人的自决权。

6. 司法审查区别于诉讼。司法审查是当事人对行政机关的决定提出异议的一种方式，前提是当事人没有其他替代性的解决途径。如果可以提出诉讼，那么，受害人必须选择诉讼。诉讼机关可以直接替代原机关作出决定，并给予直接的救济，诉讼不仅可以审查合法性问题，而且可以审查案件的是非曲直；相反司法审查仅限于合法性问题，即使胜诉，也可能不能得到成功的结果。例如，学生提出资助的申请被行政机关拒绝，法院认定越权后，行政机关必须重新审查，这次它遵循了所有的法律要求，包括程序，最后仍然可以作出拒绝资助的决定。

二、司法审查的机构与范围

司法审查的机构当然是普通法院。但普通法院是一个法院体系，而不是一个具体的法院，其内部又有各自的管辖范围。按照案件的性质可把英国的法院分为民事和刑事两个系统。民事系统由四个审级构成，由低到高分别是：①郡法院；②高等法院；③上诉法院民事庭；④上议院。刑事系统也是四个审级，由低到高分别是：①治安法院；②皇家刑事法院；③上诉法院刑事庭；④上议院。

由于普通法院审理行政案件适用民事程序规则，所以行政案件由民事系统的法院管辖。但是民事系统法院中的郡法院没有对行政案件的管辖权，行政案件的审理法院实际上就成了三级。第一审案件由高等法院的王座分院管辖，然后是上诉法院的民事庭和上议院。2005 年出台的《宪政改革法》对司法体制做了大幅度的改革，成立了最高法院，由 12 名上议院的法律勋爵组成，他们无权参与上议院的议事活动，但是享有广泛的审判权。最高法院年资最高的法官担任院长。大法官大臣有义务保护法官的独立地位，不得试图影响法院的审判，司法审查明显强化。

尽管行政案件由普通法院审理，但是司法审查程序与民事诉讼程序又是两种程序，而且司法审查程序具有排他性。1977 年《最高法院法规则第 53 号令》规定，申请某一特权救济方式"应当通过申请司法审查程序提出"，即行政案件（英国人更多地称之为公法案件）只能适用司法审查程序，民事案件（私法案件）才适用民事诉讼程序。这样一来，问题的关键就成为如何确定公法案件与私法案件的界限。这在英国也是个争论不休的问题。

人们争论的第一个焦点是有无必要划分公法与私法，学术界持否定的观点，理由是分开不仅不符合英国的历史经验，而且会给诉讼带来极大的麻烦。法律委员会则持相反的观点，主张坚持司法审查的程序排他性原则。第二个焦点就是如何划分公法与私法案件。英国的判例表明，如果作出决定的机关是公共机关，那么不管它实际行使的权力是什么，都应受公法的约束。另一方面，也可以根据所行使的权利类型，而不管此权力是否由公共机关行使来确定公法案件，如发放许可证。即使是私人组织，只要其行使的权力属于行政性质，也应当受公法调整。但是，私人机构如果只是行使影响公众的权力，本质上与政府从事的公共活动不同，那么它也不受司法审查的制约，例如赛马俱乐部、足球协会等。

根据 1998 年的《人权法》，公共机关可以分为"核心的"公共机关和"混合职能的"公共机关，前者如警察局和移民局，后者如私有化的公用事业公司，以及承担着由政府外包职能的私营公司。这一划分有助于更为明确地确定司法审查的范围，私营部门作出的决定符合以下条件时，就可以对该决定提出司法审查：①该决定本质属于政府性质的；②受该决定影响的人与作出决定者之间不存在合同关系；③该决定的作出过程影响了多数公众。总结一下法院对程序排他性原则的立场就是，其一，明显属于公法性的问题，应当提出司法审查程序；其二，明显属于私法性的问题，应当提出民事诉讼方式；其三，介于二者之间的案件最好提出司法审查，因为它随后总是可以转化为另一种诉讼方式；

其四，如果将公法问题作为私法上请求提出，则可能会因程序排他性和滥用诉讼程序而被驳回。[1]

三、司法审查的依据

英国司法审查的依据就是越权无效原则，这里的越权是广义上的越权，传统上包括三项内容：一是违反自然公正原则；二是程序上越权；三是实质上越权（狭义上的越权）。越权无效原则实质上是保障议会制定的法律得到遵守，同时不妨碍行政机关的效率。

（一）违反自然公正原则

自然公正原则是英国的一项历史悠久的原则，属于普通法的范畴，原本只适用于刑事诉讼领域，后来通过法院的判例才逐渐扩大至行政法领域。自然公正原则被看作是最基本的公正程序规则，是必须遵守、不容克减的程序，只要成文法没有明确排除或另有特殊情况外，行政机关都要遵守。在 1723 年的 R v. Chancellor of the University of Cambridge 的案件中，Fortescure 法官指出，伊甸园中也存在着自然公正原则，上帝在处罚亚当之前还给了他辩解的机会。该案中，剑桥大学在没有事先告知 Bentey 因此他不能做任何辩解的情况下，就取消了他的学位。法院最终支持了他提出的执行令请求。该原则具体内容没有统一的解释，核心意思是任何人都必须公正地行使权力。一般认为，它包括两个基本规则：

1. 任何个人或团体在行使权利可能使他人受到不利影响时，必须听取对方的意见，对方有为自己进行辩护和防卫的权利。这个规则要求行政机关做到：①公民有在合理的时间以前得到通知的权利。②公民有了解行政机关的论点和根据的权利。③公民有为自己进行辩护的权利，行政机关必须为相对人提供进行陈述和辩护的机会。

2. 任何人不能作为自己案件的法官。这是避免偏私的要求，没有这一规则，就没有公正可言。这一规则要求法官和裁判人员不得与所处理的问题有任何牵连，必须保持中立，一旦可能存在偏私，就不得参与作出决定，否则决定就会无效。首席大法官 Hewart 勋爵解释说：正义不仅要实现，而且要看得见，做到清清楚楚、明明白白。

（二）程序上的越权

程序上的越权指行政机关违反制定法规定的程序。前述的自然公正原则是普通法上的程序，二者均体现出英国人重视程序法的观念。在英国人看来，程

---

〔1〕 ［英］彼得·莱兰、戈登·安东尼：《英国行政法教科书》（第五版），杨伟东译，北京大学出版社 2007 年版，第 268～291 页。

序不仅存在自身的正义价值，它还可以间接支持结果的妥当性，甚至直接决定结果公正；同时，程序的法定不仅利于实现公正，也能促进效率。所以，议会在授予行政机关权力时，往往同时规定行使权力的程序。根据议会主权原则，这些法定程序当然是行政机关必须首先遵循的程序规则，否则即构成程序越权。制定法上常见的程序有调查、听证、咨询、委任、说明理由、通知、公布、批准等。如果某一程序依法属于强制性程序而行政机关未予遵守就构成程序上的越权。反之，行政机关没有遵守任意性程序不会构成越权。

（三）实体上的越权

实体上的越权也就是狭义上的越权，是指行政机关或行政裁判所超越实体法规定的权力范围。其表现为：

1. 超越事项管辖权。英国议会法在授予行政机关行使某项职权时，必然同时要规定行政机关行使相应职权的法定条件。行政机关如果在法定条件不具备或条件不相符合时行使职权，即为"超越管辖权的范围"。

2. 不履行法定义务。行政机关不履行法定义务的形式多种多样，包括不行使权力在内。但由于行政羁束权下不履行法定义务极易识别，所以不履行法定义务最引人注目的是不行使行政自由裁量权，或利用契约束缚自己对自由裁量权的行使。

3. 记录中表现的法律错误。记录是指行政机关和行政裁判所处理行政事务或裁决案件时制作的卷宗以及所依据的一切文献。法律错误不仅指对法律的理解和适用上的错误，还包括缺乏证据在内。因此，记录中表现的法律错误是指行政机关作出行政行为时的各种材料、文件、有关证据和理由说明及相对人提出的申请书、有关陈述和说明（统称行政案卷），显示出明显的法律错误和使行政决定或裁决不能成立的事实错误。

（四）行政不合理（Unreasonableness）

行政合理性原则也是在司法审查中从越权无效原则中分离出来的一项原则，同时又是一项发展较晚的原则。行政合理性原则主要针对自由裁量权而设，它是判断自由裁量权是否合理或是否被滥用的标准。在20世纪初，它主要还是关于行政机关行使自由裁量权时的程序要求。直至1948年韦德内斯伯里案（Wednesbury），这种状况才有较大改变。这个案件并不复杂，1932年的《星期日娱乐法》规定韦德内斯伯里公司有权向电影公司发放星期日播放电影的许可证，并附加其认为适当的条件。该公司附加了15岁以下儿童不得观看星期日播放的电影的条件。地方联合电影公司认为附加条件不合理，构成越权。法官Greene勋爵指出，不合理可以成为违反法律的理由："被授予裁量权的人必须适当地依法行事，他必须考虑应当考虑的因素，排除无关的因素。如果没有遵循这些规则，就可以认定其行为不合理。"Greene 勋爵在判决中还分析了另一种不合理：极端的不合理（韦德内斯伯里不合理），凡是有理性的行政机关都不可能作出这样的决定，可以作为法院撤销行政决定的手段。在该案中，法官根据合理性原则，扩张司法审查的权限，从程序审查及于实质审查。自该案例以后，法院对于行政行为之审查已如德国的比例原则一样，及于对行政行为实质上是否显著不合理的判断。比例原则的基本要求是：①行政行为与行政目的相符合，行政措施不应当超越必要的限度，通俗地来说就是"杀鸡不用牛刀"；②行政机关只能选择使用对当事人损害最小的手段；行政行为在私人利益与公共利益之间保持比例，寻找平衡。例如，为了应对恐怖主义，内政大臣命令广播公司禁止播放某些节目。全国新闻从业者协会提出司法审查，法官指出，限制表达自由是必要的，公共利益证明该禁令具有正当性。再如，在审理程序中，当事人应当出示证据，否则法院可以强制。但是如果行政机关认为出示某些证据会危害公共利益，就有权拒绝，如披露警察线人的姓名。法院一方面要维护公共利益，一方面要保证行政机关不得滥用拒绝公开信息权，在二者之间保持平衡。

根据英国司法审查的判例，"不合理"主要有下列标准：

1. 背离法定目的。如果行政机关在作出决定时出于不正当目的或者虽主观上出于善意但客观上背离法定的目的，则属不合理。

2. 虚假的动机。行政自由裁量权的行使不仅要符合法定的目的，还必须具有正当的动机，在作出决定的最初出发点和内在起因上必须符合法律的要求和法律的精神。

3. 不相关的考虑。行政机关在行使自由裁量权作出行政决定时，还应当全面考虑该行政决定所涉及或影响到的各种因素，而不得考虑那些与之无关的因素，否则就是不相关的考虑，也构成不合理。

4. 非正常判断，或者说显失公正，或者说严格的"非理性"（Irrationality）。这是指行政机关在行使自由裁量权作出行政决定时，明显有悖逻辑和常情，或专断，或只有不充分的证据和理由的支持。

法院认为，行政机关的决定出现法律错误，属于法院审查的范围。但是，对于当事人提出的事实错误，法院不愿干预，因为法院不具有判断是非问题的专业知识。当然，法院区分两种事实错误：一般的事实错误和前提性的事实错误，法院对于前者不认为是越权，后者则涉及法律授予行政机关的管辖权。行政机关的决定是以事实为基础的，如果行政决定建立在错误的前提性事实基础之上，这就会影响到行政决定的正确作出。例如，某法规定地方当局有权向旅馆发放销售酒精饮料的许可证，有人自称其家用住房为旅馆来申请许可证，并获得批准。申请人的邻居提出异议，法院是否可以地方当局的事实依据存在错误为由撤销该决定？答案是肯定的。这表明司法的态度正在发生变化，专家认为该领域已经发展出与美国的"实质性证据规则"相似的司法审查理由。立法上确立为"实质性事实错误"原则。

由此可见，越权的含义十分广泛，甚至大于我们所讲的违法一词。

四、法院的救济手段

司法审查中的救济手段，可以分为公法上的救济手段和私法上的救济手段。前者又称为特权的救济手段，因为它是高等法院王座分院发出特权令来审查行政决定的，是司法审查的主要方式。后者又称一般的救济手段，因为它普遍适用于各种案件，当然也适用于行政机关违法的情况。[1]

（一）公法上的救济手段

1. 撤销令是高等法院根据相对人的申请，命令行政机关将案卷移送法院审查，若发现有越权的情况就予以撤销的特权令，它是当事人最常用的特权救济方式，适用范围广泛。法院作出撤销令只是撤销原决定，将问题交给原机关处理，而不是用自己的决定代替原决定。

2. 禁止令（prohibiting order）是高等法院王座分院在行政机关作出决定前或执行中对行政机关发出的禁止其越权行为的命令，其目的是阻止某一违法行为的出现。

3. 强制令是高等法院命令负有义务的行政机关履行其义务的特权令。行政机关不履行强制令就构成藐视法庭罪。

这是三种古老的救济方式，一直被称为特权令，因为都是以英王的名义发出的，是控制行政机关的传统方式，现在这些手段已经发展为对公共机关的决定提出司法审查的方式。

4. 人身保护令是一直沿用的称谓，是高等法院王座分院根据被拘禁者或其代理人的申请，命令行政机关（如警察局、移民局、精神病医院等）释放被违法拘禁的人的特权令。目前，人身保护令不受司法审查程序调整。

（二）私法上的救济手段

与特权令不同，以下两种救济手段源于私法诉讼，直到最近才适用于公法案件。

1. 制止令（injunctions）是法院要求诉讼当事人为或不为一定行为的命令，其作用在于阻止行政机关作出特定的行为，有时也用于强制行政机关作出特定行为。不过由于强制令的存在，法院在公法案件中极少使用此种方式。

---

[1] ［英］彼得·莱兰、戈登·安东尼：《英国行政法教科书》（第五版），杨伟东译，北京大学出版社2007年版，第534页。

2. 宣告令（declarations）是法院根据案件事实阐明法律，宣告某种法律关系或法律地位是否存在，从而确定当事人之间法律关系的判决。宣告令只是明确诉讼当事人的权利，但不直接影响这些权利。事实证明，宣告令是公法上最有效的救济方式，与撤销令相比，宣告令可以产生更大的作用，只要请求人所主张的利益有法律依据，法院几乎可以作出任何宣告。

对于行政机关违反公法的行为，当事人并没有要求赔偿的普通法权利，不过当事人可以违约或侵权为由提出司法上的赔偿请求。目前，当事人可以在申请司法审查的程序中一并提出赔偿请求。[1]

五、司法审查的程序

1977 年司法改革前，不同的令状适用不同的程序，改革后，建立了审理行政案件的统一程序，不过申请人仍然需要具体指明申请的救济方式。这次改革的创新之处是允许附带提出赔偿请求，这样就避免了申请人向一个法院提出司法审查而向另一个法院提出赔偿请求。根据 1981 年《最高法院法》第 31 条的规定，司法审查分为两个阶段：准予申请阶段和审理阶段。

（一）准予申请阶段

起诉是司法审查的前提，一般的起诉期限是 3 个月。可是，即使当事人在 3 个月的期限内提出司法审查，如果法院认为是过分拖延，也可以根据自由裁量权不给予救济。在特殊情况下，例如申请人寻求替代性手段或申请法律援助而耽误了期限，法院有权决定延长。司法审查必须得到法院的准许（permission），请求人要以司法审查求情书的方式向法院提出。如果高等法院驳回了申请，请求人可以在 7 日内提出民事诉讼。法院要给请求人救济，必须确定面临的问题是公法问题，法院从宏观的角度分析被诉的机关是否在行使公共职能，而不仅考虑权力的来源是否为制定法。如果权力来自双方的约定，具有契约性，则不受司法审查。由于公法与私法的界限缺乏明确性，司法审查的范围也存在着不确定性。

起诉资格是个比较重要的问题，1977 年最高法院建立了新规则，以"申请人必须具有足够的利益"作为起诉资格，不管申请何种救济手段，统一适用这一起诉资格，这一规定具有很大的灵活性，能够充分保护公民的诉权，甚至没有直接的利害关系人，但法院认为应当审查政府行为时，就具备了利益的充分性。

法院还要求申请人必须在穷尽其他救济途径后才能给予司法审查。替代性

---

[1]　Greer Hogan, *Constitutional and Administrative Law*, fifth edition, Sweet & Maxwell, p. 102.

救济途径有自身的优势，比如，费用低廉、效率高，还具有缓解法院压力的优点。

当事人提出申请后，法院审查其起诉是否具有原告资格和申请的理由，审查被诉机关是否适于司法审查，被诉决定是公法的还是私法的，然后决定是否同意同意受理其申请，这是一种过滤机制，通过这一方式将滥用诉权和给法院造成负担的起诉挡在门外。法院若拒绝受理，申请人可向上一审级上诉。

（二）审理阶段

法院审理案件适用对抗式。当事人和法官关注的焦点是行政决定是否越权，法院认为申请人有理由时，就按其申请作出判决，不服判决的一方有权上诉。当事人不遵守法院判决会构成藐视法庭罪。[1]

需要再次强调的是，司法审查不同于诉讼，法院不能以自己的决定代替行政机关的决定，相反，司法审查是当事人对行政机关的作为或不作为提出异议的制度，如果理由成立，法院会给当事人提供救济：撤销行政决定，或要求行政机关作出决定，或强制行政机关履行义务，或组织行政机关作出某个行为，或确认当事人的法律地位。

第六节　行政赔偿

一、行政赔偿概述

自1947年《王权诉讼法》颁布以来，英王和政府仅享有少量特权（prerogative powers）和豁免权，行政机关和普通公民一样要接受侵权法的约束。行政机关的越权行为可能对公民造成损害，受害人有权就此向法院提出损害赔偿之诉。他可以在申请司法审查中附带提起，也可以单独提起。英国人对行政赔偿案件的处理方式同样充分体现着英国法的特色，即不论公法关系还是私法关系中的赔偿问题，都适用相同的法律原则：行政机关和英王与普通公民一样，就是说，公民可以起诉行政机关的越权行为，当然，行政机关也可以对公民提出侵权诉讼。这一做法源于戴西的法治理念，即不分公法与私法，所有人同样受普通法的约束。因此，一个人要起诉另一个人，从理论上讲，区分被告是行政机关还是普通公民没什么意义，因为适用的法律相同。尽管如此，行政国家的出现和公法、私法的分歧，使得问题不再是如此单纯。

行政赔偿责任包括行政机关的侵权责任和违约责任，以及返还责任和合法

---

〔1〕　Greer Hogan, *Constitutional and Administrative Law*, fifth edition, Sweet & Maxwell, pp. 108～112.

行为应当承担的补偿责任。英国没有专门适用于行政机关的侵权制度，行政上的侵权责任以民法上的侵权责任理论为基础；同样，它也没有专门的公法契约制度，行政机关签订的契约适用民法上的契约规则；返还责任是指行政机关没有正当的理由而从公民那里获得某种利益时，行政机关向公民承担的返还该利益的责任，这实际上还是一种民法上的不当得利的责任，但是由于法律的错误行政机关获得某种利益时，公民不能请求返还，例如多征的税金；补偿责任是指由于行政机关的合法行为给公民的权益造成损害时，为了补偿该损失而承担的责任。

二、侵权赔偿责任

侵权行为理论是民法学上的重要课题，导致赔偿责任的主要侵权类型有以下几个：[1]

1. 过失侵权。一方当事人由于过失行为给另一方当事人造成财产或人身的损害。过失侵权诉讼必须具备以下三个构成要件：①被告对原告负有普通法上的注意义务；②被告违反了该注意义务；③被告的行为给原告造成了损失。例如，Hughes v. Lord Advocate 一案就是如此，邮政总局的人员忘了盖上检修井盖，导致一个小孩掉入并被电灼伤。

2. 违反法定义务的侵权。这一侵权形式与过失侵权相似，区别在于行政机关所负的义务来自制定法而不是普通法。这种诉讼中，请求人同样要证明行政机关违法了法定义务，并与损失之间存在因果关系。例如，根据《工作健康与安全法》，任何违反该法规定的义务的行为，都需要承担赔偿责任。

3. 公务不法行为侵权。如果当事人能够证明行政机关或公务员存在恶意或欺诈，就可以获得赔偿，这类侵权极少发生。例如，某破产银行的储户请求英格兰银行赔偿其损失，因为英格兰银行给该银行发放许可证违法。上议院指出，公务不法行为的侵权责任构成要件有：①被告必须为公职人员；②公职人员行使职权时滥用职权；③被告必须存在恶意，意图使他人遭受损失；④请求人必须具有充分的利益；⑤必须存在因果关系；⑥必须证明被告可以预见损失。

4. 妨害行为。行政活动在实质上不正当地干预了请求人的财产或享有的财产权，例如，污染了请求人的土地。

事实上，各国民法在处理侵权赔偿问题上基本思路是相同的，这里我们着重说明与行政有关的一些法律原则。

1. 行政人员由于职务上的违法行为侵害公民的权利时，必须按照一般的法

---

[1] John Marston and Richard Ward, *Cases and Commentary on Constitutional and Administritive Law*, by Pitman Publishing, p. 783.

律承担赔偿责任。行政人员不能以服从上级命令为由免除责任，因为对于违法的命令行政人员没有服从的义务，除非法律另有特别规定。英国法律认为行政机关与行政人员是雇用人和受雇人的关系。而雇用人对于受雇人的侵权行为要承担连带责行，这样，行政机关就对行政人员的侵权行为负连带赔偿责任。由于行政机关赔偿能力较强，受害人实际上往往要求行政机关赔偿。

2. 行政机关在权限范围内采取的行为给公民造成必然侵害的，行政机关不承担赔偿责任，如强制征收和强制执行行为。

3. 行政机关实施危险行为造成损害时一般不承担责任。但这一原则已为近年来的一些立法所突破。

三、违约责任

政府作为英王的代表，具有公司法人的资格，签订的契约具有法律效力，而其政府大量地通过契约的方式提供物品和服务，这已经成了政府履行其职能的一种方式，过去由政府履行的多种职能，现在由私人公司承担，政府使用多种合同设置公共服务的标准和条件，公众关心的公共部门效率大幅度提高。

但是，英国没有法国的行政契约理论，行政机关的契约适用一般的契约原则，公权力不享有优越的地位。但是行政机关作为公共利益的代表，不能不受一些特殊规则的支配，在存在公共利益的特殊情况下，政府可以不履行约定的义务，契约不能限制政府的行为。代表行政机关负责缔约谈判的官员个人不对合同承担责任，而是由被代理人（行政机关）承担，地方政府和公法人只能在自己的权限范围内签订契约，某些规章规定了政府签订契约必须公开招标，等等。

政府签订的契约，同样要受一般的法律调整，公权力在缔约时不享有优越的地位。契约必须遵守，违约必须承担责任，这是契约的常识，但是政府承担着公共职能，有时履约就会造成违反行政义务，如何解决这一矛盾，英国法律的原则是：行政机关没有权力签订这个契约，该契约按无效契约处理，如果个人已经向行政机关支付款项，行政机关应当返还。法国在这方面远比英国成熟，法国的行政契约理论认为，行政机关不能因为要遵守契约而妨碍行政权力的行使或行政义务的履行，行政机关根据公共利益的需要，有权单方终止或变更契约。也就是说法律承认行政机关不履行契约的行为合法，同时承认对方当事人对所受到的损失有权请求补偿，这样就合理地解决了行政机关在契约中双重地位的矛盾，既维护了公共秩序，也兼顾了对方当事人的合法权益。

四、补偿责任

行政机关由于合法的行为对公民造成的损害所给予的补偿，称为补偿责任。行政机关承担补偿责任以法律明文规定为限。英国目前存在三个方面的补偿。

一是行政机关强制剥夺私有财产时需要补偿，私有财产在西方国家受法律严格保护，除非为了公共利益，并有公正的补偿，政府不得剥夺任何人的财产。二是公民的房屋和土地因公共建筑而降低使用价值时，公民有权要求补偿，如铁道噪音和烟雾对公民造成的损害。三是对强制出卖的补偿。它是指公民的土地或房屋因为政府执行公共计划而受到影响时，公民有权请求计划的执行机关购买公民的财产。

五、王权诉讼法

在英国，王权并不是指英王个人，而是指英国中央政府。因此，英王的赔偿责任实际上是指英国的国家赔偿责任。

英国于 1947 年制定《王权诉讼法》，并于 1948 年 1 月 1 日开始实行。在此之前英王的法律地位和地方政府与公法人不同。从程序上讲，英王只能作原告，不能作被告；从实体上讲，英王不能为非（The king can do no wrong），即英王不会违法，因此，英王不承担赔偿责任。从现代法治的观点来看，这显然是不公平的，于是出现了一些变通的办法，如权利请愿制度，指定名义上的被告，事实上仍然实行英王赔偿责任的豁免原则，这种违背法治的现象受到法律界的强烈批评，而且变通办法也无法执行下去，如有时无人愿作名义被告，这种状况促成了王权诉讼法的出台。这个法律的核心意思就是取消了英王的行政赔偿责任豁免权，当事人起诉时，可以直接起诉部长或检察总长，使英王和普通公民、地方政府一样承担法律责任。从该法的第 1 条就可以看出这一点："本法生效后凡对英王提出赔偿请求的，以及本法生效前可以权利请愿书形式提出赔偿请求须经英王恩准的……均受本法调整。该请求为法律授予公民的权利，无须经英王恩准，依此对英王提出诉讼的程序也以本法之规定进行。"从此，在承担侵权责任方面，英王和政府与普通公民完全一样，任何公民都可以起诉英王的过失行为、妨害行为和侵害行为，当然，英王也可以对公民提出侵权诉讼。这仍然是戴西的法治理念的影响，行政机关和公民作为被告时没有任何区别，因为适用的法律原则是相同的。不过，现代国家的出现以及相应的公私法划分，使得某些领域中的公共行政机关赔偿责任复杂化了。

需要再次强调的是，法律上讲的英王是指作为政府首脑的英王，实际上是指英国政府，私人意义上的英王至今仍不承担法律责任。

第三章

美国行政法

第一节　美国行政法的渊源

一、英国普通法

"美国法的基础是英国的普通法。"[1] 1774 年第一届大陆会议通过的《权利宣言》明确宣布："各殖民地居民享有英国普通法规定的权利。"由于对英国的敌视，在独立革命时期以及革命以后的一段时间，普通法在美国面临被废除的危险。不过，美国人离不开已经习惯了的英国法，因为大多数美国人不能或者不愿读外文的法学著作。在美国律师当中，几乎没有人能有效地运用大陆法系的民法。许多法官表面上是亲法国的，但是到审理案件时，实际上只能依据普通法的权威著作。当然，由于建国后美国社会的改变，英国普通法不再是原封不动地被美国应用了。例如，美国的西进运动，使英国普通法将海事管辖权局限在外海和内河的潮水涨落所及的范围的"潮汐流动"标准不再适用了。因为西进运动使密西西比河以及其他内陆河道商业的发展与原来 13 个殖民地时期大大不同了。大法官塔尼讲道：今天，把这个国家的公共水域只限于潮水的界定是根本不能被接受的。美国有几千英里的公共适航水域，包括没有潮水的湖泊和河流。海事管辖权仅仅及于公共的潮水水域，而不能同样有效地扩展到任何其他的用于商业目的的公共水域，这显然是毫无道理的。[2]

二、英国衡平法

英国衡平法的一些特权令状在今天的美国偶尔还被运用。

---

[1] [美] 伯纳德·施瓦茨：《美国法律史》，王军、洪德、杨静辉译，中国政法大学出版社 1990 年版，第 12 页。

[2] [美] 伯纳德·施瓦茨：《美国法律史》，王军、洪德、杨静辉译，中国政法大学出版社 1990 年版，第 14～26 页。

三、判例法

判例法是指法院的判决对本法院和下级法院构成先例，本院和下级法院以后遇到类似问题应按照先例判决。判例法（case law）是与制定法（statute）相对应的，前者是法院或法官创造的法，运用的是归纳推理思维；后者是立法机关创造的，运用的是演绎推理。判例法由于是法官在审理案件过程中形成的，因此不够稳定。美国法院对判例的态度也非常灵活，即如果先例适合于眼下的案例，则遵循；如果先例不适合眼下的案例，那么法院可以拒绝适用先例，或者另行确立一个新的法律原则而推翻原来的判例。例如，美国历史上有关契约的两个著名案例的判决就不一致。在 1819 年的达特茅斯学院案中，马歇尔任首席大法官的最高法院判决：在公司的特许状中，特权的授予就是一项契约，因此政府无权干涉。然而，在 1837 年查尔斯河桥梁公司诉沃伦桥梁公司案中，塔尼任首席大法官的最高法院则反对一成不变地为既存的契约提供保护，认为国家为了社会的发展可以干预契约。美国判例法对美国权力格局影响最大的是 1803 年"马伯里诉麦迪逊案"。该案在美国最早确立了最高法院具有审查国会立法是否违宪的权力，国会的至上地位开始被怀疑，因此在美国只有"宪法至上"没有哪个机关至上。

四、联邦宪法

1787 年制定、1789 年生效的《美利坚合众国宪法》（the Constitution of the United States of America）是美国建立联邦的宪法，目的和作用在于"为建立一个更完善的联邦，树立正义，保障国内安宁，规划共同防务，促进公共福利，并使我们自己和后代得享自由之赐福"。因为 1781 年生效的《邦联条例》有很多缺陷，不能解决州际经济交往、司法互助等国内问题，对外则显得不够强大，所以要废除邦联而建立联邦。可以说，确立联邦主义是 1787 年宪法的最主要目的。至于三权分立思想，从第一部州宪法即 1776 年《弗吉尼亚宪法》起，各州的宪法都是根据三权分立原则来架设政府机构的。

从 1791 年到 1971 年，《美利坚合众国宪法》有 26 条修正案。这些修正案连同宪法正文，大都与行政权力的来源、行使、被监督有关，成为美国行政法的渊源。

五、法律

美国国会制定的法律，如果与行政权力有关，也就成为行政法的渊源。如《联邦行政程序法》、《信息自由法》、《清洁空气法》、《州际贸易法》等都在规范行政权力，都是美国行政法渊源。

六、联邦其他行政法渊源

其他的联邦行政法渊源还有国际条约；国际协定；总统命令（executive order）；各行政机构，包括总统直接领导下的各个部局和联邦独立委员会颁布的规章；一些被授权的机关制定的管理外部相对人的行政规则（rule）；联邦法院的判例等。

七、州宪法

美国各州都有自己的宪法。还在殖民地时期，一些殖民地就有了自己的宪法或宪法性文件，如 1639 年的《康涅狄格根本法》、1682 年的《宾夕法尼亚政府组织法》、1776 年的《弗吉尼亚宪法》。现在，美国各州都有了自己的宪法，州宪法是州法律体系（相对于联邦法律体系）内具有最高效力的法源。

八、州其他法律渊源

州其他法律渊源有州法律、州政府的行政规则及命令、州法院的判例等。

第二节　美国行政法的原则

美国行政法的原则是美国人精神的提炼和展现，包括民主、法治、平等、联邦主义、权力分立制衡等诸多原则。这里仅介绍美国较有特色的两个原则：

一、联邦主义[1]

大家很自然地认为美国有"一个"政府。一旦说到美国政府想到的就是"白宫"，即美国总统代表的中央政府。事实上，美国有成千上万个政府：1 个国家政府（national government）、50 个州的政府（state government）、82 000 个地方政府（local governments）。大约有 50 万民选官员（elected officials），加上几百万官吏（bureaucrats）和管理人员（administrators）在运行这些政府。

联邦主义的首要原则是联邦政府最高，联邦政府高于州政府和地方政府。不过，尽管《美利坚合众国宪法》序言就指出该法的目的是"建立一个更完善的联邦"即确立联邦主义，但是联邦主义的道路并不平坦。也许是因为美国宪法对联邦和州政府权力的分配，让各州找到了不服从联邦的"根据"。根据美国宪法，权力分配如下：其一，国家政府被授予一些专属的权力，有铸造货币权、处理外交事务权、管制对外贸易（跨国）和州际贸易权（跨州）、提供陆军和海军权、宣战权、建立从属于最高法院的法院的权力、建立邮政办公室的权力以及为执行上述权力而制定必要的、合理的法律的权力。然而，国家政府也被明确排除了一些权力，包括从一个州征税来给予另一个州的权力、违反《权利法案》的权力、改变州的疆界的权力。其二，州政府也被授予了一些专属权力，

---

[1] Robert L. Lineberry, *Government in America: People, Politics, and Policy*, Little, Brown and Company, 1985, pp. 103~130.

包括建立地方政府的权力、管制州内部贸易的权力、领导选举（conduct elections）的权力、批准联邦宪法修正案的权力、处理公共健康、安全和道德问题的权力、行使宪法没有授予国家政府或者没有禁止州使用的权力。然而，州政府也被排除了一些权力，包括对进口或出口征税、铸造货币、参加国际条约、损害合同义务、削减特权（abridge the privileges）、豁免公民、否认正当程序和平等保护。其三，国家政府和州政府都拥有的权力，包括征税、借款、建立法院（establish courts）、立法和执法、设立银行和公司（charter banks and corporations）、把钱用于公共福利、在公正补偿前提下为公共目的剥夺私人财产（take private property for public purposes，with just compensation）。然而，有一些权力都被禁止，包括授予贵族爵位、允许奴隶制（根据第十三修正案）、由于种族、肤色或曾被奴役（previous servitude）而否认公民投票权（根据第十五修正案）、由于性别而否认公民投票权（根据第十九修正案）。

联邦主义经过三件大事才得以走上坦途。

第一件大事是 1819 年的 McCulloch v. Maryland 案，这是一个州政府与联邦政府权力对决的案件。该案也是联邦党人马歇尔首席大法官审理的。他在判决中说："如果有一个命题能获得人类的普遍赞成（command the universal assent of mankind），我们可以预料它就是这个命题——美国政府，尽管权力是有限的，但是在法律范围内是最高的。"[1] 最高法院认为，只要国家政府（national government）遵循宪法，它的政策就优先于州政策（take precedence over state policies）。最高法院还认为，联邦国会除了宪法列举的权力（enumerated powers）之外，还具有某些宪法暗示的权力（implied powers）。目前，不得不指出的是，"暗示的权力"这个概念变得像个被拉伸得很长却没有被拉断的橡皮，被宽松解释了。尤其在经济领域，成百上千的国会政策（congressional policies）是宪法没有专门提到的，这些联邦政策（federal policies）管制食品、药品、建立州际高速公路、保护消费者、净化空气等——它们都被认为是国会获得的暗示的权力因而是正当的。

第二件大事是 1861～1865 年的南北战争（Civil War）。它确立了联邦主义的一个重要论点（issue）：正如后来最高法院所说的，美国人的政府是"不可破坏的州之间的不可破坏的联合"（"indestructible union of indestructible states"）。

第三件大事是解决平等权冲突。虽然南北战争之后废除了奴隶制，但是美国的种族平等问题依然严峻，例如种族隔离仍然存在。直到 1954 年，最高法院

---

〔1〕　不过，马歇尔的修辞式的夸张像是布道者在布道。国家的最高性（national supremacy）当然不能获得"人类的普遍赞成"。

宣布在公共学校的强制隔离（the forced segregation）是违反宪法的（unconstitutional）。不过，事情并没有就此终结。最高法院的这一判决遭到了大量抵制。南方行政长官和立法机关（southern governors and legislatures）公然蔑视最高法院的判决。1963 年，当联邦法官命令允许两个黑人学生进入位于 Tuscaloosa 的 University of Alabama 时，在 George Wallace 长官与联邦权威之间的丑陋冲突上演了。Wallace 坚决反对取消种族隔离（against integration）。他以滑稽的姿势站在门口阻止两个黑人学生入内。从这件事之后，联邦制定了一个又一个法律、一个又一个政策来结束种族隔离。这些政策包括减少黑人、少数民族（minority）和其他穷困群体的教育、就业等社会多方面的不平等。如果不解决这些不平等问题，那么美国社会将可能分裂，联邦主义将成为梦想而已。

从二元的联邦主义（dual federalism）到合作的联邦主义（cooperative federalism）。在两个多世纪中，联邦主义逐渐变化，慢慢地从二元的联邦主义向合作的联邦主义转变。在二元联邦主义中，各州政府和国家政府在各自的体系内是最高的。各州负责一些政策，而联邦政府负责另一些。联邦政府在外事和军事政策、邮政系统（postal system）和金融政策等方面具有专属控制权。州政府在学校、法律执行和公路建设等方面有专属权。在二元联邦主义中，各个层次的政府的权力和政策分配是明显不同的。然而，在合作联邦主义中，州和联邦政府分享权力和政策分配。成本是分摊的，联邦和各州各自出一部分。管理可以被分享，州和地方官员在联邦指导方针之内工作。当计划实施得不好时，也共同承受公众的责备。

二、三权分立和制衡原则

《美利坚合众国宪法》第 1 条把立法权授予参众两院，第 2 条把执行权授予了总统，第 3 条把司法权授予最高法院和国会不时命令建立的下级法院。国会（Congress）包括众议院（House）和参议院（Senate）。总统的执行机构包括总统、总统办公室、执行机构和内阁部委（executive and cabinet departments）、独立政府机构（independent government agencies）。法院包括最高法院（the Supreme Court of the United States）、巡回上诉法院（Circuit Courts of Appeals）、地区法院（District Courts）。

国会可以制约总统。国会有权批准总统的人事任命；有权控制预算；有权通过被总统否决（veto）的法案；有权弹劾和免除总统职务（impeach and remove the president from office）。

总统可以制约国会。总统有权否决国会的立法。

总统可以制约法院。总统有权任命法官。

法院可以制约总统。法院有权宣布总统的法令（act）违宪。

法院可以制约国会。法院有权宣布国会的法律（law）违宪。

国会可以制约法院。参议院（Senate）有权批准总统的法官任命（appointment）。国会（Congress）有权弹劾和免除法官的职务。

国会内部也可以相互制约。众议院和参议院之间能否决彼此的法案。

需要指出的是，法院宣布国会的法律违宪的权力是司法判例即"马伯里诉麦迪逊案"判决（最高法院首席大法官马歇尔主持审理）的功劳，并非源自《美利坚合众国宪法》。美国法院既可以对行政部门的行动进行审查，也可以对国会的行动进行审查，这在全世界来看都是非常有特点的。世界各国法院的地位，大致可以分为三类：[1] 第一类，法院不独立，更不用说审查政府权力了。第二类，法院独立，但是不具有司法审查权，例如英国、比利时、荷兰。第三类，法院不仅独立而且具有司法审查权，如美国、德国、意大利、加拿大、奥地利、日本。《日本国宪法》第81条规定："最高法院系有权决定一切法律、命令、规则以及处分是否符合宪法的终审法院。"但是实践中，日本最高法院只推翻过行政法规，没有宣布过议会立法违宪。而且，日本最高法院的法官与美国最高法院的法官的任期也不同，前者虽然由内阁任命但是在10年终了时可以由公民选举罢免；后者法官终身任职，总统有权任命但无权罢免。其他国家对法律的审查，除了德国宪法法院之外[2]还没有完全建立起来。当然，德国对议会法律的审查也与美国不完全一样。美国的司法审查是判例形成的，德国则是《基本法》规定的；美国是由既审理民事案件、刑事案件又审理行政案件和违宪案件的最高法院来审理，而德国是由专门的宪法法院来审理，其他案件则由普通法院、行政法院、劳动法院、社会法院、财政法院来审理。

对于美国三权分立与制衡的分析，不能不谈及独立管制机构的权力混合问题。独立管制机构有三类：第一类是独立于总统的独立管制机构，如美联储、国家劳动关系委员会、州际贸易委员会。第二类是隶属于总统的独立管制机构，如环境保护局。第三类是隶属于部委但是有很大独立权力的独立管制委员会，如隶属于健康与公众服务部的社会保障上诉委员会。它们的共同特点是：①具

---

〔1〕　[美] 加布里埃尔·A. 阿尔蒙德、小G. 宾厄姆·鲍威尔：《比较政治学——体系、过程和政策》，曹沛霖等译，东方出版社2007年版，第253页。

〔2〕　《德国基本法》第41条规定："不服联邦议会之决定，得向联邦宪法法院提出抗告。"第93条规定联邦宪法法院审判下列案件："……②关于联邦法律或各邦法律与本基本法在形式上及实质上有无抵触或各邦法律与其他联邦法律有无抵触、发生歧见或疑义时，经联邦政府、邦政府或联邦议会议员1/3之请求受理之案件。②之一关于法律是否符合本基本法第72条第2项之要件发生歧见，而由联邦参议院、邦政府或邦议会所提起之案件。……④之二乡镇及乡镇联合区由于依第28条之自治权遭法律损害而提起违宪之诉愿，该法律如系邦法，则须系无从在邦宪法法院提起者……"

有决定权力。②能够制定标准或指导方针，对受控制的对象给予利益，或科处制裁。③管制的对象主要是国内企业。④它们的负责人由总统任命。⑤它们的活动受《联邦行政程序法》制约。[1] 独立管制机构制定行为标准的权力，属于立法权，裁决争议的权力属于司法权，执行有关法律和自己决定的权力属于行政权。这就导致了权力的混合。与洛克倡导、孟德斯鸠发展和完成、杰斐逊把它从理想变成现实的分权理论不符合，与美国宪法把立法权、行政权、司法权分别授予不同的机关的传统分权理念和要求有所不同。

美国早期的判例认为，立法权——被宪法授予国会（delegated to Congress）——不能再授予给其他机关（redelegated to others），这就是所谓的不授权原则（nondelegation doctrine）。在 1831 年的 Shankland v. Washington 案中，大法官斯托瑞（Justice Story）说道："法的一般原则是，被授予的权力不能再被授予。"在 1892 年的 Field v. Clark 案中，大法官哈兰（Justice Harlan）写道："国会不能把立法权授予出去……作为一个普遍承认的原则，对《宪法》规定的政府系统的完整性及其维护是至关重要的。"

在 1897 年的 ICC v. Cincinnati, New Orleans & Texas Pacific Ry. 案中，法院认为 1887 年的《州际贸易法》（the Interstate Commerce Act）没有授予州际贸易委员会（ICC 即 the Interstate Commerce Commission）"实施立法功能或者规定将来要控制的费率的权力"。然而，国会后来在 1906 年的《赫伯恩法》（the Hepburn Act）中专门授予了这个权力，法院没有大费周折就承认国会的授权行为合宪。由此我们可以发现，不授权原则的内涵实际上发生了比较大的变化。从最初的立法权只能由立法机关行使，不得授予行政机关；到后来的可以授予行政机关，但立法机关在授权的同时应给出明确、具体的标准；再到后来的不再关注立法机关是否给出标准，而是看行政机关自己能否制定标准来规范其权利的行使。

独立管制机构同时混合了立法、裁决和执行功能（combine lawmaking, adjudicative, and executive functions），究竟是否合宪呢？《宪法》的确规定和区分了"立法权"、"执行权"和"司法权"，分别在第 1 条给了国会，第 2 条给了总统，第 3 条给了联邦法院，但是《宪法》没有哪个条款是对行政机关（administrative agencies）的授权。《宪法》委托（mandate）的分权体系不是"滴水不漏的"（"watertight"），也就是说它的分权是有漏洞的，但是《宪法》的确提供了一些在不同部门之间分享权力的例子（如总统有否决立法的权力，说明总统分享了国会的立法权）。《宪法》的建立者（the Founders）肯定没有考虑到会出现

---

[1] 参见王名扬：《美国行政法》（上），中国法制出版社 1995 年版，第 173 页。

州际贸易委员会（ICC）或联邦贸易委员会（the Federal Trade Commission）之类的"制度猛兽"（institutional beast），但是"活着的"《宪法》已经经常被法官解释来适应国家出现的实际紧急状况。行政过程（administrative process）的辩护者拒绝传统的分权原则，认为它已经与大都市、工业化社会的时代要求不符合（anachronistic）。辩护者举例证明说，为了有效管理和控制复杂的现代经济，政府必须效法（emulate）商业公司，具有完整的技术、专家、分层管理。[1]

第三节　美国的行政组织和行政人员

一、总统

（一）总统的权力和作用

美国总统的权力极为广泛，而且实际在运用的权力不限于《宪法》的规定。

总统具有行政权。《宪法》第2条规定：执行权（the executive power）属于美利坚合众国总统。总统得命令各行政部门长官就他们各自职责有关的任何事项提出书面意见。

总统为武装统帅。总统为合众国陆海军和奉调为合众国服现役的各州民兵的总司令。由于总统职位（presidency）是为乔治·华盛顿量身定制的（tailored），很自然的，美国《宪法》使总统掌管武装力量。[2] 从杜鲁门总统开始，美国总统还掌握了使用核武器的决定权。

总统有赦免权。总统有权对危害合众国的犯罪行为颁赐缓刑和赦免，但弹劾案除外。

总统有缔约权。总统经咨询参议院并取得其同意，有权缔结条约，但须有出席参议员总数的2/3表示赞成。

总统有人事权。总统提出人选，经咨询参议院和取得其同意后任命大使、公使和领事、最高法院法官以及任命手续未由《宪法》另行规定而应由法律规定的合众国所有其他官员。但国会认为适当时，得以法律将这类较低级官员的任命权授予总统一人、法院或各部部长。总统有权委任人员填补在参议院休会期间可能出现的官员缺额，但这些委任需于参议院下期会议结束时期满。

总统有向国会报告权。总统应经常向国会报告联邦情况，并向国会提出他

---

〔1〕 Stephen G. Breyer and Richard B. Stewart, *Administrative Law and Regulatory Policy*: *Problems*, *Text*, *and Cases*, Little, Brown and Company, 1985, p. 43.

〔2〕 Robert L. Lineberry, *Government in America*: *People*, *Politics*, *and Policy*, Little, Brown and Company, 1985, p. 416.

认为必要而妥善的措施供国会审议。

总统有召集国会权。在非常情况下，总统得召集两院或任何一院开会。如遇两院对休会时间有意见分歧时，他可令两院休会到他认为适当的时间。

总统有接见外国使节权。总统接见大使和其他使节。

总统是首要的执法者。总统负责使法律切实执行。总统执行法律有两大手段。第一个手段是人事任命权。新总统大约能任命 300 位高级官员——阁员、次阁员、行政机关首长以及其他非常任文官（non - civil service）。此外，还能任命约 2000 名次要官员。第二个手段是根据 1921 年《预算与会计法》（the Budgeting and Accounting Act），总统有权向国会推荐各机关预算。这样，总统能更好地控制具有其他执法权的机关，以更好地执行法律。

"首要立法者"。有学者认为总统还是首要"立法者"（chief legislator）。原因有二：一是《宪法》要求总统不时向国会报告联邦情况，这实际上使总统成为国会议程的主要塑造者（major shaper of the congressional agenda）。二是总统对国会的否决权。总统对国会的立法可以表现出三种做法：①签署它，使它成为法律；②否决它，附带个拒绝的理由把它退给国会；③在 10 个工作日内不做任何事情，它就成为法律。对于被总统退回的法案，国会的众议院、参议院各自都有 2/3 的多数决议，可以推翻总统的否决，使法案成为法律。但是在法律制定过程中，总统一度有最后发言权——如果国会在把法案提交给总统后的 10 天（不是 10 个工作日）内休会，总统可以利用既不签署也不否决的方式简单地让法案死掉——这叫"搁置否决权"（pocket veto）。从 1961 年到 1984 年，总统否决的国会法案有 230 个，而国会推翻总统否决的仅是其中的 20 个。可见，总统的否决通常是有效的。[1]

除此之外，总统还是外交政策的制定者、国家议程的构建者、经济领导者。

罗伯特·林伯瑞教授认为，美国总统有截然不同的权力。在国内政策方面，由于公众对总统权力的惧怕使得总统的权力受到固有的限制（inherent limitation），总统主要依靠"说服的权力"（"power to persuade"）处理国内政策。然而在外事方面，总统就宛如国会山上的国王（king of the hill），[2] 其外事权力几乎不受制约。

---

[1] Robert L. Lineberry, *Government in America：People，Politics，and Policy*, Little，Brown and Company，1985，p. 418.

[2] Robert L. Lineberry, *Government in America：People，Politics，and Policy*, Little，Brown and Company，1985，p. 439.

（二）总统组织[1]

1. 内阁（cabinet）。虽然总统的顾问（advisors）通称内阁（cabinet），并没有在《宪法》中提到，但是每个总统都有。华盛顿总统的内阁较小，由3个秘书（secretaries）（国务、财政和战争）和1个首席检察官（the Attorney General）组成。现在却由12个秘书和1个首席检察官领导执行部门并组成内阁。这些部包括1789年组建的国务部、财政部，1949年组建的国防部（融合了陆军、海军、空军部门），1870年组建的司法部（它的首长就是首席大检察官），1849年组建的内政部，1862年组建的农业部，1903年组建的商务部，1913年组建的劳动部，1979年组建的健康与人类服务部，1966年组建的住房与城市发展部、运输部，1977年组建的能源部，1979年组建的教育部。此外，总统可以任命其他官员成为内阁成员。

2. 执行办公室（the Executive Office）。邻近白宫的是被称为EOB（Executive Office Building）的建筑，它就是执行办公室的办公场所。执行办公室的职位，一些是立法建立的，如经济顾问委员会，而另一些则是总统根据需要设立的。执行办公室于1939年由罗斯福总统建立，当时很小，现在则发展壮大了。执行办公室现在有三个主要的政策制定实体：①国家安全委员会（NSC），负责联系总统的重要外交和军事顾问。总统、副总统、国务卿、国防部长是它的正式成员，非正式成员则广泛得多。总统负责国家安全事务的助手在NSC中起重要作用。②经济顾问委员会（CEA）。它由总统任命的三个成员组成，为总统制定经济政策出谋划策。③管理和预算办公室（OMB）。它由1921年建立的预算局（BOB）发展而来。1970年，尼克松总统把预算局改制成管理和预算办公室。

3. 白宫雇员（the White House Staff）。白宫雇员是总统处理日常事务的重要助手。他们包括雇员的首长、总统的国会联系人（congressional liaison people）、总统的新闻秘书（press secretary）以及其他人士。他们对总统几乎绝对忠诚。

二、美国的官僚机构（bureaucracies）[2]

在现代政府里，官僚机构具有三个主要功能：①官僚（bureaucrats）是政策的实施者（implementors）。官僚们执行国会的和总统的政策并为执行政策目标而发展程序和规则。②官僚是政策的管理人（administrators）。官僚们管理政府的日常工作（routines），从邮递到收税，再到维护街道治安。③官僚是管制者

---

〔1〕　Robert L. Lineberry, *Government in America*：*People*，*Politics*，*and Policy*，Little，Brown and Company，1985，pp. 421～422.

〔2〕　Robert L. Lineberry, *Government in America*：*People*，*Politics*，*and Policy*，Little ，Brown and Company，1985，pp. 451～455.

(regulators)。这是官僚机构最有争议的作用。然而，国会授权给了管制委员会管制变化多端的不同行为的权力，例如管制利息、核能的存放位置、食品添加剂（food additive）。

美国的官僚机构主要有以下几类：

（一）内阁部门（cabinet departments）

国务部（Department of State）有 23 961 名雇员；财政部（Treasury Department）有 126 020 名雇员；国防部（Department of Defense）有 1 026 461 名雇员；司法部（Department of Justice）有 58 869 名雇员；内务部（Department of the Interior）有 79 582 名雇员；农业部（Department of Agriculture）有 123 987 名雇员；商务部（Department of Commerce）有 35 576 名雇员；劳动部（Department of Labor）有 19 083 名雇员；健康与人类服务部（Department of Heath and Human Services）有雇员 147 162 名；住房与城市发展部（Department of Housing and Urban Development）有雇员 12 996 名；交通部（Department of Transportation ）有雇员62 959名；能源部（ Department of Energy）有雇员 17 229 名；教育部（Department of Education）有雇员 5268 名。[1]

（二）独立管制机构（independent regulatory agency）

独立管制机构，有时也被称为"管制机构"（the regulatory agency）。它们负责一些经济事务，制定保护公共利益的规则。它们权力的触角伸得很长，以至于它们有时被称为"第四部门"（"the fourth branch of government"）。它们有时也被称为"政府的字母混合物"（alphabet soup of governments），因为华盛顿的人们多半是通过它们的字母而认识此类机构的。例如州际贸易委员会（the Interstate Commerce Commission，简称 ICC），该机构是美国最老的管制机构，成立于1887 年，当时是管制铁路，后来管制州际贸易，尤其是货车运输（trucking）。联邦储备委员会（the Federal Reserve Board，简称 FRB），掌管银行——甚至更重要的事务——管制货币供应。联邦通讯委员会（the Federal Communications Commission，简称 FCC），掌管广播和电视台的许可，为了公共利益管制它们的节目，也管制州际长途电话费。

（三）政府公司（the government corporations）

联邦政府有一批政府公司。它们不像私人公司一样，不能从政府公司那里购买股票和收集债券。然而，它们也像私人公司——与政府其他部门不同——表现在两个方面：其一，它们提供的服务是可以由私人部门提供的。其二，它

---

[1] Source：Department of Commerce, *Statistical Abstract of the United States*, 1985 （Washington, D. C.：U. S. Government Printing Office, 1984）, pp. 300, 325.

们通常要为它们的服务收费，尽管收取的费用通常要比私人公司收取的费用便宜一点。美国的第一个政府公司是田纳西峡谷管理局（the Tennessee Valley Authority），它负责给田纳西州、肯塔基州、亚拉巴马州和相邻的其他州提供价格便宜的电。

（四）独立执行机构（the independent executive agency）

独立执行机构是内阁部门、管制委员会、政府公司之外的政府必备部分。独立执行机构的管理者通常由总统任命并服务于总统（serve at his pleasure）。这些机构中预算最大的有：常规服务管理局（General Services Administration，简称GSA），是政府的业主（landlord），负责处理建筑、供应和购买。国家科学基金会（National Science Foundation，简称NSF），负责支持科学研究。国家航空与空间管理局（National Aeronautics and Space Administration，简称NASA），负责把人类送到月亮、火星以及其他更遥远的地方。

第四节　行政公开

由于行政公开能满足公民的知情权，同时它也是公民行使监督权的必要前提，还是公民参与权的要求。加之，美国是一个倡导公民精神的国家，而知政、督政、参政就是公民精神的一种要求。并且受英国普通法影响，美国人重视程序正义。因此，美国在行政公开上建树不小。1787年美国《宪法》第1条第5款第3项规定：参众两院都应保存本院议事录，并随时公布，但它认为需要保密的部分除外。1791年宪法第一条修正案即规定："国会不得制定限制言论自由或出版自由的法律。"第六条修正案规定："在一切刑事诉讼中，被告享有下列权利：由犯罪行为发生地的州和地区的公正陪审团予以迅速而公开的审判，该地区应事先已由法律确定；得知被控告的性质和理由。"尤其重要的是第九条修正案规定："本宪法对某些权利的列举，不得被解释为否定或忽视由人民保留的其他权利。"这为日后实行行政公开，满足公民的知情权、监督权、参与权提供了延展空间。美国行政公开涉及的主要法源有1946年《联邦行政程序法》（The Administrative Procedure Act）的相关规定、1966年《信息自由法》（Freedom of Information Act）、1972年《联邦咨询委员会法》（The Federal Advisory Committee Act）、1974年《隐私权法》（The Federal Privacy Act）、1976年《阳光中的政府法》（the Federal Government in The Sunshine Act）。

一、《联邦行政程序法》相关规定以及《信息自由法》简介

1946年的《联邦行政程序法》，明确了公众可以从政府得到文件，但是规定了广泛的限制：一是行政机关可以基于"公共利益"而拒绝。二是行政机

基于"正当理由"而拒绝。然而大家知道,"公共利益"也好,"正当理由"也好,内涵和外延都是极为不确定的,可以被行政机关随意解释。三是没有规定救济手段,要求公开的权利难以有效实现。为克服这些缺点,1958 年国会做了一个修改,在原来条文的基础上增加了一句:"本节的规定不是授权对公众拒绝提供或者限制使用政府信息。"

在 1966 年制定《信息自由法》之前,美国早期的《管家法》授权行政机关长官控制其主管的文件的散布。私人通常只在诉讼程序中,为了查清案情可以请求使用行政机关的文件。而 1946 年《联邦行政程序法》及其 1958 年的修改,步伐太慢,不能满足美国公民日益增长的行政公开要求。

1966 年制定的《信息自由法》,被编入《美国法典》第五编。《信息自由法》经过了 1974 年、1976 年、1978 年、1984 年、1986 年、1996 年等多次修改。该法取消了"公共利益"、"正当理由"之类内涵和外延极为不确定的用语。实行公开为原则,不公开为例外,还明确了必须在一定期间内对公开与否作出决定,保障了公民权利。

《信息自由法》的目的主要有两个:一是强化民主政治。在国家安全许可的范围内,公民能够得到全部信息时,民主政治才能得到最好的运行。二是防止行政腐败。"阳光是最好的消毒剂。"[1]

《信息自由法》以公开为原则,以不公开为例外。主要内容有:

1. 必须在《联邦登记》上及时公布并分别说明的事项。这些应实现以公开为原则,以不公开为例外。公布的事项包括:①行政机关的总部和地方机构的说明。②各个机关执行职务和作出决定的一般过程与方法。③程序规则、通用表格及可以取得表格的地点等。④机关根据法律授权制定的普遍适用的实体规则,机关制定和采取的基本政策的说明等。⑤上述各项的修改、订立和废除。应当公布而未公布的不得要求任何人遵守,除非该人已经实际被告知了有关内容。

2. 每个机关必须按照自己制定的法规,提供下列文件以供公众查阅和复制:①裁决案件的最终理由,包括附议的意见和反对意见在内,以及裁定书。②该机关所采取的未在联邦登记上公布的政策说明、解释。③职员手册和对职员的指示,其中影响公众的部分。

上述公开的内容不得明显不正当地侵犯个人隐私权。

3. 除了按前两部分提供的记录之外,每一机关在收到要求提供记录的申请

---

〔1〕　王名扬:《美国行政法》(下),中国法制出版社 1995 年版,第 959~960 页。

时也必须对任何人迅速提供他所需要的记录，但公众的申请必须符合两点：一是合理地说明所需要的记录；二是符合机关公布的法规中所规定的时间、地点、费用（如果有的话）和应当遵守的程序。

4. 规定了可以收费的情况和不得收取费用的情况。对可以收费的事项，既规定了范围限制也规定了标准限制等。该法规定：根据申请公开文件的目的的不同而对收费区别对待：第一类，用于商业目的的，收费限于文件的检索、复制和审查的合理费用。第二类，用于教育、科研或学术目的的，或用于新闻媒介的，收费限于文件复制的合理费用。第三类，不属于上述两类的，收费限于文件检索和复制的合理费用。如果信息的公开是为了公共利益，文件的提供应不收取任何费用或者减少费用到第二类的费用。

收费表应规定只收取检索、复制或审查的直接费用。这里的审查是指甄别有关文件是否属于不能公开的事项。下列情况，不得收取费用：①按照常规的方法收款或得到该款项的手续，所花费的费用等于甚至大于应收款项的，不得收取费用。②除基于商业目的的申请外的其他申请，最初 2 小时检索费和最初 100 页的复制费，不得收取费用。

任何机关不能预先收取任何费用，除非申请人以前曾经不按时缴费或者本次费用可能超过 250 美元。

如果按照其他法律对特种类型的记录有特别的收费标准规定的，从其规定。

5. 每个机关有一个以上的成员时，必须在机关每次会议中对每个成员的最后表决制作记录，以供公众查阅。

6. 行政机关提供资料有期间要求，诸如"10 日"、"20 日"。

7. 不予公开的事项包括：①为了国防、外交利益，根据总统授权保密的文件，或根据总统命令实际上已经被划定为保密的文件。②纯属机关内部人事的文件。③法律明文免除公开的文件。④贸易秘密等。⑤机关以外的当事人和机关进行诉讼时，在法律上不能利用的内部机关或机关之间的备忘录、信函。⑥可能明显侵犯个人隐私的文件。⑦为执法目的而编制的记录或信息，并具备下列情形之一的：干扰执法程序，剥夺公正审判或裁决，侵犯隐私，会暴露秘密信息来源，可能泄露调查或追诉的特别技术和程序，会危害人的生命或人身安全。⑧负责管理和监督金融的机关编制的、收到的或使用的检查报告、业务报告或情况报告。⑨关于油井的地质和地球物理的信息资料，包括地图在内。

《信息自由法》规定了信息公开形式。其一，行政机关主动公开。例如，主动公开裁决案件的最终理由，包括附议的意见和反对意见在内，以及裁定书等。其二，依申请公开。这种方式可以公开除不能公开以外的一切文件。

1974 年的《信息自由法》修正案限制了国防文件、外交文件、为执行法律目的而制作的文件免除公开的范围。

1976 年修正案缩小了执法豁免和国家安全豁免的范围，并在程序上进行了扩充。

1978 年修正案对有关行政机关的纪律程序有关的内容作了更新。

1984 年修正案废除了第 1 条第 4 款第 4 项关于法院快速审查的规定。

1986 年的修正案增加了保密内容，赋予政府一定的权力，可以不证实申请的材料是否存在，这就排除了《信息自由法》的适用。该修正案被编入美国法典第五编第 552 节第 3 款：①只要请求公开的内容涉及第 552 节第 2 款第 7 项第 1 目的内容，并且符合以下规定：调查或处理程序的对象可能涉及刑法，以及有理由相信：其一，调查或程序所涉及的对象尚不知道自己正在受到调查；其二，暴露记录的存在很可能会干扰执法活动。在这种情况存在期间，且只能在此期间，机关可以认为这些记录不适用本节的规定。②刑事执法机关掌握的信息提供者的档案是以信息提供者的姓名或个人特征为基础建立的。当有人请求依据信息提供者的姓名或个人特征查阅档案时，机关可以认为这些记录不适用本节的规定，除非该信息提供者的身份已经被公开。③只要某信息公开请求涉及联邦调查局建立的有关外国信息、反间谍信息或国际恐怖活动信息的档案，而且该档案的存在本身属于第 2 款第 1 项的规定属于保密的文件时，在这项文件属于保密事项期间，联邦调查局可以认为这些记录不适用本节的规定。

1996 年修正案解决了电子信息的公开问题。

2001 年 "9·11" 事件后，司法部长阿斯可罗夫公布了实施信息自由法的新备忘录，将克林顿时期司法部长雷诺提出的 "可预见的危害" 标准变更为 "合理的法律根据" 标准。这样，只要有 "合理的法律根据"，就可以对九类例外信息予以保密。

如果公民申请行政机关公开有关信息被拒绝，可以提起行政复议和行政诉讼。

二、《阳光中的政府法》和《联邦咨询委员会法》

（一）《阳光中的政府法》

1976 年《阳光中的政府法》的目的在于对公众提供信息，同时保护个人的权利和政府执行职务的能力。《阳光中的政府法》的适用对象是委员会制的行政机关，不适用于独任制的行政机关，原因在于这两类机关的决定程序不一样。

《阳光中的政府法》规定：一切会议除符合该法规定的免除公开的条件外，必须公开举行，允许公众观察。观察权利包括出席、旁听和观看的权利，但是不包括发言权。该法规定了十种情况可以免除公开。在这十项免除公开的情形中，有七项是与《信息自由法》相同的，只有三项是《阳光中的政府法》特有的：①会议讨论的是指控一个人的刑事犯罪，或者正式指控某人。②会议讨论的信息过早地公开可能产生严重后果：就控制货币、证券、商品或金融的机关而言，将会导致货币、证券、商品上的投机，或严重地危害金融机构的安全；就任何其他机关而言，将会严重地妨害该机关执行预定的计划。③会议讨论的问题是参加诉讼、仲裁、进行正式裁决等事项。另外，《信息自由法》中有两项规定是《阳光中的政府法》所没有规定的：一是《信息自由法》关于油井地质、地球物理资料的免除公开规定。二是《信息自由法》中对于机关内部或机关之间的备忘录免除公开的规定。《阳光中的政府法》之所以不免除公开机关内部或机关之间的备忘录，目的在于满足公众对会议讨论的知情权。

个人或组织认为合议制行政机关的行为违反《阳光中的政府法》时，可以提起两种诉讼：一是对为执行《阳光中的政府法》而制定的行政法规不服，起诉要求法院审查该法规的合法性。二是对具体行政处理不服，要求法院审查该具体行政处理。

（二）《联邦咨询委员会法》

1972 年制定的《联邦咨询委员会法》，同《信息自由法》、《阳光中的政府法》的目的都在于贯彻行政公开原则。所不同的是，《联邦咨询委员会法》规范的是咨询机关的行政公开，而《信息自由法》、《阳光中的政府法》规范的是实际执法机关或实权机关的行政公开。联邦咨询委员会的会议公开原则上适用《阳光中的政府法》，联邦咨询委员会的文件公开则原则上适用《信息自由法》。

《联邦咨询委员会法》中的联邦咨询委员会的外延包括两类：第一类是由国会、总统或行政机关设立的提供建议或意见的正式咨询委员会。第二类是并非由政府设立的而是由政府利用的取得建议或意见的委员会或类似的团体，它不包括：政府之间的咨询委员会、政府采购物质的委员会、全部成员为政府官员的委员会。[1]

三、《隐私权法》

1974 年《隐私权法》制定后，1975 年 9 月实施。该法被编入美国法典第五编第 552a 节，成为《联邦行政程序法》的一部分。《隐私权法》和《信息自由法》的共同点在于都是规范政府掌握的信息公开与否。两者的共同点在于都有利于增进自由价值，因为前者能维护隐私进而维护自由价值，而后者的目的在于实现对政府的监督、参与，实现民主，而通过民主最终可以维护自由。不同点在于前者只针对个人的信息，后者针对全部政府信息；前者着重保护的是公

---

〔1〕　参见王名扬：《美国行政法》（下），中国法制出版社 1995 年版，第 1050～1057 页。

民的隐私权，后者则是主要满足公民的知情权。

1.《隐私权法》的内容摘要。全文一共 22 条。a 条是对有关概念的说明，分别界定了十三个概念："agency"（机关）、"individual"（个人）、"maintain"（保持）、"record"（记录）、"system of records"（记录的系统）、"statistical re-cord"（统计的记录）、"routine use"（利用的手续）、"matching program"（匹配计划）、"recipient agency"（信息接收机关）、"non – Federal agency"（非联邦机关）、"source agency"（信息源机关）、"Federal benefit program"（联邦资助计划）、"Federal personnel"（联邦职员）。b 条规定了公开的条件。c 条规定了某种公开会计计算。d 条规定了得到信息的方法。e 条规定了对机关的要求。f 条规定了机关的规则。g 条规定了公民救济。h 条规定了法定监护人的权利。i 条规定了刑事处罚。j 条规定了普遍的免除（general exemptions）。k 条规定了特定的免除（specific exemptions）。l 条规定了档案记录（arcbival records）等三款内容。m 条规定了政府合约者。n 条规定了邮件清单。o 条规定了匹配的一致。p 条规定了要求竞争性裁决的举证和机会。q 条规定了批准。r 条规定了对新体系和匹配计划的报告。s 条规定了两年一次的报告。t 条规定了有关法律的效果。u 条规定了数据完整委员会。v 条规定了管理与预算办公室的职责。

1984 年，由于《隐私权法》和《信息自由法》在适用过程中的相互干扰，并为限制行政机关的权力，国会通过修正法律，明确了两者的关系。1988 年，鉴于电脑在记录个人资料等方面的广泛应用，国会又制定了《电脑匹配和隐私权保护法》，作为《隐私权法》的补充。[1]

2.《隐私权法》立法目的旨在于：其一，承认并保护个人对政府掌握的关于他的记录存在一定的利益，并保护个人的隐私权。其二，控制联邦行政机关处理个人记录的行为。其三，平衡个人得到最大限度的隐私权的利益，与行政机关为了合法执行职务需要保有关于个人记录的公共利益。

3.《隐私权法》的立法基本原则有五个：①行政机关不应当存在秘密的个人情况的记录。②个人应当有方法可以知道关于他的哪些信息已经被行政机关记录以及如何适用。③为某一目的而取得的关于某一个人的信息，没有得到他的同意以前，不能用于其他目的。④个人应有可能改正或者修改关于他的信息的记录。⑤任何制定、保持、使用或传播关于个人资料的记录的机关，必须保证该资料用于既定目的的可靠性，并且合理地预防滥用该资料。[2]

4.《隐私权法》的适用范围。隐私权法既适用于保护美国公民的隐私权，

---

〔1〕　胡建森主编：《外国行政法规与案例评述》，中国法制出版社 1997 年版，第 68 页。
〔2〕　参见王名扬：《美国行政法》（下），中国法制出版社 1995 年版，第 1060 页。

也适用于保护在美国有永久居留权的外国人。既适用于联邦政府的普通机构，也适用于军事部门、政府公司、独立管制机构。不过，该法并非保护全部关于个人的记录，而仅仅保护"记录系统"中的个人记录。

5. 公开的内容。《隐私权法》规定，政府掌握的个人信息原则上是不公开的。不过，为了在个人隐私和公共利益之间寻求平衡，法律规定了两种例外。一是规定例外的情况，可以不经当事人同意而公开其个人信息。二是规定某些情况下可以免除《隐私权法》的适用。

可以不经当事人同意而公开其个人信息的情况有以下几种：①机关内部使用。②根据《信息自由法》的公开。③常规使用，即个人记录的使用目的和其制作的目的能够相容。④人口普查。⑤统计研究。⑥国家档案。⑦执法目的。⑧紧急情况。⑨向国会及其委员会提供个人的记录。⑩向审计总长及其授权的代表提供个人的记录。⑪根据法院命令提供记录。⑫向消费者报道机构提供个人记录。

免除《隐私权法》适用的情形，有普遍的免除和特定的免除。普遍免除，仅仅针对中央情报局（CIA），免除的事项则是《隐私权法》规定的几乎所有事项。特定的免除，则仅仅能够免除《隐私权法》的少数条款。特定免除的范围有：①个人查阅和取得关于他的记录的权利。②个人查阅和取得关于他的记录的公开的登记的权利。③行政机关只能保持执行职务相关的和必需的信息的限制。④行政机关在联邦登记上公布个人询问该机关的记录系统中是否包含关于他的信息的程序、如何取得关于他的记录的程序，以及行政机关记录系统的各种信息的来源。⑤行政机关制定法规，规定个人取得自己的记录和要求修改关于自己记录的程序。

6. 《隐私权法》对个人权利的规定。一是个人有权知道行政机关是否存在关于他的记录，了解记录记载的内容并复制有关记录。二是个人认为关于自己的记录不正确、不完全、不及时，可以请求制作记录的行政机关修改。三是规定在三种情况下可以对行政机关提起民事诉讼，即不服行政机关拒绝修改自己记录；由于行政机关不正确的记录导致个人权利受损；由于行政机关及其他违反《隐私权法》的行为，个人受到损害，请求赔偿。四是规定在三种情况下，可以对犯罪的行政机关工作人员本人进行刑事制裁，即不合法地公开个人记录；没有履行在联邦登记上公布的义务；利用虚伪陈述得到的个人的记录。

第五节　公众参与

一、公众参与的界定[1]

公众参与是这样一种过程：通过它，公众的关注、需求、价值被融入政府的决定。它是一种双方的交流与互动，它的目标是得出能被公众支持的更好的决定。公共参与至少包括以下这些要素：

（1）公众参与应用于行政决定。这些决定通常是被行政机关而非特别官员或者法官作出的。

（2）公众参与不是仅仅提供信息给公众，它是作出决定的组织和想参与决定的公众之间的互动。有一个为吸纳公众而组织好的程序。

（3）参与者能对作出的决定施加一定程度压力或者影响。

公众参与国际联合会 2000 年对公众参与核心价值的界定如下：公众对影响他们生活的决定有发言权；公众参与包括能保证公众的努力能够影响决定；公众参与进程交流利益诉求并满足所有参与者的程序要求；公众参与进程努力寻找和帮助潜在的受影响者；公众参与进程通过界定参与者的参与方式来吸纳参与者；公众参与进程提供给参与者以有意义的方式来参与的信息；公众参与进程能使决定方与参与者交流以怎样的方式才能使参与者的努力能影响决定。

关于公众参与，有不同的定义。有人把它理解为是把有关信息传达给公众。它通常还被用来描述公共听证。它也被用来暗示由于公众的影响达成了当局与公众的一个合意。

公众参与，可以理解为一个连续统一体（continuum）。它包括：通知公众—倾听公众意见—解决问题—发展合意。

二、公众参与的目的[2]

伦纳德·奥托兰诺教授认为，一般来说，行政部门和公民在某些目标上的态度是相同的，如二者可能都会对双向的信息交流感兴趣。然而，行政部门的一些目标与公民的要求往往没有关联，反之亦然。典型的例子是行政部门可能把公众参与看成是满足公众要求的一种练习，而公众这样做的目标是想在政府决策过程中表达自己的意见，后者认为公众参与给了他们一个机会去听取行政

---

〔1〕 James L. Creighton, *The Public Participation Handbook*: *Making Better Decisions Through Citizen Involvement*, John Wiley & Sons, Inc., 2005, pp. 7～9.

〔2〕 ［美］伦纳德·奥托兰诺:《环境管理与影响评价》，郭怀成等译，化学工业出版社 2004 年版，第 364～365 页。

部门的决策过程，或者与行政部门分享他们关心的焦点问题。

在公众参与过程中，行政部门和公民也可能对怎样才是一个令人满意的结果有不同的看法。行政部门寻求的是对特定项目的管理：通过公众参与行政，可以在公民之中产生一致的意见，同时也可能协调可能矛盾的利益。这样，如果反对者对该项目发起攻击而造成法律纠纷时，行政部门就可以避免无谓的时间或者资金浪费。相反，个人或者团体更为关心某种特殊的利益，寻找各种方法来满足这些特殊需要，而不是要在所有参与者之间寻求一致。

公众参与行政有多个目标，包括：①改进一些很可能影响社区的行政决策；②给公民表达自己的意见和听取别人意见的机会；③使公民有机会影响决策结果；④评估公民对行政项目的接受程度，增加缓冲措施；⑤平息公民对行政部门计划可能的反对意见；⑥建立行政部门及其决议过程的合法性；⑦满足参与公民在法律上的要求；⑧建立行政部门与公民之间的双向交流，如识别公众关心的焦点及其价值趋向，向公民发布行政部门的计划，向行政部门公布可替代的方案以及造成的影响。

三、公众识别[1]

行政活动要吸收公众参与，第一步就是识别公众。因为公众包含很多种，每一种都对应一种利益受到影响的一类公民。以下是识别的一些途径：其一，邻近关系（proximity）。例如，在行政机关欲开展公共项目地区的附近居民可能对其环境污染情况、对本地社区诸多利益潜在影响感兴趣。其二，经济关系（economics）。例如，土地开发商可能对行政部门有关土地的行政法规、行政规章等有强烈的兴趣。其三，使用关系（use）。例如，公共设施的使用者可能对公共设施的行政规划、管理、利用感兴趣。其四，价值关系（values）。具有某种执着信仰的团体，如支持非人类中心主义的环境保护者可能对行政机关的公共项目感兴趣。

从识别主体的标准来分类，公众识别可以分为：自我识别、群体识别和第三方识别。自我识别（self identification）是指公民和团体主动表达他们的意愿。群体识别（staff identification）是指行政部门的职员积极地识别并与潜在的利益团体联系，听取其意愿。第三方识别（third - party identification）是指团体和个人可以向行政部门提议把其他的团体或个人包括到公众参与过程之中；行政部门也可以依靠当地官员去识别意欲加入到行政部门规划过程中的人群。

---

〔1〕　［美］伦纳德·奥托兰诺：《环境管理与影响评价》，郭怀成等译，化学工业出版社2004年版，第366～367页。

四、公众参与的水平[1]

Arnstein 在 1969 年把公众参与水平描述为梯子阶位的等级。这些梯子阶位状等级分为三类，参与程度从低到高分别是：无公众参与（nonparticipation）、象征性公众参（tokenism）和公民决定型公众参（citizen power）。

当行政部门企图通过强迫、操纵或者替换手段来改变公众意愿时，第一类无公众参与就会出现。行政部门的真正目的不是让公民参与到行政规划中去，而是要"教育"、"治疗"那些参与者。这种类型从低到高又分为"操纵"、"治疗"两个级别。在对美国 Coconino 国家森林公园的土地利用进行规划时，林业行政部门搞的就是无公众参与。

当公众被允许参与到行政部门的各种会议，但是他们的参与对政府决策的影响很小或者根本没有时，第二类的象征性公众参与就会出现。提供信息和咨询，是象征性公众参与的特点。当决策者营造了一种提供信息和咨询的参与氛围时，公民可以真正听到政府的政策或者让政府听到本人的意见。然而，公民仍然缺少让本人的意见受到政府决策者注意的能力。这种类型从低到高又分为三个级别，即"提供信息"、"咨询"、"安抚"。

最后一类是公民决定型公众参与。这类参与主张发展代理的合伙关系和公众控制程序。它从低到高分为三个级别"合伙人的意见"、"代表的力量"、"公民控制"。然而，这些高级别的公众参与很难达到，因为行政部门一般很难主动放弃管理的控制权。这就涉及行政机关为什么要保留决定权的问题。

那么为什么行政机关要保留决定权呢？James L. Creighton 教授认为在公众参与中，虽然行政机关可以选择与公众分享决定权作为高级型公众参与的回应，但是行政机关会保留最终的决定权。对于一些人来说，这使公众参与似乎离真正的民主还有些距离，是赋予人民权力的一种失败。然而，即使发现行政机关是为了增进它们自己的利益而分享部分权力，仍然有一些不得不同意的理由来支持行政机关保留最终的决定权力。[2]

第一，行政机关被授予的权力是受限制的正如被这些授权所阻遏的，必须有一个例行程序来使它们按部就班。否则，行政机关想做任何事情都可以做了而无需对公众承担任何责任。虽然对公众负责的责任回溯到被选举的官员身上通常是漫长和程序繁杂的，但是对公众负责必须总是存在的。否则，行政官僚

---

〔1〕 〔美〕伦纳德·奥托兰诺：《环境管理与影响评价》，郭怀成等译，化学工业出版社 2004 年版，第 365 ~ 366 页。

〔2〕 James L. Creighton, *The Public Participation Handbook: Making Better Decisions Through Citizen Involvement*, John Wiley & Sons, Inc. , 2005, pp. 11 – 12.

对民主立法机构的任何声明都是虚假的。

第二，许多情况下，行政机关是在执行法律。如果公众给民选的官员带来足够的压力，那么这些法律就能被修改。然而，无论怎样，行政机关必须在法律强行限制的范围内运作权力。

第三，行政机关经常有必须面对的合同义务。如果无论何时公众对它们提出要求，它们就废止合同和其他法律义务，那么它们就很快不能缔结到任何合同，并且所有的行动会被诉讼所拖延（will be stalled by litigation）。

第四，非常普遍的情况是：公众之间对于应当采取什么措施的真正分歧才是对政府行动激烈争论的根源。

第五，那些参与到公众参与项目中来的人即参与者是自己选的自己。参与者唯一的工作是代表自己的利益而不是识别公共利益。因为他们没有并且也不能声称自己代表了"公众"——如同被选举者代言的"公众"一样。参与者的贡献在于能影响而不能指示如何作出最后决定。

正如参与是民主必不可少的一个要素一样，责任也是如此。公共参与项目能影响行政机关决定，但是参与者不能代替行政机关。

什么程度的参与才是正确的?[1]

一个有经验的参与者将很权威地回答"什么程度的参与才是正确的"这个问题。从参与者的视角来看，这个问题必须根据实际情况而定：哪种类型的参与才能使这个决定符合正当性要求从而使行政机关一旦达成决定便能实施？一个决定确切地需要多少参与？

公众参与作为一个连续统一体，"通知公众"、"倾听公众意见"、"解决问题"、"发展合意"等四个部分都必须适当。如果行政机关由于法律或者执法决定，提前采取（precommit）单一但诚实的行动即简单通知公众（或者至多通过公众听证程序），与采取虚假的参与过程即对结果无任何影响的参与相比，要好得多。这并不意味着公众会认为过程是合法的（虽然这依赖于公众把该行动看作需要立即着手的具有重大意义的问题的程度）。虚假的参与过程会摧毁将来在其他问题上试图提供真正参与的可信度。

作为连续统一体的另一种结局，行政机关决定与利害相关人直接进行妥协而达成合意时所处的条件是非常受限制的。当那些条件占优势时，诸如妥协之类的达成合意的技术应当被采用。

如果一个决定潜藏着争论，这个决定似乎更可能被感觉是合法的——只要

[1] James L. Creighton, *The Public Participation Handbook: Making Better Decisions Through Citizen Involvement*, John Wiley & Sons, Inc., 2005, p.11.

有致力于解决问题的真正努力而不是变形了的公众听证。然而，即使那样，抉择（choice）还要受计划、预算和政治现实的制约。

五、公众参与的设计

第一步，决定谁需要被纳入决定的分析过程。第二步，搞清楚谁是决定者。第三步，弄清楚正在被作出的决定或正在被回答的问题。第四步，规定作出决定过程的步骤并列出那些步骤的时间表。第五步，识别制度性的约束和影响公众参与过程的特殊情况。第六步，决定公众参与是否是需要的，如果需要，什么水平的参与是必需的。[1]

公众参与过程的设计包括：①决定谁需要加入设计团队。②识别利害关系人并且识别潜在的焦点。③评估可能的争论水平。④界定公众参与的目标。⑤分析信息交换。⑥识别能够影响技术选择的特殊考虑。⑦选择公众参与的技术。⑧准备公众参与计划。⑨制订好后，实施计划。

六、公众参与工具

把信息转给公众的途径有：简报、举办展览、特写（feature story）、信息库（information repository）、互联网、邮递重要的报告或环境资料、大量邮寄（mass mailing）、媒体采访和谈话节目、大众传播工具（media kits）、新闻会议和媒体简报、通讯（newsletters）、报纸插页、付费广告、板报、社团代表、公共服务告示、专题讨论会（symposia）。[2]

从公众得到信息的途径有：顾问组和特派组（advisory groups and task force）、评估性询问峰会（appreciative inquiry summit）、受益人评估（beneficiary assessment）、charrette（这是个法语词。现在被用来指称一种专题研讨会，应用于建筑、规划、设计，也被应用于教育和社会服务。参与者的参与时间是数小时到数天不等）、City Walk（它指的也是一种专题研讨会，该研讨会的特殊目的在于使解决社区问题享有的机会变为现实）、Coffee Klatch（它是指一种在私人家里与一群人进行的小规模的、非正式的讨论，通常还提供一些点心）、计算机辅助谈判（computer - aided negotiation）、Consensus Building（作为一个专有术语，它是指为消除公众争论、达成一致而做的努力）、协商会议（consensus conference）、Facilitation（它是指专门适合领导公众会议的一系列技巧和会议领导风格）、实地考察旅行（field trip）、Focus Group（它是一种小规模的讨论人群，

---

〔1〕　James L. Creighton, *The Public Participation Handbook*: *Making Better Decisions Through Citizen Involvement*, John Wiley & Sons, Inc. , 2005, pp. 29 ~ 44.

〔2〕　James L. Creighton, *The Public Participation Handbook*: *Making Better Decisions Through Citizen Involvement*, John Wiley & Sons, Inc. , 2005, pp. 89 ~ 101.

它的参加者或者是随机选择的，或者是从社区里根据人口统计学的方法从近似人群里选出来的，或者是根据目标市场选择出来的）、Future Search（它是设计成两天半的一个过程，旨在得出对未来共同的认识）、Groupware（作为一个专有术语，它是指大量的电子技术被设计来支持亲自合作或者事实上的合作，包括会议。一般地，它包括硬件和软件。硬件有电脑、个人数据助手、与电脑相连的白纸板等。软件则指能应用进行高级合作行动的技术）、Hotlines（热线）、互联网、会见（interviews）、大组会议和小组会议、会议、听证（hearing）、专题研讨会（workshops）、Multiattribute Utility Analysis（多重属性的效用分析）、Open House（它是指公众能被邀请的一种活动。利害关系人可以在被宣布期间的任何时候访问。它在一个人房间内举行，房间可以容纳若干小房间。一个房间可以提供地图，另一房间可以组织来讨论需要的项目，其他房间可以围绕不同的环境或健康话题开展活动。每个小会议室配备一个相关话题的技术专家。人们可以从一个小会议室走到另一个小会议室，并可以与专家展开讨论。参加者可以检查展览，可以与配备的专家聊天，组建讨论小组或者仅仅是非正式的相互讨论。参加者可以来去自如）。此外，还可以是民意调查、参与电视节目、小镇会议等。[1]

设计公众会议的步骤包括：①审查公众参与的目标和信息交换。②你希望在这会议上你和公众能达成一致。③讨论将怎样利用从公众处得到的信息。④识别利害关系人。⑤列出需要被讨论的主题。⑥鉴别你需要或想要在每个主题上达到的互动水平。⑦为成功达到预定目标需要的互动水平而为每个主题精心选择会议活动。⑧为不同的主题确定时间安排。⑨准备日程表。⑩决定座次安排和发言顺序。[2]

第六节　美国行政程序制度

美国宪法第四条修正案规定：公民的人身、住宅、文件和财产不受无理搜查和扣押的权利，不得侵犯。第五条修正案规定：不经正当法律程序，不得被剥夺生命、自由或财产。第五条修正案被认为是对联邦的程序要求，而不能约束各州。于是，出现了第十四条修正案。第十四条修正案规定：任何一州，不

---

[1]　James L. Creighton, *The Public Participation Handbook*：*Making Better Decisions Through Citizen Involvement*, John Wiley & Sons, Inc., 2005, pp. 102～138.

[2]　James L. Creighton, *The Public Participation Handbook*：*Making Better Decisions Through Citizen Involvement*, John Wiley & Sons, Inc., 2005, p. 144.

经正当法律程序，不得剥夺任何人的生命、自由或财产。这样，无论是联邦一级还是州一级都要受到"正当法律程序"的规制。

为了更好地实现宪法"正当法律程序"的功能，1946 年 6 月 11 日由杜鲁门总统公布了美国《联邦行政程序法》（The Administrative Procedure Act），在程序上规范政府。该法于 1966 年 9 月 6 日编入《美国法典》第五编。该法明确了政府和行政相对人、其他利害关系人的权利义务，有利于保护公民的程序权利并间接维护实体权利；有利于公民参与行政；有利于民主行政；有利于监督行政并预防腐败；有利于防止拖沓从而提高行政效率；有利于提高行政决定的正确率；有利于提高行政决定的可接受性从而较好地实现行政决定的执行效果。

《联邦行政程序法》的主要内容如下：

一、《联邦行政程序法》基础概念

这些概念包括：机关、人、当事人、法规、制定法规、裁定、裁决、许可证、审批许可证、制裁、机关程序、机关行为、单方面接触等十四个概念。其中，"机关"是指美国政府的各个机构，但不包括：国会、法院、美国领地和属地的政府、哥伦比亚特区的政府等。"人"与"当事人"不同，前者包括个人、合伙、公司、社团、机关以外的公私组织；后者包括在机关裁决的程序中，被列为或被承认为当事人的人或机关。"法规"是指行政机关发布的具有普遍适用性，并对将来生效的文件。"裁定"是指机关除制定法规以外所作出的最后决定的全部或一部分。"裁决"是指机关作出裁定的行为。"单方面接触"是指未记载于公开记录中的接触。

二、行政机关制定法规的程序

1946 年《联邦行政程序法》出台前，美国联邦政府制定法规的程序散见于有关委任立法的单行法律之中。《联邦行政程序法》的公布，统一了有关行政程序。这种法典式立法的好处在于更容易使行政机关和公民掌握、运用。

《联邦行政程序法》有一节即《美国法典》第 553 节，专门规范"制定法规"。它规定了三种程序，即非正式程序、例外程序和正式程序。[1]

（一）非正式程序

非正式程序是制定法规的一般程序。它包括公告、评论、最终公布、生效日期等几个环节。

1. 公告。公告，是指制定法规的建议必须在联邦登记上公告，除非建议制定中的法规（草案）管辖的人的姓名已经指明，并且已经个别通知，或者依照

---

〔1〕　联邦行政程序法中的"正式"、"非正式"是以司法审判的程序作为基准来判断的，它与法律约束力没有关系。

法律已经事实上通知。除非具有上述情形，公告是必经程序，不经公告不能生效。公告的内容包括三点：①说明公开制定法规程序的事件、地点和性质。②指出建议制定法规的权力的法律根据。③建议制定的法规的全文或主要内容，或者说明法规涉及的主题和问题。当然，有两种情况可以不适用《联邦行政程序法》"制定法规"一节即《美国法典》第553节的规定：一是制定的是关于解释性的行政法规、关于政策的一般说明，关于机关的组织、程序或手续的规则。二是行政机关有正当理由认定（并将此认定和简要的理由说明记载于所发布的法规之中）关于该项法规的公告和公共程序是不能实行的，没有必要的或者是违反公共利益的。

2. 评论。评论是非正式程序中，利害关系人对已经公布的建议法规表示意见。评论是利害关系人的权利，更是制定法规的必经程序，不是可有可无的。在发布制定行政法规的公告后，行政机关有义务对利害关系人提供机会，让其参加到制定法规的程序中来。评论的方式可以是提供书面资料、书面意见，可以允许口头或非口头的论证。当然，法律规定必须根据听证记录制定的法规，否则不适用此处规定而适用《美国法典》第556节（关于听证）、第557节（关于初步决定、结论、行政复议、当事人意见、案卷等）的规定。

3. 最终公布。最终公布是指行政机关经过评论以后制定的规则，必须在联邦登记上公布才能成为正式法规。行政机关在考虑了利害关系人在评论阶段提出的意见后，应在其采取的最终法规中，简单说明制定的根据和目的。

4. 生效日期。《联邦行政程序法》明确规定法规的生效日期为该法规公布或送达之后30日。这30日的时间可以为行政机关和公众提供一个缓冲期间。[1]

（二）例外程序

例外程序指的是《联邦行政程序法》在规定非正式程序普遍适用时，又规定了一些例外的情况不适用非正式程序，由行政机关自己决定程序如何进行。主要体现在第553节第a、b和d款之中。第553节第a款的例外情况是联邦的军事、外交职能；机关内部的管理、人事、公共财产、信贷、补助金、福利、合同等事务。第553节第b款规定的例外情况有两种：①制定的是关于解释性的行政法规、关于政策的一般说明、关于机关的组织、程序或手续的规则；②行政机关有正当理由认定（并将此认定和简要的理由说明记载于所发布的法规之中）关于该项法规的公告和公共程序是不能实行的，没有必要的或者是违反公共利益的。第553节第d款的例外情况有三种：①给予或承认免除法律适用的实

---

〔1〕 不过，一律规定30天的做法可能面临质疑。因为有些法规的内容可能是对行政方式的根本变革，行政机关需要准备较长时间，30天的时间太短。

体规则，或者取消限制的实体法规。②解释性的规则和政策的说明。③机关有正当理由作出其他的规定，而且该理由已经于法规同时公布。

需要注意的是第 553 节第 a、b、d 款的例外情况所免除适用的对象不一样。第 553 节第 a 款例外情况免除适用的是整个第 553 节的全部程序要求。后两者免除适用的仅仅是各自的款项，即分别免除第 b、d 款的程序适用。

在《联邦行政程序法》之外，其他法律、法院判例、行政机关自己制定的规则又对《联邦行政程序法》作出了一些变更、补充，形成制定法规的第四种程序，即混合程序。此外，最近又发展出第五种程序，即协商程序。[1]

（三）正式程序

这里的正式程序是指以听证方式进行的审判型程序。第 553 节第 c 款规定：法律规定必须根据听证记录制定的法规，则不适用此处规定而适用《美国法典》第 556 节（关于听证）、第 557 节（关于初步决定、结论、行政复议、当事人意见、案卷等）的规定。第 556 节、第 557 节规定的程序是审判型准司法化程序，属于正式程序，主要适用于作出行政裁决，但是也可以适用于制定法规，只是较少采用而已——法律规定根据听证记录制定的法规的才必须采用正式程序。此处的"法律"是指《联邦行政程序法》之外的其他法律。

正式程序的特点在于是审判型准司法程序。主持者多是行政法官；审理方式以口头方式为主陈述意见和提出证据；可以相互质证；听证记录具有排他性即听证记录以外的证据不得作为制定法规的根据。其优点在于能让公众充分参与，集思广益。缺点是效率低。

（四）混合程序、协商程序

混合程序是 20 世纪 70 年代出现的，同时采用书面表达、口头表达和有限度的口头辩论方式，结合了非正式程序和正式程序的一种新程序。[2] 它的出现，目的在于克服正式程序和非正式程序单独发挥作用所表现出来的不足。因为，正式程序虽能保障民主，但是效率低下；非正式程序虽然效率高，但是不能充分体现行政的民主。混合程序的来源有三个：国会的立法、法院的判例、行政机关内部的程序规则。

协商程序并无统一模式。一般是为了制定法规，行政机关的代表和各种利益团体的代表在调解人的主持下，达成一个协议即法规草案，送交有关行政机关，并在联邦登记上公布，经过公众评论阶段，最后制定出最终的法规。不过，行政机关的最后法规中没有义务必须接受其代表与利益团体达成的协议。为什

[1] 参见王名扬：《美国行政法》（上），中国法制出版社 1995 年版，第 359 页。
[2] 参见王名扬：《美国行政法》（上），中国法制出版社 1995 年版，第 369 页。

么呢？因为行政法规应当代表公共利益。很显然，利益团体仅仅能代表它们自己的利益而不能代表所有公众甚至绝大多数公众的利益。[1] 利益团体与政府代表达成的协议如果不是作为法规而仅仅是一个行政契约，政府当然必须遵守，否则构成违约。然而，这个行政契约要上升为法规，意味着它约束的对象除了行政机关和利益团体之外还包括其他开始没有参加到契约谈判中来的很多公众。既然要约束契约谈判之外的其他公众，就应当在契约即法规草案公布出来后的评论阶段充分听取公众的意见。而评论阶段中公众表达出来的意见，可能与开始行政机关与利益团体达成的契约有较大甚至根本不同。这时候，行政机关就必须在两者之间进行利益衡量：行政机关与利益团体达成的协议即法规草案对决其他公众的意见。如果行政机关认为其他公众的意见更正确，更符合多数人的利益和意愿，就应当变更甚至放弃原来达成的行政法规草案。当然，应当防止托克维尔所警惕的"多数人的暴政"[2]，维护少数人的正当利益。

三、行政裁决的程序

《美国法典》第 554 节专门规范了"裁决"的程序。

（一）正式裁决的听证程序

正式听证是审判型的听证，必须依据类似法院审理记录作出判决的准司法行为。其特点，如前面正式程序中所述。一般地，听证应当公开进行，除非涉及国家秘密、个人隐私、商业秘密。听证的适用范围是依据法律必须依据机关听证记录作出裁决的案件。

1. 听证关系的主体：①当事人。（法律）权利或（道德）正当利益直接受到行政决定影响的人都可以成为当事人；并且是明显的当事人。至于间接受到影响的人则有争议。趋势是承认间接受到影响的人具有当事人资格，但是间接到多远（即关联的程度或连接的距离）则难以形成一致意见。②主持者。根据《美国法典》第 556 节第 b 款的规定，主持听证的官员是：机关，或者构成机关的一个或几个成员，或者根据第五编第 3105 节任命的一个或几个行政审查官（1972 年被文官事务委员会改称"行政法官"）。根据职能分离原则[3]，《美国法典》第 554 节第 d 款规定：为机关履行调查或追诉职能的职员或代表，不得参与该案或与该案有事实上的联系的案件裁决。对这类案件的裁决也不得提出

---

[1] James L. Creighton, *The Public Participation Handbook: Making Better Decisions Through Citizen Involvement*, John Wiley & Sons, Inc., 2005, pp. 11~12.

[2] ［法］托克维尔：《论美国的民主》（上），董果良译，商务印书馆 1997 年版，第 282~300 页。

[3] 职能分离有两种：完全的职能分离与相对的职能分离即内部职能分离。前者是指要把调查职能、追诉职能、裁决职能与执行职能完全分开，由互相独立的机构行使。后者是指在实际的具体工作层次，实行职能分离，但是在机关的决策层次则不分离。《联邦行政程序法》采取的是相对分离制。

咨询性意见，或提出建议性裁决，也不得参加机关根据第五编第 557 节规定的复议，除非他们是作为证人或律师参加公开的程序。

2. 听证关系中的权利义务。当事人有权在听证程序中聘请律师；如果行政机关允许，也有权由其他合格的代表陪同、代表或作顾问。有权得到听证通知，包括听证的时间、地点、性质；举行听证的法律根据、管辖权限；听证涉及的法律问题和事实问题。在保证公共秩序有序进行的情形下，有权对机关或其负责的职员，就程序中的问题、申请或争议提出陈述、调整或处理的意见。机关对向它提出的事项应作出结论，并应适当地注意当事人或其代表的方便和需要，在合理的时间以内作出决定。主持听证的官员的权利则有九项：①主持宣誓；②根据法律授权签发传票；③裁决一方当事人能否拒绝回答对方提出的问题，和接受有关联性的证据；④在有助于案件解决时，进行法庭外证言的记录，或命令制作上述证言的记录；⑤规定听证的过程；⑥主持由当事人协商解决或简化争端的会议；⑦处理程序上的请求或类似的问题；⑧根据第五编第 557 节的规定作出决定或建议性的决定；⑨采取符合规定的由机关法规授权的其他行动。这些几乎是对法院司法审判的翻版、直接移植。同时主持听证的官员也有严格的义务要求。根据第 556 节第 b 款的规定，"必须不偏不倚地执行职务"。

在正式听证前，可以举行准备会议，让各方协商，能通过协商达成一致当然好；即使不能达成一致也能归纳出争议焦点，提高行政裁决的效率。

（二）正式裁决的证明程序

根据《美国法典》第 556 节第 d 款的规定，正式裁决的证明程序涉及的问题主要如下：

第一，举证责任的承担。第 556 节第 d 款明确规定除法律另有规定外，裁定的提议人承担举证责任。

第二，举证和质证的权利。当事人有权以口头的或书面的证据提出他的案件或进行辩护，也有权提出反证，并且为了弄清楚全部事实的真相，也可以进行质证。

第三，证据的接受与否。任何口头的或书面的证据都可以接受，但是作为一种政策，机关应规定不接受和案件无关联性的、不重要的或者过于重复的证据。

第四，证明标准。证明标准是指证据积累到什么程度或标准才能确认案件事实。在司法案件中，证明标准从民事案件、行政案件、刑事案件，一般是逐步提高的。针对行政裁决，第 556 节第 d 款规定，除非考虑了全部案卷或其中为当事人所引用的部分，并且符合和得到可靠的、有证明力的和实质性证据的支持，否则不得科处制裁或作出裁定。这其实是民事诉讼的证据优势证明标准。

优势证明标准是指举证人所提出的证据的证明程度超过 50%，其力图证明的事实即可被确认。

另外，《美国法典》第 556 节第 e 款规定了案卷排他制度，作为证明环节的重要落实、保障。案卷排他制度具有特别重要的意义，可以说，如果没有该制度，那么其他有关证明的一切程序都是形同虚设。它是指证人的记录、物证，以及程序进行中提出的一切文书和申请书，构成第 557 节规定所作出的决定的唯一案卷。当事人在缴纳法定的费用后，有权得到副本。如果机关的决定是根据没有出现在证据记录中的官方认知的事实时，当事人只要及时提出要求，则取得机会，有权提出反证。

（三）正式裁决的决定程序

1. 初步决定（主持听证者作出）。主持听证的官员，首先原则上应对案件作出一个初步决定。当然，也有例外情形：机关在特定的案件之中，或者在普遍性的法规中，要求将全部案卷送交该机关作决定时例外。初步决定的效力：①该初步决定被作出后，如果无人向该行政机关提起上诉，而且该机关也未主动要求复议的，那么该复议决定无需经过进一步的程序即可成为该机关的决定而不仅仅是听证官员的决定。②如果该初步决定进入上诉或复议程序，那么机关具有作出一切决定权力，包括变更、否定行政官员的初步决定。

2. 建议性决定（主持听证者作出）。如果作出决定的机关没有主持接收证据，主持听证的官员，或依据第 556 节规定有资格主持听证的职员，应先提出一个建议性的决定。

3. 临时性决定（机关作出）。在制定法规或者初步申请许可证时，机关可以不适用初步决定程序和建议性决定程序，而作出一个临时性的决定。

在作出建议性、初步性、临时的决定之前，以及机关对下级官员的决定进行复议并作出复议决定之前，当事人有权得到合理的机会提供一些意见，以供参加作决定的官员参考。这些意见包括：①自拟的事实裁定和结论；②对下级职员的决定或建议性决定、机关的临时性决定异议；③支撑上述两点的理由。

4. 最后决定。机关根据法律在事实认定基础上要作出最后决定。

所有的决定都是案卷的组成部分，都要记载未来改革方面的内容：一是对案卷中所记载的事实的、法律的、自由裁量权的实质性争议所作的裁定、结论及其理由；二是有关的法规、裁定、制裁、救济或对它们的拒绝。

（四）非正式程序裁决

《联邦行政程序法》规定，只有"依据法律必须根据机关的听证记录作出裁决的案件"才必须适用正式程序。其他案件都可以适用非正式程序裁决。而且有些案件还只能适用非正式程序裁决，例如：以后由法院就法律问题和事实问题重新审理的事项；除第 3105 节任命的行政法官以外，官员的录用和任期；完全根据观察、测验或选举而作决定的程序；执行军事或外交事务的职能；机关充当法院代理人的案件；劳工代表资格的证明。

四、许可的有关程序

当事人依据法律的规定申请许可证时，机关必须正当地考虑一切利害关系人或受到不利影响的人的权利和特权。机关应当在合理期间内，开始并完成第 556 节和第 557 节规定的程序，或者法律规定的其他程序，并作出决定。除了由于当事人的故意，或者公共卫生、公共利益、公共安全另有其他要求之外，机关在撤回、中止、撤销、废除许可证之前，必须做到两点：一是书面通知许可证持有人导致机关采取该项措施的事实或行为。二是给予许可证持有人证明完全符合法律要求的机会，或者完成法律的各项要求的机会。

许可证持有人按照机关制定的法规，及时地而且符合要求地申请许可证的更新，或领取新许可证时，在机关对申请作出最后决定以前，具有连续性活动的许可证继续有效。

第七节　美国的司法审查

本书中美国的司法审查仅仅指法院对行政行为的审查，不包括法院对国会立法是否合乎宪法的审查。司法审查范围，是法院受理案件的范围。它反映的是行政系统与法院系统之间的权力分配，反映的是司法权力对行政权力的介入程度，反映的是一个国家的立法者和人民对行政权力和司法权力的信任程度，也反映了一个国家里法院在整个国家机构体系中的实际地位。在法国，法院在法国大革命中的保守甚至"反动"表现，导致自己被极度不信任，被国会宣布"现在和将来永远不能干预行政事务"，因此法国法院的司法审查范围是零。而美国的法院在独立战争和后来的南北战争中并没有极端"反动"表现。因此，美国的法院被信任并被允许审查行政争议。虽然在罗斯福"新政"时期，法院作出了一些不符合当时公共利益需要的判决，但是在罗斯福总统的努力下——包括威胁用"掺沙子"的方式即增加最高法院的法官人数，任命支持"新政"的人士填充增加的法官名额，最高法院最后作出了妥协。这样，最高法院的权力、体制得以保留，司法审查制度也得以保留。当然，司法审查的具体范围，在美国的不同历史时期，并不是一成不变的。

一、司法审查的范围：事实问题与法律问题

斯蒂芬·G. 布瑞耶与瑞奇尔德·B. 施瓦茨教授认为：在广泛的法律授权（statutory delegations）的背景下，基本的问题是司法审查的范围。如果法院简单约束自身以保障行政机构在法律权力（statutory authority）的广泛边界内运作，那么行政机构将享有不受控制的自由裁量权（uncontrolled discretion）下的大量管理措施。另一方面，如果只要法律是含糊的或概括性的，法院就选择否定这个规则或政策，那么法院将具有假定的政策制定功能。而政策制定功能通常是不适合决定的，因为它们包括"政治的"权衡（tradeoffs），并且按理说，它们已经被立法机关保留给了行政机构而不是法院。我们也将考虑是否存在第三种替代方式：在此方式下，法院可以审查行政机关是否根据其裁量权适当地考虑了所有相关因素和合理地解释他们的选择，但是选择的最终权力还是留给行政机关。[1]

任何执法机关和司法机关作出行政决定、司法判断都必须以事实为依据，以法律为准绳。美国法院对行政决定进行审查，也不可避免地涉及事实问题和法律问题。不过，法院对于事实问题原则上尊重由行政机关作出的判断，法律问题才可以由法院全面审查。因为，法官是法律专家而非行政专家，行政的专长和经验在行政官员那里。而且倘若法院对所有事实问题都进行全面审查，那行政机关的存在以及它们做的工作又有什么意义？而且这样也是对行政机关的完全不信任和对法院的完全信任，这不符合美国人的分权制衡理念。

美国法院对事实问题的审查有三个标准：实质性的证据标准；滥用裁量权的标准；重新审理的标准。

（一）实质性的证据标准

在前面程序法中，我们已经说过，实质性的证据标准实际就是民事诉讼的优势证据标准。实质性证据标准适用于正式裁决所作出的决定的事实问题的审查。《美国法典》第706节第1款第2项第E目明确规定："适用本编第556和557节的规定的案件，或者法律规定的其他依据机关的听证记录而审查的案件，没有实质性证据支持"的，法院应审查。行政机关只要对事实的裁定符合一个合理的标准，就可以认为有实质性证据支持。而"合理"一词，允许不同人有不同的理解，只要行政机关的判断不足以使正常人觉得荒谬、毫无联系、牵强，法院不能以自己的合理标准来否定行政机关的合理标准。

（二）滥用裁量权的标准

《美国法典》第706节第1款第2项第A目明确规定："专横、任性、滥用自由裁量权"的行为，法院可以审查。法律授予行政机关（自由）裁量权的目的旨在灵活机动的处置有关行政事务，以更好地实现行政目的即维护和增进公

---

[1] Stephen G. Breyer and Richard B. Stewart, *Administrative Law and Regulatory Policy*: *Problems*, *Text*, *and Cases*, Little, Brown and Company, 1985, p. 182.

共利益。然而，裁量权也容易滥用，如若不对其控制必将导致其"异化"，即与其初衷背道而驰，不是维护和增进公共利益而是损害公共利益。斯蒂芬·G. 布瑞耶尔与瑞奇尔德·B. 施瓦茨教授认为：不受控制的裁量权（uncontrolled discretion）的首要困难是责任性与合法性。本来是假定有一个"公共利益"目标被富有技能和经验的专家型的行政管理者来确定和执行，这样才授予这些行政管理者大量的权力（generous powers）。今天，我们已经很难确信"专家们"将决定和执行符合"公共利益"的行动。我们倾向于怀疑"公共利益"目标的存在，并把行政政策中最重要的论点当作在相互竞争的经济利益和社会价值之间的一个选择。因为技术专家没有在这些选择中专门解释说明其智慧，目前的趋势是：把行政观点当作社会选择的问题的做法已经加剧了行政机关合法性问题。[1] 行政机关滥用裁量权的表现有：不正当的目的，忽视相关因素，不遵守自己的先例和诺言，显失公平的严厉制裁，不合理的迟延，同样情况却不同对待，不同情况却同等对待。后两者构成"歧视"。

从《联邦行政程序法》可以推导出，实质性证据标准与滥用裁量权标准主要有三点区别。

第一，两者的适用对象不同。前一标准适用于审查正式裁决中的事实裁定；后一标准适用于审查依非正式程序裁决中的事实裁定，以及行政机关行使自由裁量权时的决定。

第二，两者审查的基础不同。前一标准以法律规定的记录作为审查的基础；后一标准法律没有规定必须制作记录，审查的记录由法院决定。

第三，审查的程度不同。前一标准审查的程度较严；后一标准审查的程度较宽。不过，两者也出现了汇合的现象。原因有二：一是美国关于司法审查的要求是逐步发展起来的。对滥用裁量权标准的适用，越来越严格。自从 1971 年最高法院在奥佛顿公园案件的判决中要求非正式程序的决定的审查也要凭行政记录以后，《联邦行政程序法》规定的正式程序裁决和非正式程序裁决适用不同标准的做法，现在已经失去意义。二是实质性证据标准与滥用裁量权标准，都是以是否合理作为最后判断，现在美国多数法官以及学术界的多数派，都不承认这两个标准的区别。一切审查标准都统一到合理性标准之内，以实质性证据标准作为审查事实裁定的唯一标准。[2]

---

[1] Stephen G. Breyer and Richard B. Stewart, *Administrative Law and Regulatory Policy*: *Problems*, *Text*, *and Cases*, Little, Brown and Company, 1985, pp. 127~128.

[2] 参见王名扬：《美国行政法》（下），中国法制出版社 1995 年版，第 681~694 页。

（三）重新审理的标准

《美国法典》第 706 节第 1 款第 2 项第 F 目明确规定："没有事实的根据，达到事实必须由法院重新审理的程度。"根据美国的判例，重新审理适用于三种情况：①行政机关的行为属于司法性质的裁判，而行政机关对事实裁定的程序不适当。②在非司法性行为的执行程序中，出现行政程序中没有遇到的问题。③法律规定的重新审理。对于影响个人重大利益的行政行为，法律可能允许法院重新审理行政机关关于事实问题的裁定。例如驱逐外国人出境的决定，法院对被驱逐人国籍的认定可以重新审理。[1]

二、宪法性的事实（constitutional fact）**与司法管辖的事实**（jurisdictional fact）

对"宪法性的事实"或者"司法管辖权的事实"的司法审查的恰当角色究竟是什么？这个争论受到相关判例的影响。在 20 世纪 30 年代和 40 年代，这些案子的大多数都有关公用事业（public utility）定价（ratemaking）。法律问题是：被一个行政实体（administrative body）即一个费用委员会（a rate commission）确定的价格是否允许公用事业赚取一个高回报的费率以避免"被没收"（confiscation）。一个费率是"可没收的"（confiscatory）——如果它是如此之低以至于它构成一个对公司财产的"带走"（taking）——这是违反宪法第十四修正案的禁止规定的："不经正当程序不得剥夺财产"。潜在的制度论点（underlying institutional issue）是：法院是否应该独立地决定一个特别的回报费率是否是可没收的，或者它们是否应该重视（give weight to）行政裁决（administrative jugement）。讨论公用事业定价之所以重要，有两个原因：一是服务成本定价，被用来确定电费，当政府寻求确定价格时也几乎毫无例外的被用于任何特殊工业。因此一个行政程序的学生应该熟悉这个系统怎样工作。二是只有通过理解定价如何工作的细节，一个人才能评估法院和行政机关在决定一个"公平的"（fair）、"适当的"（proper）或者"让人满意的"（adequate）的费率水平上的相互比较的能力。并且，按理说（arguably），这些相互比较的能力应该在决定事实审查的程度（the extent of factual review）中起作用——至少足够能对"司法管辖权的"或者"宪法性的"做特性描述（characterization）。[2] 法院通过一系列案件来阐述了有关问题。这些案件有 Smyth v. Ames（1898）[3]，Missouri ex

---

〔1〕 参见王名扬：《美国行政法》（下），中国法制出版社 1995 年版，第 694 页。

〔2〕 Stephen G. Breyer and Richard B. Stewart, *Administrative Law and Regulatory Policy*：*Problems*，*Text*，*and Cases*，Little，Brown and Company，1985，p. 222.

〔3〕 Stephen G. Breyer and Richard B. Stewart, *Administrative Law and Regulatory Policy*：*Problems*，*Text*，*and Cases*，Little，Brown and Company，1985，p. 226.

rel. Southwestern Bell Tel. Co. v. Public Serv. Commn.（1923）[1]，FPC v. Hope Natural Gas Co.（1944）[2]。其中，1920 年的 Ohio Valley Water Co. v. Ben Avon Borough（俄亥俄流域水利公司诉本阿冯自治市案）确立了 Ben Avon doctrine（本阿冯原则）。最高法院宣布（通过大法官 McReynolds）：法院必须"独立地"（independently）审查与没收有关的事实问题（factual questions）。根据该原则，对于宪法的事实不按一般的原则进行审查，必须进行重新审理，由法院独立地作出判断。[3]

Ohio Valley Water Co. v. Ben Avon Borough 确立的本阿冯原则，应该与 Crowell v. Benson 确立的"司法管辖权的事实"（jurisdictional fact）原则相比较。后者由首席大法官 Hughes 在 1936 年的 St. Joseph Stockyards Co. v. United States 中解释：练习（exercise）独立审判的司法责任不要求或者不主张为无视听证的结果和证据可以很恰当地连接而进行辩护。相反，司法的责任是根据程序来履行。这些程序已经或者可能被立法机关所决定的进程中的事实组合和分析所推动。[4] 自从 1936 年以后，最高法院不再引用本阿冯原则，甚至作出与本阿冯判例相反的决定。最高法院不再适用本阿冯判例的原因，可能在于下述理由：一是这个判例的内容是关于财产权的保护。正当法律程序条款就其实体法方面的意义已经不再用于财产权的保护，而主要用于保护财产权以外的宪法权力。二是行政机关具有专门的知识和经验，能够对事实问题作出正确的裁定。三是行政机关对重要的事实裁定，大都经过正式的听证程序。法院重新审理浪费时间和金钱，妨碍行政效率。本阿冯原则作为保护财产权的判例虽然不再引用，但是最高法院没有完全放弃对宪法事实适用重新审理。财产权以外，关于人身权利的宪法事实，法院仍然可以重新审理。[5]

《联邦行政程序法》第 706 节第 1 款规定："对当事人提出的主张，在判决所必要的范围内，审查法院应决定全部有关的法律问题，解释宪法和法律条文的规定，并且决定机关行为的词句所表示的意义或适用……"根据此规定，法

---

[1] Stephen G. Breyer and Richard B. Stewart, *Administrative Law and Regulatory Policy*: *Problems*, *Text*, *and Cases*, Little, Brown and Company, 1985, p. 227.

[2] Stephen G. Breyer and Richard B. Stewart, *Administrative Law and Regulatory Policy*: *Problems*, *Text*, *and Cases*, Little, Brown and Company, 1985, p. 233.

[3] Stephen G. Breyer and Richard B. Stewart, *Administrative Law and Regulatory Policy*: *Problems*, *Text*, *and Cases*, Little, Brown and Company, 1985, pp. 231~232.

[4] Stephen G. Breyer and Richard B. Stewart, *Administrative Law and Regulatory Policy*: *Problems*, *Text*, *and Cases*, Little, Brown and Company, 1985, p. 233.

[5] 参见王名扬：《美国行政法》（下），中国法制出版社 1995 年版，第 696~697 页。

院有权而且应当决定行政案件中"全部有关的法律问题"并解释法律和适用法律。

　　我们先来讨论法律的解释，因为对法律的解释是对法律适用的前提。在行政案件中，实际上先是行政机关对法律作出解释后，当事人一方不服（不服的对象可能是行政机关对法律的解释和适用，也可以是行政机关对事实的认定），然后起诉到法院后才有法院对有关法律的解释。那么，在行政机关已经对法律作出自己的解释的情况下，法院解释法律时应该对行政机关的解释采取何种态度呢？采取某种态度的依据是什么呢？我们认为，应当符合民主原则，符合宪法精神。而对于美国来说，其民主原则和宪法精神的集中体现就是立法权、行政权、司法权相互分立并相互制衡。芝加哥大学凯斯·R. 孙斯坦教授认为："在任何领域，都应该根据发生的场景来选择解释行为，这种解释行为具有特定的目的和特定的效果。正因如此，任何对恰当的解释行为的概括性论述都无多大意义……在法律上，对法律解释的争辩一直是制度上的。这句话的意思是说他们提出的问题应该由谁来作什么样的决定。因此，对法律解释的论述将会有许多与权力有关的问题，对权力基础的恰当理解有助于形成某种解释的观点。这样的方法可能是也可能不是基于民主的考虑。但无论如何，法庭都可能形成一种有助于促成一个正常运转的、成熟的民主政治体制的解释方法，如根植于经济考虑并尽量减少总的错误率的解释方法。"[1] 具体到对法律解释时，如果法院完全不顾行政机关对法律的解释——尽管从宪法里不能直接找出行政机关有此解释法律的权限——那么，行政机关的工作价值就被彻底否定了。因为法律条文有些是概括性的，有些条文还是含糊不清的，有些还是互相矛盾的，有些是法律根本就没有规定而需要类推适用相关法律的，这些都需要行政机关对有关法律进行解释。否则，难以作出行政行为。另一方面，如果完全承认其对法律的解释，那么法院的工作又将如何展开，又有何意义？法院的本职工作就是裁判法律纠纷，就是适用法律，而适用的前提就是解释。而且，解释法律的职责从宪法的分权来看，主要是给法院的。法官是法律专家，这是美国人认可的。因此，不能因为行政机关对法律进行了解释，法院就不能解释法律了。理想的办法是妥协。美国人的处事风格就是实用主义，而妥协是实用主义立场的一种手段，也是它的一种表现。王名扬先生认为：法院重视行政机关的解释，有其原因。一是国会的法律授予行政机关自由裁量权时，行政机关对此法律具有较大的解释权。只要行政机关对法律的解释是合理的，法院就不能否定。二

---

〔1〕　〔美〕凯斯·R. 孙斯坦：《法律推理与政治冲突》，金朝武等译，法律出版社 2004 年版，第 204 页。

是除法律的规定之外，法院重视行政机关解释的原因在于自身工作的需要。有的解释是行政机关长期经验的总结。法院重视行政机关的解释有时可以为自己的工作带来极大的帮助。法院一方面重视行政机关的意见，另一方面保留最后决定的权力，可以说是一个矛盾对立的统一体。[1]

至于法院应当如何重视行政机关的法律解释，美国法院根据多年的判决归纳出了一些解释规则：①行政机关的各种解释不是处于同等地位，行政机关对支配其活动的法律的长期一致的解释，对其曾经参加起草的法律的解释，在法律制定时的解释，受到法院较大的重视。相反，行政机关最近的解释，和以往的解释相互冲突的解释，受法院重视的程度低。②对法律负主要执行责任的部门的解释受到较大的重视。相反，不怎么受重视。③国会对行政机关的解释赞成时，法院高度重视。受到公众信赖的行政机关的解释也受到法院高度重视。相反，不怎么受重视。④行政机关的解释符合通常的解释时，法院重视。相反，不怎么重视。⑤在技术性专业性高的领域内，行政机关的解释受到较大的重视。相反，则不怎么受重视。然而，不管怎样，法院不会把行政机关对法律的解释看成一个最后的结论，而是把它看作一种帮助法院对有争议的条文达到正确理解的一种指导。法院还要考虑国会的立法目的、立法经过，当事人的主张及其证据等。[2] 由于法律是立法机关制定的，"通常情况下，法院应密切注意立法机关的观点，以便确定立法机关立法的首要目的，同时以此约束自己的裁决"。[3] 而要辨别立法机关的立法目的有时是不明确的，"法院应大胆地把有关立法的历史记载当作实质因素……历史记载不具有当然法律地位。但考察历史记载可能有助于说明立法机关当时所关心的问题，无论是一般关心还是对具体案件的关心"。[4]

法律的适用是法官的基本工作。法律适用就是法院（法院审案）或法官（法官审案）把法律规则或法律原则与具体的案件事实相结合，把法律规则或法律原则应用于具体案件并裁判争议的过程或行为。它既是法律问题也是事实问题，是法律与事实结合的过程（审理过程）和结果（司法裁定、决定、判决）。而且，"毫无疑问，在法律与事实混合的问题中，事实因素居于主要地位。法律因素在这个问题中没有普遍性的意义，仅仅是某一特定事件上的法律意义，不

---

〔1〕 参见王名扬：《美国行政法》（下），中国法制出版社 1995 年版，第 704～705 页。
〔2〕 参见王名扬：《美国行政法》（下），中国法制出版社 1995 年版，第 705～706 页。
〔3〕 ［美］凯斯·R. 孙斯坦：《法律推理与政治冲突》，金朝武等译，法律出版社 2004 年版，第 224 页。
〔4〕 ［美］凯斯·R. 孙斯坦：《法律推理与政治冲突》，金朝武等译，法律出版社 2004 年版，第 225 页。

影响其他案件"。[1] 事实的认定问题无疑是主要的。而对事实的认定，行政机关被认为是"行家里手"。因此，1941 年美国的格雷诉鲍威尔案形成格雷诉鲍威尔原则，即对于法律与事实相混合的问题，法院按照事实裁定的标准来审查。该原则经过在多个判例中的应用后，逐渐成为美国行政法的一个原则。根据这个原则，行政机关的权力被广泛尊重，法院的审判权力则空间有限。于是，该原则也面临着一些批评。目前美国法院对格雷诉鲍威尔原则的适用作出了一些限制：区分是正式程序还是非正式程序；区分行政机关的决定是否前后一致；区分行政机关之间的决定是否一致；区分管辖权事实还是非管辖权事实。根据不同情况给予不同对待。

三、司法审查的受理条件与时间

假设当事人希望到法庭上挑战政府官员的一个行为。他希望论争该机关的行为是不合法的。他怎样进入法院？他从哪里可以找到有管辖权的法院？该行政行为能够被控告为是"可以被司法审查"（"reviewable"）的吗？他有此"资格"（"standing"）吗？该行政行为满足司法审查的"成熟"（"ripe"）要求吗？他已经恰当地"穷尽行政救济手段"（"exhausted his administrative remedies"）了吗？下面将解决这些问题，探讨法院能否和何时能审查一个行政行为是否合法的行政法主要原则[2]（major doctrines of administrative law）。

（一）司法管辖权（jurisdiction）和主权豁免（sovereign immunity）[3]

联邦法院的司法管辖权是有限制的。根据《宪法》第 3 条，国会必须授权给联邦的低级法院关于审理案件的司法管辖权。因此，为了使一个较低级的联邦法院获得对一个行政行为的司法审查权，必须找到一个授权该法院审查案子的管辖权的法律（statute）。如果直接起诉联邦政府，必须表明联邦政府已经放弃（waive）了它的"主权豁免"（"sovereign immunity"）。并且，必须表明这个被诉（at issue）的特殊的行政行为是"可审查的"，也就是说，法院审理一个案件的一般性权力没有被法律明确地或隐含地排除。

首要的两个问题——司法管辖权和统治豁免权。现在总体来看，对于寻求阻止（enjoin）不合法的联邦政府行为的一个联邦原告（a federal plaintiff）来说，没有重大的难题（虽然收集损失仍有主要障碍）。但是情形并不总是如此。

---

〔1〕　王名扬：《美国行政法》（下），中国法制出版社 1995 年版，第 714 页。

〔2〕　Stephen G. Breyer and Richard B. Stewart, *Administrative Law and Regulatory Policy*：*Problems*，*Text*，*and Cases*，Little，Brown and Company，1985，p. 1007.

〔3〕　Stephen G. Breyer and Richard B. Stewart, *Administrative Law and Regulatory Policy*：*Problems*，*Text*，*and Cases*，Little，Brown and Company，1985，p. 1007.

我们必须考虑管辖权和豁免权，回顾一些历史，简洁地勾勒出目前实践的演进（the evolution of present practice），描绘出目前的状况。我们也要检查联邦政府救济违反联邦法律的州政府行为的可行性（availability）。

1. 历史。[1] 历史上，原告通常不需要区分司法管辖权、主权豁免和可审查性（reviewability）。原告简单地尽力表明一个法院有审查行政机关行为的权力。原告这样做：①对政府官员提起司法侵权之诉或财产之诉。②要求法院签发一个由普通法裁判发展起来的用来控制和审查官员行为的专门的特权令状（prerogative writ）。③防卫刑事指控或政府根据不合法的理由采取的民事强制执行行为。

通过私法上的侵权行为来救济的私法模式已经成为联邦行政法的一个重要的、具有历史意义的和概念性的基础。然而，行政机关或者政府官员的行为会伤害私人——不是由于侵权方式引起。在 1610 年英国[2] 的"邦汉姆医生案"后，英国法用特权性的"大令状"（"great writs"）来作为法院审查不合法的行政行为的一个方法。最重要的两种特权令状是调卷令（certiorari）和履行责任令（mandamus）。

"邦汉姆医生案"案情是这样的：邦汉姆（Bonham）是 17 世纪时英国的一个医生。他被伦敦的医药行业"检查委员会"（Board of Censors）处以罚款和拘禁，理由是没有从"医生学院"（College of Physician）得到的证照。科克勋爵（Lord Coke）主张法院有权力审查"检查委员会"的结果。他坚持认为"检查委员会"对没有执照而开业的医生的罚款的权力是无效的，因为该委员会截留了一半的罚款——无论在哪里这种行为都应被判决是营私的（self - interest）。科克勋爵认为，这样一个程序是"反对普通法权力和理由的，令人厌恶的（repugnant）或不可能被执行的；普通法将控制它，判决这样的行为无效……"他补充道：该委员会可以对错误的开业（malprctice）处以拘禁，但是邦汉姆医生可以被允许向法院证明他不是"外行"（"inexpert"）（他是剑桥大学的毕业生），否则他将没有救济途径。

"邦汉姆医生案"阐述了一种方法，即原告仍然可以得到法院对行政机关行为合法性的审查：他可以通过普通法中的侵权损害诉讼来审查官员的执行行为。（明显地，为了成功，他必须证明普通法上的侵权行为已经作出。）

---

[1] Stephen G. Breyer and Richard B. Stewart, *Administrative Law and Regulatory Policy*: *Problems*, *Text*, *and Cases*, Little, Brown and Company, 1985, pp. 1008 ~ 1014.
[2] 之所以要谈及英国法，那是因为美国法根源于英国法，即使到今天，美国法中也有很多是英国普通法、衡平法的规定。

（1）调卷令（certiorari）。调卷令大约在 1275～1280 年的一些案子中首先出现。在科克时代之前，调卷令没有被用于司法审查目的，但是从一个法院获得记录（或案子）用于另一个法院的情况是相当频繁的。然而，在"邦汉姆医生案"后，法官开始用调卷令审查"下水道委员会"（the Sewer Commissions）的决定。19 世纪，美国在制定法（statute）缺乏提供审查的情况下，法官用调卷令审查行政行为。进行司法审查的法院可以要求行政机关"证明"（"certify"）县官的记录。与"王座法庭"（the King's Bench）的实践相一致，如果被当事人挑战的行政机关的行为不是全部根据记录作出的，那么调卷令是不能用的。（这个限制依照惯例通过这样的规则表达出来，即只有"准司法"和非"立法的"行为是可以用调卷令审查的。）

国会从来没有授予联邦地区法院签发调卷令的权力，并且自从 19 世纪末以来，调卷令从来没有被用在联邦法院对行政行为的司法审查中。在 1913 年的"得格诉海其卡可案"（Degge v. Hitchcock）中，最高法院坚持认为调卷令只能"从法院到法院"（"from court to court"）而不是从法院到行政机关运行。调卷令仍然在州的法院广泛应用；每个司法管辖权的运用受到数不清的（myriad）制定法和已经作出的判决的限制。

（2）履行责任令（mandamus）。履行责任令签发来迫使官员执行法律要求的责任。不像调卷令，履行责任令的权力已经被制定法授予联邦地区法院；因此，它现在能够被用于检查行政的不合法，尽管它在联邦体系中的功能被一般性的救济方式即禁制令（injunction）以一种好的方式来代替（supersede）了。在制定法颁布之前，最高法院（the Supreme Court）已经坚持认为联邦法院不拥有履行责任令的权力，除了继承它们的马里兰（Maryland）祖先的普通法权力的哥伦比亚特区的法院。然后，在 1962 年，国会制定了《美国法典》第 1361 节的内容，它规定所有的联邦地区法院对类似（in the nature of）履行责任令的所有行为都有初始管辖权（original jurisdiction），旨在迫使联邦官员（officer）或雇员（employee）或者行政机关履行对原告所负的职责。

其他历史上的令状还包括：①禁令（prohibition）。它被用来防止"司法的"或者"准司法的"管辖权。它的目的在于避免不必要的审理，但是如果在后一个台阶的审查是适当的时候它不会被签发。②人身保护令（habeas corpus）。它是用来测试限制的合法性的。

2. 目前联邦的实践：司法管辖权、主权豁免、审判地点和审判过程[1]

---

[1] Stephen G. Breyer and Richard B. Stewart, *Administrative Law and Regulatory Policy: Problems, Text, and Cases*, Little, Brown and Company, 1985, pp. 1015～1020.

（1）司法管辖权（jurisdiction）。除人身保护令和履行责任令外，普通法的令状今天几乎都不再用来获得对联邦行政行为的司法审查权。实际上，《联邦行政程序法》第 703 节已经清楚地表明一个索赔不需要令状之类的形式了。当然，典型地，原告的索赔是根据一个专门的制定法，该法授予联邦法院对一个特殊的行政行为的司法审查权；或者原告援用一般的"联邦问题"管辖权根据是《美国法典》第 1331 节，并且他们辩称他们已经（或将要）受到行政机关或官员的不合法的行为的伤害，并寻求禁制令，一个违法的或损害的宣告；或者他们援用一个专门的联邦司法管辖权的制定法，例如《美国法典》第 1343 节的民权法的司法管辖权规定，即授予审理特殊类型的索赔案件的司法管辖权。不过，必须找到一些司法管辖权的制定法。

（2）主权豁免（sovereign immunity）。直到最近，一个原告寻求对不合法的联邦政府行为的禁制令或损害赔偿时不得不考虑其法律诉求是否是被主权豁免原则所禁止的。主权豁免原则主张除非经过它的同意，否则美国不能被起诉。为了寻求对联邦行政机关行为的司法审查，主权豁免的问题已经被极大地简化了。因为在 1976 年一个对《联邦行政程序法》第 702 节的修正案被采纳。该修正案规定：美国法院受理的诉讼不是寻求金钱赔偿，而是控告行政机关或者其官员或者其雇员，以官方身份的或者在法律权力掩盖下的作为或不作为时，不得以该诉讼反对美国或美国是必不可少的当事人为理由而驳回或拒绝给予救济。美国在这类诉讼中可以被指名作为被告，也可以针对美国作出判决或命令。但是任何执行令或制止令必须指明联邦官员（称其姓名或职称）或其继任者对其负有责任。本节的规定不包括：①影响对司法审查的其他限制，或者法院根据其他任何有关的法律或衡平法的理由，驳回或拒绝救济的权力或义务；②在任何其他允许起诉的法律明示或默示地禁止当事人所寻求的救济时，授权给予救济。

值得注意的是，《联邦行政程序法》不能应用于针对联邦政府的金钱赔偿诉讼（action），这种金钱赔偿诉讼仍适用主权豁免原则，它也不能移除或影响其他可以限制司法审查的其他原则（nor dos it remove or affect any other doctrines that may limit review）。然而，在寻求禁制令（injunction）或者宣告性救济（declaratory relief）的诉讼中，主权诉讼不再构成一个难题，诉讼可以直接针对联邦政府而不是负有责任的官员。

在禁止州政府行为违反联邦法律的诉讼中，主权豁免通常也不是难题。1908 年的《单方青年人》（Ex Parte Young），遵循私法模式，认为原告（受管制的铁路）可以获得一个针对州政府管制官员的禁制令，因为本案是针对作为个人的官员实施的违宪管制（regulations），宪法第十一条修正案[1]并不禁止。

（3）审判地点和审判过程（Venue and Service of Process）。在1962年前，有关普遍性的审判地点和审判过程的条款要求许多寻求对政府行为进行司法审查的原告根据普遍性的司法管辖条款例如《美国法典》第1331节在华盛顿特区起诉——这样的裁判地点（forum）使很多潜在的原告觉得不方便且费用昂贵。1962年，国会解除了对这些要求的限制（liberalize these requirements），制定（enact）了如今被纳入《美国法典》第1391（e）节的条款。现在，除非一些其他的制定法专门有相反规定外，当某人起诉美国的官员（officer）或雇员（employee）、行政机关（agency），或者美国自身（the United States itself），审判地点是适当的，"只要满足下列情况在任何司法辖区（judicial district）都可以：①被告居住地；②起诉原因之地（in which the cause of action arose）；③诉讼中的不动产（real property）所在地；④在诉讼中没有涉及不动产的前提下由原告居住地"。当两个或更多的要求对同一个行政机关命令进行司法审查的诉请（petition）在不同的上诉法院（courts of appeals）被提起时，行政机关被要求提交首次在法庭提交的记录。所有其他上诉法院必须转移它们受理的诉请给那个法院。这个机械性的"首次提交"（first - filing）规则已经导致在有机会选择不同审判地点的当事人之间的"为法院而赛跑"（"race to the courthouse"）现象。

尽管1962年的审判地点修正案规定了可在广泛范围内选择，但是很多批评家抱怨太多的司法审查案件在哥伦比亚地区巡回法庭（the District of Columbia Circuit）被提起，是因为许多案件原告住所地就在此。批评家们指责这个审判地点对于那些受到许多行政决定直接影响的国人（those in the county）太遥远。一些批评家介绍可以这样立法：要求司法审查程序的发动只能在行政机关的行为"将实质影响居民"的地方的法院，并且要求巡回法庭和地区法庭都转移诉讼（被要求的 on request）给一个巡回法庭或者地区法庭——"行政行为有实质地更大影响的地方的法庭"（除非司法利益要求保留）。

关于审判过程，第1391（e）节规定，审判过程受《民事程序联邦规则》支配，除非"对官员或行政机关的传唤书（summon）和控诉书（complaint）的传送……可以被作出——以被证明的、超出起诉地区领土限制的邮寄方式进行"。总体而言，审判地点和审理过程的要求通常不能禁止起诉行政机关的行为。

---

〔1〕　美国宪法第十一条修正案内容如下：合众国的司法权，不得被解释为可以扩展到受理由他州公民或任何外国公民或臣民对合众国一州提出的或起诉的任何普通法或衡平法的诉讼。

(二) 可审查性[1]

可审查性 (reviewability)，也被译为"受理条件"。

即使一个人有权起诉联邦政府行为是不合法的，如果一个制定法（例如《美国法典》第 1331 节）似乎授予了司法管辖权（if a statute appears to grant jurisdiction），并且即使由于恰好一个专门的救济被找到因此没有主权豁免问题，法院仍然可以拒绝对行政行为进行司法审查。这种情况可能吗？

尽管英国法院用特权令状（prerogative writs）来审查和纠正不合适的行政行为为美国法院提供了一种装置，但是 19 世纪的美国法院对自己纠正大量的行政行为的权力采取约束态度。然而，这种态度后来慢慢发生了变化。现在，人们假设法院有司法审查权（the presumption of reviewability），即有司法审查权是原则、是常态——除非有相反证据，法院被推定具有司法审查权。

法院不具有司法审查权的例外情况，有以下几种：

1. 制定法的排除（preclusion by statute）。《联邦行政程序法》第 701（a）（1）条规定：司法审查条款不适用于"法律排除司法审查的行为"。有关案例可以查阅 1958 年的 Harmon v. Brucker 案、1974 年的 Johnson v. Robison 案。

2. 根据裁量权作出的（Committed to Agency Discretion）。《联邦行政程序法》第 706 条第 1 款第 2 项第 1 目规定对于"专横、任性、滥用裁量权"的法院可以审查并撤销。然而，该法第 701（a）（2）条却规定本章（即第七章"司法审查"）的规定（当然包括第 706 条第 1 款第 2 项第 1 目）不适用于"法律赋予行政机关裁量权的行为"，这就出现了自相矛盾的情形。

Raoul Berger 主张《联邦行政程序法》第 701（a）（2）条对司法审查的例外规定只是针对裁量权"合法"运用（lawful exercise）。任何裁量权的"滥用"（abuse of discretion）将受到司法审查，除非被制定法排除。Jaffe 教授的观点接近 Raoul Berger 的观点，他认为：授予行政机关的裁量权力总是有限制的，当那些限制被逾越（overstep）时，法院应当准备干预（intervene）。不过，值得注意的是，Jaffe 教授似乎（apparently）接受的是偶然的案子——这里，法院不会因为不合法或"滥用"而审查裁量权。而 Davis 教授指出如此这些案子的存在是第 701（a）（2）条作出不同解释的证据。Davis 教授论证说，第 701（a）（2）条的意思正如它说所的（it means what it says），也就是说（namely），行政机关会在一些情况下"滥用"它的裁量权，但是法院审查会被排除。

关于排除司法审查的合宪性（the constitutionality of preclusion of review），法

---

[1] Stephen G. Breyer and Richard B. Stewart, *Administrative Law and Regulatory Policy*: *Problems*, *Text*, *and Cases*, Little, Brown and Company, 1985, pp. 1047~1080.

院在"洛宾逊案"（Robison）中陈述道：该案对可审查性的发现有助于避免一个宪法问题。这个宪法问题是：是否，或者什么时候，国会能合乎宪法地消减要求司法审查的权利（constitutionally curtail a right to judicial review）。这个问题在 Crowell v. Benson 案中被讨论，最高法院大法官 Brandeis 建议："在一定的条件下，正当程序（due process）的合宪性要求是对司法程序的要求。"什么时候"正当程序"包括司法审查？或者，在什么程度上国会能够合乎宪法地排除对政府官员决定的司法审查？Bator 和 Hart 等人所著的《联邦法院和联邦体系》（1973 年第二版，第 330 ~ 375 页）详细思考了这个问题。

（三）获得司法审查的资格（standing to secure judicial review）[1]

为了补充确定行政行为是可审查的，一个挑战此行为的诉讼当事人必须还要满足资格要求，该资格仅仅由获得司法审查的权利的人享有。随着时代的发展，美国行政法已经传统地把获得司法审查的权利限定于受到特别伤害的人，而受到的特别伤害是被法律承认授权保护的（particularized injury recognized by law as entitled to protection）。

制定法有时会指出谁有权寻求司法审查。例如，《联邦通讯法》（the Federal Communication Act）第 402（b）（1）条 [1970 年被纳入《美国法典》第 402（b）（1）条] 规定，申请许可失败的人可以获得司法审查。又如，《清洁空气法》（the Clear Air Act）第 307（b）条规定，要求审查环境保护局（EPA）的决定的申请者必须在该决定作出之后的 60 天以内向法院提交诉请。言下之意，有对 EPA 的决定提起司法审查的法定权利了。当一个当事人根据一般的有关司法管辖权的制定法例如《美国法典》第 1331 条的规定要提出申请时，制定法同样（likewise）没有说谁有资格（standing）。在这些情况下，有关资格的规则是法官裁判创造的（judge - made）。《联邦行政程序法》第 702 条试图把法官创造的有关资格的规则法典化——通过规定"任何人由于机关的行为而遭受到不法的侵害，或者受到某一相关法律意义内的不利影响或侵害时"有权获得司法审查。原告资格在司法实践中随着社会发展而不断变化。在 19 世纪末行政法传统模式发展的期间，起诉资格通常被限制给予这样的人：由于政府行为，遭到受普通法保护的特定类型的伤害（specific injury of a type that…）。当然，前提是负责的官员可以作为私人看待。例如，如果一个政府官员作出了一个可以看成是普通法上的侵权的行为——占有某人的财产以满足税收要求或者因为违反停止命令（for violation of a cease and desist order）而逮捕某人，这个人可以寻求司法

[1] Stephen G. Breyer and Richard B. Stewart, *Administrative Law and Regulatory Policy*: *Problems*, *Text*, *and Cases*, Little, Brown and Company, 1985, pp. 1080 ~ 1083.

审查来挑战对他的普通法权利的侵犯（invasion）。该官员会做一个肯定的辩护：该侵犯是被制定法授权的。然而，如果一个政府官员单单（simply）拒绝给一个人支付福利性的利益或者拒绝给她提供奖学金——没有普通法上的利益被侵犯（infringed），他相应地缺乏获得要求司法审查该官员的行为的资格，即使该行为是对相关制定法明目张胆的违反（flagrant violation）。把获得司法审查的权利限定在普通法利益受到侵犯的场合，这种做法与传统正当程序听证权利对"权利/特权"（"right/privilege"）的限制的做法是并行（parallel）的。两种做法都根植于控制官员行为的普通法侵权行为的英国法的运用。

随着现代福利国家（modern welfare state）的出现，行政法的私法模式逐渐被证明在理论上和功能上都不恰当。把起诉资格限制在普通法保护的利益会使现代政府的很多行为能有效免于司法审查；特别是对有利的机会的处置，例如帮助付费，帮助提供住房，政府雇佣，等等（and the like）。此外，正在不断增长的管制机关"失败"（"failure"）的感觉已经使人们感觉到需要对被假定的管制行动的受益人（the supposed beneficiaries）（例如航空乘客或者电视观众）或者诸如高速公路路线决定之类的其他间接影响其他利益（例如环境利益）的政府决定进行司法保护（judicial protection）。与受管制的企业（regulated firms）遭到强制的制裁（coercive sanction）不同，这样的人没有如通常一般地（normally）受到以根据传统模式将被赋予诉讼当事人资格的方式作出的管制行为的影响。

最近几十年里，响应已经觉察到的传统当事人资格的原则的不适当，法官裁判创造的当事人资格的规则得到了相当的自由化。然而，联邦法院已经拒绝容纳"公共行为"（"public action"）——任何公民（或者，在一些场合下，任何纳税人）被承认有足够的利益主张法律规则来提起挑战被认为不合法的官员行为的诉讼。联邦法院仍然强调只有在他（或她）已经遭受到一些特定的、可触及的损害（specific，tangible injury），并且是政府行为的直接结果（as a direct result）时，他（或她）才具有原告资格，目的是保证对该行为进行司法审查的合法性。这个要求趋向于确保法院决定法律上的争点必须在严格限定的事实场合（a sharply defined factual situation）即诉讼的提出者是与政府行为有直接的利害关系的当事人（a litigant with an immediate stake）的情况下进行。当事人资格要求的传统正当理由（justification）是，只有与政府行为有具体的个人利害关系的原告（a concrete personal stake）才会提起一个具有对抗优势（adversary vigor）的讼案；这个正当理由已经被批评，因为根据这个正当理由，任何愿意承担诉讼的"阵痛"和费用的原告好像都具有诉讼优势。另一个应对当事人资格要求的正当理由则是给予民主政治理论（democratic political theory）：法院不应当负责解决普遍性的政策争论（general issues of policy），政策问题由政治部门（political branch）解决更好，并且法院应该只为保护离散的个人利益（discrete individual interests）而介入。法院也应考虑原告提交的受到特定损害的证据是否是《宪法》第3条要求的。《宪法》第3条把联邦法院的管辖权限制在"案件或争议"（"cases or controversies"）。如果（资格问题）要求特定的伤害是合乎宪法要求的，或者从另一个角度看是合乎需要的，那么在现代管制的福利国家场景下怎样定义需要呢？这需要我们继续思考。

四、司法审查的时机选择：成熟原则和穷尽原则[1]

（一）成熟原则（ripeness）

成熟原则的基本原理是：避免过早裁决，以免法院自身卷入有关行政政策的理论争论之中，同时也是为了在行政机关正式作出行政裁决之前，在原告当事人事实上感受到这种裁决的效力之前，保护行政机关免受司法干扰。尽管美国《联邦行政程序法》第704节以行政机关的最后决定作为司法审查成熟的标志，但美国法院采取一种灵活的实用主义的观点来判断行政机关的决定是否为最后决定。美国法院认为，行政机关的决定不论是肯定性的决定还是否定性的决定，不论是正式程序的决定还是非正式程序的决定，只要对当事人产生不利的影响，便认为时机成熟，就可接受司法审查。

《联邦行政程序法》第704条使对政府行为"成熟"的要求法典化。该条规定下列机关行为（the agency action）可以"受到司法审查"（subject to judicial review）：①专门的制定法规定可以审查的行为；②没有其他适当的法院救济的最终的机关行为（后来，案件的审查可以根据一个司法管辖权的制定法例如《美国法典》第1331条获得）。《联邦行政程序法》第704条的后半部分提到了"最终的"（final）机关行为，并且许多组织法（organic statutes）中专门的司法审查条款也提到最终的机关命令（agency order）或其他行为。相应地，法院必须考虑"最终性"（finality），而"最终性"是成熟的一个方面。

对行政法规的预先实施审查（on preenforcement review of agency regulations）。在"爱波特实验室"（Abbott Laboratories）之前，法院通常审查行政法规（agency's rule）的合法性，不是在它颁布之时，而是在其实施之时。在"爱波特实验室"后，司法审查实践发生了根本变化。法院决定预先实施审查的可得性是通过权衡"爱波特实验室"中可鉴定的利益来进行的。在20世纪70年代，国会制定法律明确规定为预先实施"法规"（rule）提供审查，例如1975年制定

〔1〕 Stephen G. Breyer and Richard B. Stewart, *Administrative Law and Regulatory Policy: Problems, Text, and Cases*, Little, Brown and Company, 1985, pp. 1122~1158.

的《职业安全和健康法》（Occupational Safety and Health）第 6（f）条［即《美国法典》第 655（f）条］。但是有时国会明确要求对法规的司法审查必须在预实施阶段（at the preenforcement stage）。例如在《清洁水和清洁空气法》（the Clean Water and Clean Air Acts）中，国会要求对某些规则的审查必须在颁布 60 天到 90 天内进行，而且进一步要求关于预先实施审查是可行的法规"不会在民事或刑事执行程序遭到司法审查"。[1] 这些规定（Such provisions）引起了公平问题。当颁布法规时，不存在的公司的权利是什么？的确，正当程序允许国会削减稍后挑战法规的权利（the right to a later challenge of the regulation），尤其在挑战是有宪法根据的地方。可参见 1944 年"亚卡尔斯诉美国案"（Yakus v. United States），也可参见 1983 年《国会对司法审查限制的规则》一书中 Verkuil 教授的论述。行政公会已经催促国会在把这些作为样板文件（boilerplate）的规定写入法律之前，仔细考虑预先实施审查的需要和形式。行政公会补充认为，国会仍然应当允许在执行阶段的合宪性审查（constitutional review），并且应当规定一些例外以适应特殊困难（make exceptions for special hardship）。

（二）穷尽原则（exhaustion）

"穷尽原则"是"穷尽行政救济原则"的简称，是指一个当事人在法院起诉行政行为之前必须"穷尽行政救济"（exhaust administrative remedies）。然而，这个通用规则（general rule）有很多例外。我们这里将区分会出现"穷尽行政救济"问题的三种不同情形。其一，当事人可能会寻求法院审查一个对他（或她）从来没有向行政机关提交的权利要求。这是穷尽原则的经典情形，是在 Bethlehem 案中呈现出来的。它呈现出了要求穷尽行政救济的最强大理由。其二，当事人可能会寻求法院审查一个他（或她）已经向行政机关提出但是被拒绝了的权利要求。然而，争议（controversy）包括其他权利要求，即正处于进行中的行政机关程序（ongoing agency proceedings）且还没有被作出决定的主题。这是一个中间性审查的问题（interlocutory review）。其三，行政机关的程序已经结束并且他（或她）没有在行政机关面前提出权利要求（raise the claim），当事人会寻求法院对一个权利要求的审查。

1. 经典的穷尽行政要求（the classical exhaustion requirement）。1938 年的"迈耶尔斯诉贝日勒姆造船公司案"（Myers v. Bethlehem Shipbuilding Corp.）是穷尽行政救济要求的一个经典案例。该案的案情如下：1935 年 7 月 5 日的《联邦劳动关系法》（National Labor Relations Act）禁止不公平的劳动实际状况（un-

---

[1]　《联邦水污染控制法》第 509 条第 b 款第（1）、（2）项；《清洁空气法》第 307 条第 b 款第（1）、

　　（2）项。See Davis, *Judicial Review of Rulemaking*：*New Patterns and New Problems*, 1981 Duke L. J. 279.

fair labor practices）。1936 年 4 月 13 日，国家劳动关系委员会（the National Labor Relation Board）提交了一份对贝日勒姆造船公司的指控，主张该公司的一个工厂的劳动实践不公平，并且该工厂从事的是州际贸易（interstate commerce）。国家劳动关系委员会通知贝日勒姆造船公司行政听证的时间和日期（the time and date of an administrative hearing），届时该公司可以针对该指控（complaint's allegations）提出相反的观点和证据。就在计划听证的这天，贝日勒姆公司依据衡平法（in equity）向美国马萨诸塞地区法院（the United States District Court for Massachusetts）提交了一个起诉状，要求阻止（enjoin）该委员会的程序，宣称它没有做任何不公平的劳动实践，它的工厂没有从事州际贸易，并且该委员会没有管辖权。地区法院授予一个临时性的限制命令，并且随后发出了针对行政程序的初步禁制令（preliminary injunction）。而后者即发出初步禁制令得到了上诉法院的肯定。

Brandeis 大法官代表上诉法院对该案进行了一番阐述。上诉法院认为地区法院没有权力禁止该委员会举行听证（without power to enjoin the Board from holding the hearing）。理由有三点：

第一，该公司没有主张（claim）制定法的规定和关于听证的程序规则是不合法的，或者说该公司不具有充足的机会（ample opportunity）来回答委员会的指控，或者说提出有关证据的机会被否定了。

第二，地区法院没有阻止听证的管辖权。因为"防止任何人从事影响贸易的不公平实践"的权力已经被国会授予（vest in）该委员会和上诉巡回法庭（the Circuit Court of Appeals），并且国会已经宣布："这个权力是专有的（exclusive），并且不会被任何的其他调整（adjustment）或阻止（prevention）所影响，而该调整或阻止是契约（agreement）、法典（code）、法律（law）或者其他已经或将要确立的。"授予专有权力是合乎宪法的，因为该法规定该委员会要面对适当的程序（appropriate procedure），并且规定了在上诉巡回法庭的审查中有一个适当的机会来确保对委员会一方可能不合法的行为的司法防卫。没有执行命令的权力被授予（confer on）该委员会。为获得执行，该委员会必须申请上诉巡回法庭的确认（affirmance）。直到该委员会的命令被适当的上诉巡回法庭确认，否则不会因为违反该命令而发生制裁（no penalty accrues for disobeying it）。

确实，该委员会只有在指控聚焦于州际贸易或跨国贸易（interstate or foreign commerce）时才具有管辖权。除非委员会发现确实如此，否则指控必须被驳回（dismiss）。如果发现州际贸易或跨国贸易确实被卷入了，但是上诉巡回法庭总结认为此调查结论（findings）没有适当的证据支持，或者与法律规定相反，委员会的执行申请将被驳回，或者该雇主要求搁置（set aside）该命令的申请将被承认（grant）。

第三，该公司声称，自从它否定州际贸易或跨国贸易被卷入和宣称听证将导致难以弥补的损害（irreparable damage）之后，由联邦宪法保证的权利将被否定，除非地区法院有命令或阻止该委员会举行一个听证的管辖权。

很明显，要求穷尽行政救济的规则不能因为没有根据的指控和仅仅描述行政听证将导致不可弥补的损失而被阻止（circumvent）。诉讼也常常被证明是没有根据的（groundless），但是目前还没有找到哪种道路可以不需要根据事实来审判案件。

2. 中间性审查（interlocutory review）。当被决定的要求（claim）将引出讨论（moot）整个争议和解除其参加进一步的机关程序的责任时，一个当事人会主张对他有利的法院裁决（court ruling）。尽管如此，审查仍可能被拒绝，因为通常平行的法院的裁决的理由可能不一致（at issue）：一件一件的上诉（piecemeal appeals）会推迟初审法院（trial court）对案件的审判；并且，背地里（in their absence），初审法院可以根据其他理由形成一个决定，支持某人寻求中间性审查，消除任何审查的需要。

有时法院否定对某个简单问题的中间性审查是基于它不"成熟"；有时也根据"穷尽行政原则"而拒绝。

在一些案件中行政机关会最终性地拒绝（definitively reject）权利要求，而该权利要求是可以寻求审查的。但是情况或许更复杂。当事人的要求可能已经被行政机关第一次拒绝了，但是行政复议（administrative appeal）可能会被提起。（但是复议的机关的权威会保持一致地拒绝以前相似的权利诉求。）在两种情况的任何一种情况下，法院都已经发展出一些对"规则"的例外，而该"规则"是指在司法审查之前，有关的行政程序必须首先已经被穷尽。

3. 放弃没有被提示的或没有被穷尽的主张（waiver of unpresented or unexhausted claims）。一个上诉法院通常不会提出一个上诉人（appellant）在下级地区法院没有提出的问题。其理由部分是注重实用的（practical），因为进行审查的法院很可能从地区法院的判决中受益。部分的原因是制度的（institutional），因为一个强制在早期阶段把所有问题都考虑的系统（system）更容易驾驭（more manageable）。然而，"为了正义"（in the interest of justice），允许有例外（exceptions）。"为了正义"是一个标准，它给予上诉法院裁量权来放弃要求而防止严重的困难或者不公。

相似的考虑已经导致法院拒绝审理一些争端（issue）——当事人没有提起，或者这些争端还没有在行政机关面前"穷尽"。如果太迟而不能回到行政机关，当事人将输掉这场争端。这通常是对穷尽行政救济原则的"腐蚀"（"bite"）。在

1943 年的 SEC v. Chenery Corp. 案中，法院已经强调确保行政机关在法院进行审查之前根据其裁量权和专长来解决所有争议的重要性。然而，这里偶尔也有原因使执行穷尽行政救济原则似乎很虚弱并且困难很大。法院会创造"例外"，为的是防止这个艰难（prevent this hardship）。

五、初始管辖权（primary jurisdiction）[1]

初始管辖权是指法院和行政机关对某个争议都有管辖权时，由行政机关先处理，处理之后，当事人不服才由法院处理。这样的好处有两个：一是当事人多了一个救济途径；二是避免法院过早介入，发挥行政机关的专长，也能减少法院的案件，减轻法院的"审累"。

根据初始管辖权原则（the doctrine of primary jurisdiction），一个当事人（party）很可能已经开始了一个在法院的诉讼，可能是寻求控告另一个私当事人（private party）；然而法院会暂时压住这个控告，因为本案涉及一个问题即本案可以被行政机关决定。从法院的视角来看，在法院达成自己的决定之前由行政机关决定这个争议是值得期望的。有时法院会补充说，一旦行政机关达成了它的决定，事情就结束了；它不会继续在审理中的案子（hold the case on its docket）。

"初始管辖权"概念有时要追踪到 1970 年的 Texas & Pacific R. R. CO. v. Abilene Cotton Oil Co. 案。有关法律的计划（statutory scheme）是不寻常的。在《州际贸易法》之前，认为铁路向自己要价过高的货主（shipper）可以向法院控告在费用（charge）和"合理费率"（"reasonable rate"）的差别。《州际贸易法》却给了州际贸易委员会对货主的主张（一个特殊的费率是不合理的并且命令对过高的费用进行赔偿）听证的权力。该法不仅禁止不合理的高价而且禁止对不同货主的不合理的歧视。该法第 22 条（section）规定："在这个法律中没有任何条款……会以任何方式删除或变更现存于普通法或被制定法规定的救济。"

一个棉油公司在地区法院起诉铁路，原因是要价太高。最高法院（the Supreme Court）认为，《州际贸易法》第 22 条要求一个货主在州际贸易委员会之前提起对索价过高的指控是一件初始的事情。法院认为，任何其他结果都可以导致与《州际贸易法》表达出来的意图相反的乱七八糟的铁路费率（a hodge-podge of railroad rates）。对于第 22 条，法院写道："然而，该条不能被解释成继续货主的普通法权利。继续存在普通法上的权利，是与《州际贸易法》的规定

---

〔1〕　Stephen G. Breyer and Richard B. Stewart, *Administrative Law and Regulatory Policy: Problems, Text, and Cases*, Little, Brown and Company, 1985, pp. 1160 ~ 1162.

绝对不一致的。换句话说，该法不能被解释来摧毁它自己。"

　　最高法院的观点建议，《州际贸易法》仅仅废止先前存在的普通法救济和创造了一种新的救济方式即州际贸易委员会来执行。但是，自从法律要求货主即已经被州际贸易委员会裁定补偿的人去地区法院起诉要求从铁路获得赔款（reparations）以来，州际贸易委员会的管辖权事实上是否是"专有的"并不清楚。因此，作为一个实际问题，法院的观点是要求货主首先去州际贸易委员会（go first to ICC）以获得关于费率合理性的观点，然后去地区法院（如果有必要）以领取多收的费用（collect an overcharge）。

第四章
法国行政法

第一节　法国行政法概述

一、行政法的定义

在法国行政法的发展历史上有许多不同的对行政法的定义，最主要的是公共权力学派与公共服务（service public）学派的争议。

公共权力学派认为国家是一个被授予了特殊的资格的法人。国家享有主权或者公共权力，与普通人之间的关系不平等，因此不能以普通法律来处理国家与普通人之间的关系。该特殊的法律关系需要特殊的法律，即行政法，这是行政法的存在理由。该学派认为存在着一种基本区分，即公共权力行为（les actes de puissance publique）与管理行为（les actes de gestion）。因为国家不是一直在公共权力的状况中，国家只有以命令、禁令、规章、决议等的形式显示其支配意志的时候才在行使公共权力，这些具有支配性强制意志的行为是职权行为（les actes d'autorité）或者称为公共权力行为。同时国家也能够表现得如同普通私人一样平等地与行政相对人发生法律关系，例如与行政相对人在平等情况之下签订合同，这些就是管理行为。只有在国家行使公共权力的时候才能应用行政法，并且行政法院对该行为有管辖权，而对于管理行为则会涉及私法以及私法法院的管辖问题。因而公共权力学派认为行政法是行政机构用来实现其公共服务任务的手段。

公共服务学派认为公共服务是由公法人（la personne publique）行使或者处于其控制之下的为了公共利益（intérêt général）依据与普通法不相同的法律制度所实施的行为。只有公共服务才能适用行政法并且行政法院对此有管辖权。特定时期的公共服务与行政法治之间关系十分紧密，所以在当时学理上往往将这两者视为同一事物。因而公共服务学派认为行政法是对为了满足公共利益而管理公共服务进行调整的法律。

当前法国学界认为这两种传统定义各有其合理与不合理之处，因此主流的做法是对这两者的实质进行分析，以综合这两者的优点对行政法进行定义。

当前主流的观点认为行政法是公法的分支，该分支对行政机构的活动进行调整，调整的对象主要是行政机关与自然人或私法人及行政机关之间的法律关系。因此行政法的调整领域有限，对于其他公法及私法领域的行政法不涉及。对行政法的理解应当注意以下几点：

第一，行政的第一层含义是确保现代国家能够享有对社会生活进行多元干预的组织和权力。这些组织和权力处于政治权力推动之下，如中央权力机关、地方机关、警察局、市政府、省市议会、公务员以及公务组织等。行政的第二层含义是一种行为，该行为确保所有经过任命的机构能够与行政相对人（供货商、使用者、受害者、纳税人等）发生多元以及多样的法律关系。行政法是能够应用到这种活动和这种关系中的法律。

第二，行政机构的含义。行政机构指的是在国家与地方级别中存在的权力、职员及组织的集合体，该集合体具有决定与实施基于公共利益的公共服务能力。政府的行政机关是行政机构的主要表现形式。但从上述定义出发行政机构不仅仅指公法范围内的法人，也包括私法领域内的法人组织甚至是个别的私人个体。

第三，作为公法的分支，宪法对行政法有溯源作用，而行政法的发展反过来对宪法也有作用，如法国宪法委员会经常使用法国最高行政法院所创造的法律概念、法律原则及其法律方法等。

二、法国行政法的特点

（一）独立性

行政法的独立性的主要含义是行政法与法国其他法律体系如民法等相比较是自成体系的，即行政法的发展与存在不依赖于其他法律体系。[1]

行政法的独立首先表现在其具有一个独立法律学科体系所需要的完整的组成部分。如具有完善的层级性的法律渊源，具有一个特别的法院体系，具有与

---

[1] 行政法的独立性影响广泛，但是也要注意到行政法的规则不总是与私法有区别。首先，根据其内容，行政法几乎与私法不同，或没有相对应的部分（因为公法有特权存在），或在初始形式上有相对应的理论，但是在具体的规则上却不同（关于所有权、合同、过错的私法理论演变成行政财产、行政合同、行政过错）。其次，即使行政法中与私法有相对应的规则，也不能就此表明行政法失去了自己的独立性；这仅仅是因为碰巧形成两种法律关系基础的客观物质条件相同，所以各个法律应用同一的规则。可以说行政法从私法中汲取了一些思想或者说有些行政法的原则起源于私法。因而行政法的独特性事实层面揭示了行政法官在发表一些与民法相似的规则时从不涉及民法相关条文。最后，特别是遇到客观的责任，行政法官应用私法规则的时候，会提及民法的相关条文。因此在行政法中确实存在直接应用、借用民法的规则，且在应用此措施时行政法在事实上失去了自己的独立性。

行政法相适应的一些法律原则。行政法独立性的另一个方面就是具有一些特殊的法律原则和规定。法国行政法中私法的解决手段仅仅是作为行政法一个有益借鉴而接受，即行政法只是在个别情况下才借用私法规则或者以该规则为基础的私法原则。

（二）混合性

法国行政法起源于法律以及司法判例，但是行政法中司法判例起到了更重要的作用。也就是说在法国行政法中，法律溯源主要由造法性的司法判例与成文法构成。[1]

1. 司法判例。法国行政法历史上由行政案件判例形成。法国行政法最让人印象深刻的是法官仅仅通过司法判例就能够在没有法律规定的空白领域规定出一系列完整的规则或者理论。例如，行政责任的理论、警察权力的理论、越权诉讼的理论。甚至法官的判例也可以修改成文法。因为法官可以针对有成文法律的同一行政管理领域，通过大量的对成文法有所变动的判例，有时甚至是大胆的修改性的判例而产生了新的法律，如行政征收的理论就是一次司法判例对1841 年法律进行修改的结果。

2. 成文法。虽然法国行政法在主体上是判例法，但是立法的渊源或者说成文法的渊源也大量存在。如有许多重要的行政法法律文本存在：1871 年 8 月 10日的《部门组织法》、1884 年 4 月 5 日的《法国市镇组织法》（目前是地方行政机关法总典）、1979 年 7 月 11 日的《行政行为目的法》、2002 年 5 月 2 日以及 7月 22 日的《地方分权法》等。

（三）演变性

法国行政法并不阻止进行任何深刻的变革，它的许多规则和理论正处于重要的变化之中。

行政法在本性上具有巨大的变动性。首先，因为其是判例法。司法判例通过不断的修改保持适应社会变化最新的需要，这一过程就像自然界演变一样，是一个渐进的过程而不是跳跃式的过程。其次，行政法演变还有一个深刻原因，即其表现为国家与个人之间或者与私人团体之间关系的迅速变化，这一变化比普通人之间的关系变化要快得多。国家的概念、国家的角色、国家应当对公民的保证以及对公民的要求都比商业法律对个人之间的强制要求具有更大的变动性。再次，当前行政法演变已经受到公法与欧盟法的分支规则，及经由欧洲人权法院以及欧盟法院的司法判例指明的方针和原则的支配。最后，在内部法律

---

〔1〕 当前法国行政法有法典化的趋势。如 1989 年 9 月 12 日颁布规章授权高级法典委员会确定行政法典的制定方法以及相关日程。

层级中作为具有宪法价值的宪法委员会司法判例也会导致行政法产生重要变化。[1]

三、法国行政法的基本观念

法律不是价值无涉，法律总是和一定的价值取向相关。社会的一些主观性观念会对法律的具体规定产生重大影响，纯粹的客观法律不存在。法国行政法也不例外，法国行政法有一些基本的观念支持着其发展与存在。

（一）人权

自1789年法国人权宣言颁布后，人权观念深入人心。任何法律如果不能保护人权则不具备合法性。法国公法理论认为源于基督教义及理性的人权是人道主义、个人主义及自由主义的综合体。人道主义宣扬对个人尊严的基本保护。个人主义宣扬个人是自由主体，从而否定国家及其他组织对个人的控制。而自由主义则宣扬人类行为的多样性及自发性，探索在政治秩序中思想多元化，激发在经济秩序中公众或个人竞争的主动性。

法国行政法正是浸润于上述人权观念中，如越权之诉是以行政机关的行为对原告的自由造成重大侵害而构成该诉讼的基础。

当代法国行政法中的人权观念在欧盟法层级上也得到了保障。欧洲人权法院的判决对法国行政法有重大影响，因为该法院的判决虽然对法国没有强制约束力，但是该院的判决对法国司法在道义上及政治上的压力却是巨大的。

（二）公共利益

该观念要求行政机关应当以其所享有的公共财产、公共权力来确保公共利益优先于私人利益及行政相对人的权利。

公共利益观念源于法国大革命。在大革命中为了反对封建势力而建立了现代意义上的行政机关。行政机关招募职员不再以其财产或出身为标准，而以该职员的能力为标准，决定性是要求该职员必须是公共利益专家。因为这些职员及其所工作的行政机关将被授权实现公共利益，此时行政机关不再是为了国王的利益而是为了资产阶级利益，也就是所谓的公共利益而行使职权。

第二节　行政合法原则

行政合法原则指的是行政行为应当遵守比其法律位阶高的法律文本的相关规定。而这些法律文本就是法律层级体系的具体表现，就是行政合法原则的渊

---

[1]　v. J. Chevallier et al. , Le droit administratif en mutation, CURAPP, collectif, 1993.

源。在实质上行政合法原则的渊源构成了行政法渊源。

一、行政合法原则的渊源

行政合法原则（Le principe de légalité）的渊源指行政合法原则在具体法律文本中的表现。这些具体的法律文本是行政机关在实施行政时候的依据，也是行政法院对行政机关的行为进行司法审查的依据。这些具体的法律文本在法律效力上有层级关系，有的层级高一些，有的层级低一些。不同层级的法律文本构成了法国行政法溯源的法律层级体系。

（一）具有宪法位阶的渊源

所有在法律渊源中位阶处于和宪法相同的渊源都是具有宪法位阶的渊源[1]，这些渊源具体指的是：①1958年10月4日年法国现行宪法。②1789年的人权宣言及1946年宪法的绪言。这两者得到了1958年宪法的确认，具有与1958年宪法相同的法律效力。③2004年的环境宪章。2005年3月1日法国对其宪法的绪言进行修改以便法国人能够享有或承担2004年环境宪章中的权利及义务。④宪法委员会指明的具有宪法价值的原则。自1971年以来，宪法委员会以"共和国法律所公认的基本性原则"这样模式的语句来公布自己认可的具有宪法价值的原则。这些经过宪法委员会所公布的"公认的基本原则"有自由结社、遵守防卫权原则、行政法院独立原则等。⑤宪法委员会的决定。法国《宪法》第62条规定所有的公共权力、行政机关及司法机关都要遵守宪法委员会作出的决定，因此宪法委员会的决定具有宪法价值。

（二）条约

依据1958年《宪法》第55条，条约在法国的法律效力高于法律，但是低于具有宪法位阶的那些法律渊源。因而欧盟法在法国具有高于法律的效力，欧盟法的任何变化对法国行政法都产生相应的影响。法国行政法不再是国内法，而是具有了一定的国际性。行政法的国际性可以说是目前法国行政法发展的一个最新话题。

---

[1]　在实践中具有宪法位阶的渊源却不一定能够得到完全的遵守，这是因为有"法律之墙"（L'écran législatif）阻碍着具有宪法位阶渊源的效力。一般来说所有的行政行为只要违反了上述具有宪法位阶的渊源就应当被行政法院判决违法，但是因为法律之墙问题的存在而出现了例外。因为虽然要求所有的行政行为必须遵守具有宪法位阶的渊源，但是因为法律（有时间甚至是违宪的法律）插入到了宪法和行政行为之间，所以行政法院不会直接依据上述的具有宪法位阶的渊源对行政行为进行审查。也就是说法律在此形成了一堵隔开行政行为与具有宪法位阶的渊源的墙。因此一个行政行为有可能虽然违宪，但是因为符合某一部法律而没有被撤销。对这一悖论的解决方案合乎逻辑地存在于法律实证之中，即法律的实际运行当中。从法律实证的角度来看在法律规则位阶体系中，行政法院判决的位阶低于法律，因此行政法官仅限于对行政行为的审查而不能介入到对法律的合宪性审查当中去，对法律的审查是宪法委员会的任务。

1957 年的罗马条约直接规定了行政相对人的权利与义务，因此行政相对人在与行政行为相抗衡的时候可以直接引用该条约。

欧盟的规章可以直接适用于各成员国，只是指令需要间接地通过各成员国的法律或规章适用于各成员国。这些指令既不能要求各成员国制定相应的规章也不能不经过各成员国的法律或规章作为媒介而直接适用于各成员国的行政相对人。因此最高行政法院不愿意引用欧盟指令来审查行政行为，并且也不允许国家在没有将其转化为国内法的时候就根据该指令对行政相对人予以制约。但是最高行政法院承认可以引用欧盟指令来审查行政机关所制定的普遍性规范，因而凡是与欧盟指令相冲突的行政规章都可以被行政法官撤销。为了防止欧盟法对法国法过多的干预，最高行政法院通常将那些根据欧盟指令转化而来，且与法国具有宪法价值的那些原则相冲突的规章予以撤销。

（三）法律

1958 年宪法规定法律是对宪法的严格解释，即由议会经过法定程序对由《宪法》第 34 条列举的事项进行投票表决后产生的法律文本。[1]

传统理论认为法律在颁布后就具有不可争论性及不可抨击性，因此法律不可被起诉，但是目前认为法律具有不可争议性的理论越来越脆弱。1985 年后宪法委员会认为他们可以对已经颁布的法律进行合宪性审查。

（四）基本法律原则

首先，基本法律原则（Principes généraux du droit PGD）没有成文规定。基本法律原则由行政法官通过对事实与法律的推理而得到，并不体现在成文法律文本当中。其次，基本法律原则起源于法国的法律传统。所有基本法律原则不是凭空产生，而是源自法国法律文化当中，如由 1789 年的人权宣言产生的"法律面前人人平等"原则以及由 1946 年宪法绪言产生的"享有普通家庭生活的权利"原则等。再次，基本法律原则由行政法官指明。最后，基本法律原则具有广泛的影响。基本法律原则在行政法的各领域都产生影响，行政相对人、行政机关以及外国人的法律关系都受到其影响。

最高行政法院于 1959 年宣布基本法律原则可以约束"自主性规章"。[2] 因此法国学界认为基本法律原则的法律位阶低于立法但高于规章。低于立法是因

---

[1] 目前在法国有两个原因的存在使得对法律的定义变得相对化了。首先，实质标准的模糊。因为法律能够规定什么事项原本是由《宪法》第 34 条作出了列举，但是随着时间的推移，法律能够规定的事项事实上在不断地扩大以至于法律能够规定的事项的边缘变得比较模糊了。其次，制定法律的主体标准存在着一些例外。例如人民立法即全民公投及总统立法等。

[2] 1958 年宪法规定行政机关可以制定"自主"性规章，该规章不受法律制约。

为行政法官的司法权力不能高于立法机关的立法权力。高于规章是因为行政法官可以依司法权力对行政行为及行政规章进行审查,因而源于司法权力的基本法律原则高于规章。宪法委员会于1969年进一步提高了基本法律原则的法律位阶,他们认为其具有一定的宪法价值。因此基本法律原则可以区分为两部分:一部分具有宪法价值,如公共服务持续原则等;而另一部分低于法律但高于规章。有一些原则会被最高行政法院认为低于法律高于规章的同时,又被宪法委员会认为具有宪法位阶,特别是一些关系到保护行政相对人平等的原则。最高行政法院与宪法委员会各自有一套基本法律原则,且相互不影响。即使在实践中产生了一些相类似的原则,这两个机构之间也没有互相认可对方基本法律原则的义务。

(五)其他渊源

1. 司法判例。普通法院与行政法院的司法判例具有既判力,因此行政机关的行为不能与司法判例相违背。这些判例在上诉的时候没有既判力,因此应当区分普通法院与行政法院来讨论。普通法院在上诉期间其判决暂停执行,但是行政法院的判决在上诉期间除了达成延期执行协议之外,却是可以继续执行。实践中出于保护公共秩序的考虑,行政机关可能会以某些借口拖延执行司法判决。

2. 单方行政行为。单方行政行为是一种法律行为,因此行政机关也应当遵守该行为的内容,不得对其有所违背。单方行政行为在所有的法律规范中属于最低层级的。

二、行政合法原则的界限

法律无法对行政机关的活动作出预先规定,行政机关只能面对具体问题具体应对。对这些情况的处理在手段与方式上难以进行价值判断,在后果上难以确定相应的法律责任。因此法律对此不作规定,以避免出现法律在实际操作上的困境而影响到法律权威。

当然超越合法原则并不是可以任意行为,只是此时合法原则所有的具体性规定都可能会被行政机关所违背。但是法律所设定行政机关的一些基本价值,如为了公共利益等,还是要作为基本价值判断来对行政机关的超越合法原则进行评价。

(一)行政裁量权

行政裁量权(Le pouvoir discrétionnaire)是行政机关依据法律规定而享有的采取某些行为的自由。它是实现公共利益的必不可少的手段,得到了所有的法律主体认可。

行政法院对行政裁量权的审查是一种"最小"控制,即裁量行政行为只在具有明显错误的时候才能被撤销。"明显错误"的判决标准采用一般普通人标准，即行政机关的错误如此巨大，以至于任何一个普通正直的人都能够发现该缺陷。

（二）意外事件

事后发生的意外事件导致不适用合法原则，因为在意外事件中合法原则已经因为情况变化而无法继续适用。[1] 除了理论规定的意外事件外，还有一些法律文本明确规定的意外事件，这些意外事件有：

1. 戒严。在戒严期间某些不符合合法原则规定情况可能会合法，因为戒严的特殊性导致了这些行为具有合法性。如警察权力转移到军队手中，不论白天或晚上戒严机关都可以到居民家里进行盘查等。

2. 紧急状态。紧急状态之下所实施的一些行为在普通情况之下也是不合法的，只是因为紧急状态的特殊性导致了这些行为具有合法性。如省长为了设立安全区而禁止一些人或车辆通行。

3. 《宪法》第16条规定了总统在特殊情况下的紧急权力。宪法规定总统在出现了对国家最严重的威胁及对公共秩序的严重扰乱之时享有紧急权力。该紧急权力实际上是类似于罗马执政官的那种独裁权，以便于挽救公众于危难之中。总统依据该条所实施的行为免于司法审查，该权力仅限于总统一人行使。

（三）政府行为

政府行为也为司法审查所豁免，因为在宪法中没有提及对政府行为的任何审查。

1875年后最高行政法院采用列举法确认政府行为，凡是没有在列举范围内的行为都不是政府行为。这些行为主要是与行政及立法相关的行为。如政府决定是否对其提案权提起上诉或不上诉，决定颁布法律的命令等。政府的外交行为，如条约的谈判与执行，建立外交关系等。

政府行为享有司法豁免权，没有任何法官可以对其进行审查。合法原则也不规制该行为，所以该行为是一种"法律之外的行为"。但是这一状况不为法治

---

〔1〕 意外事件最主要的效力就是增加了行政机关的权力。首先，通常情况下可能不合法的一些行政行为在意外事件状态中如果属于必须采用的行为，则其合法。其次，通常情况下可能会被普通法院视为越权行为或者被行政法院视为违法行政行为的活动在意外事件状态中可能合法。与前述效力相反的是在意外事件中法官的控制权得到了加强。首先，法官要审查行政机关所称的意外事件。在此法官同时要审查行政机关所处的情况是不是特别不寻常及行政机关采用合法原则规定的普通手段是否能够达到目的。其次，法官要审查在行为当时的意外事件处于什么状况中。即行为是否因意外事件而被决定采用，且在决定采用的当时意外事件的状态还一直持续。最后，法官要审查所采用的行为与意外事件的情况是否符合比例原则。

国所接受，并且《欧盟条约》第 13 条保护人权的规定（即所有的人都有权起诉以对抗那些侵犯自由的行为）都要求政府行为应当被纳入诉讼的范围内。因此自 1981 年起尤其是 2000 年以来宪法委员会已经开始受理部分针对政府行为的诉讼。

（四）内部行政行为

1. 通报。通报（Les circulaires）指行政机关及公共服务组织的首长为了统一对法律及规章的解释而向执行该法律或规章的下属发布的法律文件。该行为不会对行政相对人的权利及义务产生任何的影响。但是在实践中有将规章混入到通报中的趋势，也就是说将一些对行政相对人的权利与义务单方面性普遍性的条款规定到通报内。尤其是那些没有规章制定权的首长，如各部部长，他们试图以公布通报对现行法律文本进行解释的形式，来在实质上实现制定新规章的目的，从而钻法律的空隙。这种规章性的通报是对行政相对人新的威胁。因此在 2002 年后对上述通报要区分是否具有强制性的特点，如果有则具备可诉性，反之则没有。

2. 指示。指示（Les directives）通常是上级机关在其具有裁量权的领域对下级机关发布如何实施行政的文件行为，该行为能够保证行政机关在行为的时候对各个个体的处理尽量一致。

3. 其他内部行为。除了上述两种主要的内部行为外，还有许多无法划归到这两类中但是也是内部行为的一些行为。在法国这些行为主要由行政法官司法判例进行个案确定。

公共教育机构中不影响学生的未来职业及收入的行为被认为是内部行为，如对学生的分班行为、轻微的处罚行为等。反之对学生的前途有影响的行为则被认为是行政行为，如开除行为、留级行为、让年幼的双胞胎分班上课行为等。

第三节　行政组织制度

一、概述

法国行政法的制度内容主要是针对行政活动而制定的相关法律制度。行政活动（L'action de l'administration）的制度主要包括行政活动组织方面的制度，行政活动目的方面的制度，行政活动手段方面的制度，行政活动人员方面的制度及行政活动物质方面的制度等。

行政活动人员方面的制度就是所谓的公务员制度；行政活动物质方面的制度主要包括公产、政府采购、行政征收及公共工程。在法国，行政活动组织方面的制度主要包括中央行政机关、地方行政机关及公务法人。

　　行政活动的方式在当代复杂的社会情况中表现多种多样。多样性的行政活动方式也有多样性的行政活动的目的，但是对各种不同行政活动的目的进行理论抽象后能够得到两种主要的行政活动目的：其一，公共服务行政；其二，警察行政。行政法的手段主要有行政行为，而行政行为的核心是单方行政行为。

　　警察行政指为了维持公共秩序而实施的特定行政活动。警察行政的目标主要是为了保证良好公共秩序、公共治安、公共卫生。警察行政的目标在于缓和社会中不稳定因素、消除社会中不安全因素及降低社会中疾病的发病率等。由于警察行政具有强制力，所以基本上警察行政都由公法调整，因此引发的诉讼全部由行政法院管辖。警察行政相对于公共服务行政的法律制度而言比较简单，所以我们不讨论警察行政，主要讨论公共服务行政。

二、行政组织制度

　　组织制度是行政活动的基础，所有的行政活动都基于一定组织而产生。对于组织制度的介绍我们侧重于有什么样的组织，该组织在行政行为的运作中起什么样的作用这两个问题。法国是权力分立的国家，权力的分立包括纵向与横向的分立。横向分立指立法、司法及行政的分立；纵向分立指的是行政权力中国家行政权力与地方行政权力的分立。所以行政分为两类，一类是国家行政，一类是地方行政。因此对组织制度的介绍也以国家行政及地方行政来区分。

　　（一）国家行政的组织

　　国家行政指的是那些为了公共利益而要在全国范围内实施的法律规定，或者依据法律所作出的规章及命令等。实施国家行政的组织有中央行政机关及一定的地方行政机关。

　　1. 实施国家行政的中央行政机关。中央行政机关是最高行政机关，是政治权威及行政权威。其政治功能是公众行为的最高领导者，其行政功能是运作整个行政机器，且将其政治决定付诸实践。

　　（1）法兰西共和国总统。总统职权最重要的有三种：①国家高级雇员的提名权。法国《宪法》第 13 条规定总统可以提名政府及军队的高级领导。总统的提名有一部分必须要得到部长委员会（Le conseil des ministres）的同意。②总统可以签署通过部长委员会的法令及规章。这样总统可以以威胁不签署而获得对部长委员会决定及其规章制定的重大影响，因此总统间接地享有一定规章制定权。③法国《宪法》第 16 条规定在法国国家安全受到重大威胁的时候，总统可以行使全部的国家权力，包括立法权及行政权力。

　　总统府组织包括总统办公厅、秘书处、特别顾问等。1997 年 11 月 19 日法律特别创设了国内安全顾问处（Le conseil de sécurité intérieure），该处的主要职能是制定保障国内安全的政策，协调各部在保护国家安全上行为一致性等。

（2）法国总理。总理（Le Premier ministre）的职权主要是负责全国行政执法及制定法规（Le réglementaire），另外总理为了执行法律还可以制定规章（Les décret）。总理制定的法规可以有相关法律依据。没有法律依据的时候总理也可以制定法规，这样的法规在法国被称为"自主性"法规。因为总统有权签署规章的发布，因此规章的制定实际上由总统与总理共享权力。

总理是政府首脑，负责政府的行为。因此总理对部长的命令有权签署发布或不签署发布。总理对政府及军队的公务员有提名权，但是高级公务员的提名权受到总统制约。总理府的组织主要有总理办公厅、政府秘书长及与总理相关的其他服务组织等。

（3）部长。法国部长有许多种类，也就是说在中央政府有许多职位都是部长级别，这些部长按重要性由高到低主要有下面几类：国务部长（Les ministres d'Etat）、部长（Les ministres）、总理助理及副部长（Les ministres délégués）、国务秘书（Les secrétaires d'Etat）。

这些部长没有颁布法规的权力，但是可以通过颁布指示（directives）及通报（circulaires）等手段来实现对各部的管理及其行政职能的实现。这些部长有副署总统及总理决定的权力。因此从理论来说，这些部长可以拒绝副署从而对总统及总理形成一定的威胁，但是在实践中这一拒绝可能会导致其被总统或总理撤职。部长对其所在部的公务员有提名权。根据1947年1月23日法律，部长可以将一定的行政职权委托给其所在部的某些职员实施。

（4）咨询和监控机构。咨询机构主要有国家参事院（最高行政法院）、国家经济及社会委员会（Le Conseil économique et social）。监控机构主要有监察机关（Les corps d'inspection）、审计署（La Cour des comptes）及独立行政机构（autorité administrative indépendante）。

2. 实施国家行政的地方机构。法国自2004年4月29日法律进行国家机构改革以后，法国国家行政权力下放（L'administration déconcentrée）制度有了重大变化。

（1）省长。省长（Le préfet de département）可以执行法律规定的国家行政，因此省长是在一省内国家权威的代表人。省长行使的国家行政主要有：①在一省内代表国家。2004年的法律强调省长代表国家监督法律、法规及政府决定在该省内的实施。②指导国家公务在本省的实施。2004年法律规定省长有权对本省内的国家公共服务管理主体及与本省相关的国家代表进行指导，也有权对省际国家公共服务管理主体在本省实施的公共服务进行指导。③有警察行政权力。2004年法律规定省长在本省内为了保证公共秩序、群众的安全可以行使警察行政权力。④省长可以监控本省的所有行政，包括国家及地方行政。

（2）大区区长。法国本土目前有 22 个大区，还有 4 个由海外省组成。大区区长（Le préfet de région）由大区首府所在省的省长担任。大区区长在本区内负责国家利益得到实现，保障国家法律的执行，代表总理及所有部长监督法规及中央政府的决定在大区得到执行，基于部长的授权管理在大区的国家行政。[1]

根据 2004 年 4 月 29 日法律，大区区长并不是高于省长的职务，但是在实践中因为大区区长代表着战略层面的国家利益，即其所面临的问题更具有全局性，其站的位置更高，因而在与其所在区的省长的相互关系中越来越居于主导地位。

（3）省级以下的行政机关。在省级以下还有一些行政机关可以辅助省长实施国家行政。这些机关主要有：地区（L'arrondissement）、市镇（La commune）及县区（Le canton）。

3. 国家服务机构。1997 年 5 月 9 日法律规定了一种新的实施国家行政的组织，即国家服务机构（Les services à compétence nationale SCN）。不能将国家服务机构与中央行政机关混同，后者的职能在传统观念中就有，而前者则可以被授权实施管理、进行技术研究、进行专业教育、生产相关产品、提供公共服务及实施所有的具有执行性的任务等。可以认为国家服务机构主要是实施一些高度技术性的全国性公共服务，其组织性质是自治性的组织，可能是法人也可能不是法人。这些机构通常附属于部长或由部长的下属指导。

大多数部都设立了国家服务机构，如由文化部设立的众多的国立博物馆（Picasso 博物馆，Antiquités nationales 博物馆等）、由工业部设立的道路技术研究服务中心及由司法部设立的国家犯罪记录中心等。

（二）地方行政的组织

地方行政指地方行政机关根据地方议会的决议而在宪法及法律范围内自由行使行政权力处理地方相关事务的行政。2003 年 5 月法国宪法进行修改，通过赋予地方行政机关及海外省的行政机关更多的权力的方式，进一步强化了其行政的多样性及自主性。

2003 年 5 月 28 日法国宪法修改确立了新的地方行政机关构成，包括以下四类：①市镇、省及大区、海外省及海外大区。②海外特别行政区（Mayotte，Polynésie française…）。③地方特别行政区（Corse，Nouvelle - Calédonie）。④法律创设的地方行政机关。

地方行政机关除了实施当地议会通过的决议及和地方事务相关的地方行政

---

[1]　大区区长的职权基本和省长相同，但是省长的职权更广泛具体。大区区长的职权主要包括有权协调本区内的国家行政统一实施；推动本区的经济和社会发展；安排国家在本区的投资等。大区区长的职权更多的是一些需要在大区层面上行使的职权，而省长的职权更广泛具体在一省范围内。

外还要实施法律规定的国家行政。因此地方行政机关具有职能上的双重性。而中央行政机关则一般仅仅实施国家行政即可。

（三）公务法人

公务法人（L'établissement public EP）与前述行政机关一样是执行行政的一种组织，是在地方分权以外承担分权执行行政的组织。

1. 公务法人的概念。公务法人在法国并没有成文法律对其作出过权威定义，公务法人的概念在总结相关判例及学说的基础上得到。法国一般认为公务法人指一个具有一定程度自主性且负责公共利益特定任务的公法人。对该概念的理解有以下几点要注意：

（1）公法人。公务法人是公法人，即其是一个受公法调整的法人。首先，公务法人由一个公法人创设，这表明其具有一定的公法性质。其次，其行为目的在于公共利益。再次，其与行政机关的关系是一种公法关系，如其负责人由行政机关提名，行政机关对其有监控权等。最后，公务法人有行使公共权力的特权。

（2）附属于行政机关。只有地方行政机关才能创设一个公务法人，因此原则上所有的公务法人都附属于某一个地方行政机关。

（3）职权特定。公务法人的职权特定，职权要求该公务法人不能逾越它的职权。地方行政机关也不能侵犯这一特定的职权。也就是说授予公务法人的职权是一种羁束性职权，该公务法人对其职权没有任何的裁量权。如创设一个市镇联合会来研究引水方案，那么该联合会就不能在该职权之外实施对水进行分配的方案。[1]

2. 公务法人理论的危机。随着社会的发展，行政权力对社会的影响方式也在不断变化之中，公务法人这一种方式产生存在危机。首先，随着社会的发展民众对于行政机关的强制力产生了极大的厌恶，行政机关在实现其行政目的的时候会尽力采取一些比较温和的手段及形式。因此采用私法的形式成了行政机关的首选，公务法人可能会被逐渐淘汰。其次，大量的工业及商业性公务法人出现，导致私法制度被大量适用于公务法人，这样淡化了公务法人的适用公法的情况。再次，出现了大量的非公务法人形式的公法人替代公务法人行使了部分的管理职能。如1996年最高行政法院承认的"公共利益集团"（groupements d'intérêt public GIP）形式的公法人组织行使一定的行政职能。该类型的公法人由

---

[1]　但是，有时法官会对公务法人的职权采取一种宽松的态度，承认其可以实施与其职权相关的一些行为，如为公众提供公共服务的电视台在不影响其服务的前提下可以播放一些广告。在此法官其实上对公务法人的职权特定采取了一种扩大性解释。

地方行政机关创设，可以制定当地经济发展的相关政策等。最后，欧盟法律要求竞争及经济自由，使得一部分公务法人不能适应日益加剧的竞争，从而弱化了公务法人的地位。如法国过去由 SNCF 公司垄断铁路，但是在欧盟法的压力下，法国成立了 RFF 公司来与 SNCF 公司竞争。

第四节　公共服务

法国的行政行为与行政权力执行功能相联系，是被用来实现社会公共利益。公共权力同样能够直接采用公共服务的形式作出某一行为，因而公共服务的产生、运行以及功能体现着社会的公共利益。

一、法国当代公共服务的概念

公共服务（Le service public）在法国行政法发展历史上有不同的定义，当代的定义源于法国最高行政法院（Le Conseil d'Etat CE）判例。1990 年法国最高行政法院作出了一个判例，对公共服务的第三次定义作出了贡献。该定义认为公共服务是一种处于行政机构强化监控之下，由不具有公共权力优先权的私法主体为了公共利益实施的行为。公共服务的第三次定义已经被一系列的判例所确认。

随着欧盟一体化进程的加速，欧盟法律统一趋势越来越明显，公共服务理论及其定义在法国也是不断发展的。源自欧盟宪法的大自由开放的市场理念，对公共服务理念产生了不小的冲击。

当代公共服务可以被定义为依赖于行政机关的一种为了公共利益的行为，并且该行为通常由行政法进行调整。对该定义的理解有三点应当注意：

（一）偶然性

公共服务概念的偶然性来自于其主观性以及模糊性。

1. 主观性。公共服务概念有一定主观性，即该概念的任何一种定义都没有在现实立法中出现过。该概念随着社会习俗以及政治的变化而变化，在某种意义上该概念仅仅是对主管机关意志的反映而已。因为其主要反映了政府的裁量意志，对政府所称为公共服务的那些行为只要关注其行为主体的主观意图即可。

2. 模糊性。公共服务的含义相对模糊，时而是指一种形式，一个外壳，而行政组织才是其内在机构；时而是指一种实质性的内容，该内容独立于所有对形式的考虑。在其产生之初，公共服务同时包括形式与内容两部分，这两部分同时处于同一法律关系中，对公共服务学派来说该概念只有独一的可能性存在。从历史视角来看该概念因其模糊性而分裂了，因而该概念持续处于组织概念与实质概念的拉力之中。法官似乎倾向于其实质性的定义，即公共服务首先应当是一种行为。

（二）复杂性

公共服务的概念相对复杂，该概念的定义有两个关键点。首先，无论是从具体形态还是从功能上来看其含义都是有所保留的。其次，没有对公共利益的实现行为就没有公共服务行为的事实存在。

1. 公共利益。定义公共利益是一件十分困难的事情。但是当设立一项公共服务的时候，公共利益的标准却又不可缺少。公共利益被认为是公共服务的目的。权力机关欲设立一项公共服务行为的时候就必须准确确定其中是否有公共利益存在。但是问题在于通常直到一项公共服务行为成立，还不能确切地认定是否有公共利益实现。

公共利益是公共服务理论的核心要素。公共利益是行政法以及所有的公共行为的核心，它无所不在但也极度不明确。行政法授权行政机关一些特权并且强加一些在普通人之间不存在的从属性法律关系。这些法律关系可以用公共利益说明其合法性。首先，因公共利益的需要而导致的一些特权；其次，因为公共利益的需要而导致的一些强制，因为公共利益是一些特别责任产生的源泉。

因此，公共利益的准确含义并不容易掌握。公共利益首先是集体的特定利益，该全体性特定利益与特定个体利益相对立。如同超越于社会的国家一样，对国家来说其扮演着代表一种每个社会成员都应当服从的高级利益角色，但是个体利益在与公共利益对抗过程中不断发展着，这一发展也必然使得对公共利益的认识发生变化。

2. 公共服务管理人。不同的行为主体对我们判断某行为是不是公共服务有一定影响。如果公共服务的行为是由公法主体作出的，那么能够推定的是该行为的公共服务性质会强一些。因为公法主体一直被认为是为了满足公共利益而有效地提供公共服务，所以当其提供服务之时基本上可以判断是公共服务。而如果公共服务的行为是由一个私法主体作出，那么就必须确定该私法主体是否因为该公共服务行为，而处于一个由公法主体进行监控的法律关系之中。如果是这样，那么就需要接着探讨由该私法主体作出的该行为是否真正地是为了满足认定公共服务所必需的公共利益。当两者都是肯定回答的时候，才能认定为公共服务。

（三）认定标准

1. 为了公共利益的任务。依据最高行政法院的看法，只有在完成公共利益任务的时候才存在公共服务行为，该标准将公共服务行为与其他为了公共利益的私法行为相区别开来。但是对于什么是公共利益以及由谁来认定依然是个难题。因而公共利益并不是所有的以公共服务为形式的行为所必须表现出来的要素。

2. 基于行政机构的监控之下。虽然有时公共服务行为由私法主体完成，但是为了实现公共服务，该行为应当直接置于公共权力控制之下。也就是说私法主体在实现公共服务的时候，在性质上属于由公法主体依据一定的规章进行控制的主体。

3. 特权标准。私法主体可以代替公法主体实施公共服务行为，因而公共权力的一些特权就由私法主体享有。对法官来说可以根据其享有特权而决定其所实施的行为是公共服务行为。实务中依据公共服务和管理人的法律性质来区分公共服务行为相对容易一些。如果管理人是公法主体的话，就不用探讨其是否有公共权力所具有的特权了——作为公法主体其必然同时具备实施公共服务行为以及享有公共权力的特权的能力。但是如果是私法主体作为管理人的话，探讨其行为是否具有公共服务的性质有助于发现其是否有公共权力所具有的特权。

二、公共服务的内容

（一）公共服务的分类

公共服务依据其不同的类别适用不同的法律制度与诉讼制度。一般来说公共服务主要分为行政性公共服务（le service public administratif SPA）与工业及商业性公共服务（le service public à caractère industriel ou commercial SPIC）。

1. 行政性公共服务。首先，法律文本对行政性公共服务的定性。因为理论与实践存在争议，故立法者或者规章制定者一般都不会对行政性公共服务（SPA）进行定性描述。通常通过描述公务法人职责的规章性文件能够得出其所管理的公共服务的真正法律性质。有些对公务法人组织定性的文本中对其组织定性的内容少于对其所管理的公共服务的定性（如国家就业机构、国家住房改善机构、国家图书馆等）。其次，法律文本之外对行政性公共服务的定性。一般来说除了法律文本的规定之外，人们对公共服务行为会假定为行政性的行为。这一假定可能会因为以下几个因素同时作用而无效，即：服务的标的、服务的资金来源、管理的方式以及是否具有工业及商业性公共服务性质。

2. 工业及商业性公共服务。工业及商业性公共服务（SPIC）于1921年被判例所确认。R.-E. Charlier教授对判例进行分析后认为，该判例有三个因素来认定是否存在工业及商业性公共服务即：服务的标的、服务的资金来源以及服务的组织模式。首先，服务的标的包括提供相关生产、出售资产或者服务。在这一点上公共服务具备一定的经济性，经常可能会与私人企业有直接的竞争关系，因此我们通常会把此类公共服务划归到垄断性公共服务中。这一标的的经济性体现在该服务能够作出依据商法而作出的商事行为。其次，服务的资金一般来源于或者至少有一部分是来源于由使用者或者受益者所提供表现为使用费的资金。尽管因为不同的服务所必需的资金不同，但是由使用者或者受益者提供一定的资金却不会变化。最后，服务的组织模式应当是与私人企业相类似的组织及功能。工业及商业性公共服务应当是一个企业，也就是说不存在类似于行政机关的特殊内部组织形式、命令的行为模式、命令的工作模式以及命令的人际关系。法官综合上述三个标准判断某一行为是不是工业及商业性公共服务行为。如果在公共服务行为中找不到上述三个标准的综合表现，那么一般说来该行为就不是工业及商业性公共服务行为而是一个行政性公共服务行为。

（二）法律制度的演变

法国学术界主流的观点认为关于公共服务的法律制度将会由过去的最大限度地服从于公法规定而变为最大限度地服从于私法规定。

1. 公法调整的公共服务。公共服务在必要的情况下能够行使公共权力的某些特权，因此在此种情况下由公法调整。首先，由公法主体实施的公共服务是最大限度地将"公共化"适用法律于公共服务。也就是说除了法律条文有相反的规定之外，他们的决定以及达成的合同都应当为行政性，他们的人员以及相关的财产都会与公法相关，他们所承包的工程也经常归属于公共工程并且他们的责任也由行政法所调整。在此情况下仅有非常少的一部分行为由私法调整。其次，由私法主体实施的公共服务符合一定条件的情况之下，才能由公法调整。创设该公共服务的决定授予了公共服务的私法管理主体相关的资格，并且该决定与该公共服务的组织机构相关。该决定授予了私法主体相关公共权力的特权，则其行为由公法调整。

2. 私法调整的公共服务。具有工业及商业性公共服务性质的公共服务的法律制度比较复杂，因为随着涉及的组织以及活动的不同，私法在调整其行为中的地位也有所不同。基本的原则是在此活动中不属于公法调整的全部由私法调整。

三、公共服务的基本规则

（一）公共服务的创设与撤销

1. 创设。公共服务的创设有正式性以及自发性两种。

（1）正式性创设。自1958年宪法以来，法律以及规章有权创设公共服务。但是下列事项只有法律才能规定，即规定地方行政机构创设某种公共服务的义务，创设某种全国性的公共服务，创设某种限制了公共自由的公共服务。尤其是对最后一种的创设条件有严格限制，即如果没有得到宪法的授权，那么由立法者对该限制作出规定。除此之外的创设权基本上全部由规章享有。另外法律与规章对此规定应当符合欧盟法的规定，如不得限制人员及资金的流动自由、逐步消除行政垄断等。

（2）自发性创设。有权机构并没有创设某种公共服务的意图或者没有发觉其行为正在创设某种公共服务时创设了一种公共服务。这种情况限于特定的时候某种活动具备了公共服务资格，即此时该活动同时具备了某些法律后果，如由公法主体监控、具有公共权力的特权等。当然这一现象的产生属于偶然，如在对损害进行赔偿时、修改行政合同时以及在发生诉讼之际，人们可能才会发现在这些问题的背后竟然还存在一个行使公共服务的组织，且该组织可能最终属于一个纯粹的私法主体。

2. 撤销。依据形式与权限平等的原则，必须有法律规定才能撤销某项公共服务。即使对某项公共服务的撤销有利于公共自由，该项撤销也只有依据法律进行，也就是只能依据立法者的规定而定。

（二）公共服务的使用者

1. 含义。使用者就是服务所直接针对的对象，该使用者可能为直接或者间接使用者。如对于国家铁路公司的顾客来说，该顾客是其座位所在的列车车厢的直接使用者，但同时其也是铁路、铁路两边的信号灯等全部的为了他的旅行方便而设置的东西的间接使用者。

2. 权利与义务。

（1）公共服务使用者的权利主要有下面一些：当某项公共服务原则上停止了创设时，该项服务的潜在使用者可以促使公共权力履行自己因疏忽或者迟延而没有履行的创设该项服务的责任。使用者对现存公共服务有两项权利：①其符合提出相关履行条件时享有从公共服务的履行而受益的权利。②有权享有符合相关质量的服务。当某项公共服务被撤销时，使用者不能请求行政法官判决其继续存在，除了该中断服务不合法或者不合宪法规定。但是在后者的情况下一般会引起损害赔偿而不会导致重新创设该服务。

（2）公共服务使用者的义务主要有下面一些：使用者必须服从使用该项服务的相关规定。在使用时应当符合该服务的目的，且服从于该服务的责任顺序。应当支付相关的费用等。

（三）公共服务的原则

1. 平等原则。首先，所有具备使用者资格的人都应当能够平等地以同样条件享有该项服务。其次，每一个使用者都应当受到没有歧视的平等对待。最后，所有的使用者都应当按比例，公平地支付公共服务所必需的成本，以支持该项服务能够持续。

2. 持续原则。不能随意地中断某项公共服务，否则会对社会公共利益造成重大影响。

3. 弹性原则。公共服务能够不断调整以适应不断变化的公共利益。

四、公共服务的法律制度

因为公共服务主要有行政性公共服务和工业及商业性公共服务两种，所以其相关法律制度也分这两种情况讨论。

（一）行政性公共服务的法律制度

行政性公共服务的法律制度不全部都由行政法来调整。

1. 公法人管理。公法人管理的行政性公共服务可以适用公法程序，也就是说行政法的程序可以适用于此类行政性公共服务。行政公共服务机构的职员是公法关系中的职员，其行为是单方行政行为，其缔结的合同是行政合同。适用公法程序的行为要遵守公法规定，而其涉诉的时候也在行政法院进行审查。过去认为管理行政性公共服务的组织也可以采用私法方式进行管理，如与第三人达成合同的方式。自1996年起司法判例认为所有管理行政性公共服务的组织不能以缔结合同的形式雇用职员，因为所有的合同工都可能会参与公共服务的管理。这样他们在行政性公共服务中的作用就与该组织以公法形式雇用的职员有相同作用。

2. 私法人管理。该类型的行政性公共服务提起的诉讼通常在私法范围内。私法人管理行政性公共服务中形成的合同通常是私法合同，尽管私法人是为了执行行政性公共服务而签订合同。因为在司法判例中基本的原则是行政合同必须至少有一个主体是行政机关，而为其工作的职员在没有法律例外规定的情况下为受私法调整的雇佣关系。管理行政性公共服务的私法人只能在符合以下两个条件时，才能作出单方行政行为：①正在执行行政性公共服务；②行使了公法特权。

3. 公共服务使用者。不论公共服务的管理者是公法人还是私法人，其使用者与公共服务机构原则上都是处于公法调整之中。他可以提起越权之诉来抗辩所有源于行政性公共服务的单方行政行为，也可以提起完全管辖权诉讼来要求管理者承担超出合同范围的责任。

（二）工业及商业性公共服务的法律制度

1. 发布规章。根据司法判例，公法人或私法人组织工业及商业性公共服务管理工业及商业性公共服务时发布的规章是一种单方行政行为。所有对此有利益影响关系的人，尤其是公共服务的使用者，都可以对其提起越权之诉。而没有对工业及商业性公共服务进行管理的规章则不是公法行为，由普通法院进行管辖。

2. 主体。工业及商业性公共服务的管理主体原则上是私法人，除非法律有特殊规定。不过，例外的是司法判例认为该主体的领导及会计部门主管是公法管辖的职员。因此与此两类人在工业及商业性公共服务实施中相关的诉讼属于行政诉讼，而与其他人相关的诉讼由普通法院进行管辖。

3. 合同。管理工业及商业性公共服务过程中与第三人缔结的合同原则上是私法合同。该合同只能在符合行政合同要件的时候才能被认为是行政合同，这些要件有：合同的一方是公法人；合同的另一方在实施公共服务等。否则只能将其归入私法合同，由普通法院进行管辖。

4. 诉讼。一般来说工业及商业性公共服务与其使用者或第三人之间的法律关系是私法关系，其诉讼由普通法院管辖。只有在工业及商业性公共服务违法颁布规章或者在以公共权力的特权方式实施服务时造成了损害，如土地征收等的情况之下，才由行政法院管辖。[1]

第五节　行政行为

一、单方行政行为

（一）单方行政行为的含义及分类

1. 单方行政行为的定义。单方行政行为（Le acte administratif unilatéral L'AAU）是一种法律行为，指由行政机关单方面决定采用而不需要行政相对人同意就可以改变或者不改变其权利或义务的法律行为。对该概念的理解有以下几点要注意：

（1）法律行为。单方行政行为表现行为主体要发生法律效果的意志。因而不能对其作如同由行政机关引发的具体事实那样的分析，也不能作如同其作出的具体活动意志那样的分析。但是也有例外，行政机关在某些行为中也存在着源于具体活动意志的法律行为。例如源于一个公共工程执行决议的工程实施决定。

（2）单方面采用。这一点是与采用双方或者多方法律行为形式的行政合同相区别的。要注意单方不是指只能有一个行政机关实施法律行为，事实上往往一个行政行为是由几个行政机关共同作出。实际上单方面的含义与行为主体的数量无关，其真正含义是指处于行为与行为对象之间的一种专断的关系。这表明单方行政行为并不依靠行政相对人的同意就可以存在及实施。虽然在单方行政行为的形成过程中确实存在许多意志的合力，但是这些意志的目的——如同行政合同中的意志合力一样——并不是为确定行为双方之间相互的自由，而是为了专断的规定一个或几个行政相对人的法律地位。

---

[1]　Cass. 1ʳᵉ civ. 9. 12. 1986 JCP 1987, n° 20, 790, note Gridel.

（3）行政机关采用。作出单方行政行为的权力并不是任何一个法律主体都可以，除了一些特定的机构之外，该权力由法律与司法判例保留给行政机关。这些特定机构主要包括一些公法主体：共和国总统、总理、部长、警察局长、市长、公务法人的主任、地区或全体议会的主席以及所有的授权主体。但是有些集合性主体，如地区议会、自治市议会以及独立的行政机关也可以颁布单方行政行为。如1978年创设的国家信息与自由委员会及1989年创设的电视频道高级委员会。

单方行政行为为不需要行政相对人同意而改变或者不改变其权利或义务的行为。这一点是对单方性从法律后果方面的规定。不论行政相对人权利或义务的改变或不改变，行政相对人的同意或不同意都不发生实质的法律后果。即使行政机关在颁布单方行政行为之前试图与行政相对人进行协商，尽力收集与此相关的行政相对人意见以获得其支持，该行为也不能减弱单方行政行为的单方性。所以行政法官认为无论行政机关经过协商之后而形成的单方行政行为或者撕毁该君子协定而专断的实施单方行政行为的法律效果相同。

2. 单方行政行为的分类。

（1）依据行为对象的分类。这一分类的好处在于可以依据不同的分类，突出其法律制度上的特点，这样利于行政机关在颁布相关的单方行政行为的时候，能够更加符合其特点。

第一，个体行为（Les actes individuels）。指的是那些指向一个或者多个自然人或法人的单方行政行为。这些行为对象是被该行为所指明且能够确定的，如建筑许可、公务员的提名、对特定候选人的检查决定等。

第二，规范行为（Les actes réglementaires）。指的是一个单方行政行为没有指明而以抽象的方式针对一个或多个颁布的一般性、普遍性的规范。常见的例子是警察针对所有的机动车司机而颁布的市区限速50公里每小时的规定。但是司法判例认为授权签字的行为是规范行为，虽然该行为可能是针对一个指明的个人进行的授权。

第三，类别行为（Les actes particuliers）。指单方行政行为针对数量与身份都不确定的主体适用已有的普遍性一般性规范于特殊情况中。如划定选区界线的决定、对风景区或建筑物的分级决定等。

（2）依据行为主体的分类。这一分类能够确定单方行政行为的位阶，也就是说由行为主体在行政机关中的位阶来确定行为位阶。如总统或者政府可以颁布法规（Les ordonnances）然而就其功能来看，该行为因行为主体的法律位阶不同就表现出不同的法律位阶，如时而表现为单方行政行为时而表现为法律，具有双重性。总统或者政府也可以颁布规章（Les décret），一般来说其属于单方行政行为。这两者的位阶因其主体的位阶高而比较高。比这些位阶低的有部长、省长、市长等颁布的规章。

（二）单方行政行为的成立

单方行政行为只有在遵守相应的权能、形式以及程序规则才能合法成立。

1. 权能规则。

（1）权能指的是一个机构具有合法的资格来作出单方行政行为。

第一，权能具有三维性。单方行政行为的行为主体原则上应当在法律文本及司法判例规定的权能框架内作出该行为。框架应当具有具体性、地域性及时间性。权能的具体性指的是对单方行政行为作具体的限定，明确其能够作用的领域。行政机关只有在能够对特定的领域作出单方行政行为的时候，才真正地享有权能。如警察局长只有在作出警察行政行为的时候，才真正地享有警察行政权能。地域性指的是行政机关在限定的地域内作出行为。时间性指的是行政机关在什么时间段内可以作出单方行政行为。任何一个行政机关只能在具有相应职能期间作出该行为，但是要注意的是单方行政行为并不与其行为主体一同消失，也就是说在行政主体消失后，其作出的单方行政行为的效力依然存在。

第二，权能特点的强制性。权能规则是一种公共秩序，是所有行政活动的基础。法律文本所规定的行政机关的权能必须被谨慎地遵守，这就是为什么行政法官总是对行政机关稍有违反权能规则的行为就进行严厉制裁的原因。

（2）权能规则的例外。

第一，权能迟延。该迟延被视为是对权能规则时间性的违反，可能导致的后果有解除其继续执行单方行政行为而由其后续者接手继续执行。这样以避免出现无人处理单方行政行为而损害公共利益的现象。

第二，权能委托。指的是一个行政机关将其自身的部分权能委托给另一个行政机关行使。行政法官拒绝承认不符合委托规则的权能委托所产生的行政行为的法律效力。权能委托只有符合以下三个条件时才合法：①委托必须具有宪法、法律或规章文本的依据，所有超越文本规定的委托都不合法。②委托必须依法公布。③委托必须足够精确，因此行政法官拒绝承认太广泛或太模糊的权能委托，尤其是将其自身所有权能做概括性委托的行为。受委托机关将其被委托的权能重新委托给另一个行政机关行使的权能再委托，如果符合以上三个条件也是合法的委托。[1]

第三，权能替补。当某行政机关在出现缺位或不能执行其权能之时由另一

---

[1]　CE 19. 7. 1991 Heintz JCP 1991, IV, 409.

个有权主体临时代理或代理履行。如法律规定当市长的助手可以临时代理市长行使其权能。而对于代理履行法律没有作规定，所以总统决定由某部长行使总理的权能就是一个代理履行。

第四，事实公务员理论。司法判例有时承认一些无权主体作出的行为是单方行政行为，这就是所谓的事实公务员理论。该理论建立在两个基础上：该行为所处的状态特别有利于承认其具有单方行政行为效力；作出该行为的机关不时以其行为使得其作出的单方行政行为具有有权机关作出该行为的外表。

第五，部长制定规章的权能困境。《宪法》第21条仅规定了总统和总理的法规制定权，因此宪法委员会就合理地推断宪法没有赋予各部长相应的规章制定权。实践中部长们制定规章的权能相当有限，行政法官的司法判例也只是有限地承认了一些规章制定权。因而在实践中部长通常利用不具有强制性的行政通告或者行政指示替代规章，但是这些手段的不足影响了部长们实现自己所承担的行政任务。

2. 程序规则。在一个单方行政行为的成立过程中有许多重要的程序性要求，其中比较重要的几个程序规则有：

（1）期限。法律文件有时规定一个单方行政行为必须遵守的期限，但是对此司法判例认为该期限不能要求行政机关必须遵守。因此其期限的违反无关紧要。最高行政法院认为该期限应当是一个合理的期限，即该期限根据各行为成立的难度不同而相异。

（2）咨询意见。行政机关在作出单方行政行为之前经常会咨询相关方面的意见，以便作出合适的决定。咨询意见有三种：第一种是任意性的咨询，即行政机关对其咨询对象没有必须咨询及听从其意见的义务；第二种是义务性咨询，即行政机关有义务向其咨询对象咨询意见，但是没有听从其意见的义务；第三种是服从性咨询，即行政机关必须向其咨询并听从其相关意见。在前两种咨询中行政机关有自己的裁量权。而在第三种除了该意见是不合法的之外，行政机关对该意见没有任何的裁量权。

（3）对抗程序。对抗程序指的是在程序中行政相对人有权在行政机关提出对自己不利的单方行政行为之前提出自己的抗辩。但是该对抗只在相当有限的范围内发挥作用。自2001年最高行政法院的司法判例开始，所有经过对抗程序后能够变得清楚的那些行政程序都应当遵守对抗程序。[1]

---

[1] CE Sect. 7. 12. 2001 Soc. Ferme de Rumont RFDA 2002, 46.

（三）单方行政行为的实施

1. 单方行政行为的法律效力。

（1）效力起点。原则上一个行为在形式性公布之后正式地融入成文法令时即正式生效。行为的公布有两种形式：通知与公告。前者针对个体行为，后者针对类别行为、规范行为及集合性行为等。

单方行政行为的法律效力指向将来而不指向过去，这一效力与法不溯及既往的基本法律原则相一致，该原则适用所有的规范行为与非规范行为。[1]

（2）公开。为了行政民主、行政参与及行政透明，1978 年的法律（经过了 2000 年的法律及 2005 年法规修改）承认行政相对人有权要求查阅行政性文件即行政文件公开。

在对文件进行公开时要区分可以公开的文件与敏感性文件。前者可以对任何人公开，而敏感性文件指的是那些可能含有隐私或者机密等不宜于公开的文件。

2. 单方行政行为的执行。行政机关有三种方式可以执行自己的单方行政行为：刑罚的方式、行政处罚的方式以及强制执行。在没有规定可以使用上述三种方式时行政机关可以向行政法院提起执行请求，由行政法院以判决的方式执行其单方行政行为。还可以应用民事方式即向普通法院提起诉讼，由法官作出判决进行执行，但是该方式除了法律有规定之外原则上不允许。

（1）刑罚方式。法国的新刑法典允许行政机关向刑事法官提起诉讼，以制裁任何违反了警察局所颁布的规章或者命令的人。在别的条款中还规定了行政机关可以向轻罪法庭提起对必须离开法国、被驱逐出境以及遣送出境等外国人的诉讼。原则上该方式必须有法律明文规定才能使用。

（2）行政处罚。宪法委员会与 1989 年承认了行政处罚的存在，但是为了限制其被滥用而规定了使用该方式的一些规则。[2] 首先，只有法律才能规定行政处罚。这一点与法国《宪法》第 34 条相一致，即立法者是公共自由的保护者。其次，行政处罚不能剥夺行政相对人的人身自由。再次，行政处罚应当与 1789 年的《人权宣言》相一致，即"法律仅仅在明显的必要的情况下才实施处罚"。这就要求处罚应当符合以下原则：处罚必须合法、处罚应当合乎比例、法律中

---

〔1〕 该原则的例外的情况有两种：首先，法律可以事实上对该原则突破，法律可以规定某个单方行政行为可以溯及既往；其次，虽然没有立法者的授权，但是一些单方行政行为的确可以溯及既往。如那些撤销越权行为后的所引发其必然后果的一些行为。最高行政法院曾在 1925 年撤销 1921 年的普升名单后要求行政机关对某些公务员重新任命其 4 年的任期，也就是说 1925 年的任命指向的是 1921 年的情况，具有了追溯力。

〔2〕 CC 28. 7. 1989 COB RFDA 1989, 671, note Genevois.

的处罚措施不应当具有溯及力以及被处罚人在实施处罚前有权为自己辩护。最后，应当服从欧洲法院的判决，即行政法院的司法判例认为《欧盟条约》第6条中的人权保护，保障了在程序中的权利平等，应当适用于行政处罚。

（3）强制执行。强制执行指行政机关在行政相对人抗拒单方行政行为实施时，使用不需要法官预先同意就可以使用的强制手段，强制行政相对人配合单方行政行为的实施。因为其手段比较粗暴，所以行政机关只能在面对行政相对人的抗拒之时才能适用，并且其手段要限制在必要的程度之内。

法国司法判例认为只有在以下三种情况才能应用强制执行：①强制执行必须有法律明文规定。②必须是在紧急情况之下才能应用。③对于单方行政行为来说，除了强制执行已经找不到别的法律途径才能对其实施。在这三种条件之外实施的强制执行不合法。

（四）单方行政行为的终止

1. 具有追溯力的终止。具有追溯力的终止其效力不仅仅是针对将来还对过去发生效力。该终止一般基于两种情况，一种是条件解除，一种是撤销。前者由单方行政行为本身的成立条件就作出了相应的规定，而后者则是与原来单方行政行为不同的一个新的行为。如公职法规定对公务员的任命提名基于其接受该提名，如果某人拒绝了对他的提名，则该拒绝行为导致提名行为终止，而其效力追溯至提名的当初。但是对于撤销则需要一些严格的条件限制。

（1）指导原则。首先，对于没有创设权利行为的撤销。对该行为的撤销可以在任何时候以任何动机进行，因为该行为没有创设任何权利，所以对其撤销对于法律关系的安全性不会构成任何严重影响。其次，对于合法创设权利的行为，原则上不能撤销除了两种情况之外：法律有明文规定或基于该行为受益者在该行为可能会对第三者造成损害之时的请求。最后，对于不正当创设权利的行为处理方式原则上是处于前两者处理方式的一种中间路线。由于该行为创设一定的权利，所以对其撤销应当严格限制条件，只能在保证法律关系安全的前提下进行撤销。

（2）例外。首先，对暗示授权的撤销。直到2000年前依据相关司法判例对暗示授权还不能撤销，虽然其不正当。2000年4月12日的法律变更了以前相关司法判例的规定，该法律认为对于暗示决定能够因为不合法而被撤销。其次，2006年的法律规定对于建筑、装修、拆除等默示或明示的许可，只能在其不合法的情况下于其生效后3个月内撤销。

（3）撤销义务。行政机关撤销不正当行政行为不是一种权利而是义务。对于行政机关及其上级机关来说都有义务应行政相对人的请求而撤销相关不正当的行政行为。如果这些行为不是创设权利的行为也不是规范行为，则对其撤销可以当时生效，反之则必须在诉讼过程中被撤销。行政机关也有义务执行司法判决关于撤销行政机关的决定。

2. 不具有追溯力的终止。不具有追溯力的终止行为效果仅仅针对将来发生作用，相对而言其更有利于法律关系的安全性，因此其更多地被司法判例所采用。对终止术语的理解是行政行为在某一个适当的日期或经过了一个期间后就不存在，或者是当某些预先确定偶然性条件具备时该行政行为就不存在。例如对公务员的职务任期就是经过一个期间后终止。对建筑的许可在发出后两年内如果没有开工，该许可就自动作废。

（1）裁量终止。只要遵守相关的权限、程序以及形式等的强制性要求，行政机关就可以在任何时候废止没有创设权利的行政行为。但同时"法安说"也要求对规章的废止不能对正在形成的行政合同造成明显影响。在实践中法律也可以禁止一些规章被废止。

相比较而言创设权利的单方行政行为被废止就比较难。只有在两种情况之下才能废止一个创设权利的单方行政行为：①权利享有人提出废止的申请。②法律有预先的规定。

（2）义务性终止。依据1989年的法律，行政机关有权对不合法的规章作出废止。不论该规章是在颁布的当初就不合法还是随着其后法律环境的变化而变得不合法，行政机关都有义务将该规章废止。任何形式的行政相对人都可以在任何时候提出废止行政行为的申请。根据司法判例，行政机关也有义务废止因为事实或者法律的变化而导致不合法的非创设权利性的行政行为。

二、行政合同

（一）行政合同的判定标准

1. 形式标准。

（1）机构标准。原则上行政合同的一方当事人必须是公法人，在例外的情况下于私法人之间也能够产生行政合同。这些例外情况主要有：

第一，法律规定。如1938年6月17日的法律中立法者认为一些在私法人之间达成的合同也是行政合同。该法规定当私法人被特许管理公共服务时达成的与公共财产相关的合同是行政合同。

第二，明示或暗示的授权。当一个私法人为了一个公法人的利益而与别的私法人达成合同时，该合同是行政合同。此时认为前一个私法人得到了公法人的明示授权。但是在没有这些明示授权时，如果能够从一些迹象推出该私法人得到了公法人的暗示授权，也可以认为其与其他私法人之间能够达成行政合同。

第三，Peyrot 判例。[1] 自 Peyrot 案后，行政法官认为道路建设是国家行政事务，与道路建设相关的合同具有行政因素。即使该合同双方是私法人，该合同也是行政合同。

（2）立法标准。法律规定了一些合同的性质应当是行政合同。如国家出卖不动产的合同、与公共财产的合同、依据政府采购法达成的合同等。这些法律规定的行政合同可以与判例形成的实质标准不相符合。

2. 实质标准。法国行政合同的实质标准是由司法判例确立的，实质标准主要有两个：

（1）公共服务标准。首先，合同的双方应当是为了执行公共服务而达成合同。其次，合同的缔结是执行公共服务的一种方式。

（2）特权标准。首先，合同的一方与私法合同相比较而言享有一定的特权。其次，合同中虽然没有特权条款但是存在着暗示的特权。

（二）行政合同的法律制度

1. 缔结。行政合同的缔结应当遵守合同自由原则，也就是说合同的双方在自由意志的状态之下达成合同。

所缔结的行政合同一般说来是政府采购（marché public）合同及其他行政合同。事实上行政合同主要是政府采购合同，所以在法国传统上有观点认为行政合同与政府采购是同一概念。

2. 权利与义务。

（1）行政机关的特权。行政机关有权指导并且监督行政合同另一方执行合同，在另一方执行合同过程中行政机关可以作出相应的命令。当另一方在执行行政合同过程中有过错时行政机关可以作出相应的处罚措施。行政合同达成后，行政机关可以单方面对行政合同的条款进行修改。行政合同的另一方有过错时行政机关可以单方面实施行政合同。

（2）另一方的获得补偿权。如果另一方履行了行政合同规定的义务则其有权要求得到合同规定的费用。因行政机关单方面的特权改变合同后对另一方产生的损害，另一方有权要求得到补偿，当然补偿额度比较小。

3. 终结。合同实现后就终结或者基于行政合同双方的合意产生终结，或在行政诉讼中法官撤销产生合同终结等。

[1] TC 8. 7. 1963 Soc. Entreprise Peyrot GAJA.

第六节 法国行政诉讼概述

一、行政诉讼的历史

法国行政法最初产生于行政诉讼，法国行政诉讼的历史可以说是法国行政法的历史。事实上现代意义上的行政法主要指行政权力受到司法权力审查的行政法，没有行政诉讼的行政法如同没有责任条款的法律规定一样苍白无力。

（一）初创阶段

行政诉讼产生的标志性事件是针对行政行为的诉讼不由普通法院进行审查。所以 1790 年 8 月 16 ~ 24 日的法律禁止将行政机构的行政而引发的争议提交到普通法院进行审查就是法国行政法产生的标志。

1790 年法律产生的原因有以下几点：首先，基于法国源于孟德斯鸠（Montesquieu）的分权理论。立法、司法及行政这三种权力相互独立互不干涉。如果行政机关的行为由普通法院进行审查，难免会产生司法权力干涉行政权力的现象。其次，法国大革命中新兴资产阶级对代表封建势力的普通法院不信任。因为当时的法律要求代表新兴资产阶级势力的政府通过的法令必须在普通法院登记后才能生效，而法院经常对代表资产阶级利益的法令不登记。政府和议会积怨相当大，因此在政府有机会的时候就通过法律禁止行政机构的诉讼在普通法院进行，以防止其阻碍政府所代表的资产阶级利益得不到实现。

（二）行政审判的出现

1790 年法律禁止普通法院审查行政活动，但是该法并没有创设相应的行政审判机构。因此在当时有一段时间由各部的部长审查与其所在部相关的诉讼，这被称为部长法官制。当时理论认为行政诉讼是行政行为的一种，因此由部长审查并没有违反公权原则。

1799 年宪法创设了国家参事院（Le Conseil d'Etat CE）。其主要职能是对部长与省长提供建议，而其次要职能就是审查行政活动。此时现代意义上的法国行政审判正式出现。当时最高行政法院并没有得到授权享有司法权力，所以它不能独立办案，而必须将其审查意见提交国家元首作最后决定。直到 1872 年才有法律授权最高行政法院有权对行政诉讼进行司法审查，但是当事人在向其提起诉讼前，必须先向部长申诉，随后不服部长的决定才能向最高行政法院提起诉讼。

上述部长法官制直到 1889 年 Cadot 案出现才被废除，此后当事人不服行政机关的决定可以直接向最高行政法院提起诉讼。随后最高行政法院通过一系列对行政机关进行审查的"重大判例"。这些判例对行政机关的行政行为进行审查，树立了最高行政法院在审查行政行为方面的权威地位，强化了其与行政权力之间的相互独立地位。

最高行政法院在树立其权威后扩大了这一权限，于1953年的法令创设了由行政法院来承担行政诉讼第一审。最高行政法院因此就变成了一个主要的受理上诉的法院。但是很快最高行政法院就认识到仅仅创设基层的行政法院还不够，于是于1987年的法律创设了行政上诉法院来接管主要的行政上诉案件。最高行政法院本身的一审、终审与再审职能还保留着。

（三）独立的行政法出现

行政审判出现后就存在行政法院与普通法院的权力划分问题，行政法官试图在实践中找到行政法院与普通法院的权限区别。行政法官的这一探索直接促使了与行政审判相关行政法的出现。

在1873年前出现了许多区分标准。如采取组织标准，即所有与公法人相关及其职员相关的诉讼都不由普通法院管辖。但是最高行政法院不赞成采取组织标准，虽然这一标准比较简单且清晰，因为如果采用该标准，可能会扩大行政诉讼的范围。对组织标准这一形式标准的拒绝促使最高行政法院尝试采取实质标准，即行政活动的本质标准。因此到了1873年法国行政诉讼中共存有三种区分行政法院与普通法院权限的标准。[1]

1873年Blanco案后法国又出现了以狄骥（Duguit）为代表的公共服务标准，即认为公共服务是公法人为了公共利益而进行的活动，只有这些活动才能进入行政诉讼。

出现了众多的标准似乎能够说明对于行政诉讼这一个复杂的事物不能以单一的标准来衡量。此后在法国这些不同的标准经过了许多演变，现在的标准与其产生当初已经有许多不同之处。这些标准几经沉浮，大浪淘沙。目前在法国

---

[1] 其一，债务人标准（L'Etat débiteur）。该标准源于普通法院不能对国家的财政投资进行审查，因此国家出资设立的行政机关作为国家的债务人而存在，对其进行审查就是对国家的财政投资进行审查，所以普通法院不受理涉及行政机关的案件。其二，职权行为标准（L'acte d'autorité）。该标准认为行政机关的行为可以分为两个类型，即包含了具有超越私法权利的特权内容的公共权力的职权行为及没有包含公共权力内容的管理行为。前者由行政法院管辖，而后者则由普通法院管辖。在该标准之下所有的行政机关的活动都基本上不由普通法院管辖。其三，公共管理标准（géstion publique）。该标准认为行政机关的活动分为两个类型，即与私人活动方式相同的私管理及使用特权及施加超越私法的义务的公共权力的公共管理行为。第三标准与第二标准比较相像，这是因为这两个标准都是公共权力学派的核心概念。但是第三标准比第二标准更加精妙一些，因为第二标准以权力来划分会将所有的涉及行政权力的行政机关的活动都归为一个整体而不受普通法院管辖。而第三标准则对行政机关的活动进行了区分，行政机关行使行政权力的活动中只有一部分可以进入行政法院。

行政诉讼基本上形成了以公共管理为主，以公共服务为辅，并且包含其他不重要标准的混合标准体系来区分行政法院与普通法院的权限标准。行政诉讼标准繁多与难以确定的现状使得最高行政法院的法官 Bernard Chenot 甚至认为行政诉讼没有真正的标准，只能由法院进行个案判断该案是否是行政案件。

当前法国行政法在经历了判例与成文法混合发展过程后，逐渐进入了成熟期，所以对行政法的法典化需求就比较迫切。在法国行政法的法典化已经开始了，自 1948 年 9 月 12 日决定要对行政法编制法典。目前已经编制了《政府采购法典》（Code des marchés publics，2006 年最新修订）、《行政征收法典》（Code de l'expropriation）、《教育法典》（Code de l'éducation）、《环境法典》（Code de l'environnement）及《公法人财产法典》（Code général de la propriété des personnes publiques）等。

（四）行政法与行政审判的宪法化

法国 1958 年宪法中只规定了司法职权，但是这一规定中只有普通法院的职权。《宪法》对事实上存在的行政法院及行政诉讼没有任何的规定。《宪法》仅仅在其第 13 条中对国家参事院作了规定。但是该规定也只针对如何提名参事，没有针对其司法审查职能作规定。宪法也没有对行政法作任何规定。也就是说在 1958 年宪法颁布时，法国行政法及行政审判没有宪法依据，得不到宪法的保护。任何一部法律都可能会对行政法与行政审判造成致命威胁，比如某法律规定取消行政法与行政审判。

自 1980 年来，宪法委员会对行政法与行政审判所处的这一尴尬情况进行补救。其于 1980 年作出决定宣称行政审判是法兰西共和国的基本原则，而宪法委员会的决定是具有宪法价值的法律溯源。这样才基本解决了行政审判的宪法基础问题，而普通法律也不可能对具有宪法依据的行政审判任意取消。

1987 年 1 月 23 日宪法委员会又作出一个决定，对行政法的宪法基础作出了确认，同样，宪法委员会认为行政法是法兰西共和国的基本原则，该决定具有宪法价值。此后行政审判与行政法才正式成为法国法治国中的司法制度中的一部分。

二、行政审判组织

法国的行政法院体系基本上分为三级。各自的审判权限不同，产生的历史也不同。法国行政诉讼发展是由最高行政法院向下发展，这与行政诉讼产生之初不发达有关。目前法国行政审判组织体系构成了以最高行政法院为塔尖，上诉行政法院为塔身，而基层行政法院为塔基的金字塔形状。

（一）基层行政法院

1. 组织。1953 年 9 月 30 日法律创设了基层行政法院（Les tribunaux administratifs TA）。目前法国基层行政法院共有 38 个，29 个在法国本土，9 个在海外省。[1]

法院建立审判庭制度，该制度要求所有的行政案件至少由 3 个法官进行审判，以保证行政诉讼审判的公正与谨慎。但是在 1995 年 2 月 8 日的法律中规定每个基层行政法院的院长或其指定的法官可以独任审判该法规定的特定行政案件。这些特定的案件一般都是些对社会影响不大的轻微行政纠纷，如低于 1 万欧元的赔偿要求、抚恤金诉讼等。

2. 管辖权。基层行政法院有权管辖第一审行政案件，因此其是法国行政诉讼的支柱。一般而言，各个基层行政法院受理其所在辖区的一审行政案件。除了审判职能外，基层行政法院还可以进行调解。

（二）上诉行政法院

1. 组织。1987 年法律创设了上诉行政法院（Les cours administratives d'appel CAA）。1988 年 2 月 15 日法律确定在全国设立 5 个上诉行政法院，但是这一数目显然是不适应行政诉讼的状况的。随后 2004 年该院的数量增加到了 8 个。

每个上诉行政法院由 3 ~ 6 个审判庭组成。一般而言每个审判庭由 5 个法官组成，但是有的由 3 个法官组成。对于特别重要的案件可以组成联席法庭，即由该院的院长及各审判庭的审判长组成审判庭。

2002 年 9 月 9 日的法律规定，所有的上诉行政法院法官都从基层行政法院法官中选拔。各院的院长都可以进入最高行政法院。

2. 管辖权。一般而言，上诉行政法院有以下四项职权，即其有权受理以下四种诉讼：①撤销诉讼（Le contentieux de l'annulation），指的是原告起诉认为行政机关超越权限，要求将该超越权限的行为撤销；②完全管辖权诉讼（contentieux de pleine juridiction），该类型的诉讼法官享有除撤销之外的多种权力，即对诉讼具有完全的管辖权，如要求行政机关作出一定赔偿或变更其决定等；③合法性诉讼（contentieux de l'interprétation et de l'appréciation de légalité），该类诉讼针对的是对被诉行为提起是否具有合理性质疑的诉讼，在该类型诉讼中法官可以独立于其他诉讼，仅就被诉行为是否具备合法性而作出判断；④处罚诉讼（Le contentieux de la répression），指出现行政机关对公共财产造成损害的时候，行政法官对该机关作出处罚以制止该损害行为。除了审判职能外，上诉行政法院有给省长提供司法建议的职能。

（三）最高行政法院

1. 组织。1799 年法国创设国家参事院，后来该院发展成为法国最高行政法

---

〔1〕 CEDH 24. 10. 1989 H. RFDA 1990，203，note Dugrip et Sudre；CEDH 26. 3. 2002 Lutz.

院（Le Conseil d'Etat）。

最高行政法院设院长，副院长协助院长工作。副院长从最高行政法院的庭长或普通法官中选拔。自 2000 年以后法律规定最高行政法院院长由总理担任，总理缺位的时候由掌玺大臣或司法部长担任。实践中，院长自然成了名义，实际处理具体事务的就是副院长。

最高行政法院有六个庭（La section）：诉讼庭、内勤庭、财政庭、公共工程庭、社会庭及 1985 年增设的研究庭，其中诉讼庭处理所有的行政诉讼案件。所以如果就最高行政法院在法国全国政治体系中的作用来看，将其称为国家参事院比较准确，如果仅就行政诉讼领域来看可以将其称为最高行政法院。但一定要注意行政诉讼只是六个庭中一个庭的职能。

行政诉讼庭的审判庭（Section du contentieux en formation de jugement）由 17 个法官组成，其中包括行政诉讼庭的庭长及 3 个庭长助理，10 个分庭的分庭长及 3 个最高行政法官（conseillers d'Etat）。这 17 个人中至少要有 9 个人出席才能进行一次合法的审判。如果审理的案件不是十分重要，还可以由两个分庭联合审理。这样只需要 5 个法官出席就能进行审判或者由一个分庭进行审判，在此种情况下只需要 3 个法官。如果审理的案件十分重大，则不由行政诉讼庭单独负责对案件的审判。此类案件由最高行政法院的审判委员大会（L'assemblée du contentieux）审理。该大会是最高行政法院里面的最高审判机构，由 12 名成员组成，其中包括最高行政法院的副院长、六个庭的庭长、行政诉讼庭的 3 个庭长助理、行政诉讼庭分庭中的负责预审和案件汇报的分庭长。该审判委员大会至少要有 9 个成员出席才能进行审判。

2006 年最高行政法院有 302 名成员，其中 18 名助理法官（auditeurs）、127 名审查法官（maîtres des requêtes）、150 名最高行政法官（conseillers d'Etat），在这些法官之上还有六个庭的首长及一个副院长。

2. 管辖权。最高行政法院有权审理再审案件。自 1987 年法律规定以来，最高行政法院可以审理再审案件。最高行政法院有权审理上诉案件。最高行政法院受理的上诉案件基本上限于以下两类：对大城市及省的选举不服诉讼的上诉；对合法性诉讼不服的上诉。最高行政法院有权审理一审及终审案件。最高行政法院基本上只受理一些比较重大的一审及终审案件。最高行政法院有权审理发回重审案件。1987 年法律授权最高行政法院有权审理发回重审案件。

第七节　越权之诉

传统上法国行政诉讼分为四类：撤销诉讼、完全管辖权诉讼、行政决定合法性诉讼及处罚诉讼。最后两类都因为有其他职权能够参与决定因而被边缘化，而第二类目前倾向于审查私法领域因而行政诉讼的特征不强烈。第一类诉讼最具有行政诉讼的特色。

一、越权之诉的特点

越权之诉（Les recours contentieux）是认为行政行为（通常是单方面的行政行为）违法而向法官起诉要求将其撤销的诉讼。

传统上越权之诉是撤销诉讼并且仅限于此，但是自 1995 年 2 月 8 日新的法律颁布后，越权之诉不再是纯粹的撤销诉讼。该法允许行政法院在诉讼中对行政机关发布禁令，要求其保证执行法院的判决并且违反该禁令可能会导致相关的罚金。该法几乎授予了越权之诉与完全管辖权诉讼相同的权力，因此越权之诉变得比较接近完全管辖权诉讼。

二、越权之诉的受理条件

（一）行为条件

原则上要求越权之诉所受理的行政行为是单方行政行为，但是在行政合同领域比较特殊。最高行政法院认为在行政合同中只要存在可以与行政合同相"剥离"的单方行政行为，就可以对其提起越权之诉。该可剥离的单方行政行为可能与行政合同达成相关，也可能与其达成后相关。行政合同的双方及第三人对与行政合同形成相关的单方行政行为提起越权之诉的权利相同。

（二）原告条件

1. 原告如果是自然人，应当具有相应的行为能力。但不应当是未成年人或无行为能力人，另外其为了第三人利益则应当有委托书。原告的资格与其国籍无关。原告如果是组织，则应当具有法人资格。当法人被行政机关决定解散后，被解散的组织可以对该决定提起诉讼。

2. 原告还必须与被诉行为有"利益影响关系"（intérêt à agir），对这一点的理解应当注意以下几点：[1]

第一，具有利益影响关系的被诉行为由原告提出。必须存在着申诉，不论该申诉是具体权利还是道德性诉求。

第二，该申诉应当确定会影响原告利益，而不应当是有可能会影响原告的利益。确定性的诉讼是指那些具有可能性并且可能是真实的存在利益影响关系的诉讼。如一个持有文凭的人对某项提名他的竞争对手的任命提起诉讼，因为

---

〔1〕　利益影响关系的条件在法国存在着争议，因为利益影响关系实际上是一种可诉性的主观性条件，对利益的判断具有主观性。因此在越权之诉这一客观诉讼中存在主观性的条件相当不合常理。目前学术界有呼声以普通行为标准来取代利益影响关系标准。

他的文凭也可以有资格被提名接受该任命。

第三，该申诉应当针对合法利益受损，如果是非法利益受损则不属于具有利益影响关系。如一个旅馆的无权占有者不能对允许客户改造的行政许可提起诉讼。

第四，原告受损的利益应当是其自身利益，不允许在没有第三人授权的情况下提起与自身利益无关的行政诉讼。对于个人来说自身利益就是与其个体相关的利益。如参加高考的学生只能针对其招收区域内的考试提出诉讼，而不能对与其不属于同一区域的考试提起诉讼。但是与行使某些职能相关的特权仍然会导致对自身利益的扩大化。如因为考虑到保证与高校教授教研职能相关的学术自治，而允许其对改变高校体制的法令提起诉讼。对于组织来说认定是否是其自身利益首先应当看在其组织章程中是否规定了被诉行为所侵害的利益是其要维护的利益，是则可以认定为该组织的自身利益。

第五，部分行为具有利益影响关系，指自身利益受到部分行为损害即部分行为有影响。如被诉行为为混合行为时，即其人为地统一于一个行为而实质上其内容包含了几个指向不同行政相对人的行政行为，因此原告只能对该混合行为中与其相关的行为或条款提起诉讼。

第六，对利益的影响应当是"足够直接"，即没有人被被诉行为伤害得比原告更直接。

（三）同一诉请不得重复起诉

如果原告已经在其他法院对该行为起诉且该诉讼与其提起的越权之诉具有相同的诉请，则其后提起的越权之诉不具有可诉性。这也就是说同一诉请不得重复起诉，一个诉请只能由一个法院来管辖。如当原告将一个行政行为向法院提起完全管辖权诉讼要求撤销之后，就不能再向行政法官提起越权之诉请求撤销，也不能向普通法官提起诉讼。

三、越权之诉的审查标准

越权之诉的审查标准是指法官依据什么标准来审查越权之诉中的行政行为。传统上法国越权之诉有四个审查标准：无职权、形式瑕疵、滥用权力、违背法律。其中无职权及形式瑕疵我们已经在单方行政行为的成立中讨论过，故此处我们主要讨论后两种情况。

（一）滥用权力

1. 对职权的滥用。行政行为的主体对职权的滥用主要是不依据法律所规定的行为目的而实施活动。首先，行政机关在实施行为过程中出于私心的考虑而没有追求公共利益。行政机关有可能在行政活动中追求个人私利，或者追求第三人的利益，或者出于报复或仇恨而实施行为。在实践中喜欢与仇恨的感情通常还会源于政治原因，如行政机关因反感某个公务员的政治观点而将其解雇。前述行为的违法性比较明显，在审查中也较容易把握。因此当代行政机关滥用权力更多的是徇私舞弊。其次，行政机关实施的行为追求了与其应当追求的公共利益不同的公共利益，也就是说它所追求的公共利益不是法律所规定的由其追求的公共利益。行为的目的具有多样性与混合性。往往合法目的与非法目的并存而且对不合法的目的往往难于证明，所以当前法国法官在实践中越来越少地使用这一标准审查行政机关。

2. 滥用程序。司法判例认为对程序的滥用是滥用权力的一种特殊形式。滥用程序指的是行政机关利用行政程序达到了某种与法律规定该程序应当实现的目的不同的目的。如某省长基于阻止某报社危害公共秩序的目的而利用司法扣押程序将该报所有的印刷品扣押，但是该程序一般是针对危害国家安全的行为而适用。在此该省长应当适用的是其警察行政权处理该事务。

（二）违背法律

1. 适用法律错误。适用法律错误有两种情况。其一，被适用的法律层级不符合。它指的是行为的依据不符合法律层级体系，应当依据高层级的法律但却依据了低层级的法律或者反之。同样适用法律的条款不合法也属于这一情况。其二，被适用的法律目的不符合。这一情况是指行政机关在适用法律时进行了错误的解释，作出了与法律允许或不允许的行为不同的行为。如在适用进入公职机会平等规定时，要求对候选人根据其政治观点的不同而不同对待。行政机关在适用法律时其作出的行为依据的法律是不可适用于其所作出的行为，也是一种目的不符合。法律规范在四种情况下不可适用：未生效、已失效、不存在、不合法。

2. 事实错误。事实错误分为两种情况。其一，事实认识错误。即行政机关对其作出行政行为所根据的事实发生了认识上的错误。这些错误主要有：①事实不存在，即行政行为据以作出的事实虚假不存在。②事实的法律性质错误，即对事实依据一定法律规范作出定性，但是该定性错误。1961 年后，最高行政法院改变观点放松了对行政机关的控制，他们认为行政机关在事实的法律定性上应当有一定的行政裁量权。所以在认定事实法律定性时，最高行政法院使用"明显错误"的标准，即对事实的法律定性由一般法国大众来看也属错误相当明显。其二，事实根据与相关措施不合比例。自 1933 年以来行政法官接受了比例原则，一般采取损益表方法判断是否合比例。因此行政机关在作出相关行为时应当与该行为所对应的事实成一定的比例。[1]

(三) 审查的深度

1. 宽松审查。当行政法官面对法律规定行政机关享有的裁量权时一般都会采取宽松审查标准。原则上法官只审查七个因素：无权限、形式瑕疵、滥用权力、法律错误、事实不存在、事实的法律定性明显错误及明显比例错误。甚至在一些案件中行政法官只审查前五个因素。因为后两种多少有些对行政机关的行为进行合理性审查的因素，这与行政裁量权有所冲突。如行政法官对行政机关选择什么样的方式进行公共服务管理、国家元首决定实施大赦或者授予勋章进行审查时，就基本只审查前五个因素。

2. 一般审查。行政法官的一般审查深度指的是依据法律文本规定或者行政机关自我规定的权限进行审查。法官主要审查六个因素：无权限、形式瑕疵、滥用权力、法律错误、事实不存在以及事实的法律性质错误。

理解一般审查深度要注意三点。首先，该标准与宽松审标准是可以并存的。这是因为在一个行政行为程序中，行政机关可以将其运行的权力分解为两部分，即裁量权与羁束权力。前者自然适用宽松标准而后者适用一般标准。其次，司法审查的不对称性，指根据被诉行为是拒绝还是同意可能有不同的标准。如建筑许可，对建筑许可的拒绝行为审查标准是一般标准，而对其同意许可的审查标准为宽松标准。这可能是因为对该许可的拒绝只能依据法律文本所列举的几项条件才能作出，也就是说对该许可的拒绝接近于羁束权力。对该许可的同意却为法律所期望，故授予行政机关更多的裁量权。最后，该审查标准在不断演变当中。在一些领域中，开始由宽松标准演变到一般标准，特别是在拒绝参加选拔性考试、平等就业以及对那些被认为会威胁公共秩序的外国人拒绝发放居留证而这些人有权获得居留证等事项中。

3. 严格审查。行政法官认为一些行政机关的决定是如此地对公共自由构成威胁，以至于必须对其进行严格控制，只能将其置于羁束权力之中。对这些行政决定，法官由六个方面进行严格控制：无权限、形式瑕疵、滥用权力、法律错误、事实不存在以及轻微比例错误。

---

[1] 损益表方法指的是依据比例原则要在实施单方行政行为时注意对利益和损失进行比较，如同企业的损益表一样对利益和损失进行对比，采取利益优先的原则。在比较后撤销那些实施起来不利大于有利的行为，即使不利并不是十分明显。该方法的采用推动了明显比例错误的发展而不是整体性的比例错误标准的发展，因为该方法要求当行为的弊大于利时就撤销该行为，即使其弊端不太明显。但是该方法在实践中也有一定的弊端，如在行政征收中只要征收决定是利（如征收某地建设一条高速公路的利益）大于弊（建设的费用以及拆迁房屋的费用）的，则可以认定该决定的合法性，而不去考虑是否别的方法（是否能够在别处建筑公路）会产生更小的损失（建设与拆迁的费用更少）。

严格审查几乎始终与一般审查标准并存，尤其是在一般警察行政当中。对于行政机关所采取的那些在本质上可能会影响公共秩序的行为，尤其是警察行政等具有强制力的行为，行政法官一般都会采取严格审查标准。有时候严格审查标准也会和宽松审查标准并存。如法官在审查行政机关将外国人遣送出境的行为导致的对其正常家庭生活的损害之时采取轻微比例错误标准，而对该行为对该外国人所带来的健康损害则采取明显错误标准。前者是严格审查标准而后者则是宽松审查标准。

第八节　行政诉讼程序

一、诉前程序

诉前程序（La prévention du contentieux）指的是在正式行政诉讼程序（La procédure administrative contentieuse）开始之前的一些预备程序，经过这些程序后，争议或者被解决以节省司法资源，或者没有解决而进行正式的诉讼程序，这些程序主要有以下几类：[1]

1. 调解程序。政府采购调解规章中设立了国家咨询委员会及地区咨询委员会，当事人可以决定是否将全部或部分争议事项提交到这些委员会中进行调解。

2. 仲裁程序。传统原则中不允许公法人提起仲裁来解决争议，但是当前越来越多的法律文本突破了这一禁区，开始允许公法人提起仲裁来谋求解决争端。如对国家或地方行政机关来说可以对他们于公共工程或采购合同产生的付款纠纷提起仲裁。目前所有的公法人都可以对其与合同相对一方或与外国公司为了实现国家利益而达成的合同所产生的纠纷提起仲裁。

3. 和解程序。公法人可以与争议另一方在诉前达成和解以消除争议。对此最高行政法院认为如果是为了公共利益则可以承认该和解的效力。这就促进了在行政诉讼前程序中和解的发展。

二、普通行政诉讼程序

（一）行政诉讼的提起

1. 标的。任何行政诉讼都应当存在一个诉讼标的，也就是说在诉讼程序中受到原告攻击的对象，即行政决定。在法国关于诉讼标的存在着所谓的"诉讼

---

[1] 诉前程序基本上都为任意性，即原告在提起行政诉讼之前可以选择是否先行提起这些诉前程序以解决其与行政机关的争议或直接提起行政诉讼。虽然在1987年有法律宣称要设立一种强制性的诉前程序于两种诉讼之前：与公法人有关的诉讼及与行政机关非合同义务有关的诉讼。但是最高行政法院对此并不支持，最高行政法院更指向于柔性的任意性诉前程序。

针对既有决定"（La règle de la décision préalable）的原则，即原告的起诉指向一个现存的行政机关明示或暗示的行政决定，否则该起诉不被受理。[1]

实践中为了避免该原则的适用而导致大量的起诉不被受理，法官在适用该原则时对"决定"作出扩大性解释。基于同样目的，法官允许原告在起诉后对缺乏"既有决定"要件的起诉进行补充。

2. 时效。诉讼时效原则上为被诉行为告知行政相对人或公布后的 2 个月内。时效如短于或长于 2 个月都需要有法律的特别规定。

有几种情况一般没有时效限制，原告在任何时候都可以提起行政诉讼。其一，关于公共工程的诉讼。其二，完全管辖权诉讼中对暗示拒绝提起的诉讼。其三，个体行为没有对其对象说明可以提起行政诉讼及诉讼时效之时。其四，行政相对人可以向国家、地方行政机构、公务法人及管理行政性公共服务的私人组织提出公共服务收费的文件依据是什么、申请被拒绝或接受的期限是什么、如果请求被暗示拒绝后诉讼时效是什么这三类问题并要求答复，如这些机构在接受行政相对人的申请之时没有对行政相对人的请求出具相关收据则没有时效限制。

上述无时效限制情况可能在遇到古老的"4 年时效"[2] 规则时受到限制。但是如果在一审期间行政机关没有亲自（意味着即使其律师提出了该理由也不行）提出该理由抗辩行政相对人不具有诉讼时效，则不能引用该理由抗辩原告。

3. 律师协助。基于行政诉讼的复杂性，在行政诉讼中律师协助是法定要件，即行政诉讼必须由律师代理进行，否则法院不予受理。如果是起诉到最高行政法院的案件，还必须要具有最高行政法院出庭律师资格的律师才能代理。

但是该原则有许多例外，如自 1864 年法令后越权之诉就可以不用律师协助。以国家的名义提起的诉讼及关于选举、税收、抚恤金的完全管辖权也不用律师代理。

4. 形式。起诉必须是以法语书面提起诉讼，不能使用地方语言或外国语言。该规定得到了 1992 年修订后的宪法的支持。原告应当在诉状中说明结论，即其希望行政法官作出什么样的结论，采用什么样的措施。

---

〔1〕　诉讼针对既有决定的原则在一些案例中不用遵守，如公法人起诉要求行政相对人退还公有财产。这些案例主要是一些紧急的情况，如果拘泥于程序要求则可能会使公共利益受到重大损害。但是这些案例不占多数，因此法国行政诉讼原告在大多数情况下还是要依照该原则提起诉讼。
〔2〕　"4 年时效"规则源于古老的公共财政制度，该制度规定公法人的债权人可以在自公法人债权产生后第一个 1 月 1 日起 4 年内提起诉讼要求公法人偿还债务，否则超出诉讼时效。

（二）预审

行政诉讼预审指的是行政法官对起诉进行初步审查，以决定是否进行对所有的理由完全审查的程序。一般情况下该程序是必经程序。

预审有三个特点：①抗辩式预审，指诉讼双方可以在预审中就对方提出的理由或证据进行书面辩论。如果未经诉讼双方抗辩即作出判决，则存在程序瑕疵，该判决可以被撤销。②书面预审。最高行政法院强调行政法官在诉讼程序中审查对象基本应当以书面为主。③法官主导程序的进行。该主导过程在对证据质证过程中表现最为明显。

（三）审理程序

1. 庭审。原则上法官应当召集当事人双方进行与他们纠纷相关的庭审（L'audience）。庭审一般可以公开，因此对于判决的产生来说不仅仅是对诉讼双方公开，也对公众公开。原被告双方及其律师可以口头陈述各自对案件的意见，但是对于与原被告双方有关的人来说，必须有法律明文规定才能享有这一权利。但是原则上双方对纠纷解决的方案都在程序中以书面形式提出。

一般程序经过后由政府专员宣布他的意见。政府专员在行政诉讼中是一个独立机构不受政府与法院制约。政府专员自行提出自己对案件的看法供行政法院参考，但是事实上许多案件的判决是按照政府专员的意见处理。

2. 判决。经过庭审后法官开始合议，始终秘密进行。传统上政府专员可以协助法官进行合议，只是原则上不能发表自己对合议的意见。欧洲法院对此意见很大，因为其认为这样会影响法官的独立判案。法国在欧洲法院的压力之下自 2006 年 8 月 1 日法律修改后，行政法官在合议时政府专员不能发表任何意见也不能列席合议会议。

三、紧急程序

（一）积极紧急程序

该程序是一个独立程序，它主要包括了一些法官可以积极作出的裁定。

1. 保全证据裁定。传统上该保全证据裁定（Le référé - contat）适用于紧急程序，但是自 2000 年 11 月 22 日法令颁布后该程序适用于各种行政诉讼程序。该程序规定行政法院的审判长，可以根据申请指定一个证据专家确认那些可能会提交到行政法官面前的证据。原则上该专家只能确认存在的事实证据，但是对不易保存的证据，其可以采取相关措施保全。

2. 先予执行裁定。法国的先予执行有两种基本情况：对行为的先予执行及对债务的先予执行。对行为的先予执行（Le référé conservatoire）指的是法官在情况紧急、有先予执行的申请、先予执行不影响其他行政决定这三种条件并存时可以根据申请作出先予执行的指令（injonctions）。对债务的先予执行（Le

référé – provision）在法国直到 1988 年 9 月的法令才规定了该程序。在该程序中法官可以在没有经过严格的庭审之前就作出裁定要求债务人给予债权人偿还一定的债务，即使债权人并没有提出相关申请。在这一程序中法官有一定的裁量权。自 2004 年以来先予执行有了较大改进，此后只能由最高行政法院实施这一程序。而先予执行的第三种条件即不影响其他行政决定也被废除了，并且在先予执行的行为类型上也有了增加，法官可以指令行政机关作出告知档案或文件的行为。

3. 调查决定裁定（Le référé – instruction）。法官可以根据申请作出鉴定、调查以及行政检查的决定。该决定适用的条件与先予执行基本相同，不同的是对前者法官可以用带有惩罚措施的指令形式。

4. 自由保护令（Le référé – liberté）。2000 年 6 月 30 日的法律规定了这一程序，该程序要求法官如果认为公共服务的公法人或私法组织行使其职权可能会对基本自由造成严重且明显违法的破坏之时，法官应当采取一切必需的手段保护公民的基本自由。该保护令的出现强化了行政法官与行政机关对抗之时的力量，因此在某种程度上提高了行政法官在行政诉讼中的威信，加强了公民对行政诉讼的信任。

实践中司法判例在不断扩大基本自由的含义，以便适用该自由保护令。如集会自由、结社自由、宗教活动自由、所有权、庇护权、正常家庭生活权、政治自由以及某些社会组织原则如地方行政自由等都被认为是基本自由。

（二）消极紧急程序

该程序不是积极地作出某行为而是消极地禁止行政行为的实施。

1. 延期执行裁定。该程序指的是法官作出裁定将行政机关的行政行为暂缓执行一段时间等待相关的司法判决作出后再决定是否将其执行。该程序也存在着许多缺点，故法国于 2000 年立法修改后，在实践于理论中有以中止执行裁定替代该裁定的趋势。

2. 中止执行裁定。2000 年法律借鉴延期执行裁定的缺点对中止执行裁定作了改进。首先，该裁定由独任法官作出，虽然该裁定可能会比较仓促。其次，该裁定针对所有的行政决定。最后，该裁定作出的条件比延期裁定宽松，即只要在紧急情况当中，且对产生争议的行为有足够的怀疑即可。这一怀疑来自于原告的诉讼理由，并且怀疑的程度足以导致法官决定作出中止裁定。

因此在实践中中止执行裁定有相当高的效率。但是最高行政法院过于强调"充分的怀疑"及"紧急"这两个条件有时会对适用该程序造成一定的阻碍。

四、对判决不服的救济程序

对判决不服的救济程序（Les voies de recours）主要包括以下两种不同的

程序：

（一）通常程序

1. 上诉（L'appel）。上诉行政法院及最高行政法院是最主要的上诉法院，行政法院大部分的一审案件都可以上诉至上述法院请求撤销或变更。除了与选举相关的诉讼，原则上只有一审的原被告双方才能提起上诉。但在选举诉讼中任何与选举有利害关系的人都可以提起上诉，要求对一审判决撤销或变更。上诉自一审判决审判后 2 个月内提起，如果是对自由保护令的一审判决不服则应当在 15 天内提起上诉。

上诉不停止一审判决的执行，但是在个别特殊案件中可以停止执行，如大区、省及市镇的选举诉讼。为了避免上诉不停止一审判决的执行会带来一些不必要的损害，法律允许行政法官在原告申请且满足"理由充分"及"损害难以弥补"这两个条件时中断一审判决的执行。

2. 再审（Le recour en cassation）。再审自 1987 年法律通过后，原则上只能向最高行政法院提起。对再审的理由进行审查后，最高行政法院可以撤销原判决或驳回再审申请。如果最高行政法院认为再审理由有一定的合理性，也可以发回，这样可以避免产生再审法官审查原来的争议的情况。最高行政法院可以发回原来行政法官，也可以发回与原来法院同级的行政法院。

（二）其他程序

其他程序主要有异议及第三人异议。异议指的是原被告双方针对司法判决存在着程序错误而提出的纠正申请。第三人异议指的是第三人认为其受到判决的损害而其却没有出席审判也没有自己的代表出席审判而提出的纠正申请。

五、判决的执行

如果判决作出后原被告双方都自觉履行了判决规定的权利与义务，那么就不存在法院执行其判决的问题了。但是在实践中总是有原告或被告不执行行政法院的判决的情况出现。法院采取下面程序来执行其判决：

（一）劝说

1963 年法令规定行政法官在行政机关不执行其判决时可以用劝说（La persuasion）的方法来使其执行。如最高行政法院或别的行政法院的判决审判 3 个月后如果还没有被执行，则原告可以向最高行政法院的报告及研究庭提出该判决遇到了执行困难。该庭的庭长指定一个行政法官与该拒不执行判决的行政机关进行接触以促使其执行司法判决。如果行政机关还是不执行则最高行政法院将会在其年度报告中指明该行政机关的恶意。这样该行政机关将会受到社会公众舆论的巨大压力，因此在实践中该方法十分有效。

（二）逾期罚款

逾期罚款（L'astreinte）指的是公法人因为没有按时执行法院的判决而承担的交纳一定数额金钱的义务。经过 2000 年法律修改后存在三种方式：①自司法判决作出 2 个月后，如果公法人还没有执行该判决则对其处以一定数额的罚款。②1980 年法律规定公法人或管理公共服务的私法人不执行法官的判决时，另一方可以向法院提起诉讼要求其执行，而法院可以对前者处以罚款。③1980 年法律规定最高行政法院有权对不执行行政法官判决的行政机关作出罚款决定。1995 年法律将这一权力扩大到了上诉行政法院与行政法院，而 1987 年法律将可以被处罚的对象扩大到了管理公共服务的私法人。

（三）指令

行政法官一般只愿意在紧急程序和预审程序中使用指令（L'injonction），要求行政机关作出一定的行为。因为最高行政法院认为要求行政机关作出一定的行为涉及了司法权与行政权的分权问题，所以对此比较谨慎。

第九节　行政机关的法律责任

法国公私法的划分使得其在研究公法责任时一般研究公共权力的责任，也就是对立法机关、司法机关及行政机关的责任都有所研究。在此我们主要关注其对于行政法有重要意义的行政机关的责任。行政机关的责任构成了法国国家赔偿中的行政赔偿的理论基础。

一、行政机关的过错责任

（一）个人过错与公共服务过错

1. 区别。个人可能会因为行政机关的活动而受到某种损害，如果是个人过错引起的一般到普通法院起诉，但如果是公共服务过错的话则应当到行政法院起诉，这两种过错的区别最早可以溯源到 1873 年的 Pelletier 案[1]。

个人过错指的是与个人相关的缺点、激情及过失等而导致的过错。个人过错存在三种形式：①与公共服务没有任何关系的个人过错。这些过错指提供公共服务的职员于公共服务之外所犯严重或轻微的过错，也可以是故意或无意。如军人于休假期间开自己的车所造成的损害。②公共服务范围之外，但与公共服务有一定联系的个人过错。该类型的过错基本上属无意，其仅仅与公共服务的管理机关或执行公共服务任务的个人所采用的相关措施有某种联系。如一个

---

[1]　TC 30. 7. 1873 Pelletier GAJA.

消防队员在执行任务过程中因其大意离开了任务规定路线后随手丢了一个烟头，但是该烟头被丢进了稻草堆并引发了一起火灾，这就是一个个人过错。③在公共服务的框架内发生但是与其可以分离的个人过错。"与公共服务可以分离"指的是过错责任人具有故意或过错严重到"不能接受"的程度，除此之外所有的在公共服务框架内发生的过错都是公共服务过错。如对公款的侵吞，或者由监狱看守组织的偷盗行为等就是可以与公共服务相分离的过错。而警察因疏忽而没有保护一个生命受到威胁的人或考古学家因重大错误而导致一个古迹倒塌，就是具有故意或过错严重到不能接受的程度。

公共服务过错指公共服务管理机关作为一个整体而犯的过错。该过错与个人无关，是一种在公共服务框架内的集体性过错，是全体公共服务机关犯的过错。行为机关的责任人不能因公共服务过错被起诉到普通法院，公共服务过错中的责任人只能被起诉到行政法官面前。这样做有两个好处：①对于公务人员来说可以保护他们不因执行公共服务而受到财产及相关权利的损失；②对于受害人来说对其受到的损失将会由有赔偿能力的主体来承担。

2. 混合过错。混合过错产生是因为导致个人过错与公共服务过错产生的事实同时存在于同一个损害事实当中。法官根据有利于受害人原则来选择采用哪一个过错，或者对全部的损害进行分割。属于行政机关则就该部分向行政法官提起诉讼，属于个人过错则向普通法院提起诉讼。在实践中第一种形式常为人们所选择，原因很简单，行政机关的赔偿能力比个人要强得多。

在1951年后行政相对人可以通过诉讼的方式来实现上述责任。司法判例也允许行政机关使用直接的手段实现公务人员的赔偿责任，只要行政机关是公务人员个人过错的受害者就可以。

（二）证明过错及推定过错

证明过错是指受害人要提供证据证明加害人有过错。推定过错是指原告无需证明被告有过错而被告要证明自己没有过错。司法判例一般在下面两种情况中适用推定过错。其一，公共地产的使用者如果在使用其地产时受到了损害则其可以主张适用推定过错。如作为地产管理者的公法主体应当证明自己在将地产交给使用者之前尽到了一般的地产养护注意义务，如果其无法证明自己尽到了该义务则其要承担相应责任。其二，公共医疗的使用者如果在日常治疗或相关的医疗行为中受到了超出一般水平的损害，而该损害又与公共医疗组织或其功能相关时，适用推定过错。在这两种情况之外行政法院适用推定过错的就比较少。

二、行政机关的无过错责任

无过错责任有三个特点：①受害人不需要因要获得赔偿而负担对行政机关

有过错的证明责任。他只要证明自己的损害与行政机关的行为有因果关系即可。②行政机关必须证明自己既没有过错，也没有指使第三人作出致害行为。唯一的免责理由是受害人自己有过错或不可抗力。③无过错责任是一种公共秩序，在程序中法官可以针对行政机关提出该责任。

　　在法国无过错责任最早产生于1895年最高行政法院的判例中。该原则之所以能够在行政法中立足，是因为其能够给行政相对人提供一个与行政机关的特权进行对抗的合法手段。换句话说无过错责任就是一种社会契约，在该契约中行政机关受到公共利益的制约而要对其造成的损害进行赔偿。

　　（一）建立于风险基础上的无过错责任

　　1. 行政相对人遭受的风险。

　　（1）危险物体。司法判例承认行政机关对行政相对人所造成的事实损害应当负无过错责任，该损害是行政机关为了公共利益使用危险物体导致的。危险物体指的是爆炸物、枪支、血液制品（其可能会引起感染 ADIS 等致命病）等。

　　（2）危险方法。行政机关的一些行为方法可能会对普通群众产生一定的危险，对此应当适用无过错责任。如行政机关为了使一些轻微犯罪、被拘留的人能够融入社会而允许他们监外执行。但是这些个体对普通群众来说可能就是一些不确定的风险。

　　（3）公共工程或公共地产。因公共地产而受到损失的人如果是该公共地产的使用者则只有在符合其所蒙受的损失是"特别的危险"这一条件时适用无过错责任。而对于第三人因公共工程或公共地产而受到损失则无条件地适用无过错责任。因为对于使用者来说其因享有使用公共工程及地产的便利的同时也接受了一些可能产生的不利，但是对于第三人来说其对公共工程及地产所产生的损害却是无知的。他所受到的损害没有经过其同意，所以要无条件地适用无过错责任。

　　（4）人群聚集。在群众聚集的时候总是会产生一定的危险，而且在造成损害后往往难于确认哪个或哪些具体的人造成了损害。因此立法者认为对此应当由行政机关承担无过错责任。

　　2. 行政机关的协作者遭受的风险。

　　（1）行政机关中的工作人员所承担的风险。公共机构的职员在执行其职务时会处于一定的风险之中，因此他们因为执行公务所承担的这些风险造成的损失应当由行政机关进行赔偿。当前在法国原则上所有的公务人员都由立法保护其因行使公职而享有合理的抚恤金、退休金等，尤其是因公而受到损害所享有的得到赔偿的权利。如法国政府出于外交的考虑而要求外交官在首尔被朝鲜占领的前夕还坚守在那儿，结果外交官的财产被朝鲜的军队抢劫一空。最高行政法院认为国家对此承担无过错责任。

（2）对于偶然与行政机关协作的人员，最高行政法院的意见是其获得赔偿的权利与行政机关长期雇员相同。

协作者应当作出了实际的协作行为，也就是说个体只有在提供了一些积极的协作行为后，才能被认为是行政机关的协作者。并且要求协作者在提供帮助的当时目的是公共利益而不是被帮助的个体。

协作者应当得到公法主体的协作要求或其协作被公法主体所接受。得到要求或被接受都有许多形式，如口头或书面的要求或明示或暗示的接受等。但是在紧急情况下不需要任何的要求或接受。如行人因追坏人而受伤，游泳者因救助溺水的小孩而被淹死。

协作者协作的对象应当是真正的公共服务，也就是说该对象应当符合法律要求的公共服务的主体身体。

（二）建立于公共负担平等基础上的无过错责任

对于公共负担应当由社会平等地承担，但是有时候为了实现公共利益可能就会有些人超出了平均的负担而多承担了义务。这样就产生了不平等，在此无过错责任可以削除这些不平等。对该不平等的理解基于两点，负担异常及特殊：异常指的是超出了一般的社会生活应当承担的义务；特殊指的是仅仅由某些人承担了某些义务。

1. 公共工程的经常性损害。由公共工程所导致的损害责任除了前述的公共工程的使用者受到损失而产生的推定过错及第三人受到损失而产生的基于风险的无过错责任外，还有基于公共负担平等基础上的无过错责任。经常性损害指的是有确定的期限且可能会被行政机关所承认的那些损害。

2. 合法行政行为所造成的损害。合法的行政行为往往也会造成损害，对此行政机关没有过错，但不是说其就不负责任。对此只能由其承担基于公共负担平等基础上的无过错责任。行政法官同样也要求该损害符合"异常"与"特殊"这两个标准。如行政机关不允许十座居民楼的居民继续在这些楼里面居住，而这些居民却构成了一家药店的固定顾客的主体，因此对该药店来说其受到合法行政行为的损害就属特殊。

3. 法律、条约以及宪法条款的损害责任。无疑法律、条约以及宪法条款如同规章一样也会造成"异常"与"特殊"的损害，因此国家对此应当承担无过错责任。法国1938年承认了法律造成的损害，1966年承认了条约的损害，最后于 2003 年才承认了宪法条款所造成的损害适用该责任。[1]

实践中最高行政法院对此责任的适用有相当严格的条件。除了要求损害是异常及特殊的之外，还要求造成损害的法律、条约以及宪法条款中没有免除自己造成损害的赔偿责任。也就是说如果上述三种法律规则中规定了自己对所造成的损害不承担赔偿责任则不用赔偿。一般来说法律、条约以及宪法条款对自己所造成的损害不予赔偿。这就是为什么法国此类赔偿相当少的重要原因，到目前为止法律有五次，条约有两次，而宪法条款还一次都没有。

（三）建立于监护义务基础之上的无过错责任

最高行政法院于 2005 年承认对于行政机关的监护义务适用无过错责任。最高行政法院认为对监护定义为对未成年人的组织、指导及监控义务，而行政机关在未成年人处于危险及未成年人犯罪的情况下承担无过错责任。

[1]　CAA Paris 8.10.2003 Mme Demaret AJDA 2004, 277, concl. Folscheid.

第五章

德国行政法

第一节　德国行政法概述

一、行政的概念和种类

如果说法国是行政法的母国，那么德国则是行政法学的故乡。在统一行政法学的创立过程中，德国法学家再一次显露出其擅长逻辑思辨的民族个性，创立了诸多现代行政法学的核心概念。如"公共行政"、"行政行为"等概念和规则。[1] 其中有关"行政"概念和种类的学说影响广泛而深远。

（一）行政的概念

在德国，现代"行政"概念的形成经历了一个逐渐演进的过程。"行政"概念的获得来源于法学对国家活动的反思。起初，"行政"是指国家为实现其目的而进行的活动。[2] 但最早人们更喜好于用政府这个概念来表达国家活动，对立法、执法和司法不加区分。随着国家法律活动的自主性逐渐增强，普通法院的审判活动作为一种司法活动从政府事务中分离出来。进而在德国新宪法的作用下，人民代议机构下的立法活动也与其他国家事务中区分开来。从而最终出现了司法、立法与行政相互独立的宪法格局。司法、立法、行政都是国家为实现其目的而进行的活动，其主要区别在于其不同的活动主体和活动方式。显然，行政不再仅是政府活动的表现形式，而是区别于司法、立法的政府活动。政府这一概念不再具有法律规范意义。从历史形成的过程来看，法律意义上的行政是建立在对司法、立法概念的确定理解基础上的一种剩余。司法、立法的概念界定则构成了理解行政概念的前提。

德国的司法活动主体是法院，其活动范围是民事和刑事司法活动。即法院

---

〔1〕 〔德〕奥托·迈耶：《德国行政法》，刘飞译，商务印书馆 2002 年版，第 2 页。
〔2〕 〔德〕奥托·迈耶：《德国行政法》，刘飞译，商务印书馆 2002 年版，第 1 页。

为维护国家法律秩序而进行的一系列活动，包括控告、审理和送达等。德国的立法活动，在宪法规范下是指人民代议机构制定法律的行为。司法、立法的属人性构成了其概念的核心，实现国家目的是其内容要求。由此，在逻辑上行政的概念只能否定地加以确定，即行政是指排除立法、司法活动之外的国家活动。可以看出，国家活动之所以这样分离是为维护国家法律秩序的，这些国家活动的共同特点之一是受宪法和法律的约束。

然而，国家目的的良好实现仅仅依靠法律规范的制定、实施是不够的，必要时还得需要命令等形式，如议会的解散、战争以及国际关系的展开等统治行为。如果把这一类活动也归入行政的范畴，则根本上不利于实现法治。因此，以上关于行政的概念认识，不仅内容模糊，而且容易造成内涵和外延的不一致，故需要进一步从正面回答和界定其实质内容。这也就是行政法学界常说的"积极意义上的行政概念"角度，与此对应，上述从否定角度给行政下定义的方法则被称为"消极意义上的行政概念"。

从积极角度给行政下定义，遇到的第一个难题就是行政的多义性。行政的德文是 Verwaltung，字面意义是经营、管理和执行。此种广泛意义上的行政，不仅在政府活动中存在，在私人经济组织中同样大量出现。由此，克服行政多义性的一个方法就是结合社会存在，基于不同学科关怀的需要，对行政的概念加以限定或修饰。首先，行政法意义上的行政是指公共行政（öffentliche Verwaltung）。以区别于私人行政。公共行政的范围也经历了从国家行政到国家行政与社会行政并存的转变。公共行政的概念构成了讨论"行政"其他意义的基础。其次，可从组织意义、实质意义和形式意义等角度来理解行政的概念。"组织意义上的行政是指行政组织，由行政主体、行政机关和其他行政设施构成。实质意义上的行政是指行政活动，是指执行行政事务为目标的国家。形式意义的行政是指行政机关所实施活动的总称，而不考虑其是否符合实质意义上的行政的特征。"[1] 从社会现实来看，这三种概念存在相互交叉的情况，行政任务并非全部交由行政机关实施，行政主体等实施的活动也并非皆以执行行政事务为目标。因此，德国行政法学界一方面在表达行政无法定义的感慨，另一方面倾向于从综合的角度给出行政的概念。如斯泰恩（Stern）首先"消极地"排除了立法、统治、国家计划、国防和司法，然后"积极地"将行政界定为："执行权力机关或者其他同类法律主体自负其责，按照（或多或少明确的）既定目的，通过具有法律约束力的具体措施，完成共同体交付的任务的活动。"[2]

---

〔1〕 ［德］哈特穆特·毛雷尔：《行政法学总论》，高家伟译，法律出版社 2000 年版，第 3～4 页。

〔2〕 ［德］哈特穆特·毛雷尔：《行政法学总论》，高家伟译，法律出版社 2000 年版，第 6 页。

（二）行政的种类

囿于行政本身的复杂性和主体认识能力的局限性，行政的概念虽然显得难以作出，但并不影响行政法学界从社会事实的角度对行政的外延即种类进行归纳。根据不同的认识角度或分类标准，行政有不同的种类。主要的有影响的分类如下：

1. 根据行政的任务或者目的，可以将行政分为秩序行政、给付行政、引导行政、税务行政和后备行政。[1] 秩序行政的任务或目的是排除有关危险、保障社会公共安全和维持社会公共秩序。与消极行政时代的警察行政的范围相近。具体范围包括道路交通管理、传染病的管理和强制检疫等。给付行政的任务是为公民提供某种服务或支持，以达改善民生和积极保障公民社会权益的目的。如社会救助、公立学校的设置和运行等。引导行政的目的是对社会经济、文化等领域的良性发展进行引导，我国行政法学中的行政指导就属于引导行政的典型。税务行政的目的是通过向相对人征收税款或其他费用，从而为国家提供公共财政的来源。后备行政的任务是为执行行政而提供人力或物力的保障。如政府采购等。以上几种分类只是认识行政的一种角度，相互之间并不是决然分开的。

2. 根据行政方式和对相对人的法律效果，可以将行政分为干涉行政和服务行政。与主张将行政分为侵害行政和给付行政的观点相类似。之所以如此不排除翻译和个人理解的原因。所谓干涉行政，是指行政主体对相对人的权利进行限制或给相对人增设义务等。其中争议较多的是关于给付行政和服务行政的关系。根据陈新民教授对由福斯多夫（Ernst Forsthoff）提出的"Leistungsverwal"一词的解读，给付行政形成的官民关系是以"施与受"的关系，而国家提供有代价服务则不能为之包含。因此主张在福利国家背景下，将类似这种行政归结为"服务行政"似乎更为妥当。[2] 如此看来，服务行政的范围比传统给付行政的范围要大一些。上述性质分类以及类别之间的关系分析从一定程度上能够反映出行政的多样性和复杂性。

二、行政法的概念

从逻辑上看，行政法的概念既包括内涵也包括外延。那么套用内涵和外延的意义，对于行政法而言，其内涵则是指区别于其他部门法的本质属性，其外延则是具备这种属性的法律规范在现实层面上的存在形式，即行政法的渊源。

---

[1] 转引自［德］哈特穆特·毛雷尔：《行政法学总论》，高家伟译，法律出版社 2000 年版，第 8 ~ 9 页。

[2] 陈新民：《公法学札记》，中国政法大学出版社 2001 年版，第 47 页。

尽管学界更习惯于将行政法的概念简化为内涵部分，但是笔者认为从行政法的内涵和渊源角度，可以对行政法的概念进行更为全面的揭示。

（一）行政法的内涵

对德国行政法的内涵的认识有两个层次，或者说德国人认为行政法具有以下两个本质属性。

1. 行政法不仅是有关于行政的法，而且是为行政所特有的法。德国古典行政法学的代表人物奥托·迈耶认为："法律都是以调整一定主体之间的权利义务关系为基础的，行政法也是如此，它是为规范国家行政活动中主体之间权利义务关系而出现的，因此，行政法就是指调整对作为管理者的国家和被管理者的臣民之间关系的法律规范。简言之，行政法就是有关于行政的法，但这个概念不够准确，它会把一些调整上述关系的民法规范也囊括进来。其逻辑是并不是所有与行政有关并适用于行政的法律都是行政法。"由此，德国人同时强调行政法还是为行政所特有的法律，具体而言，行政法是特别用于调整作为管理者和作为被管理者的臣民之间的关系的法律部门。沃尔夫和巴巧夫（Wolff and Bachof）在论述行政法的概念也采用了上述同样的逻辑思路。[1] 可以看出，德国人在认识行政法概念的过程中，试图尽量把调整有关行政的民法规范等内容剔除出行政法的范围。正因为如此，行政法概念理论直接推动了公私法理论的发展。

2. 行政法是公法。行政法之所以是为行政所特有的法律规范，原因在于行政法框架下的"国家"，其本质上区别个人。国家是公共权力的实施主体。事实上存在着规范国家行使公共权力的规范体系。这一规范体系的范围要大于行政法的范围，在继受罗马法的基础上，德国人将其称之为公法。与行政法概念界定相同的是，公法概念的界定困难主要源于公私法界限的划分。无论公法概念采用"利益说"还是"支配说"等，对于行政法是公法的一部分则是毫无疑问的。可以看出，德国人是将行政法放在公法这个层面上加以理解的。

（二）行政法的法律渊源

正如"行政"的概念一样，行政法的内涵虽然难以界定，但不影响人们从社会存在的角度去认识行政法的表现形式。

1. 宪法。在我国，理论上宪法几乎是所有法律部门的法律渊源。但在德国，对于宪法是否是行政法的渊源存在着不同的看法。一种观点认为：虽然从严格意义上来说，宪法不是行政法规范，而是行政和行政法的基础，但其中包

---

[1]〔印〕M·P. 赛夫：《德国行政法》，周伟译，山东人民出版社 2006 年版，第 5 页。

含了许多对行政具有直接或者间接意义的规则，因此，宪法可以当作行政法的渊源之一。[1] 另一种观点则认为行政法的法律渊源不包括宪法。[2] 笔者理解之所以有如此的理由可能在于一些学者对行政法内涵的坚守。上文表明行政法的内涵不仅是关于行政的法，而且是为行政所特有的法。那么宪法中那些对行政有着直接或间接意义的规则只能说是与行政有关，而不能认为是行政所特有。这种看法如果成立的话，可以对我国宪法是各部门法法律渊源之首的现状进行反思。事实上有一定的道理，宪法是各部门法的母法不错，但不能就此在逻辑上得出宪法就是各部门法法源的结论。毕竟"母"与"子"是两个独立的存在。

2. 正式法律或符合宪法的法律。近代民主意义上的行政法是建立在宪法基础上，因此如果不顾社会背景，认为只要是有关行政且为行政所特有的法就是行政法也必然是不准确的。可以看出，一些不符合宪法或没有按照宪法所规定的立法程序制定出来的法律不应当属于行政法的范畴。只有正式法律才代表和反映了现代民主的本质精神。这种行政法法律渊源认识的思路同样可以为我国借鉴。我国现阶段在论述行政法的渊源时，只是对行政法存在的一种消极描述，容易使理论无原则的向现实非法权力妥协。

3. 法规命令。在德国，法规命令一般是指由行政机关依据立法机关授权或宪法默认的制定实施细则的权力所制定的法律规范。它与法律同属于国家意志的表达。根据分权原则，行政机关本没有立法的权力，因此原则上行政机关制定法规命令需要得到法律的授权。根据德国基本法的规定，立法机关对授权范围、目的和内容须作出明示的同时，不能放弃自己对重要问题作出决定的权力。事实上就是法律优先和法律保留原则的内容。法律授权的必要性在于行政的复杂性和专业化倾向。值得注意的是，德国人在承认法律优先相关理论的同时，并不当然地认为法规命令的法律效力要低于法律。他们认为那些通过法律推导出来的法规命令一经颁布，则与法律具有同样的效力。"法规命令与正式法律的区别是制定机关，而不是内容和效力。作为法律规范（实质意义上的法律），法规命令对公民和其他规范收件人的影响与议会通过的法律相同。"[3] 而我国主流理论认为在行政诉讼中应"参照"适用规章，在逻辑上是很难自圆其说的。[4]

---

〔1〕　转引自［德］哈特穆特·毛雷尔：《行政法学总论》，高家伟译，法律出版社 2000 年版，第 57 页。

〔2〕　［德］奥托·迈耶：《德国行政法》，刘飞译，商务印书馆 2002 年版，第 85 页。

〔3〕　转引自［德］哈特穆特·毛雷尔：《行政法学总论》，高家伟译，法律出版社 2000 年版，第 58 页。

〔4〕　事实上那些不符合上位法的规章，本质上已经违反了授权理论，应当是"没有"法律效力，而不是效力高低的问题。参见《东吴法学》2007 年春季卷的"论规章的'参照'适用"一文。

4. 规章或自治章程。规章或自治章程是对 Geschäftsordnung 一词不同的中文翻译，是指社团或公法人为了管理自己的事务以自己名义颁布的规定。例如地方乡镇、大学等为了规范自身事务而颁布的规定。这些社团或公法人认为规范自身管理而制定出来的规定之所以能够成为行政法的渊源，主要有两点理由：一是规章或自治章程的立法经过法律的授权，但此种授权是一种概括授权，区别于法规命令之特别授权。概括授权不对分权原则产生实质影响。规章或自治章程立法有相当的民主基础，是一种自治立法机关的立法，而不是执行机关立法。二是社团或公法人的自身事务本身也属于公共行政的一部分。这就解释了为何私法人的章程不属于法律渊源的情况了。如果说法律授权以及立法的民主性是其获得法效力的形式要素的话，那么其事务的公共行政的性质则是其获得法效力的实体要素。

5. 不成文法。如果把法律渊源分为成文法与不成文法两个部分的话，那么上述四种法皆属于成文法的范畴。虽然我国行政法主流理论很少论及不成文法，但是在德国，行政法中存在着大量的不成文法规则，并且这不被认为违反了其制定法传统。不成文法中主要有两种：习惯法与司法判例。前者是德国行政法对历史遗产的继承，而后者是对遗产的突破和更新。德国人认为一味地强调法官的适用者角色是不符合司法实际的。"在所有的案件中，适用法律都不是单纯的涵摄过程，而是要求法官自行发现标准，并且在此范围内以法律创造者的方式活动。以这种方式产生的司法原则总是得到适用和尊重，因此被称为'法官法'。"[1]

第二节　行政法的基本原则

德国行政法的历史发展过程表明，德国行政法律规范体系长期处于不统一的局面。德国法学界长期致力于统一行政法学的构建，其中奥托·迈耶就是因为其统一行政法学的创立而奠定其古典行政法学巨擘的学术地位。其中，行政法基本原则的确立则是统一行政法学创立的标志之一。行政法基本原则值得重视的理由不限于理论界，更是司法活动一般正义性的体现和长期司法经验的胜利。行政法的基本原则一方面来源于法理，另一方面来源于司法判例。[2]

一、合宪性原则（Principle of constitutionality）

德国基本法是德国的最高法。其除了具备政治效应外，对一切国家的行为

---

〔1〕　［德］哈特穆特·毛雷尔：《行政法学总论》，高家伟译，法律出版社 2000 年版，第 67 页。
〔2〕　和英美判例法相比，德国虽然属于成文法国家，但在行政法领域却是一个例外。

有法律约束力。违反基本法的行为都有相应的司法程序与之相对应。行政权力主体当然也不例外。"但宪法直接约束个人行为的效力，与宪法直接约束行政机关的情形相比是极其罕见的。"[1] 行政机关违反基本法的行为也必然是违反依据基本法而制定的法律。即使没有依据基本法而制定的具体的法律，行政机关违反基本法的行为如违反平等条款等，也是被认为是违法的行为。行政机关不能援用法律条款来侵犯公民的基本权利。公民基本权利的约束力不仅适用于行政机关的裁量权，而且适用于行政机关几乎所有其他的行为。

二、合法性原则

德国合法性原则的内容包括两个方面：一是行政机关不得违反议会法律的规定，法律是国家中至高无上的意志表达，是谓消极的合法性要求；二是行政机关的行为必须符合议会法律的规定，是谓积极的合法性要求。

（一）法律至上原则

法律至上跟法国行政法中的法律保留和法律优位原则比较接近，一般是指行政机关的行政行为，包括行政立法行为和其他行政行为不得与议会立法或其他立法行为相抵触，否则无效。其直接的法律依据是德国《基本法》第20条第3项。这一消极合法性原则的基础在于基本法对国家权力的配置以及授权立法理念。有利于从立法与行政关系以及行政权内部保证法制的统一性。具体表现为行政机关必须遵守宪法性命令、禁令、有效法律和公共道德，服从对权力的法律限制等。

（二）法律授权原则

如果说法律至上要求行政机关行政权力的行使不得违反上位法制度的话，那么法律授权则是要求行政机关的行政权力的行使必须有法律授权。法律既包括议会立法，也包括授权所立之从属立法。这与我国现阶段依法行政的意义表达类似。也容易与法律至上原则相混淆。实际上二者是对行政机关的行政权的行使提出了不同层次的要求。法律至上原则确立了不同位阶规范和行为的效力高低，在上位法相对概括和稀少的情况下，仍然给行政机关的行政权留下了巨大的自主空间。法律授权原则的调整对象就是为了消除这种自主可能给法治带来的安全隐患。行政机关只有在取得人民代表的授权时，其权力行使才获得正当性和合法性。法律授权原则在行政机关干涉和剥夺被管理者私权利的案例中得到普遍的承认。但是在福利社会授益行政以及传统特别权力关系领域还存在争议。对于授益行政而言，这种理论上的争议在实践中往往不会成为多大的问

---

[1]　[印] M·P. 赛夫：《德国行政法》，周伟译，山东人民出版社2006年版，第124页。

题。政府的授益行政往往都是有财政预算的，此时财政预算则构成了其法律授权。而在特别权力领域，无法律授权不能限制公民的基本权利已经成为共识，这实际上又转化成合宪性原则的问题。在非基本权利领域，特别权力关系仍然构成了法律授权的一个例外。

三、比例原则

比例原则是要求行政机关的行为要合乎其目的，行政措施应当公平适当。比例原则追求实质意义上的公正和合法，是实质法治的体现和要求。该原则虽然与我国所讲的合理性原则的基本内容相似，但必须注意其区别所在，即我国合理性原则是被解释成针对行政机关的自由裁量权的，而比例原则的适用范围是非常广泛的，行政机关在作出任何行为时都受到比例原则的规范。德国行政法学很少提及"自由裁量权"的概念。在他们看来，只要法律上承认比例原则，就不存在自由行使裁量权的问题。可以从以下两个层次来理解德国比例原则的内容：

1. 行政机关的行为应当与行政目的相适应。当法律授予行政机关某项行政权力时，都是旨在实现特定的公共利益和社会秩序的，因此，行政权力的行使应当符合特定的目的，否则就是滥用职权。即行政手段与行政目的成比例。

2. 最低限度的干预。当行政机关为了公共利益的需要而干预公民权利时，则应当选择对公民权益影响最小的手段。可以看出，比例原则将行政权力对公民权益的干预控制在必要的最低限度内。即公共利益与公民权益成比例。

第三节　行政主体

一般行政法理论中的国家和臣民以及行政的主体都是一种集体概念，是抽象意义上的主体。但从法律关系的构成要素来看，德国行政法律关系的首要构成要素则是行政主体。行政主体则是具体接受行政法律规范调整的对象。国家和臣民之间的法律关系是通过由各种行政主体作为一方法律主体、臣民作为另一方法律主体具体建立起来的。

一、行政主体的概念

德国人主要从权利能力的取得角度来定义行政主体，行政主体即被法律赋予权利能力、使其成为行政法律权利义务的归属主体，在行政法律关系中，与公民等被管理者相对应的法律主体。至于权利能力，德国人认为"而凡属法律规范的调整对象，能够成为权利义务主体的人，就具有权利能力"。享有权利能力的首先是自然人，其次是一些组织体。这些组织体有独立于自然人的参与法律活动的资格。如果这种权利能力是由公法赋予，这些组织体则属于公法人，反之，由私法赋予则是私法人。权利能力又可区分为完全权利能力和部分权利能力。前者是一般权利能力，即不受部门法的影响，都可成为权利义务的归属主体，如自然人。后者是指某一组织只在特定领域或者为特定的法律规范才享有权利能力。只能在特定法律设定的特定领域内参与法律活动。

二、行政主体的种类

（一）国家

与一般意义上的国家概念意义重点不同的是，德国行政主体理论中的国家概念是从法律关系角度出发的，与我国行政机关的概念基本相同。这种机关形成的直接原因就在于行使行政权。其存在及其权力的取得来源于宪法和法律，而不是来源于其他机构。正如我国行政机关可以分为中央行政机关和地方行政机关一样，德国行政主体意义上的国家分为联邦和联邦各州。相应地，传统国家行政则可以分为联邦行政和州行政。

（二）公法团体

除了国家行政外，社会行政也是德国行政的重要组成部分。社会行政主要是通过公法团体来组织实施的。这些机构不仅在组织上是独立的，而且在法律上也是独立的，具有权利能力。它们在国家和法律的约束与监督下，可以独立地进行社会管理。与上述国家行政的原始性相比，其属于派生性行政主体。公法团体的形式主要表现为团体、设施和基金会。值得注意的是，在德国，县和乡镇采取的是地方自治制度，因此它们也属于公法团体的范围，属于派生性行政主体。但与其他派生性主体不同的是，县和乡镇除了遵守国家法律外，还需接受当地民意机构形成的独立意志。

（三）具有部分权利能力的行政机构

这些行政机构虽然具有公法性质，但没有公法人资格，只是根据特别授权在特定领域执行特定行政任务，即行政任务的分配与其性质没有本质的关联。其主体行政与权利能力的取得不是相辅相成的，即是一种动态的行政主体。

（四）被授权的主体

在法律规定的特定情形下，上述"国家"行政的部分，国家可以放弃自我行政或由公法团体行政，而授权私人在相应的范围内行使行政权。被授权主体虽然是私法主体，但从其可以独立行政和独立承担责任来看，其也应属于行政主体范畴。这一点与我国当前的行政法学理论差异较大，在我国这种情况一般都视为委托。

第四节　行政行为

一、行政行为的概念和特征

行政行为（Verwaltungsakt）是德国行政法上的核心概念。其来源于法国行政行为的概念。起初行政行为包括根据公法或私法采取的一切行政措施。后来随着公法学的发展，行政行为的概念逐渐限定为那些根据公法而采取的行政措施。1895年，奥托·迈耶把行政行为定义为"行政机关在个别的条件下决定某个权利主体的权威性宣告"。该概念最终被行政法院采纳，并且被逐渐地完善。一些制定法中也开始使用行政行为这一名词。最终1976年《联邦行政程序法》（the Law of Administrative Procedure）第35条确定了行政行为的概念，即"行政行为是行政机关在公法领域为调整特定对象而实施的命令、决定和其他主权措施，并旨在产生直接的外部法律后果。普遍性的命令也属于行政行为"。成为联邦和各邦相关内容的立法典范。和立法行为、司法行为以及其他政府行为相比较，行政行为具有以下几个特征：

（一）产生直接的外部法律后果

产生直接的外部法律后果的第一层意思是指出行政行为是一种具有法律约束力的行为，具体表现为法律权利或者法律义务的设定、变更、解除或权利义务关系的认可。法律后果要素将行政措施中的事实性行政活动排除在行政行为范围之外。如行政主体对道路等公共设施的养护以及政府对某项事务的调查报告等。这些事实性行政活动的作出本身不旨在发生法律效果，其事实上也没有发生任何效果。第二层意思是指行政行为的法律效果是发生在外部，即行政行为必须影响行政机关以外的对象而不应成为纯粹的部门管理或部门组织内部事务的措施。如上级机关对其下属机关作出的某个决定就不是行政行为，但是一旦这种上级决定不是单纯的管理措施，影响到下级机关工作人员的休假、工资待遇或辞退等基本的权利义务关系时，就应当视为具有外部法律后果，就属于行政行为的范畴。和我国行政行为的概念相比，德国行政行为中不包含内部行政行为。而且启示我们有关于内部行政行为和外部行政行为的分类标准不应仅局限于考虑主体之间的从属关系。第三层意义是指行政行为所发生的法律后果乃是行政主体的意思表示，即法律效果的发生无需借助其他要素。如某些内部行政措施即使具有某些外部效力，但仍然不是行政行为，因为外部效力的发生不是主体意思表示的产物，而可能是由于事物之间固有的联系等因素造就的。

（二）必须具有公法性质

和普通法法系相比，德国采用的是公私法分治的理论。广义的公法即包括宪法、行政法、诉讼法、国际法以及教会法。而当在行政法领域讨论公私法时，往往采用的是狭义的公法概念，即行政法。所以此处的行政行为具有公法性质，则是特指行政行为是执行行政法规范的行为。那些行政机关在私法领域进行的法律行为都不是行政行为，如解除租赁合同。同时排除了宪法、诉讼法、国际法等其他公法上的行为。可以看出，决定行为的性质不是法律关系主体的性质，而是规范这一行为的法律规范性质。如联邦总统签署法律的行为是宪法行为，而联邦总统解除公务员的行为则是行政行为。

（三）是针对具体事件的处理

和立法行为相比，行政行为的特征之一是针对具体事件。立法行为是针对范围或者数量不特定的事件和公民而作出的　般规则。在典型三权分立的格局下，从主体就可以将行政行为和立法行为区别开来。但随着委任立法的发展，行政机关的管理方式也包括一些立法方式。

通过以上行政行为特征的分析，我们可以发现德国行政行为的概念更加接近于我国行政行为中的外部具体行政行为。德国行政行为的概念范畴的形成与德国行政法院的诉讼活动即行政司法救济是紧密相连的。相比这下，概念虽然逻辑上并不一定无懈可击，但非常具有实际的制度价值。

二、行政行为的分类

如果说行政行为的概念和特征是对行政行为内涵的解释，那么行政行为的分类则是对行政行为外延的揭示。除此之外，行政行为的分类还有利于对行政行为概念的准确理解，弥补因概念本身模糊而带来的界限不明。在德国，行政行为的下述分类还具有制度上的意义，与行政诉讼类型化有着内在的关联。

（一）命令性行政行为、权利形成性行政行为和确认性行政行为

上述行政行为的分类标准是行政行为的内容。所谓命令行政行为，是指行政主体以命令或禁制令的方式要求相对人作出特定行为。如所有的警察命令、交通标志等都是以命令或禁制令的形式要求被管理者作为或不作为。而权利形成性行政行为又被称作组织行政行为，是行政主体确认、改变或者消灭特定法律关系的行为，如录用公务员、行政机关对某些要式私法行为的批准等级行为等。确认性行政行为又被称作宣告行政行为，是行政主体确认被管理者的权利或法律资格，如行政主体对某人国籍、选举权的确认等。权利形成性行政行为和确认性行政行为的主要区别在是否对实在法律关系的变更上，相对于实在法律关系而言，前者行政主体确认、改变或者消灭特定法律关系的行为都会造成实在法律关系的变更，后者行政主体对被管理者权利或法律资格的确认行为并没有改变实在法律关系。从行政行为的效力来看，确认性行政行为的法律效力不在于对实在法律关系的变更上，而在于实在法律关系一经确认就可以成为法

律关系履行的直接法律根据，义务方不得拒绝。

（二）授益行政行为和负担行政行为

该类行政行为是根据行政行为的后果加以分类的。所谓授益行政行为，是指行政主体为相对人设定、确认或维护权利或法律上的利益的行为，例如发放许可证、公务员录用的行为等。而负担行政行为则是指行政主体作出的对相对人产生不利后果的行为，此种行为可能是对相对人权利的限制或消灭，或是对相对人优待申请的拒绝。例如行政主体作出的命令或禁制令、行政许可申请的驳回以及公务员的辞退等。因为这种分类的标准是根据行政行为对相对人的后果，那么当行政法律关系中有不止一个相对人时，是授益或是负担则可能会因人而异，且在出现多个可供选择的行政处理方式时，授益和负担本身也是相对的，其界限不是很容易划分。如政府颁发建设许可证的行为对申请者而言是授益行政行为；当该建设许可侵害到相邻权人时，对相邻人而言则是负担行政行为。

（三）非裁量行政行为和裁量行政行为

该种行政行为是根据对行政主体的法律限制加以分类的。所谓非裁量行政行为，是指在符合法律规定的条件下，行政主体可以处理或不处理的行为，即法律对某种情形应当如何处理作出了明确的规定和限制，行政主体只是被动地严格适用法律而已。相反地，裁量行为是指法律将某些事项应当如何处理的权力留给行政主体，由行政主体根据具体情况进行裁量。显然，法律对裁量行政行为没有作明确限制。因此，裁量行政行为又被称作自由行政行为。有观点认为，"自由行政行为（Free administrative acts）是不受任何法定条件（Statutory Conditions）拘束的行为"。[1] 我们认为这一观点并不意味着裁量行政行为是不受法律约束的、在法治之外的行为。理由是这里的法定条件是指成文法所规定的条件（Statutory 的本意是指成文法，而不是法律全部），而在德国除了成文法之外还有法律原则、司法判例等法律形式。比如裁量行政行为在德国就受到比例原则的拘束。即使是这样，德国人仍然对裁量行政行为怀有疑虑，故裁量行政行为的范围限于授益行政行为领域。

三、合法行政行为的基本形式要件

虽然行政行为种类繁多、形式各异，行政法没有统一的行政法典，行政行为的合法性评定很大程度上依赖于部门行政法规则，但实践中并不影响德国人从统一行政程序法的角度为合法行政行为设定基本的形式要件。这一点很值得

---

〔1〕 〔印〕M·P.赛夫：《德国行政法》，周伟译，山东人民出版社 2006 年版，第 70 页。

我国行政法学借鉴和学习，以便为我国公民评判行政行为是否合法提供一个近乎常识性的判断标准。

1. 法律无明确规定的情况下，行政行为可以采取口头形式、书面形式或其他任何形式。但如果行政行为中涉及相对人的合法权益，相对人要求以书面形式证实时，则必须用书面形式作出。书面形式作出的行政行为必须包含作出机关以及行政首长的签名。但在某些通过自动化所表现出的行为中存在例外。

2. 行政行为的内容必须明确、肯定，即行政行为所针对的主体、所涉事项以及法律权利义务安排能够让相对人足够清楚。对于自动化所表现出来的行政行为，根据某种解释相对人可以明确行为内容的，可以用相关的标志来代替行政行为内容的陈述。对于书面形式作出的行政行为，必须在书面陈词中明确理由，即事实根据和法律理由，而不论这些理由自身能否成立。但说明理由也存在无须说明的例外，如法律规定不需要说明理由的或依申请的且无害于第三人的行政行为等。根据我国现行行政法理论，在我国原则上所有行政行为都需要说明理由。这有其积极的一面，但从证据角度来看，德国人的这种区别对待也是不无道理的。

3. 行政行为的内容还必须包括对相对人法律救济权的说明，即行政行为中必须告知相对人若不服该行为处理结果时所可以采取的法律救济途径、救济机关以及时效说明。德国 1976 年的《联邦行政程序法》对此作出了明确规定，也为司法实践所证实。相比之下，我国行政诉讼法也间接规定行政主体有诉权告知义务，但只是引起时效的计算不同，并不会引起行政行为违法的后果。笔者认为，随着我国行政主体执法水平的不断提高，行政主体应逐渐地承担起这种人性化的法律教示义务，使之成为行政行为有效的组成部分。

四、行政行为的效力

行政行为作出的目的就是要对所涉及的主体发生法律上的作用力。一般而言，行政行为作出后一经送达即发生效力。如何理解行政行为的效力内容以及例外情况同样具有重要的意义。

（一）行政行为的确定力及其限制

在德国人看来，"行政行为被认为是对法律解释和法律适用（the interpretation and application of law）的权威性宣告（authoritative pronouncement），相对人必须承认宣告的可靠性（reliability），以维护法律的确定性（legal certainty）"。[1] 显然，德国行政行为确定力的对象不包括行政主体自身，且行政行为

---

〔1〕〔印〕M·P. 赛夫：《德国行政法》，周伟译，山东人民出版社 2006 年版，第 78、124 页。

的确定力会因为一些例外程序而消除。当相对人不服行政行为，而向行政机关提出控诉或向行政法院提起确认无效之诉时，行政行为的可靠性基础就不存在了，行政行为的效力就可能会终止。所以，基于行政行为确定而产生的拘束力等只是一种相对的可预期的效力，并不一定能真实完整地发生。

（二）无效行政行为

在德国，违法、错误以及失当的行政行为都被认为是有瑕疵的行政行为。其中根据违法的严重程度不同又可以把违法的行政行为分为可撤销的行政行为和无效的行政行为。顾名思义，无效行政行为就是不发生法律效力的行政行为。从行政行为的概念和特征来看，无效行政行为不是真正意义上的行政行为。所以，理论上认为无效行政行为自始不发生法律效力，从法律规范而言，无效行政行为可以视为不存在。其基础在于某些行政行为存在严重的、明显的瑕疵，这些瑕疵已经足够使其可靠性丧失。在这种情况下若还承认其有效力，无疑是愚蠢的。德国最高法院认为，无效行政行为的无效性"明显得让人一目了然"，为无效行政行为的认定设定了一个概括标准。同时，德国《联邦行政程序法》第44条对无效行政行为的范围作了进一步的明确。但这不妨碍无效行政行为在实践中由于种种原因而确实发生作用。准确地说这是一种事实上的作用。因此，无效行政行为和可撤销的行政行为都必须接受行政法院的司法审查。无效行政行为因为无法律效力，其时效计算也无起点，故无效行政行为的救济无时效限制。我国行政诉讼中无视无效行政行为特殊性的时效规定是亟待进一步完善的制度。

（三）行政行为的撤销

行政行为违法引起的最常见的法律后果就是被撤销。因撤销手段灵活、适用面广，使得撤销成为对行政瑕疵进行补救的常见手段。它既可以全部撤销，也可以部分撤销，既可以撤销生效的行政行为，也可撤销未生效的行政行为。其中的一个例外就是授益行政行为的撤销会受到《联邦行政程序法》第48条的规制，体现出法律上对相对人信赖利益的保护。行政行为的撤销程序一方面表现为行政机关自我监督程序，另一方面表现为行政救济程序。

（四）行政行为的转换

违法的行政行为不一定会被撤销，也可以被转换为一个合法行政行为。其制度基础在于参照《民法典》第140条规定的重新解释原理。后为德国《联邦行政程序法》第47条所明确规定。和可撤销的行政行为相比，可转换的行政行为的范围是非常有限的。当能够满足以下条件时，才能够进行转换：新行政行为被原待转换的行政行为所包含；前后两行政行为目标相同；转换后的行政行为自身是合法的；行政机关认为行政行为的转换仍有意义；转换不会对相对人产生不利影响；旧的行政行为是可撤回的；听取了相对人的意见。

（五）行政行为的补正

违法行政行为的情形很多，对于那些没有遵守程序要件或形式要件而违法的行政行为，当所违反的程序要件或形式要件对行政决定的实体处理没有任何影响时，该行政行为的效力总体上不应被否定，可以通过补正的手段使得行政行为的程序要件或形式要件健全起来。德国《联邦行政程序法》规定以下对程序要件的违反是不可宽恕的：在行政行为实施之前，相对人没有提出符合要求的申请；行政行为没有说明理由或举行听证；法律规定实施该行为需要某个机关参与而此机关没有参与的情况下作出的行政行为。即使存在以上三种情况，在相关请求诉至法院之前，上述几种情形的及时消除仍可使行政行为被补正。

（六）行政行为的废除

与行政行为的无效、撤销、转换以及补正的适用对象相比，行政行为的废除是针对合法的行政行为，当合法行政行为所依据的事实或法律规范发生了变化，行政行为的效力没有必要再延续，从而被废除。它与民法中情事变更原则有着内在的一致性。废除行为的效力是向后的。和撤销行政行为受限制的条件相似，即授益行政行为在符合特定条件时才可以被废除。根据德国《联邦行政程序法》第49条的规定，授益行政行为满足以下条件才可废除：有法律授权或本身为行政行为所保留；受益人没有同时履行授益行政行为所规定的义务；不废除会损害或危及公共利益的；新法律规定行政机关无该项职权的，且相对人尚未享受该项权利。

第五节 非传统的行政活动方式

如果说行政行为是行政活动的传统方式，那么诸如行政合同等行为则属于非传统的新型行政活动方式。这种新型活动方式的出现是顺应消极行政向积极行政转变的时代需求，是以福利国家为时代背景的，是行政权力膨胀的另外一种表现。具体包括行政合同、事实行为以及计划等。

一、行政合同

（一）行政合同的概念

为实现行政管理目的，行政主体除了可以采用传统的行政行为的方式以外，事实证明还可以通过缔结合约的方式进行。甚至于"行政合同的适用范围不限于行政行为的涵盖领域，而是更为广泛，凡是不需要行政机关以支配者的地位作出单方面处置的法律关系，如两个原则上平等地位、具有权利能力的行政主体之间的关系，都可以采取合同方式处理"[1] 这种合约与行政机关作为私法主体而定的私法合约有着质的差别。在私法合约中，主体之间是一种完全平等或对等的法律关系，受民法的调整和普通法院的管辖。而当行政主体为实现行政管理目的与相对人签订合约时，其确认、变更或终止的是一种公法法律关系，合约的成立和履行都受制于公法规则。实质上是一种行政法的活动，应当受到行政法的调整和行政法院的管辖。上述观点的形成在德国也经历了一个过程。德国行政法学家奥托·迈耶就曾经持反对意见。但争论最终在实践活动中逐渐消解，从而最终为 1976 年《联邦行政程序法》所接纳。该法将行政合同看作是行政行为以外执行国家公务的方式。

《联邦行政程序法》第四章专门对行政合同作了规定。其中第 54 条规定，公法领域的法律关系，可以通过合同建立、变更或解除，但以不能违反法律规定为限。当局尤其可以与行政行为将要针对的人缔结公法上的契约，以代替发布行政行为。可以看出，行政合同的概念核心在于公法法律关系的建立、变更或解除上，而不在于合同的参与主体。上述有关于行政合同的规定被其他法律、司法判例以及联邦的法律所不断吸收和完善。行政合同的公法性质主要取决于合同双方权利义务的公法性质，如包含有职务行为的义务或公民公法上的权利义务。

（二）行政合同的分类

1. 协作性行政合同和从属性行政合同。这是以合同双方主体之间的关系为标准进行的分类。所谓协作性行政合同，是指由具有同等的或几乎同等级别的行政机关或私人之间就行政事项达成的协议，如两个兄弟行政机关之间就资助学校或养护道路等达成的协议，两个私人为维护河流而缔结的契约。从上述例子可以看出，协作性行政合同往往针对的是那些不能通过行政行为处理的法律关系。这也是行政合同产生的事实原因。从属性行政合同是指执行公务的行政主体与行政相对人之间就行政事项而签订的合同。如行政主体与其公务员之间就公务员法没有规定的事项所签订的协议以及有关代执行的合同。

2. 和解合同和双务合同。这种分类的标准是根据合同的内容进行的分类，因为合同内容自身标准的不确定性，导致和解合同和双务合同并不是一种周延的分类，即和解合同和双务合同并不能涵盖所有的行政合同。所谓和解合同，是指合同当事人相互让步而消除不确定的事实或法律状态的协议。和解合同一般属于从属性合同。而双务合同是合同双方当事人互相负有给付义务的合同。

〔1〕　〔德〕哈特穆特·毛雷尔：《行政法学总论》，高家伟译，法律出版社 2000 年版，第 343 页。

这种对等给付义务约定的目的在于完成公共任务。双务合同既可能是协作性合同，也可能是从属性合同。

（三）行政合同的合法要件

行政合同与私法合同的根本不同点在于合同内容上，行政合同设定、变更或解除的是公法法律关系。公法性质决定了行政合同不能和私法合同享受相同的意思自治。以免使行政服务处于一种商业化的风险之中，与行政合同的制度初衷相背离。因此，法律在尊重双方当事人一定程度自治的前提下，对行政合同的合法要件作了一些特殊规定。

1. 行政合同的签订不得违反法律的禁止性规定。行政合同与传统行政行为相比较，虽然都需要具有合法性，但合法性的具体要求是不同的，因为行政行为的单方意志性以及强制性，决定了法律授权是行政行为的合法性要求。而行政合同的双方性以及自治性决定了行政合同的合法性仅局限于不违反法律的禁止性规定即可。

2. 行政合同须采取书面形式。表现出法律对行政合同中意思自治的限制和公共利益的审慎。

3. 如果行政合同涉及第三人权利或作为替代的行政行为依法需要有关机关批准的，必须获得第三人的书面同意和有关机关的批准。这一要件能够一定程度上防止通过行政合同方式规避法律。

上述合法要件不应当被孤立地看待，它们只是法律对行政合同的一些特殊要求。这些条件的存在不能遮蔽民法对合同合法性的一些基本要求。若行政合同违反了意思表示真实、公序良俗等民法基本合法要件，同样也会导致行政合同的无效或可撤销。

（四）行政合同的履行、变更和解除

行政合同一旦签订生效后，双方当事人都有依法履行合同、依法变更和解除合同的义务。行政合同的履行、变更和解除原则上可以参照民法典有关合同的相关规定，但是在这里探讨该问题主要是从其特殊性出发的。

1. 在从属性合同中，当从属一方不履行合同时，若双方约定了此种情况下可由行政机关立即或直接履行的，则行政合同就成为行政机关强制执行的直接根据，而无需请求行政法院，可以以行政行为的方式实现其合同请求权。

2. 行政机关不受与公共利益相冲突的行政合同的约束。当行政机关发现其所参与签订的合同是一个与公共利益相冲突的行政合同而不履行合同义务时，享有宣告该合同无效或解除该合同的特权。若对方当事人向行政法院起诉后，行政法院也认为合同的履行与公共利益相冲突时，行政法院也无权强制行政机关履行合同。

3. 民法中情势变更原则不仅适用于行政合同的变更，而且适用于行政合同的单方解除。《联邦行政程序法》第60条规定，对确定合同内容具有重要意义的关系在合同订立后发生重大变更，以致不能期望一方当事人遵守原合同约定的，该当事人可以要求根据改变的关系变更合同的内容；如果变更不可能或不能期望当事人进行变更，可以解除合同。当局为了预防和消除公共利益可能遭受到的巨大损失，也可解除合同。

二、行政事实行为

与行政行为以及其他法律行为相比较，行政事实行为是行政机关作出的旨在产生事实效果的行为。因为其不对法律上权利义务关系进行设定、变更或解除，所以显得没有行政行为重要。但不能就此得出行政事实行为在法律上就毫无意义的结论。行政事实行为在一定层面也能够反映出依法行政的水平。在实践中，行政事实行为又具体表现为通知、警告、报告以及建设办公楼等。行政事实行为的种类繁多，既可能是行政机关的内部事务，也可能是与相对人的事务相联系的行为。那些属于纯粹的行政内部事务的事实行为又被称做私人事实行为。反之被称做公共事实行为。公共事实行为作为公法领域的行政机关的行为以及执行公法职能的行政机关的行为，是行政法关注的重心。德国行政法关于行政事实行为形成了以下看法：

1. 行政行为的合法性要件也同样适用于行政事实行为。行政事实行为要想干预个人权利，必须符合宪法、法律原则的规定。例如通知、报告等必须要正确无误，不得超越权限，办公楼的建设以及警告等要符合比例原则等要求。

2. 对行政事实行为产生的事实后果，行政机关有义务消除违法事实行为所生的事实，并尽可能地、合理地恢复原状。权利受到侵害的相对人享有法律救济的权利，可以提出行政复议或向行政法院提出诉讼。对违法事实行为造成的损害，可以要求赔偿。

可以看出，在德国行政事实行为是被纳入到国家赔偿和行政诉讼的受案范围的。基于此，我国在行政诉讼法修改时，可以考虑突破行政行为的范畴对受案范围重新进行整合和规范。

三、计划

随着社会福利国家的发展，计划成为政府最大效能利用社会有限资源的方式之一。和其他国家活动相比，计划的范围极其广泛、行为性质争议较大，往往与其他行为交织在一起。如颁布法律、财政预算、区域规划等在属于计划的同时，也分别属于立法和行政。计划之所以成为法律上需要关注的问题，原因在于计划也常常会导致对公民权利和自由的限制。德国有关计划的以下几种观点值得关注。

（一）计划的种类及其法律性质

在实践中，计划具体表现为联邦、州和乡镇的财政计划、区域计划、发展和需求计划、联邦高速公路需求计划、特殊计划以及仅涉及个人的计划。根据计划的约束力可以将上述计划分为指导性计划、调控性计划和指令性计划。由于计划作为一个类别并非国家活动的一种独立法律形式，因此其法律性质各异。从法律角度而言，指导性计划是一种通知，应当属于事实行为。调控性计划的法律性质取决于其内容的拘束程度。若是单纯的目的宣示，那么则是事实行为；若是一种权益优惠，则是法律行为，总之要具体情况具体分析。指令性计划是计划的主要部分，其中既有法律行为，也有事实行为。这种计划尤其易于对相对人的权益产生影响。

（二）计划废除、变更和废止所产生的责任

所有的计划都是针对特定情况的。所谓"计划赶不上变化"，当特定情况本身发生变化或先前的判断是错误的，且继续执行计划没有意义甚至违反初衷时，计划的废除、变更或废止就成为必要。那么由此所产生的责任和风险如何承担则是一个有意义的问题。不同部门行政法对责任承担作出了一些规定，多数法规肯定了相对人就此享有补偿请求权和损害赔偿请求权。特定情况下，相对人享有计划存续请求权、计划执行请求权等权利。可以看出，我国行政法学对计划的研究还不是很深入，可以充分借鉴德国有关计划的理论和规定。

第六节　行政程序

一、行政程序法概述

德国历史上出现过行政法法典化的趋向。1926 年第一个州行政条例在图林根州通过，该条例主要是一般行政法规范和行政程序法。随后此种努力在其他州也被尝试。在统一行政法学方法和浪潮的推动下，1960 年德国法学家协会第 43 届年会基本统一了认识，即制定统一的行政程序法是有必要的、有可能的，且在一定程度上可以承载一般行政法规范的使命。并且成立了致力于制定统一行政程序法的共同立法委员会。但是因为中央和地方是分权而治的关系，所以制定一部既能调整联邦又能调整州的行政程序法则变得不可能。直到 1976 年联邦议会才通过了统一的《联邦行政程序法》，后又经过了几次修改得以逐渐完善。《联邦行政程序法》的制定具有重要的意义。首先，促进了行政法的统一，为行政法及其程序提供了相对统一的内在标准。其次，节约了立法成本，立法机关无需在部门行政法律中重复规定一些制度。最后，简化了公民知法的难度，客观上降低了公民守法的成本。《联邦行政程序法》适用于联邦和州行政机关执行联邦法律的公法行为。《联邦行政程序法》制定后，成为各州行政程序法的立法范例。所以各州行政程序法与《联邦行政程序法》的差别不大。

二、行政程序的概念和种类

行政程序是行政程序法主要规范的领域。行政程序法的立法进程伴随着人们对行政程序价值认识的不断深入。行政程序除了具有实施实体法的工具性价值外，对于公民基本权利的保障也是不可缺少的。公民的程序权利表明公民不是行政程序的客体，而是行政程序法律关系的主体。

（一）行政程序的概念

行政程序概念的界定事关行政程序法的调整适用范围。行政程序的概念有广义和狭义两种。"广义的行政程序是指行政机关为了作成决定、采取其他措施或者签订合同而进行的所有的活动。"[1] 广义的行政程序包含几乎所有的行政机关的所有活动程序，包括法规命令、行政行为、事实行为、选举、行政私法行为、行政内部措施以及职务协助等。但是这种广义的概念被运用的场合并不多见，在具体案件中行政程序的意义往往有所侧重或特指。狭义的行政程序是指行政机关对外作出行政行为或签订公法合同的方式和步骤。与广义概念相比较，法规命令、事实行为、选举、行政内部措施以及与行政行为、公法合同相关的内部过程均被排除在外。其范围与行政程序法控制行政权力滥用的立法初衷相吻合，更易于为人所接受。《联邦行政程序法》采纳了此种概念，规定"行政机关为查明要件，准备或者作成行政行为，或者签订公法合同，而进行的对外发生效力的活动"。因此，下文中论述行政程序的具体制度，沿用的是行政程序的狭义概念。

（二）行政程序的种类

1. 非正式行政程序与正式行政程序。所谓非正式行政程序，是适合一般案件的简便的行政程序，又被称为一般行政程序。而正式行政程序是适用于特殊案件的行政程序，常常表现为正式听证程序。《联邦行政程序法》将行政程序划分成以上类型，且确立了法律无特殊规定情况下应一律适用非正式行政程序。正式行政程序的正式性表现在：有书面的听证申请或听证申请笔录，行政程序主体参与程序的规定较严格；要进行言词审理，原则上不得书面审理；行政决定以书面方式作出并说明理由等。

2. 计划确定程序。《联邦行政程序法》规定了一种比正式程序适用更为严格的程序，即计划确定程序。当上文中谈及的计划行为涉及公民住房以及有权

---

〔1〕 ［德］哈特穆特·毛雷尔：《行政法学总论》，高家伟译，法律出版社 2000 年版，第 451 页。

力形成效果时，该计划行为则必须适用该确定程序，以便充分听取研究与计划有关的各种反对意见。该程序终结时作出的计划确定裁决具有行政行为的性质。可以取代原本需要作出的行政行为，计划主体之间以及其他利害关系人之间的公法关系均受此裁决约束。如果计划措施的范围广泛，涉及的人数众多，那么还需在计划确定程序的基础上引入集团程序，以便解决因参加人众多而出现的技术问题。如可以公告送达和代表人参加制度等。笔者理解，这也是一种听证程序，和一般听证程序的差别在于，行政机关不能预设一个核心处理意见让利害关系人表态，而是由利害关系人就如何处理表达自己的观点。这样才能充分听取各种反对意见。这不禁让我们想起在我国现阶段价格听证中"逢听必涨"的怪现象。其中问题就可能在于行政机关对于涨价与否的先入为主，公民只是消极地表达了对这种先见的同意与否，而没有充分听取各种反对意见本身。笔者认为德国的计划确定程序不仅是行政民主化的高级要求，而且是防止计划朝令夕改的良方，我国行政法学应当借鉴。

3. 行政救济程序。行政措施作出后，相对人申请相关机关审查该行政措施的合法性和合目的性的程序，主要表现为行政复议程序。行政复议程序是一种准司法程序，一方面不是由司法机关而是由行政机关主持，属于行政程序的范畴，但另一方面其受理审查的具体规则又十分类似于司法救济程序。基于此，经过正式程序与计划确定程序而作出的行政措施不适用行政复议程序，以提高行政复议时效和尊重二者行政程序之共性。只能就此提出司法救济程序，寻求另外一种性质迥异的救济程序。

三、行政程序参加人

在行政程序法律关系中，严格来看，主持行政程序的行政机关不是参加人。行政程序参加人是指根据法律规定或者行政机关的通知可以参加到行政程序中的自然人、法人或其他组织。当行政机关只是为了表达其职权范围内的特殊观点，而不是主持该程序时，其也是行政程序参加人。行政程序参加人要具有权利能力和行为能力。可以是法律规定的参加人，也可以是由行政机关通知的参加人。既可以是实体权利的受行政程序及其决定影响的主体，也可以是无实体权利关系而依据程序法的规定参加的主体。

行政程序参加人具有如下权利：

（一）听证权

行政程序参加人的听证权是指参加人可以要求听证，若参加人作了陈述，行政机关应当听取并充分考虑，且在行为理由中予以说明。这一权利是根据一般的法律原则推导出的。法律对听证权的主体以及适用领域作了限制，防止听证权的滥用和低效率。其一，依据对《联邦行政程序法》第28条规定的严格解释，享有听证权的主体限于负担行政行为以及授益行政申请的驳回，且听证事项是对决定具有影响力的案件事实。其二，没有必要听证的可以不听证，法律对无需听证的事项进行了列举，当存在与公共利益冲突的紧急情况出现时，行政机关不得适用听证。

（二）阅卷权

根据行政公开、平等原则等民主法治原则的精神，行政程序参加人原则上应有阅览行政案卷的权利，以确保参加人有效地行使其听证权和保护其自身其他合法权益。但是考虑到行政机关执行公务的顺畅以及相关主体的保密利益时，法律同时对参加人的阅卷权进行了限制。首先是阅卷权只能由行政程序参加人享有；其次是只能在行政程序的过程中；再次参加人能否阅卷及其阅卷范围由行政机关决定，行政机关裁量时考虑的因素是申请阅卷人有无值得保护的利益。总之，德国实行的是行政案卷有限公开原则。值得注意的是，上述阅卷权的一个例外就是任何人都享有自由取得有关环境信息的权利。

（三）保密权

根据民法的规定，公民的个人秘密和商业秘密应当获得法律的保护，当这一权利遭遇行政机关的公权力时，原则上仍然值得法律保护，除非法律规定行政机关有权公开相关个人秘密和商业秘密。笔者认为，公民的保密权在于一方面行政机关不得以公共利益为依据强制取得公民的个人秘密和商业秘密；另一方面行政机关基于参加人的同意或其他原因而取得公民的个人秘密和商业秘密时，无法律依据不得对外公开秘密。

（四）咨询权和被告知权

司法上长期认为公务员怠于给相对人提供咨询、告知以及其他帮助行为时，可能会承担职务责任等。《联邦行政程序法》把公民等相对人预设为"成熟的国家公民"，认为他们自身有义务并且有能力处理其行政程序中的相关事务。但是随着行政专业化的发展，上述观点和预设逐渐受到批评，认为法律必须明确和强化行政机关的帮助义务。从而在司法领域最终承认了参加人享有咨询权和被告知权。

除了上述几种主要的权利外，参加人还享有委托代理权等权利。德国法律在明确参加人诸多程序权利的同时，也以法律列举的形式确立了参加人的程序义务，但这些义务的存在并不能成为行政机关消除自身义务的借口。而且，相对人无权就单独的程序行为向行政法院提出诉求，程序行为的合法性救济被整个行为所包含。显然，这是对程序权利保护的一个限制。

第七节　国家赔偿法

在德国，"国家赔偿法调整公民在国家活动侵害其权利时而提出的损害赔偿、公平补偿、恢复原状的请求"[1]具体到行政赔偿领域，则是指相对人可以以行政机关违反合同、侵权行为、剥夺财产或使其存在特殊牺牲为理由，请求国家赔偿。和我国现阶段国家赔偿理论和制度相比较，其范围无疑较大，把行政补偿、违约责任等法律责任形式都纳入了国家赔偿的范围。所以德国国家赔偿法的内容相对比较庞杂。我们可以从其责任主体、责任范围的角度去认识。

一、责任主体

无论德国国家赔偿的范围是多么广泛，其基本前提是公法行为造成了相对人权利的损害。那么既然是公法行为造成了的权利损害，公法行为中所涉及的国家机关和公务员之间如何承担赔偿责任，则是国家赔偿法首先需要解决的问题。虽然历史上出现过国家机关无责任的时期，但从现代法治潮流来看，在外部法律关系上国家机关承担赔偿责任似乎毫无疑问。相对人的权利因国家活动受损应当得到赔偿，这是权利的属性决定的。因此，国家赔偿的责任主体问题的核心就是搞清楚公务员的责任主体角色。因国家赔偿非常繁杂，公务员的责任主体角色也因具体情况不同而不同。一般而言，对于合法的国家活动造成公民权益损害需要国家补偿时，其理论在于对公民权益的平等保护，其不存在主体责任划分问题。对于有瑕疵的国家活动造成公民权利损害的，有关公务员责任角色理论经历了以下几个阶段：

（一）公务员个人责任时期

公务员个人责任的理论基础在于委托理论。公法上的委任理论认为公务员只被委托从事合法行为，国家机关不可能也无权委托公务员去从事违法活动，因此违法行为造成的权利损害不能归责于国家，而只能归责于公务员个人。公务员对违法的国家活动应当承担如同私主体一样的法律责任，包括赔偿。从该理论可以看出当时的公务员责任就是一种私法责任。1900年德国《民法典》第839条作了相应规定。从制度上肯定了公务员的个人责任。

（二）国家代位责任时期

公务员个人责任虽然一度获得立法的认同，但在该立法的具体实施过程中以及各州具体立法中很快就被搁置。国家代位责任逐渐得到普遍的认同。代位

---

[1]　［德］哈特穆特·毛雷尔：《行政法学总论》，高家伟译，法律出版社2000年版，第615页。

责任的理论基础在于：一方面从否定角度而言，国家的给付能力相对较强，有利于公民权益的保障，公务员个人责任的风险会压制公务员的积极性和创造性。另一方面从肯定角度而言，国家任命公务员，就有义务对其进行培训和监督，公务作为一种职业，其职业风险总是存在的。国家代位责任被《基本法》第34条确定下来。

（三）国家对公务员的追偿

国家代位责任只是从外部法律关系解决了公民请求权行使的对象。从国家代位责任的理论基础可以看出，其正当性在于对公民权利的救济以及职业风险的客观存在。当事实突破这些要素时，国家代位责任就失去其正当性基础，即国家代位责任不是绝对的。当公务员在执行公务中存在故意或重大过失时，代位承担责任的国家机关则有权向公务员追偿。《基本法》第34条同时也确认了追偿的合法性。

二、责任范围

（一）职务责任范围

和行政补偿相比，可以将违法公务引起的赔偿理解为职务赔偿，是一种狭义的国家赔偿。该部分显然是国家赔偿法中极其重要的内容。其责任承担的意思自治色彩相对较弱。对职务赔偿的责任范围进行法律规制无疑有着重要的实践意义。只有当下列条件成就时，职务赔偿请求权才能成立。

1. 是公务行为。从一开始，身份意义上的公务员与功能意义上的公务员就存在交叉。这种交叉决定着公务行为和公务员个人行为经常是纠缠在一起的。而职务责任产生于某人执行公务的行为。公务行为的作出者既可能是严格意义上的公务员，也可能是执行公务中的其他人，如职员、工人以及接受委托的私人。必须在具体的案件中讨论其界限才更具有实效性。

2. 违反了对第三人的职务义务。公务行为的具体实施者必须是已经违反了其职务要求，而第三者或受害人是其职务针对的对象。从外部法律关系而言，公务违法的主体是国家，但实践中具体表现为公务员违反其职务。当被违反的职务使第三者受到损害时，其违反职务的行为就构成第三者职务赔偿请求权成立的基础。

3. 存在过错。如果以传统民法观点来看待职务责任，其就是一种侵权责任。一般侵权责任成立的依据是行为存在过错，即职务责任是以公务人员的故意或者过失为归责条件的。《民法典》第276条第1款规定职务责任采取客观归责原则，只要能够证明行政机关在执行公务中没有尽到必要的认真或没有体现出执行公务所通常具备的知识和经验，就会被认定为存在过错。

4. 和损害事实之间存在因果关系。行政机关违反职务的行为与受害人所遭受的损失之间必须有因果关系。二者因果关系的程度适用的是"相当因果关系说"，既不是普通人眼里的事实上因果关系，也不是必然唯一因果关系。而是由法律在很大范围上予以推定和认可的因果关系。

（二）财产损害赔偿及其范围

所谓财产损害赔偿，是指行政机关由于对相对人的财产进行征收、准征收或法律限制，相对人的财产损失构成一种特别牺牲或负担时，由行政机关给予相对人公平补偿的情形。在我国属于行政补偿，而在德国，构成了一种与职务责任相并列的财产损害赔偿。总体上，对财产的（准）征收或限制必须出于公共利益的目的。当符合该条件时，公平补偿成为对财产的（准）征收或限制的条件之一。公平补偿原则上在征收交付之前进行。但由于征收、准征收或其他法律限制的适用情形极其复杂，很难像职务责任范围那样有相对统一的认定。

从上述国家赔偿的概念、责任主体以及责任范围等介绍中，可以看出德国国家赔偿法的内容和规定比较混乱，但统一的国家赔偿法的制定过程历尽挫折。这种现状已经损害到法律的安定性和明确性。统一国家赔偿法的制定和通过成为大势所趋。

第八节　行政诉讼

在德国，公私法分治的理论和实践由来已久。处理公法案件和私法案件分别适用不同性质的法律规范。与此相适应，德国的法院也是二元制，即公法案件由行政法院管辖，私法案件由普通法院管辖。而且和法国行政法院不同的是，德国的行政法院是司法机关，具有高度的司法独立性。德国行政法院依法享有对行政纠纷的司法管辖权。当相对人认为权益受到公权力损害时，只要符合一定的程序和条件，都可以在行政法院提起行政诉讼。

一、行政法院组织及管辖

根据1960年的《联邦行政法院法》的规定，行政法院分为三级，包括初等行政法院、高等行政法院和联邦行政法院。各州初等行政法院因州的大小不同而有所差异，初等行政法院由院长、主审法官和其他相应数额的法官组成，院内设有法庭，每个法庭由3名法官和2名名誉法官组成。对于没有事实和法律上困难的案件以及具有基本原则意义上的案件，法官可以独任审理。初等行政法院对行政案件具有初审管辖权，法律明文规定由上级行政法院管辖的除外。

高等法院每州一所，对一些重大行政案件行使初审管辖权，并管辖不服初等法院裁判的上诉案件。联邦行政法院是行政法院系统的最高审级，设在柏林。联邦行政法院内设法庭，一般由5名法官组成，审理对高等行政法院裁判不服的上诉案件，特定情况下还受理不服初等法院裁判的上诉案件。联邦行政法院也有一定的初审管辖权，其范围是：联邦与各州之间、各州之间具有公法性质但不属于宪法争议的案件；诉内政部禁止结社的案件；诉联邦监察局的案件；确认联邦政府或主管部门命令无效的诉讼。

不同地域法院之间的管辖原则上采取被告所在地原则，涉及不动产的、与地方权利相关的争议，由财产所在地或地方所在地法院管辖。可以看出，在管辖上德国的做法与我国管辖的原则和规定是大致相同的。

二、行政诉讼的受案范围

在英美法系公私法不分的背景下，普通法院进行司法审查的理论基础在于"越权无效"观念。以此为基础，普通法院司法审查几乎不存在受案范围问题。而在大陆法系公私法分治的德国，行政法院对案件的审判权来自于法律的直接授权。根据法律的规定，有些案件虽然也属于公法上的争议，但由于其争议的特殊性并不适合通过司法途径解决。因此德国行政诉讼也存在受案范围问题。

《联邦行政法院法》第40条规定："所有不属于宪法范围内的公法争议，如果联邦法律没有明确规定由其他法院处理，都可以提起行政诉讼。州法领域的公法争议可以由州法分配给其他法院处理。"该条款确立的行政诉讼受案范围的概括标准是除了宪法争议以外的所有公法争议。对于特别权力关系争议，如公务员与国家之间、军人和国家、学生与学校之间以及犯人和监狱之间的关系争议，起初不适用法治原则，即不受法律保留、司法救济的庇护，但随着宪法基本权利理论和实践的发展，当相对方的基本权利受到侵犯时，可以寻求行政法院的保护。法律的除外条款把国家行为、国家的恩惠行为等公法活动排除在受案范围之外。

三、行政诉讼审查标准

毫无疑问，当行政争议被诉至行政法院后，行政措施的合法性是行政法院审查的核心内容之一。传统合法性的内容包含实体合法性和程序合法性。这是法治原则对行政机关的基本限制，也是行政法院作出判决的主要依据。然而更值得我们关注的是行政法院对裁量权的审查标准问题。在裁量权问题上，已经逐渐形成一种共识，即裁量权不是无限制的。基本法禁止授予行政机关无限制的裁量权。行政法院在审理裁量权行为中的一般标准有如下几条：

（一）超越裁量权

超越裁量权的一般表现是行政机关实施了根据授权法明显是无权实施的行为，如行政机关对相对人课以法律规定高于最高限额的罚金。根据我国行政诉讼法的规定，这种行为被界定为超越职权，属于违反传统合法性的内容，而不是超越裁量权。另如，法律授予了行政机关裁量权，而行政机关可能由于懒惰或其他原因未行使裁量权。这种该裁量而未裁量的行为也属于超越裁量权的行为。

（二）滥用裁量权

滥用裁量权一般是指裁量权被用于达成非法目的或裁量权的行使中考虑了不相关的因素以及存在不适当的动机等。滥用裁量权的行为主要是那些违反比例原则以及平等原则的行为。在我国行政诉讼法中虽然也规定了滥用职权的行为要被撤销。但该滥用职权的具体内容受到了合法性审查原则的限制，没有扩大至合理性的层面。笔者认为裁量权从来都不是自由的，只要承认比例原则、平等原则等基本规范，裁量权就有必要接受司法权的审查。

四、行政诉讼的审理程序

从总体上看，德国行政诉讼的审理程序有如下两个重点内容：

（一）行政复议前置

根据《联邦行政法院法》第 68、69 条的规定，提起确认无效之诉或履行义务之诉，须在复议程序中审查行政行为的合法性与合目的性。即当公民欲向行政法院提起确认无效之诉或履行义务之诉，必须首先申请行政复议。复议前置程序的例外是法律明确规定或行政行为由联邦或州最高行政机关作出的。

（二）公益代表人

设置公益代表人并由其参加诉讼，这是德国行政诉讼审理程序的重要内容之一。"德国十分注意在行政诉讼中强调公共利益的保护。为此，德国的《联邦行政程序法》确立了行政诉讼的公共利益代表人制度，即把联邦最高检察官作为联邦公共利益的代表人，州高等检察官和地方检察官分别作为州和地方的公共利益的代表人，他们分别参与联邦最高行政法院、州高等行政法院和地方行政法院的行政诉讼。检察官属于司法行政官，他只受政府命令的约束。公益代表人在行政诉讼中是作为当事人参加的。为捍卫公共利益，可以提起上诉和要求变更。"[1]

五、诉讼类型、判决的作出与执行

（一）诉讼类型

根据当事人的诉讼请求，德国行政诉讼分为以下几种主要类型：

1. 撤销之诉。撤销之诉是指公民认为政府的行政行为违法，提请行政法院予以撤销的诉讼。与我国撤销之诉不同的是，德国撤销之诉提起的前提是，被诉的行政行为必须是已经作出尚未完成的行政行为，且原告的权利受到了侵犯，

---

〔1〕 姬亚平：《外国行政法新论》，中国政法大学出版社 2003 年版，第 136 页。

行政复议程序没有达到效果，且要在 1 个月的起诉时限内。

2. 义务之诉。义务之诉是由《行政法院法》第 42 条第 1 款加以规定的。"义务之诉是给付之诉中特别针对具体行政行为的诉讼类型，也称为特别给付之诉（besondere Leistungsklage）。"[1]

3. 确认之诉。确认之诉是指公民诉请行政法院确认一个法律关系的存在或不存在，或一个行政行为的无效。原告是对及时确认有合法利益的主体。实现对原告既存权利的保障。

（二）判决的作出与执行

行政法院根据原告的请求类型以及具体案情的不同，主要可以作出以下判决：

1. 撤销判决。对于行政行为违法且原告权利遭受侵犯的或行政法院认为必须对案件事实予以进一步澄清的，可以作出撤销行政行为的判决，如果有给付内容，还可以一并判决给付。

2. 变更确认判决。原告诉请对行政行为作出变更，以确定某一金额或涉及一个基于该变更的确认的，法院可以将金额确定为另一个数目或以其他判定替代原确认。

3. 履行判决。当行政机关违法拒绝作出行为或不作为时，原告权利受到侵害的，法院可以判令行政有作出某行政行为的义务。

德国行政法院的判决一旦生效，而当事人拒不履行的，采取强制执行。其执行原则是参照民事诉讼法关于执行的规定。

---

〔1〕 刘飞：《德国公法权利救济制度》，北京大学出版社 2009 年版，第 79 页。

第六章

日本行政法

第一节　日本行政法的产生与发展

一、明治宪法下的日本行政法

国家对行政的监督和管理自古有之，但是，以控制行政权力、保障公民权利为目的而存在的行政法却是近代资产阶级革命的产物。它最初形成于法国，后逐步发展至其他欧美国家。在长期的发展过程中，行政法随国别形成了多样的表现形式，而根据法律传统、制度性质与内容上的类型性，可以总括性地将其划分为以法国、德国为代表的大陆法系行政法和英美为代表的英美法系行政法两类。

和法、德等国一样，日本行政法的产生也是在打破旧的封建体制、建立适应资本主义发展的政治和法律制度的过程中产生的。1868 年，日本进行了明治维新，打破了德川幕府的封建统治。以明治天皇为首的新政府为了对内维持秩序、增强国力，对外提升日本的国际地位，进行了一系列诸如整治军备、设置强有力的国家警察、普及国民教育、保护产业发展等政策，逐步走上了建立集权式的资产阶级国家的道路，行政法律制度随之逐步萌芽。

1889 年，日本以和自己国情较为相似的法、德两国为范本，制定了《大日本帝国宪法》，实行三权分立，在形式上开始迈入立宪政治国家的行列，日本近代行政法律制度由之建立。[1]

综观当时日本行政法的特点，主要表现为以下两方面：

1. 君主专制色彩浓厚。日本虽然在形式上建立了三权分立的宪政体制，但是，由于国内王权复古势力的强大，明治宪法带有浓厚的君主专制主义色彩，这直接影响了日本行政法的发展，形成了其官僚行政和警察行政的特点。例如，

---

[1]　参见杨建顺：《日本行政法通论》，中国法制出版社 1998 年版，第 8 ~ 22 页。

行政权属于天皇所有，行政机关行使职权是基于天皇的委任，国民不具有国家主权者身份，其权利义务受到诸多限制、保障极不充分等。

2. 带有明显的大陆法系行政法的特点。日本的行政法律制度基本上是以德国，特别是普鲁士为模式建立的，具有明显的大陆法系行政法的特点。首先，承认公法和私法的区别，根据法律关系的性质，将有关行政的法律关系划分为公法关系和私法关系，分别适用不同的法律规范。其次，根据《宪法》第61条的规定，设立了专门的行政法院，有关公法关系的案件根据《行政裁判法》的相关规定，由行政法院受理，普通法院无权管辖。

二、战后日本行政法的发展与特色

二战前日本的行政法类型被日本学者称为"前近代性质的行政"法,[1] 带有明显的大陆法系行政法的特点。二战后，日本国内形势发生根本转变，特别是在联合国占领期间，作为占领军的美国总司令部强制性地进行了一系列制度改革，对日本的政治、经济乃至文化层面产生了长久而深刻的影响。单从法律制度和法律思想层面看，在美军总司令部的直接干预和操作下，明治宪法被废除，新的《日本国宪法》颁布实施。[2] 根据新宪法，日本废止了行政法院制度，所有法律上的纠纷均由司法法院统一管辖，以行政法院制度为基础的公私法二元体系失去了实定法上的存在依据，英美法系的法律文化和制度开始逐步渗透到日本传统的法律文化和法律制度之中，形成了大陆法系和英美法系的思想与制度共存的现象。这两种思想的相互交错，对日本行政法的发展起到了很好的启发和推动作用。

二战之后，日本的行政法制日渐完善。在行政组织法方面，先后制定了《内阁法》[3]、《内阁府设置法》[4]、《国家行政组织法》[5]、《独立行政法人通则法》[6]、《国家公务员法》[7]、《地方自治法》[8]、《地方公务员法》[9] 等。

---

〔1〕 参见 [日] 田中二郎：《行政法総論》，有斐閣1957年版，第85页。
〔2〕 关于战后日本国宪法的制定过程，参见杨建顺：《日本行政法通论》，中国法制出版社1998年版，第30~36页。
〔3〕 昭和22年法律第5号。
〔4〕 平成11年法律第89号。
〔5〕 昭和23年法律第120号。
〔6〕 平成11年法律第103号。
〔7〕 昭和22号法律第120号。
〔8〕 昭和22年法律第67号。
〔9〕 昭和25年法律第261号。

有关行政作用方面的法律大多为单行法，如《道路交通法》[1]、《土地收用法》[2]、《公害纷争处理法》[3] 等。除此之外，还在特定的行政管理领域制定了数部一般性法律，如《行政代执行法》[4]、《行政程序法》[5]、《信息公开法》[6]、《对行政机关保存的个人信息保护法》[7]、《行政机关政策评价法》[8]。而在行政救济体系的建立方面，也先后制定了《行政不服审查法》[9]、《行政案件诉讼法》[10]、《国家赔偿法》[11] 等。从而建立起了较为全面的行政法律制度体系。

第二节　行政与行政法

一、行政的含义

所谓行政法，简单来说，就是有关行政的法，因此，要研究行政法，必须首先明确什么是行政。

（一）市民社会与国家

在市民生活[12]中，每个人都可以按照自己的判断，选择不同的生活方式，从事各种政治、经济、文化活动，并承担相应的后果和责任。然而，个人即使有能力对自己的行为承担责任，但是，如果要保障整个社会的安全和秩序，其力量却是不足的，例如，警察、防务等。此外，由于利己心的存在，一些社会安定和发展所必需的公共性事务和活动，个人也会由于风险负担较大、获利微小而不愿从事，例如，修建公路、桥梁、垃圾、污水的处理等。在这种情况下，就需要通过国家或者集团之手，依靠他们的力量从事这类公共性事物。这种国家或者集团从事公共事务管理的活动，就被称为行政。

---

〔1〕　昭和 35 年法律第 105 号。
〔2〕　昭和 26 年法律第 219 号。
〔3〕　昭和 45 年法律第 108 号。
〔4〕　昭和 23 年法律第 43 号。
〔5〕　平成 5 年法律第 88 号。
〔6〕　平成 11 年法律第 42 号。
〔7〕　平成 15 年法律第 42 号。
〔8〕　平成 13 年法律第 86 号。
〔9〕　昭和 37 年法律第 160 号。
〔10〕　昭和 37 年法律第 139 号。
〔11〕　昭和 22 年法律第 125 号。
〔12〕　市民社会（civilsociety），原指具有国家意义的城市的文明共同体，近现代以后的市民社会理论坚持政治国家和市民社会的二分法，认为市民社会是相对于国家而言的一种独立的社会存在。在这种不受国家干扰的空间中，社会的自由和高度的自治得到保障，社会成员的自主性由此得以发挥。

（二）三权分立与行政

对于何谓行政，日本法学界一般是从三权分立的角度进行论述的，即行政是与立法、司法相并列的一种国家作用。[1] 围绕具体的定义方法，最具代表性的是控除说和积极说两种观点。

1. 控除说。也称消极说，这种观点认为，行政是指除去立法活动、司法活动之外的其他所有的国家活动。其代表学者是明治宪法时期著名的行政法学者美浓布达吉。之所以采用这种排除的方法定义行政，是由于行政活动的内容广泛而复杂易变，形式多样，要抽象出其中共有的实质性规律比较困难。相比较而言，立法和司法的内涵较为清晰，因此，回避对行政做实质界定的方式，转而通过排除的方法明确其范围。另外，这种定义方式也符合近代权力分立进程中，立法、司法权先后从君主权力中分离出去，独剩行政权的历史演进过程。

消极说将立法、司法之外的国家作用统称为行政，能够将内容繁杂多样的行政活动都囊括其中，避免挂一漏万，在方法论上具有其合理性，目前仍在日本行政法学中占据重要地位。[2]

2. 积极说。是指以行政区别于立法、司法作用的特有内容为基础，明确界定行政内涵的方式。根据视角的不同，积极说中也包含几类不同的观点，其中影响最大的，是田中二郎的目的实现说。田中二郎认为，"近代行政，是依据法律，在法律的约束下，为了积极实现国家目的而现实进行的整体上具有统一性的、连续的形成性国家活动"。[3]

积极说立足于现代行政的特殊性质，揭示出了行政活动的基本特征，在法解释论上具有重要意义，受到了许多学者的肯定。[4]

二、行政法

行政法是有关行政的法。根据近代法治主义原则，行政必须依据法律作出，行政法因此应运而生。而规范行政的法，主要包括有关行政组织的法和行政作用的法两部分。

规范行政的法律规范极多，要找出蕴含于其中的共同法律原则或者原理是很困难的。然而，由于这种法律关系中的一方当事人是享有国家行政权的行政机关，那么，在法律原则或者原理上，它和调整私人间民事关系的私法总是具

---

[1] 参见［日］田中二郎：《行政法总论》，有斐阁1957年版，第1页。［日］盐野宏：《行政法》，杨建顺译，法律出版社1999年版，第3页。［日］原田尚彦：《行政法要论》，学阳学房2005年版，第4页。

[2] 参见［日］盐野宏：《行政法》，杨建顺译，法律出版社1999年版，第3～7页。

[3] ［日］田中二郎：《行政法》（上卷），弘文堂1974年版，第5页。

[4] 参见［日］南博方：《行政法》，杨建顺译，中国人民大学出版社2009年版，第4～5页。

有一定的差别。基于行政法的这一特殊性，对于行政法的定义，日本法学界展开了积极的讨论。

（一）国内公法论

这是明治宪法时期和二战后初期日本行政法学界的通说。明治维新后，日本在法、德国等大陆法系行政法学的基础上，形成和建立了带有浓重大陆法系特点的行政法理论，其明显特征之一，就是公私法二元主义的确立。[1] 根据这种理论，有关行政的法被划分为公法和私法两个部分，其中，公法部分的法规范与私法具有不同的性质，蕴含行政法的独特属性，从而构成和私法相并列的法律体系。例如，美浓布达吉明确地将行政法定义为"国内的公法"，是"行政法上的特别法，并非一切关于行政的法，而仅指关于行政的公法"。[2] 田中二郎也认为，行政法是"有关行政的组织、作用及其统治的国内公法"。[3] 这种行政法的国内公法论不仅成为界定行政法对象和范围的核心，直接导致了明治宪法下专门的行政法院的建立，对于二战后日本行政法制和行政法学理论的发展，也都产生了深远影响。[4]

（二）对公私法二元论的反思和新的行政法学理念的建立

二战后，日本制定了新宪法，废除了行政法院制度，所有的司法权都由最高法院及其根据法律设立的下级法院享有，新的一元化的司法体制确立。[5] 宪政基础的变革使得公私法二元论丧失了实定法上的支持，加上英美法制度和理念的引进，学者开始对传统的公私法二元论进行反思，希冀建立新的行政法学基础理论。最主要的观点，有如下几种：[6]

1. 私法特别法论。这种观点一方面主张行政法和私法之间并不存在本质性差别，其差异具有相对性意义；另一方面也承认行政法相对于私法所具有的特殊性。对于两者的关系，认为私法为一般法，行政法为私法的特别法。

2. 行政过程论。传统行政法学对于行政与国民间的对应关系，往往流于形式论断，其概念的形成或者体系的架构，普遍与现实脱节。随着"行政国家"

---

〔1〕　关于公私法二元主义在日本的形成和确立过程，参见［日］盐野宏：《公法和私法》，有斐阁昭和51年版，第3～56页。

〔2〕　参见［日］美浓部达吉：《行政法撮要》，有斐阁1927年版，第43页。

〔3〕　［日］田中二郎：《行政法》（上卷），弘文堂1974年版，第5页。

〔4〕　日本2004年《行政案件诉讼法》修改案中增加的"关于公法上的法律关系的确认诉讼"也从一个侧面反映了公私法二元论在日本的地位。

〔5〕　《日本国宪法》第76条第1款、第2款。

〔6〕　以下观点的整理，主要引用自杨建顺：《日本行政法通论》，中国法制出版社1998年版，第116～128页。

现象的急速发展，行政法学者开始注重对行政过程的研究，提倡"行政过程论"，强调行政实态把握的重要性，主张对行政活动作动态考察。这种方法论的转变具有深远意义，对日本行政法学的发展具有重要影响。

3. 行政特有法论。其代表学者是今村成和，他认为，由于公私法二元论已经不具有实定法上的根据，所以，行政法就是指行政上特有的法现象。行政活动不论其目的手段如何，归根结底都以国家权力为基础，具有私人社会活动相异的特性。而行政上特有法存在的必要性，是为了将它纳入议会的统制之下。所以，行政法是指以民主方式统制行政活动为目的而存在的法，所有行政活动，不论其形式是公法还是私法，都是行政法学考察的对象。

三、行政法的法源

日本学者认为，行政法的法源就是指关于行政的组织及其作用的法的存在形式。包括成文法源和不成文法源两种。日本是成文法主义国家，加上依法行政的原则要求，成文法源占有重要地位。同时，由于行政法没有统一法典，在没有成文法的行政领域，不成文法源具有重要的补充作用。

（一）成文法源

日本行政法的成文法源包括宪法、条约、法律、命令和自治立法。

1. 宪法。指宪法中有关行政的组织、作用及其规制的基本原则的规定，是行政法的最高法源，这些规定既可以成为有关行政的立法标准，也可以直接适用。

2. 条约。指条约中公布的、有关国内行政的部分。根据条约中对效力的约定，分为直接具有国内效力以及转化为国内法才有规范效力两种类型。而条约的效力，学界普遍认为要优越于法律。

3. 法律。是指按照宪法规定的程序，经过国会议决而制定的法规范，是行政法最重要的法源，有关行政组织和作用等的基本事项均由法律规定。由于行政法的复杂多样性，并没有和民法典、刑法典一样的一般性行政法典，主要是针对具体的行政领域，制定这一具体领域内通则性的法律。例如，有关行政组织的《内阁法》、《国家行政组织法》、《地方自治法》、《国家公务员法》等，有关行政作用的《行政程序法》、《国税征收法》、《土地收用法》等，有关行政救济的《行政不服审查法》、《行政案件诉讼法》、《国家赔偿法》等。

4. 命令。是指行政机关自己制定的法规范，包括内阁制定的政令、内阁总理大臣制定的内阁府令、各省大臣制定的省令、外局规则[1]、独立机关的规

---

[1]　例如，公正交易委员会规则、中央劳动委员会规则等。

则〔1〕等类型。

命令是低于法律的从属性立法，这其中，只有具有对外效力、能够拘束行政主体和相对人双方、可以作为法院审判依据的委任命令〔2〕和执行命令〔3〕属于行政法的法源。行政机关自主制定的、仅具有内部效力的行政规则不属于行政法的法源。〔4〕

5. 自治立法——条例和规则。自治立法是由地方公共团体或者其机关，基于自治权制定的法规范。其中，条例是地方公共团体就地方公共团体的事务，在不违反法令的情况下，经过议会的议决制定的。而规则是地方公共团体的首长就属于其权限的事务，在不违反法令的情况下制定的。由于自治立法不需要法律委任，所以，可以按照当地的实际需要灵活地制定法律，在公害治理、信息公开、政策评价等许多领域，其立法要优先于国家立法。

（二）不成文法源

作为成文法国家，在日本，行政法上的法律关系主要是由成文法规范的。但是，立法难免出现滞后和遗漏以及法解释上的歧义，在这种情况下，不成文法便具有重要的补充作用，成为行政法的另一种法源。日本不成文法的法源主要包括习惯法、判例法、行政法的一般原则三种。

1. 习惯法。指由于多年履行而在法的层面获得人们的确信，被作为法规范得到普遍承认的习惯。主要包括地方性民众性习惯法〔5〕和行政先例法〔6〕两类。

2. 判例法。日本并不是判例法国家，但是，基于法官普遍具有的较高的法律素养，属于法律问题的专家。为解决行政法规范中固有的不完备性，法官在个案中针对具体疑问所作出的判决，便也在事实上具有了法的效力，成为规范类似法律关系的法源。

3. 行政法的一般原则。法律规范之间有时会存在矛盾或者遗漏之处，即使通过法解释也难以彻底解决。这时，可以将反映法的本质属性和价值追求的一般原则作为行政活动的依据和标准。这类原则主要有依法律行政原理、平等对待原则、比例原则、诚实信义原则等。

---

〔1〕　例如，会计检查院规则、人事院规则等。

〔2〕　所谓委任命令，是指行政机关根据法律或者上级命令的具体委任所制定的、以补充法律或者上级命令为内容的命令。

〔3〕　所谓执行性命令，是指规定宪法、法律或者其他上级命令的具体实施细则或者程序事项的命令。

〔4〕　参见［日］盐野宏：《行政法》，杨建顺译，法律出版社 1999 年版，第 42 页、第 67 页以下。［日］南博方：《行政法》，杨建顺译，中国人民大学出版社 2009 年版，第 13 页。

〔5〕　例如，有关河川的水利权、漂流的木材权的取得方式。

〔6〕　例如，以在官报上公布作为政令的公布方式。

四、法治行政

作为公务性活动，行政的目的在于给社会和公民提供公共服务，实现其福利。然而，即使是为了实现公民的福利，行政权也不能交由行政机关任意行使，而必须受到一定的制约，以防止行政机关借实现社会公益和公民福利之名，过度地干涉公民的生活，侵犯其权利和自由。在近现代法治国家，这种规范行政权的工具便是由代表国民意志的国会制定的法律，行政机关在行使职权时必须受到法律的约束、依照法律的规定行为，以此保护公民的自由和权利。这集中体现在依法律行政这一基本原理之中。

根据日本行政法理论，法治行政的具体内容包括三项。[1]

(一) 法律的法规创造力原则

该原则是关于立法权的规定，主要指创造新的法规，即立法的权力专属于国会。行政权在没有法律授权时，不能创制法规。其依据是《宪法》第41条。

对于什么是法规，通说认为，是指涉及公民权利义务变动的一般性的法规范。因此，对于涉及公民权利义务的行政立法，必须具有法律授权。

(二) 法律优先原则

该原则明确了国会立法优于一切行政判断，任何行政活动都不得违反法律，任何行政措施都不得在事实上废止、变更法律的法治要求。该原则不仅适用于对外产生法律效力的行政命令，也适用于行政组织内部发布的通知或者职务命令；不仅适用于权力性行政活动，也适用于非权力性行政活动，如行政指导。

(三) 法律保留原则

该原则要求一切行政活动都必须有国会制定的法律根据，所有行政机关的活动，必须是在作为"组织规范"的法律制定的范围之内的活动。行政机关的职务权限分别由各省、厅的设置法、地方自治法和行政机关设置条例等具体划定，行政官员及行政机关只有在其范围内才能代表国家行使行政权；行政官员只有在其权限范围内才能作为行政机关的代表从事各项活动。

关于法律保留的适用范围，在明治宪法时期，学界一般认为，并非所有的行政活动都必须要有法律依据，而是仅在行政侵害私人的自由和财产时，其行为才需要法律的依据。这一观点被称为"侵害保留说"。例如，征收税金、发放许可证、征用土地都需要有明确的法律依据。而对于不属于规制行政范围的活

---

[1] 参见［日］藤田宙靖：《行政法》，青林書院2004年版，第53页。［日］盐野宏：《行政法》，杨建顺译，法律出版社1999年版，第42页、第67页以下。［日］南博方：《行政法》，杨建顺译，中国人民大学出版社2009年版，第51~58页。［日］原田尚彦：《行政法要論》，学阳学房2005年版，第86~88页。杨建顺：《日本行政法通论》，中国法制出版社1998年版，第130~132页。

动，例如，发放补助金、修建桥梁公路等给付行政，则可以交由行政机关自由决定。

但是，20 世纪以来，随着给付行政范围的日益扩张，学界开始对传统的"侵害保留说"提出质疑，认为随着行政越来越广泛地介入公民生活的各个方面，公民对国家依赖程度的日益增强，在这种情况下，不仅是侵害性行政，给付行政也应在一定程度上接受法律的约束。但是，对于约束的具体范围和程度，依然存在争议。

第三节　行政组织法

一、行政组织法概述

（一）概念和法源

所谓行政组织法，是指关于国家、地方公共团体及其他公共团体等行政主体的组织以及构成行政主体的一切人的要素和物的要素的法的总称，它是专门规范行政机关的法。

行政权属于国家统治权的一个分支，原则上由国家行使。除此之外，国家还赋予地方公共团体和其他公共团体以行政权，作为行政主体之一共同行使行政权。上述三类组织均属于行政组织的范畴。

在日本，除宪法中的原则性规定外，《内阁法》、《国家行政组织法》、《地方自治法》、《国家公务员法》、《日本银行法》、《日本国有铁道法》等都属于行政组织法的法源。

（二）行政主体

1. 概念。行政主体是一个学术上的概念，而非组织法等实定法上的用语。一般认为，行政主体即行政权的归属者，是行政法律关系当事人中拥有实施行政的权能的一方当事人。行政主体的范围包括国家、地方公共团体、其他公共团体三类。

在近代民族国家中，一切国家权力都集中于国家，并由作为公民代表的国家机关行使。其中，行政权由国家行政机关行使。

由于日本实行地方自治原则，除了国家行政机关外，还存在与中央对立的地方公共团体，这些地方自治团体基于国家的概括性授权，统一行使地方自治权，自行设置自己的机关，以自己的责任推行地方行政事务，从而构成另一类重要的行政主体。根据地方自治法，地方公共团体包括两类：一类是普通地方公共团体，包括都道府县、市町村[1]；另一类是特别地方公共团体，包括特别区、地方公共团体组合、财产区和地方开发事业团体。

除了国家和地方公共团体之外，在日本还有一些专门设立的独立法人，其设立目的在于实施属于行政的某些特定的公共服务活动，如日本铁路公团、水灾预防组合、废弃物处理公社等，它们构成第三类行政主体。

2. 行政主体与行政机关。行政主体是以自己的名义和责任实施行政的组织，它本质上是一个法人，是法律上的权利义务主体。而在实践中，要实施具体的行政事务必须依靠具体的机关和自然人，这些代替行政主体具体实施行政活动的机关，就是行政机关。

行政机关并不具有法律上的人格，虽然它基于法律的授权享有一定的权限，但是，它在权限范围内作出的行政活动的法律效果归属于行政主体，也就是说，行政机关享有权限，而行政主体享有权利义务。诸如各省大臣、都道府县知事、市町村长等都是行政机关。

二、国家行政组织

（一）内阁

国家为了推行行政事务，组建了庞大的行政组织，地位最高的是内阁。日本《宪法》第 65 条、第 66 条规定，行政权属于内阁，内阁对国会负连带责任。这表明，内阁统辖国家行政的所有领域，并通过国会，最终对国民承担政治责任。

内阁由内阁总理大臣和 14 人以内的国务大臣组成，根据内阁法，在特别必要的场合，国务大臣最多可增加 3 人。总理大臣由天皇根据国会的指名任命，国务大臣由总理大臣任免。

除内阁府外，作为事务辅助机构，内阁中设有内阁官房。作为其他必要性机构，设有内阁法制局、人事院、安全保障会议等。

内阁的任务是，作为国家行政事务的总领者，指挥监督行政各部门，综合调整行政各领域，制定政令，决定行政的基本方针。另外，处理《宪法》第 73 条列举的事项、决定重要的人事任命也是其主要权限。

（二）内阁统辖下的行政组织

1. 府、省。为推行具体的行政事务，内阁下设有府和省，分管不同领域的

---

[1]　日本实行地方自治制度，依据宪法，地方自治组织在其管辖区域内享有部分统治权。根据《地方自治法》，日本的地方自治组织分为两类：一类被称为普通地方公告团体，分别是都道府县和市町村；另一类被称为特别地方公共团体，例如特别区、财产区等。详细内容参见杨建顺：《日本行政法通论》，中国法制出版社 1998 年版，第 234 ~ 235 页。

行政事务。其中，总理府的首长是总理，各省的首长则由国务大臣担任。省中可以设置官房、局、部、课等。作为行政大臣，总理大臣和各省大臣可以就所辖事务制定府令、省令，统辖所属各行政机关，开展行政活动。

2. 外局。根据实际需要，可以设置厅或者委员会，作为内阁府和省的外局。

（1）厅。它是针对工作量庞大且有一定的规律性，或者有必要作特殊的专门处理、不适合在省的内部部局处理的事务，为了分担管理而设置的具有一定的职务上的独立性的机构。虽然在各省大臣的统一管辖之下，却可以用自己的名义和责任行政。

（2）委员会。不同于一般行政机关的独任制，它采取的是合议制的责任体制。设置委员会的领域主要有两类，一是为了实现政治上的中立公正性的行政领域，二是在某些专业性、科学性行政领域。委员会享有职务上的独立性，尽管在主任大臣的管辖之下，其权限的行使却不受该大臣的指挥。

3. 附属机关。属于咨询机关，设置于各府、省、外局中，没有独立的处分权限，仅对大臣或者外局长官提供咨询意见。

4. 地方支、分部局。是中央行政机关设置在地方的分支机构，与地方自治团体的组织不同，它代表中央行政机关，属于国家行政组织的一部分。例如，法务省设置在地方的法务局，国税厅下设的国税局等。地方支、分部局的设置容易导致行政组织的庞大化，加重中央财政负担，对地方自治也有一定的影响。因此，在实践中有不断被限制、缩小的趋势。

三、地方自治组织

根据日本宪法，日本实行地方自治原则，地方上的居民为处理身边的地域性事务，可以设置独立于国家的地方公共团体，由他们根据居民的意志，实施自治行政。目前，地方自治行政的领域已经扩展至安全保障、危险管理、社区整治、教育、医疗、福利等和居民的生存、福利息息相关的各个领域。

地方公共团体的机关主要有两个，一是作为其议事机关的议会；二是作为其执行机关的首长，包括都道府县知事和市町村长。他们都是由居民通过直接选举产生的。都道府县虽然在地域管辖范围上大于市町村，但是，在法律上，它们却是同等级别的团体，不存在上下级关系。

地方议会不单纯是立法机关，也是地方公共团体的最高意思决定机关，它的职责包括制定、修改、废止条例，决定预算，对于行政事务也有广泛的议决权。

地方公共团体的首长是地方公共团体的最高执行机关，统一管理和执行该公共团体的事务。作为其辅助机关，下设有副知事、出纳长等。

除了首长外，地方公共团体的执行机关还包括一些独立机关，如教育委员会、选举管理委员会、人事委员会等。

第四节　行政过程

传统的行政法学体系是以行政行为为中心建构的，其核心概念是作为权力性行政典型代表的行政行为，而行政法学就是将行政行为作为工具性概念建构起来的法解释学体系。如今，面对日益复杂的行政活动，权力性行为不再独领风骚，为更好、更快捷地实现政策目标，实现行政的民主化，行政方式日益多元化，公民对行政的程序性参加日益普及，这就需要建立新的行政法学体系。在行政行为之外，引入新的元素，收集更多的信息，以动态、全面的视角把握行政的整个过程，应对复杂多变的社会现状。这在日本行政法学理论中集中体现为"行政过程论"对传统的"行政行为论"的代替。虽然有关行政过程论的具体建构方式，学者的认识有所不同，但是，基本上是从行政活动的不同形式——具体的行为形式论、存在于不同行政领域中的共同的法体系——行政上的一般制度论两个角度来论述的。[1]

第一，行为形式论主要是对行政机关所实施的各种行为与活动方式进行类型化整理，分别研究它们各自的意义、性质、行为要件和效果。最重要的类型化行为形式包括行政行为、行政立法、行政规划、行政指导、行政合同等。

第二，由具体的制定法建立起的法体系中，还存在着诸如行政强制、行政罚、国家补偿、行政争讼等这样的共同法律制度体系（其中，后两者构成行政救济法律体系中的主要制度）。和具体的制定法所构建的法体系（如经营许可制度）相比较，这些一般性制度具有自己特殊的、固有的价值。不过，这些价值只有和具体的法体系相结合才能发挥出来。

一、行政行为

现代行政中，行为主体多元，行动领域广泛，导致行政活动方式必然日趋复杂多样化。在传统的侵益性行政行为之外，相继出现了行政计划、行政纲要、行政调查、行政援助、仲裁等多种行为方式。但是，即使如此，在众多的行政活动方式中，行政行为仍然是最典型、最重要、适用最广泛的，行政行为理论仍然构成行政法学的核心理论。

（一）概念

所谓行政行为，是行政机关作为公权力行使的、依法就具体的事实针对公

---

[1] 为了凸显现代行政中对作为国家权力真正所有者的国民的尊重，确立行政法律关系中私人和行政主体的对等地位，有的理论中还特别增加了私人的地位论。参见［日］盐野宏：《行政法》，杨建顺译，法律出版社1999年版，第238页以下，第二编第三部的内容。

民作出的、能对外产生直接的法律效果的行为。[1]

在日本，行政行为并不是实定法上的用语，而是一个学术概念（实定法上常常称之为"处分"）。它是日本学者从德国、法国等大陆法系国家继承的概念，是对行政主体的行为之中那些与私人私法上的法律行为不同的、在法律上具有特殊性质因而需要适用特殊的法规范的行为的抽象，它的形成与大陆法系国家的二元化审判制度具有直接关系，是行政活动中最能体现行政的权力性、强制性特征的行为方式，也是对公民权利义务影响最为直接的一类行为，因而成为行政作用法最重要的规范对象。

（二）分类

在传统的日本行政法中，行政行为通常被分为法律行为性行政行为与准法律行为性行政行为、命令性行为与形成性行为。其分类标准明显受到民事法律行为理论的影响。如今，以行政行为的内容为标准，日本学者通常将行政行为分为以下四类：

1. 下命、禁止和许可。下命是指命令公民为特定作为义务的行为（如违法建筑物拆除命令）；禁止是指命令公民不得为特定行为的行政行为（如禁止营业）；许可是指在特定场合下解除一般性禁止的行为（如驾驶许可）。

2. 特许。指设定特定的权利（如采矿权）、赋予概括性法律地位的行为（如公企业的事业经营权）。

3. 认可。是指补充第三者的行为，使之完成其法律上的效力的行为，如对土地转让的许可。

4. 确认、公证、通知、受理等其他行为。

（三）法治行政和行政裁量

行政行为是能够直接调整公民权利义务的行为，加之它所具有的强制性法律效力，因此，行政行为的作出必须受到法律的制约，行政行为的要件、内容、能否行使权力都应该由法律作出明确规定，行政机关只要严格按照法律明确规定的客观标准行为，即可达到法治行政的要求。

然而，由于行政的广泛性、复杂性、流动性，国会有时由于立法程序的繁琐，有时由于自身知识、能力上的欠缺而难以及时、明确地立法，造成某些领域立法的空白或者模糊。但是，即使在这些领域，行政机关也必须根据具体情况作出适当的处理。这势必造成在这些领域，承认行政机关具有按照自己的判

---

[1] 参见［日］田中二郎：《行政法》（上卷），弘文堂1974年版，第103~104页。［日］南博方：《行政法》，杨建顺译，中国人民大学出版社2009年版，第51~58页。杨建顺：《日本行政法通论》，中国法制出版社1998年版，第362~363页。

断处理行政事务、作出行政行为的权力。针对这种情况，日本学者将法律规定明确、行政机关只需机械执行就可以作出的行政行为称为"羁束行为"；将由于法律规定的不明确性，行政机关根据自己的判断酌情作出的行政行为称为"裁量行为"。行政机关作出的自主判断和法律适用，只要是在裁量范围内，该行为就只存在适当与否的问题，而不涉及违法性问题。

裁量行为的存在是现代行政的必然现象，但是，它并非不受约束，也必须在法的控制范围之下。当行政机关的裁量行为超越了法律允许的范围时，也会因"超越裁量权的范围"、"滥用裁量权"而被法院撤销。

鉴于裁量行为的特殊性，日本学者在论及对裁量行为的司法审查时，按照裁量的幅度将它划分为法规裁量和自由裁量，分别适用不同的审查方式。

所谓法规裁量，是指法律所使用的概念虽然模糊（如正当的理由、正当的补偿、公共卫生上不适当等概念），但是，法院根据经验等客观性标准能够确定其含义时，行政机关的这种裁量判断就可以被法院的判断所代替，从而成为司法审查的对象。

所谓自由裁量，是指法律所使用的概念内涵相当模糊，具有很强的流动性、政策性、专业性（如公共的安宁、健康文化的生活、更新外国人的滞留期间是否适当等），必须交由行政机关基于其行政责任作出公益性判断，而不是一种法律判断。这种判断原则上优于法院的判断，在法院的司法审查范围之外。

（四）效力

之所以抽象出行政行为这样一个概念作为法解释的工具，在于实定法承认这类权力性行为具有特殊的法律效力。一般认为，行政行为的效力包括以下几方面：

1. 公定力。指行政行为一旦作出，即使它事实上是违法的，除无效的情况外，不论是相对人、国家机关或者第三人，在有权限的国家机关撤销它之前，都必须承认该行为是有效的，并且必须遵从它。简而言之，公定力就是行政行为的有效性推定力，但是，这种推定并没有达到"合法性推定力"的程度[1]。一般认为，赋予行政行为公定力的目的在于保持法律秩序的安定，保护受益者的信赖利益。

2. 不可争力。也被称为形式性确定力，是指除无效的情况外，一旦经过行政不服申诉期间或者诉讼期间，相对人就不能再对行政行为的效力进行争议。

3. 不可变更力。是指原则上，行政机关可以依职权撤销或者变更行政行为，

---

[1] 参见［日］南博方：《行政法》，杨建顺译，中国人民大学出版社 2009 年版，第 86 页。［日］原田尚彦：《行政法要論》，学陽书房 2005 年版，第 137 页。

但是，有时基于该行政行为属性上的原因，行政机关不能依职权撤销或者变更该行为，这类行为所具有的这种效力就是不可变更力。这种例外情况一般出现在行政机关对纠纷的裁决、裁断上，例如，行政不服申诉机关作出的异议决定。

4. 执行力。是指以行政行为自身为根据，依法强制实现该行为内容的效力。

（五）违法的行政行为——可撤销和无效的行为

行政行为虽然必须依法作出，但是，既然该行为是由人作出的，难免会出现违反法律规定的情况，这种违反法律规定作出的行政行为就是违法的行政行为。

根据违法程度的不同，可以将违法的行政行为分为可撤销行为和无效行为两类，它们在法律上的效力不同，由此导致的公民的救济途径也不相同。

1. 两类行为的区别。首先，可撤销的行为虽然实际违法，但是，它作为行政行为的效果仅仅是不完全的，它仍然具有公定力，因此，作为有效的行政行为继续存续，只有在有权限的行政机关或者法院撤销它之后，才丧失其效力。与之相对，无效的行为完全不产生法律效力，任何时候不经法律程序也可以否认该行为，不受诉讼期间的限制。

2. 区别的标准。行政行为存在通常的瑕疵即构成违法，属于可撤销行为的范围。对于瑕疵达到什么程度才构成无效，学界存在争议，代表性学说有"重大说"和"重大明显说"两种。重大说认为，只要行政行为存在重大瑕疵，就是无效的。重大明显说认为，该瑕疵不但要满足存在重大违法的要件，而且外观上还必须是明显的，能够为社会上一般的具有理性的人所感知，满足这两个要件的违法行为才是无效的。一般情况下，重大明显说更有利于保护信赖行政的相对人或第三人的利益，因此，受到很多学者的支持，也是最高法院采用的观点。[1]

（六）行政行为的依职权撤销和撤回

所谓依职权撤销，是指行政机关依据职权，解除自始就存在瑕疵的行政行为的效力。这里的瑕疵既包括违法的瑕疵，也包括不当的瑕疵。

和它相类似的概念是行政行为的撤回，所谓行政行为的撤回，是指行政行为成立之初不存在瑕疵，但是由于日后情况的变化而失去妥当性，行政机关因此解除其效力的行为。两者的区别在于，依职权撤销导致行政行为自始失去效力；而撤回只导致行政行为丧失对后的效力，撤回前的效力不受影响。

秉承依法行政的原理，对于有瑕疵的行政行为，不论是否经过争讼期间，

---

[1]　参见［日］最高法院 1956 年 7 月 1 日判例，载《最高法院民事判例集》第 10 卷第 7 号，第 890 页。

行政机关一般都可以依职权撤销。但是，如果该行为属于授益性行政行为，为了保护受益的相对人的信赖利益，相对于侵益性行政行为，行政机关的撤销权会受到许多限制，通常需要补偿相对人由此遭受的损失。

二、行政立法

（一）概念

所谓行政立法，"是指行政机关以法律条文的形式制定一般性、抽象性的规定"[1]的行为。其目的是弥补国会立法的模糊或者不足，将法律规定明确具体化，为广泛的行政裁量设定更为明确的目标或标准。

（二）种类

根据不同的标准，可以将行政立法划分为不同的类型。

1. 效力层级标准。按照效力层级标准，可以将行政立法分为中央政府的行政立法和地方政府的行政立法。

2. 形式标准。根据法的形式，中央政府的立法可以进一步划分为政令（内阁指定）、府令（总理大臣）、省令（各省大臣）、外局规则（外局委员会、各厅首长）等。根据同样标准，地方的自治立法可以进一步划分为条例和规则。其中，条例是地方公共团体的议会根据宪法上的地方自治权，在不违反法令的情况下，就有关地方公共团体的事务制定的规定。规则是地方政府的首长在不违反法令的情况下，为处理其权限内的事务制定的法规范。

3. 性质标准。根据法的性质，可以将行政立法划分为法规命令和行政规则两种。

法规命令是指具有法规性质的行政立法。其中包括：①规定宪法、法律及其他上级命令的具体实施细则和程序事项的，被称为执行命令，又叫实施命令。制定执行命令一般不需要法律的个别授权。②根据法律或者上级的命令制定的命令，被称为委任命令，也叫补充命令。它可以规定本应属于国会立法事项的内容，仅在有法律的个别授权时才能作出。

和法规命令相对，行政规则是指行政立法中不具有法规性质的、一般性、抽象性的规定。一般以行政内部的事项为内容，和公民的权利义务没有直接关系，通常以告示、训令、通知的形式作出。

三、行政契约

行政机关在行政管理过程中，经常需要明确相对人的权利义务。传统上，行政机关会采取行政行为的方式。但是，基于法律保留原则，行政行为的作出

---

[1] 杨建顺：《日本行政法通论》，中国法制出版社1998年版，第336页。

一般需要明确的法律依据。如果没有法律依据而行政事务又必须继续推进，行政机关就要采取其他的非权力性手段，例如，行政契约、行政指导等。其中，行政契约作为通过双方合意、明确相互间权利义务关系的手段，在给付行政领域广为适用，已经成为一种原则性的行政活动方式。

（一）概念和分类

简单地说，行政契约就是以设立、变更、废止行政法律关系为目的而制定的公法上的契约。有时，也泛指行政主体所订立的契约，其中既包括行政主体之间订立的契约，例如，行政上的事务委托等，也包括行政主体和相对人之间订立的契约，例如，扶助金交付契约、公害防治协定等。[1]

一战以前，最典型的行政契约是补偿契约，这种契约始于明治时期，是市町村和煤气、电力公司等垄断性企业之间订立的契约。一般由市町村一方提供一定的行政上的便利，如赋予企业公共设施占有权、保障其独占权等，而企业方提供各种代偿性的给付，如根据市町村的申请进行购买、服从监督等。通过这样一种形式，既可以保障公共服务的供给，也可以将这些和市民日常生活密切相关的物质或者设备供应活动置于政府的监督规范之下，保障市民生活的安定性。

二战后，随着行政范围的日益扩大化，行政契约再次得到人们的重视，在给付行政、环境行政等领域都得到了广泛运用。

（二）作用

行政主体是国家权力的行使者，相对人作为行政关系中的被管理一方，过去始终处于被支配者的地位，只能被动地接受行政主体的规范，典型体现这种关系的就是以国家强制力为后盾的行政行为。如今，日本开始逐步摆脱行政权优位的传统认识，强调公民在国家中的主体地位，强调公民和行政机关的平等地位。基于这种认识的改变，行政不再被认为是行政主体单方意志的表现，而是和相对人共同作用的结果，体现这种新型关系的行政契约、行政指导开始越来越受到人们的关注，在行政活动中发挥重要的作用。

除了传统的给付行政领域外，如今，在规制行政中，行政机关也开始采用契约的手段进行管理。例如，在公害防治领域，行政机关和企业就环境保护、污染处理等问题事先达成协议，促使企业和行政机关一起，自主地维护环境，共同达成行政目标。

---

[1]　参见［日］田中二郎：《行政法》（上卷），弘文堂1974年版，第112页。［日］南博方：《行政法》，杨建顺译，中国人民大学出版社2009年版，第126页。杨建顺：《日本行政法通论》，中国法制出版社1998年版，第509页。

四、行政指导

二战结束后，联合国占领军司令部经常以警告、备忘书、劝告等手段，对日本政府进行间接性的统治，其方式虽然婉转，内容却是不可违背的。之后，这种行政指导的形式开始广泛运用于行政各个领域，对于调节企业和政府间的关系、促进经济复苏和发展起到巨大的推动作用，成为日本行政法律制度中的一大特点。

（一）概念和特点

在行政程序法制定之前，行政指导基本上是一个学术上的概念，泛指"国家行政机关在其所管辖事务范围内，对于特定的人、企业、社会团体等，运用非强制性手段，获得相对人的同意或者协助，指导行政相对人采取或者不采取某种行为，以实现一定行政目的的行为"。[1] 1993 年《行政程序法》制定后，行政指导成为法律概念。《行政程序法》第 2 条第 1 款第 6 项规定，行政指导是指，"行政机关为了实现一定的行政目的，在其任务或者管辖的事务范围内采取的、请求特定的人为一定的作为或者不作为的指导、劝告、劝言等其他的不属于处分的行为"。

从程序法的定义可以看出，行政指导最大的特点在于其非强制性，是否服从行政指导，取决于相对人自己的意愿，因此，它不属于权力性行为，而是一种事实行为，和行政行为具有明显区别。也正因此，主要针对权力性行政的依法行政原则不能简单地套用在它的身上，必须有所变化。特别是对于法律保留原则应如何适用，一直是学界讨论的热点问题。

（二）分类

按照形式、功能、内容、强制性程度等标准，可以将行政指导分为不同的种类，其中，最常用的是以功能为标准所作的分类。按照这一标准，可以将行政指导分为三类。

1. 助成性行政指导。这是以帮助、促进相对人的发展为目的的行政指导，常见的有技术指导、经营指导、农业技术指导等。

2. 调整性行政指导。这是以调整相关者之间对立的利害关系为目的进行的指导，例如，对建筑纠纷、公害纠纷等进行的调整。

3. 规制性行政指导。这类行政指导的目的是规范相对人的行为，例如，对机动车的集中检查、对违章建筑设施的整改性指导、对工业生产的调整等。

---

[1]　杨建顺：《日本行政法通论》，中国法制出版社 1998 年版，第 536 页。

（三）行政指导的功能和存在的问题

1. 功能。行政指导的功能主要体现在两个方面。

（1）促进政策目的的实现。行政指导不具有强制性，其能否实现取决于相对人自己的意志。因此，同样的内容，采取行政指导的形式更能获得相对人的认可和协助。另外，由于其形式多样、灵活，行政机关可以根据实际情况和相对人的需要，采取技术指导、纠纷协调等多种方式，保障行政目的更为圆满的实现。

（2）弥补法律的僵化和漏洞。现实是不断向前发展的，而法律总是滞后的。严格的依法行政原则一方面保障了行政行为总是处在法律的约束之下，同时也在一定程度上影响了行政的效率和应变性。而行政指导作为一种事实行为，不直接调整相对人的权利义务，法律保留原则对它的拘束力很低，一般情况下，行政指导的作出不需要明确的法律依据，行政机关可以根据现实需要，以政策为导向，对于法律尚未作出调整或者其调整方式已经不符合现实需要的问题，采取更为灵活机动的应对策略，保障社会秩序的稳定和政策的推行。

2. 存在的问题。从行政指导的产生历史可以看出，即使在占领军时期，行政指导也是以柔性手段为表象，以强制性意志为实质的。在现实中，行政指导以其灵活性、非强制性对调整政府和企业、民众之间的关系，促进政策实现发挥了重大的推动作用。但是，即使是非强制性的行政指导，由于作出机关是以权力性为后盾的行政机关，因此，行政指导不可避免地带上了权力性、强制性色彩，迫使相对人不得不违背自己的意愿而服从。另外，有时，相对人基于对政府机关的信任而按照行政指导作为，却因指导内容的不科学蒙受损失。这两种情况在调整性指导、助成性指导中常常出现。那么，对于由于这种指导遭受到的侵害和损失，可能会由于行政指导的非权力性表象而被排除在司法审查之外。因此，如何在不破坏其灵活敏捷性的前提下，对行政指导作出更为合理的规范，使它在法的框架之内规范行使，就成为日本行政法学界的一个重要课题。一般认为，行政指导的作出起码应该具有组织法上的根据，但不需要作出该行为的具体的法律根据。由于违法的行政指导所遭受的损害，可以通过损害赔偿和扩大行政诉讼的受案范围的方法，提高救济实效性。另外，提高行政指导的科学性也具有非常重要的意义。

五、行政罚

行政活动事关公益，为了行政活动目的能够实现，需要一定的国家强制性手段作为其后盾。在日本的行政法律制度中，这种保障行政实效性的方式有两种，一是行政罚，二是行政上的强制措施，分别适用于不同的情况之下。

所谓行政罚，是指在相对人违反行政上的义务时被课以的惩罚。目的在于通过心理上的压迫，达到预防和制裁违法行为的目的。

日本的行政罚中包括两类。一类是行政刑罚，一类是秩序罚。

（一）行政刑罚

顾名思义，行政刑罚使用的是死刑、徒刑、罚金这样的刑法典上的刑名，处罚程序适用刑事诉讼法。和刑法上犯罪不同的是，这类违法行为违反的是行政法上的义务，而刑法上的犯罪一般是反社会、违反道德的违法行为。例如，违反了机动车左行的驾驶行为就属于行政刑罚的范围。

（二）秩序罚

与之相对，秩序罚是对违反行政法上义务的行为处以金钱性制裁的行为。和作为罚金的行政刑罚不同，秩序法使用的是罚款的形式。两者区别的方式在于，刑罚是对直接危害社会的法的利益的行为课处的惩罚，而罚款是对单纯的程序上的义务违反行为的处罚，例如，违反登记义务等，适用的是非诉讼案件程序法所规定的程序。[1]

六、行政上的强制措施

行政罚主要是通过震慑作用保障义务的实现。而行政上的强制措施更为直接，是在出现不履行行政法上义务的行为时，直接强制义务人实现义务的行为。

行政法上的义务可以分为作为义务和不作为义务、可代替义务与不可代替义务两类。这些义务进一步组合，可分为可代替的作为义务、不可代替的作为义务、不可代替的不作为义务三类。而行政法上的强制措施根据这三类义务性质的不同而不同。

1. 可替代的作为义务。这类义务不必义务人亲自完成，因此，在义务人拒不履行义务时，行政机关或者第三人可代为履行义务。这类强制措施也因此可以被称为代执行。对违章建筑物的拆除就属于这类义务。

2. 不可替代的作为义务和不作为义务。这类义务不能由他人代为履行，例如，责令停产停业、要求履行作证义务等。因此，在义务人拒不履行义务时，不能通过代执行，而是通过执行罚、直接强制这样的强制措施。

虽然根据义务的不同存在不同的强制措施，但是，从历史发展的角度看，明治宪法时期，行政上的强制执行制度的一般法律依据是《行政执行法》。该法概括性地承认了上述三类强制措施。二战后，行政执行法被废止，转而制定了《行政代执行法》，因此，代执行成为一般性的行政强制手段，而执行罚和直接强制仅在个别法有特别规定时才能适用，成为特殊的强制措施。

---

〔1〕 参见［日］南博方：《行政法》，杨建顺译，中国人民大学出版社 2009 年版，第 178～179 页。

七、行政程序

（一）概述

广义上的行政程序法，是指有关规范行政活动过程的法律规范的总称。例如，有关行政立法、行政规划、行政处罚、行政强制等的程序的法律规范。而狭义的行政程序法，特指 1993 年制定的《行政程序法》法典。

基于行政法的特点，各国都不存在有关行政实体法的统一法典。而就行政程序而言，它一方面是规范行政活动的重要手段，另一方面具有较强的技术性特点，具备统一立法的可行性。因此，世界许多国家，如美国、德国、西班牙等国家都制定有行政程序法典。日本的行政程序立法活动始于 1949 年，历经多次调查会审议和行政改革推进审议会的研讨，终于在第 128 次临时国会上获得通过，于 1993 年颁布，1994 年 10 月 1 日起施行。[1] 在实施了 20 年之后，2014 年 6 月 13 日，国会通过了对该法的修正案，新修订的法律于 2015 年 4 月 1 日开始实施。

（二）立法目的

日本传统上是一个行政权优位的国家，在行使职权的过程中，行政机关享有绝对的单方面决定权，当事人即使存在不满，也只能在事后通过行政不服申诉或者诉讼途径寻求救济。

但是，这种由行政机关单方面判断作为行政行为的事实基础的做法，容易招致人们对其公正性的怀疑。为了增加行政的公开透明性，通过事前控制减少行政纠纷，有必要通过程序、规范行政权正当合法地行使。

另一方面，行政程序法出台前，日本也存在有关行政活动的各种单项法律规范。但是，这种单行法之间的不统一性给法律的适用带来许多困扰。因此，日本希望通过制定统一的行政程序法典，对重要的行政活动中共有的程序事项作出规定，以"确保行政活动的公正，提高其透明性，从而有助于保障国民的权利利益"。[2]

（三）适用对象

行政程序法并非适用于所有行政活动，根据该法第 1 条第 1 款的规定，仅仅适用于处分、行政指导和登记这三类行政活动。

这三类活动中，处分作为行政活动中最重要的行为方式，是包括日本在内的各个国家程序法的最主要规范对象。而将行政指导纳入其中，则带有很强的日本特色。

---

[1] 详细的立法过程参见杨建顺：《日本行政法通论》，中国法制出版社 1998 年版，第 813～824 页。

[2] 《行政程序法》第 1 条第 1 款。

行政指导属于典型的柔性行政，由于其灵活性和非强制性，受到日本政府的青睐，成为推进经济政策、处理和企业间关系的一种重要手段。但是，行政指导的灵活性犹如一把双刃剑，其指导标准和责任的不明确性，使得公民蒙受损害时难以寻求救济。加之美国也要求在日美贸易中加强对行政指导的透明化程度，由此直接导致了行政指导程序的法制化。

（四）主要内容

1. 对申请的处分。所谓对申请的处分，是指行政机关针对相对人根据法令，申请行政机关作出许可、认可等赋予自己利益的处分的行为所作出的同意与否的处分。[1]

根据《行政程序法》第 5～11 条的规定，作出针对申请的处分的主要程序是：

（1）制定判断能否作出许认可决定的审查标准，并予以公布。

（2）尽量规定收到申请后，通常所需要的标准的处理期间，并予以公布。

（3）收到申请后，无迟延地进行审查，迅速作出应答。

（4）作出拒绝处分时，原则上应该说明理由。

（5）应申请者的要求，提供有关审查处理情况等的信息。

2. 不利处分。所谓不利处分，是指行政机关根据法令，以特定的人为对象，直接课以其义务或者限制其权利的处分。[2]

根据《行政程序法》第 12～14 条的规定，不利处分的主要程序是：

（1）制定判断是否作出不利处分的处分标准，并予以公布。

（2）在作出不利处分前，要事先通知当事人预定作出的处分的内容、法律依据、事实根据等。

（3）对于撤销许认可等剥夺资格、地位的重大处分，要进行听证，作出其他不利处分的，要赋予当事人申辩的机会。

对于听证程序和申辩程序，《行政程序法》专门在第 15～30 条作出了详细规定。

3. 行政指导程序。所谓行政指导，是指"行政机关为了实现一定的行政目的，在其任务或者管辖的事务范围内采取的，请求特定的人为一定的作为或者不作为的指导、劝告、劝言等其他的不属于处分的行为"。[3]

根据《行政程序法》第 32～36 条的规定，行政指导的主要程序是：

---

〔1〕 参见［日］南博方：《行政法》，杨建顺译，中国人民大学出版社 2009 年版，第 158 页。

〔2〕 参见［日］南博方：《行政法》，杨建顺译，中国人民大学出版社 2009 年版，第 160 页。

〔3〕《行政程序法》第 2 条第 6 款。

（1）进行指导者不能超出该行政机关的任务和所管辖事务的范围；是否遵从行政指导由被指导人自己决定；即使不遵从行政指导也不应受到不利对待。

（2）对于要求撤回申请或者变更内容的行政指导，如果申请者已经表明不接受，就不能再进行该指导。

（3）不能以许认可等权限为背景，要求对方必须遵从指导。[1]

4. 登记程序。所谓登记，是指"根据法令规定，有义务通知行政机关一定事项的行为（当事人为了发生自己期待的一定法律上的效果而应该通知的行为也包括在内）"。[2]

对于登记，《行政程序法》主要在第 37 条规定了登记的生效时间。即只要记载事项完备，符合法律所要求的登记的形式性要件，那么，只要登记送到了法定的受理机关，就完成了登记应履行的程序上的义务。

由于行政活动的方式多种多样，除了处分、行政指导、登记外，还有许多行政作用方式并不适宜适用程序法的规定。例如，国会两院或者一院进行的议决，学校内部基于教育目的进行的处分或者指导，就职务或者身份对公务员作出处分或指导等。因此，在程序法中，还规定了许多除外规定，将包括上述行为在内的 16 类事项排除在程序法的适用范围之外。[3]

而根据 2014 年新修订的《行政程序法》，当事人主要增加了三项程序性权利。

第一项新增权利是，许可机关在作出行政指导时，当事人有权要求行政机关明示行使权限的依据法、法律要件以及权限行使符合法律要件的理由。

第二项新增权利是，对于要求纠正违法行为的行政指导，如果法律规定了该行政指导的根据和要件，那么在该指导对当事人产生极大的事实上的不利时，可以基于当事人的申请，由行政机关再次进行调查，若该行政指导不符合法定要件，则应采取中止等必要的措施。

第三项新增权利是，当事人举报违法事实的，有处分权或者指导权的行政机关应进行必要的调查，根据调查结果认为必要时，应作出纠正违法事实的处分或者行政指导。

新增的三项程序性权利都是为了确保行政的公正性，提供行政处分，特别是行政指导的透明度，以更好地保障当事人权益。

---

〔1〕　例如，不能由于企业主不听从行政指导，而拒绝和其缔结自来水供应合同。
〔2〕　《行政程序法》第 2 条第 7 款。
〔3〕　详细内容参见《行政程序法》第 3 条第 1～16 款。

八、政府信息管理制度

行政机关在进行行政管理的过程中需要收集大量的资料和信息，对于这些信息一方面需要切实、妥当地加以利用和管理；另一方面，基于知情权，公民也享有了解和利用这些资料信息的权利。因此，对政府掌有信息的公开既是实现行政责任的重要方式，也是实现民主行政、促进公民参与行政的重要手段。

1999 年，日本制定了《政府信息公开法》，并于 2001 年 4 月 1 日正式实施。该法以国民主权理念为原则，通过规定公民的开示请求权，谋求行政机关进一步公开信息，实现对公民的说明责任。

（一）适用范围

1. 请求权人的范围。根据《政府信息公开法》的规定，包括日本国民、在日居住者都属于信息公开请求权人。即使是不居住在日本的外国人，也有权通过法定途径请求信息的公开。

2. 公开文件的范围。包括行政机关保存持有的行政文件。这里的行政文件包括：行政机关的职员在职务方面所制作、取得的文件、图画和电磁性记录，作为该行政机关的职员有组织地使用的物品，由行政机关保存持有。

（二）实施机关

该法第 2 条规定，信息公开的实施机关为行政机关，包括内阁府、宫内厅、设置于内阁的机关、会计检查院、《国家组织法》第 3 条第 2 款规定的机关等。

（三）公开方式

1. 申请。申请人应以书面申请方式，向行政机关的首长提出申请。行政机关认为请求书在形式上不完备的，可规定相当的期间，要求申请人补正。

2. 对申请的处理。对于申请人的申请，行政机关可以作出如下处理：

（1）开示。除法律规定的除外信息外，行政机关的首长对所申请的行政文件有予以开示的义务。

（2）部分开示。如果请求开示的行政文件中的部分信息属于不能开示的范围，如果该部分信息能够容易地区分和除去，则行政机关必须将除去该部分信息的文件公开。另外，即使文件中记录有不能开示的信息，行政机关认为在公益上特别必要时，也可以开示。

（3）对文件存在与否的拒绝回答。如果只是回答申请文件是否存在就构成了对不应公开信息的公开，行政机关可以不回答该文件是否存在，而直接拒绝开示请求。

3. 决定期间。行政机关的决定应自申请存在之日起 30 天以内作出。在事务处理上有困难或有其他正当理由时，可延长 30 天。

在日本的政府信息管理制度中，除了《政府信息公开法》，还有 2003 年实施的《政府保有的个人信息保护法》和《个人信息保护法》，它们分别对政府和从事个人信息处理事业者的信息使用进行规制，防止对个人信息的不当使用、不当公开。

第五节　行政损失补偿

行政作用的目的原本在于实现公共利益，为公民提供服务。在法治国家中，这种活动必须在法律所允许的范围内行使。如果行政机关违法或者不当地行使权利，使公民权利受到损害，就必须为公民提供寻求救济的途径，这些救济途径的有机结合，就形成了行政救济制度体系。

在日本，这种行政救济制度体系主要由三部分组成，一是有关损失补偿和损害赔偿的法律制度；二是包括行政不服申诉和行政案件诉讼在内的行政争讼制度；三是有关苦情处理和行政上的利害调整等其他制度。其中，损失补偿和损害赔偿制度主要着眼于对公民已经受到的权利损害的财产性补救；行政争讼制度则主要是对行政纠纷本身的处理；而同为处理行政纠纷的苦情处理制度，其相对于行政争讼制度的特点在于程序的非正式性。

一、损失补偿制度概述

所谓损失补偿，是指对由于法的公权力行使行为受到的损失进行补偿的法律制度。其中，以财产损失为主要的补偿对象。和损失补偿相类似的概念是损害赔偿，两者以造成损失的行为是否合法为区分标准。

行政机关在推进公共事业或者实现某一公益目的过程中，有时需要利用公民特定的财产，或者对该财产的使用受益权进行限制。例如，为了修建道路而强制购买私人的土地，为了保护某一区域特有的人文环境而限制当地人对土地的开发利用等。在日本，前者被称为公用收用，后者被称为公用限制。

公民遇到这类情况时，其财产上的利益必将由于该公共利益上的要求而减损。如果任由权益受损者自己承担这种特别的损失，显然是不公平的。既然全体公民基于该公益事业的推行而从个别人的利益损失中受益，从财产权保障和平等原则出发，就应该通过全体负担的方式，对这部分财产权受到特别损失者进行补偿。损失补偿制度就是基于这一考虑而设置的法律制度。

二、法律依据

（一）宪法依据

日本《宪法》第29条第3款规定，"在正当的补偿之下，可以将私有财产用于公共目的"。该条规定了将私人财产用于公共目的的要件是支付"正当的补偿"。另外，《宪法》第14条所规定的平等原则也被认为是损失补偿制度的宪法依据。

（二）法律依据

关于损失补偿，并不存在如《国家赔偿法》那样的一般法，主要是通过各种单性法，规定各个领域中损失补偿的具体制度内容。最主要的法律有《土地收用法》、《道路法》、《都市计划法》、《土地区划整理法》等。它们是公民提起损失赔偿的直接法律依据。

三、损失补偿的内容

（一）补偿数额

对于损失补偿的数额，日本主要存在完全补偿说和相当补偿说两种。完全补偿说认为，补偿的数额应该按照被收用财产的市场交易价值计算。相当补偿说则认为，不一定要全额补偿，只要按照社会上的一般观念，补偿达到了合理的程度即可。

对于这两种观点，最高法院在有关土地征收的案件中采用了完全补偿说的观点，[1] 在矛盾最为突出的土地征收领域，为了平息由于补偿款而造成的大量争议，1962 年，日本出台了《伴随公共用地取得的损失补偿标准纲要》。之后，有关土地的损失补偿额主要依据这部法令确定的标准进行计算。

（二）损失补偿的程序

具体的补偿程序根据法律的不同而各不相同。一般来说，补偿数额的确定程序有两种，一是行政机关单方决定，二是征求特定的审议机关或者鉴定人士的意见后决定。如果是有关土地收用问题的，根据损失补偿纲要的规定，首先由事业者订出补偿标准，然后和被收用人进行协商。协商不成时，由收用委员会进行裁决。

（三）有关损失补偿的诉讼

损失补偿是由于公权力的行使引起的，由于补偿金额发生的纠纷，按照《行政案件诉讼法》的规定，应通过当事人诉讼的途径解决。即事业主和被收用者作为原被告双方，行政机关可以作为第三人参加诉讼。如果是对裁决本身的合法性产生争议，则通过控告诉讼的形式，请求法院撤销违法的行政裁决。

---

〔1〕 参见《最高法院民事判例集》第 27 卷第 9 号，第 1210 页。

第六节　日本的国家赔偿

一、日本国家赔偿概述

（一）概念

所谓国家赔偿，是指由国家或者公共团体对于行政上的违法行为造成的损害进行赔偿的法律制度。

明治宪法时期，日本以国家特权思想为背景，否认国家或者公共团体对于其违法的公权力行为造成的权利损害承担赔偿责任，而对由于公共设施的设置管理瑕疵造成的损害，判例中存在左右摇摆的现象。

第二次世界大战后，日本修改了宪法，新《宪法》第 17 条明确规定，"任何人由于公务员的不法行为受到损害时，可以依照法律的规定，请求国家或者公共团体予以赔偿"。作为对这一宪法规定的具体化，日本在 1947 年制定了国家赔偿制度的一般法——《国家赔偿法》。日本的国家赔偿制度正式建立。

（二）国家赔偿责任的性质

对于国家赔偿责任的性质，日本存在代位责任说和自己责任说两种观点。

代位责任说认为，国家赔偿责任原本是公务员应该负担的责任，国家只是作为使用人代替其承担该赔偿责任。因此，如果公务员存在故意或者重大过失，国家或者公共团体有权追偿。

自己责任说认为，授予公务员的权限本身具有合法行使和违法行使这两种可能。国家既然将这种存在违法行使的可能性的权限授予公务员，那么，它作为授权人就应该承担相应的责任。

上述两种观点均可找到法律支撑。例如，《国家赔偿法》第 1 条第 1 款的过失责任主义、第 2 款有关追偿权的规定被认为体现了代位责任说的观点，而《宪法》第 17 条的规定，则被认为体现了自己责任说的立场。

虽然说代位责任说更忠实于法律的规定，从而受到学界和判例的普遍认同。但是，严格要求将加害公务员特定化、证明公务员存在故意或者过失有时不利于受害人的权利救济，而且，让公务员自己承担赔偿责任也容易增加其顾虑，影响政务的推行。因此，判例中也存在不考虑加害人的特定性、扩大对过失的认定范围的倾向，以由国家代替公务员承担责任。

二、公权力的行使与国家赔偿

根据国家赔偿法，国家或者公共团体对两类事项承担赔偿责任，第一种就是由于公权力行使造成的损害赔偿。

根据《国家赔偿法》第 1 条的规定，"行使国家或者公共团体公权力的公务员，在履行职务时，由于故意或者过失，违法施加损害于他人时，国家或者公共团体应承担赔偿责任"。

根据这一规定，国家承担这类赔偿责任的要件可以概括为以下四条：

1. 造成损害的是行使公权力的公务员的行为。这里的公务员除了国家公务员、地方公务员以外，还包括被委任者，他们行使权限的行为，也属于公务员的行为。

2. 必须是履行职务的行为。既包括职务行为本身，也包括与之相关的一系列行为。只要从外观上看，具有职务行为的外形，就认为符合这一标准，而不问公务员本人的主观意图。

3. 公务员对造成损害存在故意或者过失。

4. 存在违法的加害行为。从程序上来看，中国的国家赔偿以先行确认行政行为的违法为前提，而在日本，并不需要通过行政诉讼首先确定公权力行为的违法性，可以在国家赔偿诉讼中由法院径直对加害处分的合法性作出判断，并依此作出最终判决。

三、营造物设置管理的瑕疵与国家赔偿

根据《国家赔偿法》第 2 条的规定，除了违法的公权力行为外，对于营造物设置管理的瑕疵造成的损害，国家也要承担赔偿责任。

承担这类赔偿责任的要件是：

1. 第 2 条规定的"公共营造物"指用于公用的有体物，包括道路、河流、机场、港湾、桥梁、堤防、水道、行政机关办公场所、国立（公立）学校和医院的建筑物等。

2. 所谓"瑕疵"，是指欠缺营造物通常应该具有的安全性，具有给他人造成危害的危险性，而不问设置者和管理者对于瑕疵的发生是否具有过失。

四、基于结果责任的补偿

损失补偿以致损行为的合法性为要件，损害赔偿以过失责任为基础、违法侵权行为为要件，两者相互补充，对权利救济发挥着重要作用。

但是，在两者之间还存在一个灰色地带，就是由于无过失的违法行为造成的损害。例如，由于接种疫苗造成的事故，被逮捕后经审判无罪等情况。对于这种情况，日本采取了基于结果责任的国家补偿制度，其适用范围是，不论原因行为是否违法，只要行政活动的结果所造成的损害是社会上一般观念所难以接受的，国家或者公共团体就需要承担补偿责任。

作为其立法例，主要有《刑事补偿法》、《预防接种法》等。

第七节　行政不服申诉

一、概念和性质

对于行政机关违法或者不当的公权力行使行为，除了在事后请求对损害予以赔偿外，还可以请求行政机关撤销或者纠正该行为，以防止侵害的继续发生，这种制度被称为行政不服申诉，或者行政不服审查。

从整个行政救济体系看，请求纠正行政机关违法的公权力行使行为的法律制度除了行政不服申诉外，还有行政案件诉讼。两者的区别在于审查机关的不同。行政不服申诉是向行政机关提出，属于行政系统内部的自我监督途径之一。行政案件诉讼是请求独立于行政权的法院对被诉行为进行审查，属于行政系统外的、来自于司法权的监督手段。由于法律属性、设置目的的不同，两者在程序上具有许多明显的区别。总的来说，行政不服申诉的审查程序较为简捷，追求高效、便民；而行政案件诉讼的审理程序更为正式、严格，追求公正。

日本在二战前就制定了《诉愿法》，对行政不服申诉制度进行规范。二战后，日本全面修改了《诉愿法》，自 1962 年开始实施的《行政不服审查法》是规范这一制度的一般法。该法在 2014 年进行了重大修改。

二、行政不服申诉的对象和事项

（一）对象

根据《行政不服审查法》的规定，行政不服审查的对象是行政机关的处分和不作为两类。

1. 处分。根据该法第 1 条的规定，所谓处分，除了学理上所说的行政行为和准行政行为[1]外，还包括"相当于公权力行使的事实上的行为"，即事实行为。例如，对人的收容，对物的留置等。

2. 不作为。这里的不作为，是指"行政机关对于依法提出的申请，虽然应当作出一定的处分或者相当于公权力行使的行为，却在相当期间内不作出该行为的状态"。[2]

（二）事项

对于不服审查对象的规定，立法例上有列举主义和概括主义两种模式。《行政不服审查法》采取了概括主义的规定方式，除法律上规定的除外事项外，原

---

[1] 所谓准行政行为，是日本传统行政法学的对行政行为的分类方式之一，是指行政机关意思表示之外的判断或者认识，由于法律的规定而具有了一定的法律效果。常见的如登记、受理、通知等行为。

[2]《行政不服审查法》第 3 条。

则上，对于行政机关的所有公权力行使行为均可提起不服申诉。

三、不服申诉的类型

《行政不服审查法》中规定的申诉类型包括两种：

1. 审查请求。对于行政机关的处分或者不作为，向处分机关之外的其他行政机关提起申诉的程序。一般情况下，是向处分机关的直接上级机关提起。在法律有规定的情况下，还可以向上级机关之外的其他机关提起。

2. 再审查请求。这是对审查请求的裁决不服者再次提起申诉的程序。

四、行政不服申诉的要件

1. 存在处分或者不作为。此处需要注意的是，《行政不服审查法》第 7 条规定了许多除外事项，这些事项中的行为虽然具有处分或者不作为的性质，但却不适宜通过行政不服审查制度寻求救济。例如，有关外国人出入境的处分、监狱或者少管所中以收容为目的对被收容人作出的处分等。

2. 当事人适格。关于当事人的资格问题包括两个方面：一是指当事人要具有权利能力，能够以自己的名义进行不服申诉。二是指当事人应该是自己的权利受到直接侵害者，仅具有反射性利益的，一般认为不具有提起申诉的资格。

3. 向有权限的行政机关提出申诉。

4. 在法定期限内提出申诉。根据《行政不服审查法》第 18 条、第 62 条的规定，审查申请应在知道处分之日的翌日起 3 个月内提出申请。再审查申请应在知道裁决作出之日起的翌日起 1 个月内提出申请。从作出处分或者裁决的翌日起、经过 1 年后，如果没有正当理由，无论是否知道处分内容，都不能再提起申诉。

5. 符合不服申诉的形式和程序要求。包括原则上应书面申请、申请中记载内容全面等。

五、审理程序及裁决

（一）审理程序

1. 审理由和处分无关的审理机关工作人员主持。

2. 在审查申请符合形式要件被受理之后，审理人员可以要求处分机关提交申辩书，而申请人可以对此提出反驳书。

3. 如果申诉人或者参加人申请，应当给予其口头陈述意见的机会。申请人陈述意见时，审理人员应召集所有相关人到场。

4. 申诉人、参加人有权阅览、复印行政机关提交的证据资料，发表口头意见时，可以向行政机关发问。

5. 审查采职权审理主义模式，审查机关享有较大的调查取证权。

6. 如果出现法定情况，审查机关在收到审理人员意见书后，必须咨询第三方机关，如行政不服审查委员会。

（二）裁决

审查机关收到行政不服审查委员会等机关的咨询答复后，必须尽快作出裁决。裁决包括三种：

1. 不予受理。如果申诉缺乏法定要件，审查机关有权作出不予受理的裁决，拒绝对案件进行审理。

2. 驳回。如果经过审理，审查机关认为申诉没有理由，可以作出驳回裁决，从而在实质上维持了处分的效力。

3. 承认申诉请求。如果经过审理，审查机关认为申诉具有理由，那么，将作出支持裁决，承认申诉人的请求。

行政裁决以书面形式作出，并要说明理由。裁决和决定自送达申诉人起生效，对审查机关同样具有拘束力，不得依职权撤销或者更改。

第八节　行政案件诉讼

一、概念和特征

对于行政机关和公民之间发生的行政纠纷，除了可以通过行政不服申诉这样的行政系统内部的救济途径解决外，还存在其他的救济途径，其中最重要的就是行政诉讼，在日本被称为行政案件诉讼（考虑到我国学者的习惯，本书中暂称其为"行政诉讼"）。

所谓行政诉讼，是指由法院按照诉讼程序审理行政案件的诉讼活动或者制度。在日本，由于实行一元化的司法体系，所有法律上的争讼都统一由司法法院管辖，禁止设立专门的行政法院，行政纠纷也由普通的司法法院审理。虽然由于行政案件的特殊性，制定了专门的《行政案件诉讼法》，适用不同于民事案件的审理程序，但是，该法并不具有自我完结的性质，因此，仍然采取了"行政案件诉讼"而非"行政诉讼"这样的称谓。

和行政救济体系中的其他救济方式相比，行政诉讼的特点在于其司法性：审理机关是独立于行政系统之外的、作为独立第三方的司法法院；为了保障审理的公正性，采用专门的、严格的诉讼程序审理案件；诉讼的目的在于救济公民权利，而非监督行政机关。

二、诉讼类型

行政诉讼中的诉讼类型，是指行政诉讼中，公民、法人或者其他组织（以下简称"公民")可以向法院提起的不同的诉讼方式和手段。[1] 行政诉讼中包含形态各异的诉讼案件,对这些案件既可以笼统地作为一种形态不加区分地适用相同的诉讼程序规则,也可以寻找出某类案件中共有的内在的规律性因素,以这些规律为标准,将案件划分为不同的类型,每一种类型的行政诉讼针对不同特点的诉讼案件,构成针对这类案件特定的诉讼方式和手段。行政诉讼类型化有助于按照不同性质和特点的诉讼案件,设计有所区别的程序规则,及时发现和弥补诉讼程序中出现的漏洞,促进行政诉讼制度的成熟和完善,从而有效提高法官的审案质量和效率。由于具有这些优势,行政诉讼类型化已经成为当代世界行政诉讼制度的一个重要发展趋势,其中就包括日本。

日本的《行政案件诉讼法》中共规定了四类诉讼类型,这些诉讼类型之下,又分别包括不同的更为具体的诉讼类型。

《行政案件诉讼法》第一章为总则,该章第 2 条规定,"本法中的'行政案件诉讼'是指,抗告诉讼、当事人诉讼、民众诉讼和机关诉讼"。

(一)抗告诉讼

控告诉讼是日本行政诉讼中最为核心和重要的诉讼类型,是专门围绕行政处分的合法性展开的司法审查,和我国的行政诉讼非常相似。控告诉讼是一个概括性的诉讼类型,只要是对行政机关的公权力行使不服的诉讼,都属于控告诉讼的范围。《行政案件诉讼法》第 2 条第 2 ~ 7 款,分别列举了抗告诉讼中的六种法定诉讼类型,即处分的撤销诉讼、裁决的撤销诉讼、无效等违法确认诉讼、不作为的违法确认诉讼、赋课义务诉讼、停止诉讼,并对它们的概念逐一作出规定。对于不属于这六类法定控告诉讼类型之外的其他诉讼形态,例如,对法令的审查之诉、对行政规划的审查之诉等,可以作为法定外控告诉讼,由

---

[1] 我国行政法学界对于行政诉讼类型的定义已经展开了许多讨论,例如,王名扬认为,由于争议事项的性质的不同,当事人在行政诉讼中提出的请求有所不同,法官权力的大小随之不同,诉讼的程序和判决的效果也不同,行政诉讼因此可以分为不同的种类。薛刚凌从行政诉权角度出发,认为行政诉讼类型是根据当事人资格、诉讼请求、法官审判权限以及审判程序等诸项标准对行政诉讼进行的分类。马怀德认为行政诉讼类型即行政诉讼的种类,是公民、法人和其他组织可以行政诉讼请求救济且法院仅在法定的裁判范围内裁判的诉讼形态。在日本,学者也普遍认为行政诉讼类型是指行政诉讼中不同的诉讼方式。参见王名扬主编:《外国行政诉讼制度》,人民法院出版社 1991 年版,第 76 页。薛刚凌:《行政诉权研究》,华文出版社 1999 年版,第 140 页。马怀德、吴华:"对我国行政诉讼类型的反思与重构",载《政法论坛》2001 年第 5 期。[日]杉本良吉:"行政案件诉讼法的解说(一)",载《法曹时报》1963 年第 15 卷第 3 号,第 360 页。田中二郎:《行政法》(上卷),弘文堂 1974 年版,第 303 ~ 304 页。[日]雄川一郎、盐野宏、园部逸夫编:《现代行政法大系 4》,有斐阁 1983 年版,第 111 ~ 112 页。[日]南博方:《日本行政法》,杨建顺、周作彩译,中国人民大学出版社 1988 年版,第 122 页。

法院在具体个案中探讨其可诉性。

（二）当事人诉讼

所谓当事人诉讼，是"关于确认或者形成当事人之间的法律关系的处分或者裁决的诉讼，根据法令规定，以该法律关系中的一方当事人为被告的诉讼，以及关于公法上的法律关系的诉讼"。[1] 根据这一定义，当事人诉讼也被分为两类。前一部分诉讼被称为"形式上的当事人诉讼"，后一部分被称为"实质上的当事人诉讼"。这类诉讼的特点在于，它不是围绕行政处分的合法性展开的诉讼活动，而是如同民事诉讼一般，围绕法律关系主体之间的权利义务关系展开，当事人诉讼的名称就由来于此。

（三）民众诉讼

民众诉讼是指"请求纠正国家或者公共团体的机关不符合法规的行为的诉讼，是以选举人资格或者其他和自己法律上的利益无关的资格提起的诉讼"。[2]

控告诉讼和当事人诉讼都属于主观诉讼，是公民为了维护自己受到侵害的主观性权利而提起的诉讼。与之相对，民众诉讼（和下面的机关诉讼）属于客观诉讼，当事人不是为了维护自己的权利，而是为了维护公益，仅在法律有特别规定时才能提起。例如，地方公共团体辖区内的居民认为地方公务员的财产管理行为违法时，可以根据地方自治法的相关规定提起民众诉讼。民众诉讼主要有选举诉讼和居民诉讼两种。[3]

（四）机关诉讼

机关诉讼是指，"国家或者公共团体的机关相互之间发生的、关于权限的存否或者权限的行使的纠纷的诉讼"。[4]

和民众诉讼一样，它也属于客观诉讼，主要是为了解决行政机关之间的权限争议而特别设立，其中更以自治机关诉讼为主。[5]

三、诉讼要件

日本的行政诉讼类型体系是以控告诉讼中的撤销诉讼为中心建构的，在诉

---

〔1〕《行政案件诉讼法》第4条。

〔2〕《行政案件诉讼法》第5条。

〔3〕 参见［日］金子芳雄：《居民诉讼的诸问题》，庆应义塾大学法学研究会1985年版，第26~39页。［日］室井力、兼子仁等编：《地方自治法》，日本评论社2001年版，第300~301页。［日］南博方、高桥滋编集：《条解行政案件诉讼法》，弘文堂2003年版，第104~107、115~117页。［日］东條武治："客观诉讼"，载［日］雄川一郎、盐野宏、园部逸夫编：《现代行政法大系5》，有斐阁1984年版，第130~131页。

〔4〕《行政案件诉讼法》第6条。

〔5〕 参见［日］南博方、高桥滋编集：《条解行政案件诉讼法》，弘文堂2003年版，第153~156页。

讼程序上，也以撤销诉讼为核心，其他诉讼类型主要是准用撤销诉讼的诉讼程序。

（一）"处分性"要件

日本并不存在如我国一般的"受案范围"这样的概念，与之功能相类似的，是"处分性"概念。

"处分"是日本行政诉讼制度中的一个基础性概念，不论是明治宪法时期的行政裁判法，还是二战初期制定的行政案件特例法，都以"处分"作为抗告诉讼的唯一审查对象。而行政诉讼法中，随着抗告诉讼概念的扩张，诉讼对象随之扩张，变为"行政机关的公权力行使"行为[1]。而作为抗告诉讼核心的撤销诉讼的诉讼对象，变为"行政机关的处分及其他公权力行使的行为"[2]。由于其仍以处分为主体，所以，日本学者将作为撤销诉讼的诉讼对象所具有的属性称为"处分性"。只有针对行政机关具有处分性的行为提起的撤销诉讼，才会被受理，才能进入法院的审查视野之中。"处分性"因之成为决定撤销诉讼救济范围的核心概念。

和德国不同，在日本，制定法对处分并未作出明确规定，其含义主要通过学说和判例形成[3]。对于"处分性"的认定，学说很多，而具有公定力的公权力行使说是传统的行政法学说[4]。例如，最高法院在判例中指出，"行政案件特例法规定请求撤销变更行政处分的诉讼的目的在于作为公权力主体的国家或者公共团体，通过其行为，形成国民的权利义务，或者确定权利义务的范围，得到法律的承认时，为了救济权利受到具体性行为的侵害者，而让他们主张该具体行为违法，使它失去效力。因此，特例法中的行政处分必须是具有这种效力的行政机关的行为"[5]。最高法院的这一态度是在 1964 年 10 月 29 日作出的，在作为处分性判定典型判例的可燃烧废弃物设置条例的无效确认判决中再次得到明确体现[6]。根据这种实质性标准，行政机关作出的法律性行为，如命令、强制、许可等，当然属于处分的范围。而行政机关私法上的行为，以及虽然是

---

〔1〕 《行政案件诉讼法》第 3 条第 1 款。

〔2〕 《行政案件诉讼法》第 3 条第 2 款。

〔3〕 1976 年的《联邦德国行政程序法》第 35 条对行政行为的概念作出了具体规定，行政行为的内涵因此得以确定。

〔4〕 参见〔日〕室井敬司："作为抗告诉讼的对象的行政处分的范围"，载《行政法的争点》，有斐阁 2004 年版，第 108～109 页。

〔5〕 最高法院昭和 30 年 2 月 24 日判决，参见《最高法院民事判例集》第 9 卷第 2 号，第 217 页。

〔6〕 最高法院昭和 39 年 10 月 29 日判决，参见《最高法院民事判例集》第 18 卷第 8 号，第 1809 页。关于该判决的评述，参见〔日〕盐野宏：《行政法》，杨建顺译，法律出版社 1999 年版，第 317 页。

公法上的行为，但是不具权力性、不具有拘束相对人权利义务的性质的，不属于处分。[1] 这种观点至今仍是判例和学界的通说。

这一司法态度的特点是将政府的权力性活动作为司法监督的主要对象。然而，随着行政领域的扩张和行政活动方式的多样化，如何对典型的处分之外的行政活动，例如行政规划、行政指导、通知等进行规制，成为法学界十分关注的问题，也正是在这种现实的需求和相关理论研究的推动之下，"关于公法上法律关系的确认诉讼"这一诉讼类型在 2004 年的修改法中得以法定化。[2]

（二）原告资格

关于原告资格，《行政案件诉讼法》第 9 条规定，原告必须是与撤销处分具有法律上的利益者。对于何谓"法律上的利益"，判例和学说基本采"法律上保护的利益"说。即如果原告所主张的利益是法律通过规范行政权所欲保护的利益，那么，就认为原告具有法律上的利益。按照这种标准，处分的相对人当然具有原告资格。而第三人是否具有原告资格不能一概而论，必须结合法的宗旨和目的进行判断，如果该法包含保护第三人的利益的目的，那么，即使是第三人，也同样具有原告资格。例如，行政机关对浴场经营申请人颁发了经营许可执照，作为竞争者的既存经营者提起诉讼。法院认为，根据《公共浴场法》中的距离限制规定，原告享有一定的地域独占的利益，该利益是受《公共浴场法》保护的利益，因此认为该竞业者具有原告资格。

除了"法律上保护的利益说"之外，日本还存在"法律上值得保护的利益说"。该说主张扩大原告资格范围，认为只要原告受到的损害是客观上值得通过司法制度保护的利益，就具有原告资格。这种观点在日本越来越受到重视，并在 2004 年修改《行政案件诉讼法》中得到一定程度的体现。2004 年修改该法时虽然仍然沿用了"法律上的利益说"，但是，明确规定：在考虑是否具有法律上的利益时，"不能只考虑处分或者裁决所依据的法令的文字规定，还必须考虑该法令的宗旨、目的，以及作出该处分时所应该考虑的利益的内容和性质"。对原告资格进行了扩大解释。

（三）被告资格

根据 1962 年制定的《行政案件诉讼法》的规定，撤销诉讼的被告是作出处分的行政机关，而非该行政机关所属的行政主体（国家、地方公共团体）。这是

---

[1]　参见［日］最高法院事务局编：《行政案件诉讼十年史（昭和 22 年～昭和 32 年)》，法曹会 1961 年版，第 91～99 页。

[2]　参见［日］小早川光郎、高桥滋编集：《改正行政案件诉讼法》，第一法规 2004 年版，第 263～264 页。

考虑到撤销诉讼是关于权限行使合法性的争议，应该由享有权限的行政机关应诉。但是，从另一个角度看，撤销诉讼效果的承担者是行政主体，由行政主体应诉具有理论上的正当性。另外，考虑到撤销诉讼要变更为当事人诉讼、损害赔偿诉讼时，可能会由于被告的不同导致诉讼类型变更的困难。因此，2004 年修改《行政案件诉讼法》时变更了抗告诉讼的被告资格，由作出处分的行政机关所属的国家或者公共团体作为被告[1]。这样，即使当事人提起的诉讼类型不适当，也可以通过诉的变更予以化解，以降低错选诉讼类型的风险。

（四）向有管辖权的法院提起

撤销诉讼原则上由被告所在地或者处分机关所在地的地方法院管辖。如果涉及不动产或者特定场所的处分的诉讼，也可以向不动产或者特定场所所在地的法院提起。

（五）和不服申诉的关系

行政诉讼法废除了《特例法》中规定的诉愿前置制度，除非法律有明确规定，是否先行提起不服申诉由原告自己选择。

（六）在法定的诉讼期间内提起

原则上应自知道处分之日起 6 个月内提起，从处分作出之日起经过 1 年的，不能再提起行政诉讼。

四、执行停止和总理大臣异议制度

在撤销诉讼中，即使原告提起诉讼，并不妨碍处分的效力、处分的执行或者程序的继续进行，这被称为执行不停止原则。该原则的确立目的在于保障行政活动的顺畅进行，防止滥诉。

但是，有的时候，处分的执行会造成难以恢复的重大损害，在这种特殊情况下，法院可以根据申请决定停止处分的执行，这被称为执行停止制度。

不过，如果执行停止可能会给公共福利造成重大影响，或者原告并没有胜诉的可能性时，就不能作出该决定。而且，如果总理大臣提出异议，认为执行停止会对公共福利造成重大影响，法院也不能作出执行停止的决定，即使已经作出决定，也必须撤销，这被称为总理大臣异议制度。

五、诉讼的审理

（一）审理模式

在日本，即使是撤销诉讼，也以民事诉讼中的辩论主义为基调。不过，由于是对行政权行使的合法性进行审查，涉及公益，因此，对案件实体真实性的

---

[1] 《行政案件诉讼法》第 11 条。

要求较之民事诉讼更高。出于这一考虑,《行政案件诉讼法》中增加了许多不同于民事诉讼的特别规定,体现出较强的职权主义色彩。例如,根据职权的诉讼参加（针对第三人或者处分机关之外的其他行政机关）,释明权的行使,职权性证据调查等。特别是根据 2004 年修改《行政案件诉讼法》的规定,法院为了明确诉讼关系,有权要求被告以及其他行政机关提交其保存的能够证明处分的内容、处分的法律依据和事实根据的资料。[1]

（二）举证责任的分担

根据日本传统的民事诉讼法理论,主张对自己有利的法规要件事实者要承担举证责任,行政诉讼中基本适用民事诉讼法的证据理论。因此,被告应该对自己提出的处分合法的主张承担举证责任。但是,在主张行政机关的处分超越或者滥用了裁量权时,一般认为应该由原告承担举证责任。[2]

（三）判决

判决分为三种:

1. 驳回起诉。如果原告的起诉不符合诉讼要件,法院将认定起诉不合法,作出驳回起诉的判决。

2. 驳回诉讼请求。经过审理,原告的诉讼请求不具有理由的,法院会作出驳回诉讼请求的判决。在这类判决中,还有一种比较特殊的判决形式,即事情判决。事情判决是指,经审查,处分虽然违法,但是法院在综合考量的基础上,如果认为撤销处分不利于公共福利的,可以驳回原告的诉讼请求。但是,为了便于事后赔偿诉讼的进行,必须同时在判决中宣告处分是违法的。

3. 承认诉讼请求。如果经过审查,原告的诉讼请求有理由,法院应该承认其诉讼请求,判决撤销违法处分。

---

〔1〕　参见《行政案件诉讼法》第 23 条之 2。

〔2〕　参见〔日〕南博方:《行政法》,杨建顺译,中国人民大学出版社 2009 年版,第 278 页。

第七章

欧盟行政法

第一节 欧盟法概述

一、欧盟的历史发展

欧洲联盟是在原来欧洲煤钢共同体、欧洲经济共同体、欧洲原子能共同体的基础上建立起来的。1951 年，以法国和德国为主导，联合意大利、荷兰、比利时、卢森堡等国家在法国巴黎签订了《欧洲煤钢共同体条约》，欧洲各国对于欧洲一体化所作的持续努力开始成型。1957 年，煤钢共同体的六个创始国在罗马签署两个条约《建立欧洲经济共同体条约》以及《欧洲原子能共同体条约》（合起来简称《罗马条约》），分别创建两个新的共同体：欧洲经济共同体和欧洲原子能共同体。根据先后签署的建立三个共同体机构的条约和 1967 年签署的《关于建立欧洲共同体单一理事会和单一委员会的协定》，长期以来，三个共同体拥有共同的议会、司法机构和统一的部长理事会与共同体委员会，但三个共同体在法律上是互相独立的。由于欧洲经济共同体的地位比较特殊，因此，实践中，人们在使用狭义的欧洲共同体这一概念时，通常仅指欧洲经济共同体，而广义的则包括全部的三个共同体。根据 1992 年在荷兰的马斯特里赫特签署、1993 年生效的《欧洲联盟条约》（以下简称《马约》）的规定，将欧洲共同体的名称专用于欧洲经济共同体，从而使这个实践中广为流行的称谓终于得到了法律的认可。《马约》的生效，并没有废除或取代原有的三个共同体的条约，三个共同体也将在欧盟的框架内继续存在。《马约》明确宣布，欧洲的各共同体将作为欧盟的基础继续存在。但欧洲共同体并不是欧洲联盟的全部，欧洲共同体只不过是欧洲联盟的经济货币联盟部分。

《马约》将欧洲一体化进程推上新的层次。一是在三大共同体体系之外又开辟了两个新的政治合作领域：外交与安全政策领域，刑事案件的警务与司法合作领域。这两个方面属于国家间的合作，即国家没有义务让渡自己的主权。二是建立了跨越所有合作领域之上的一个实体，即欧洲联盟。这样，在欧洲联盟的框架下实现了制度上的双轨制：一方面是具有超国家性质的共同体体系，另一方面是新开辟的政治领域里的政府间合作。这里的双轨制也表现在，原则上欧盟法院的司法解释只能适用于各共同体法律规范下的领域。

这就是所谓的欧盟三大支柱的由来，欧洲联盟的三大支柱构成了欧盟的基本框架。第一支柱：三大共同体，现在已经是两大共同体（《欧洲煤钢共同体条约》的期限为 50 年。2002 年，欧洲煤钢共同体连同它所调整的产业领域都被纳入到更加综合的《欧洲共同体条约》的框架下）；第二、第三支柱分别是上述两个新领域的合作。我们关注研究的欧盟法律主要在第一支柱，即共同体法律体系。

二、欧盟（共同体）的组织结构

各共同体拥有共同的机构，这些机构按照各自相应的条约体系履行自己在专业领域的职责。在各机构管辖权的分配问题上，存在非常复杂的分权与权力制衡的体系。它一定程度上体现了传统的按照内国法进行的分权。主要机构有：欧洲议会、理事会（欧盟理事会）、委员会（欧盟委员会）、欧盟法院[1]、审计院。

（一）欧洲议会

欧洲议会是作为民主代议机构来行使职能的，它代表着参加各共同体条约的所有成员国的全体人民。议员并不履行成员国任何国家主权，而且他们的职务行为不受任何内国法的约束。但是，欧洲议会对目前共同体事务的参与是有限的，导致对共同体法律规范产生了是否缺乏民主的质疑。欧洲议会已经在共同体财政权领域获得发言权。在其他方面，曾经长期局限于听证以及监督权等方面。后来，在立法方面被赋予越来越大的参与权。

欧洲议会的主要权利有：财政管辖权，立法参与权，听证，合作程序，参与决定程序，对特定国际公约的批准权，对接纳新成员国的批准权，对欧盟委员会委员的任命的批准权，审查功能（对欧盟委员会的不信任投票，成立调查委员会）等。

议会的住所地设在法国边境，毗邻德国的小镇斯特拉斯堡。议会每年的全体会议在那里举行。总秘书处设在卢森堡。它的特别会议以及下设各委员会的

---

[1] 指 ECJ（European Court of Justice）及其下设的初审法院 CFI（Court of First Instance）。另有翻译为欧洲法院。确切地说，应当是欧洲共同体法院。它在欧盟第一大支柱欧洲共同体内设立并履行职能，仅对第二、第三支柱内的特定事务享有有限管辖权。这里实际上是在欧洲共同体法律框架内展开的介绍，为表述方便，暂且使用"欧盟法院"的译法。

会议都在布鲁塞尔举行。议会被称为"马戏团似的巡回演出"，原因在于大家都想增加它在本国露脸的机会，这也是当地财政收入的一个重要来源。

（二）理事会（欧盟理事会）

理事会由各个成员国派出的政府代表组成。具有双重特征：一方面，它是共同体的机构；另一方面，它通过各个成员代表各成员国本国的利益，从而在共同体层面上影响着共同体政治意志的形成。在理事会里，作为本国宪法所规定的法定代表的成员，其行为不仅担负着本国的政治利益，而且对该国的内国法也产生法律上的约束力。

理事会的职能特别体现在立法领域。尽管欧洲议会被赋予越来越多的立法方面的参与权，但是理事会还是共同体目前最主要的立法机构。由理事会颁布的有关实现共同体统一市场以及与市场有关的各种自由权利的规范性文件具有特别重要的意义。它的立法权有赖于欧盟委员会提出的立法建议。当然，它有权要求欧盟委员会提交各种立法建议。

在各机构中，理事会是具有最大管辖权的共同体机构，享有的重要管辖权是：立法权，财政方面的管辖权，外交事务方面的参与权（对各种国际公约的批准），行政管理权，创制性的管辖权（任命审计院组成人员、经济与社会委员会组成人员以及地方委员会组成人员）。

（三）委员会（欧盟委员会）

欧盟委员会的成员及其意志的形成完全不受成员国的影响，独自负有义务维护共同体利益。在共同体体系内，它与欧盟法院一起，具有纯粹的超国家性的机构特征。

委员会承担着各共同体不同领域的行政管理权，特别是关于竞争法的直接管理与执行权都在委员会手中。同时，在立法活动的参与方面，主要职责是提出法律建议草案，大多数法律文件只有在委员会提出建议草案之后才可以制定。此外，根据理事会的授权，委员会有权在理事会的基础条例框架下颁布条例的实施细则。对涉及重要内容的，而且理事会必须作出立法保留的法令，不能授权委员会制定条例的实施细则。实践中，理事会也已经为欧盟委员会执行实施细则制定了很多程序上的规定。为促使各成员国履行实施共同体法律规范的义务，委员会有权向欧盟法院提起有关的诉讼程序。

简而言之，委员会的职责范围包括：通过理事会和欧洲议会参与立法，执行自己的立法权，根据理事会的授权颁布实施细则，共同体的外交代表，行政执行的决定，审查功能（启动针对成员国的违反条约之诉的调查程序，提起无效之诉和不作为之诉，对成员国规避共同体法律规范的批准）。

理事会和委员会的所在地设在比利时的布鲁塞尔。

（四）欧盟法院及审计院

欧盟法院有共同体的宪法法院与行政法院之称。欧盟法院的职责是通过司法解释以及法律适用确保共同体法律的实施，具有完全独立的地位。各个条约对欧盟法院的管辖权作出了完全的列举，它所享有的一系列管辖权在各成员国国内法体系中往往归不同的法院管辖。

欧盟法院的体制与审理程序是按照法国最高行政法院的模式来设置的。由来自成员国的法官组成审判庭，另有被称为"Advocate General"的，也就是法国行政法院中的政府专员一职，也有翻译为法律专员或总法律顾问的，他们对每一个案件事实与法律问题提交的意见书具有极高的专业水准，是每个研究欧盟法的学者以及法律执业者必不可少的参阅资料。

1989 年起，欧盟法院下设欧盟初审法院（CFI），以减轻欧盟法院的负担，主要受理自然人或法人提起的诉讼。欧盟法院自己保留了对一些案件的审判权，特别是关于违反条约之诉的案件，由成员国以及由共同体机构提起的无效之诉案件，先行裁决的案件等。

事实上，欧盟法院通过判例形成法官法，获得了相当一部分立法权。欧盟法院作为保障共同体法律实施的代言人，把自己的这种定位贯穿到对各个条约的司法解释中，对法律作出一定的发展，比如，通过一系列判例确立共同体法律规范是相对于成员国内国法律规范而独立的法律，并赋予它们绝对的优先于内国法的直接适用效力；还有关于许多法律基本原则的发展；关于成员国不履行转换共同体指令义务时的国家责任问题；以及关于违反共同体基础法律的责任等。

欧盟法院享有的具有特殊意义的管辖权主要是：对各个条约以及共同体其他特殊法律规范的解释以及对共同体法律的发展；对共同体各个机构颁布的法律文件进行审查，是否与更高一级的法律相一致，以及按照共同体法的标准，对各成员国的行为进行审查。

对于欧盟法院与成员国法院之间的关系性质，欧盟条约并没有明文规定，欧盟法院对这个问题的政策一直在演进之中，学者之间的讨论更是从来都没有间断。最初，较为普遍的观点是，欧盟法院与成员国法院之间既是一种横向关系，又是一种双边关系。所谓的横向关系，是指欧盟法院和成员国法院相互分立，彼此是平行的，各有不同的职权，各自在自己的管辖权范围内行使职责。成员国法院自行决定是否根据共同体条约规定的先行裁决程序，将有关法律事项提交到欧盟法院作出解释。就成员国法院所请求的法律问题，欧盟法院的裁决既是第一次审理，通常也是最后一次审理，然后将有关事项发回到原当事成员国法院，后者将特定的欧盟法适用于具体的案件。从严格的法律意义上讲，欧盟法院不是一个上诉法院。成员国的个人在欧盟法院没有上诉的权利，完全是有关成员国法院决定是否将有关法律事项提交到欧盟法院。而且，欧盟法院的先行裁决对当事成员国法院而言也不是一种上诉法院的裁决。由于欧盟法院的这种先行裁决只发送到提交请求的当事成员国法院，这就意味着欧盟法院与每一个成员国法院之间构成一系列的双边关系。

随着时间推移，欧盟法院与成员国法院之间关系的性质也发生了一些变化，二者之间越来越朝着纵向和多边方向发展。所谓的纵向关系趋势，是指欧盟法院一系列判例的发展表明，欧盟法院事实上被置身于成员国法院之上，而成员国法院事实上被欧盟法院当做欧盟法的执行者和适用者。这种纵向关系的实质，就是将欧盟法院和成员国法院共同构成欧盟的司法体系，这个司法体系具有类似于国内司法体系的等级结构，其中欧盟法院处于最高一级。所谓的多边趋势，是指对于某一成员国法院所请求的事项，欧盟法院作出的先行裁决越来越多地被认为对其他成员国法院具有事实上或法律上的影响。

三、欧盟法的渊源

（一）概述

欧盟法律规范体系如下：

1. 基础性的法律规范（或称一级法律规范，Primary Law）。

（1）各共同体的成立条约（欧洲共同体条约、欧洲原子能共同体条约）及其修订条约；

（2）条约议定书；

（3）共同体法的一般法律原则（判例法）。

以及属于共同体法的国际公约、国际公法普遍原则（习惯法、国际公法的一般法律原则）。

2. 派生的法律规范（或称二级法律规范，Secondary Law）。

（1）条例（Regulation）；

（2）"基础条例"（欧盟理事会）及其实施细则（条例）（欧盟委员会）；

（3）指令（Directive）；

（4）决定（Decision）；

（5）建议和意见（recommendation and opinion）。

基础法律规范效力最高，包括共同体的成立条约及其修订条约。在这个法律基础上，才有共同体机构颁布的那些派生性的法律规范。从效力上看，共同体的成立条约这一级的法律调整对象首先是各成员国与共同体机构。很多情况下各大条约都具有直接适用效力，也就是说，不用进行转换立法，就直接对个人产生权利和义务上的约束力（直接适用效力）。而共同体机构颁布的法律文件的调整对象一部分针对各个成员国，也有相当一部分对个人直接产生约束力。以共同体名义签署的国际公约地位，介于基础性的法律规范与派生性的法律规范之间。普通国际公法原则只有在与共同体的各个条约不互相排斥的情况下才会发生效力。

（二）基础性的法律规范

1. 各共同体成立条约及其附属组成部分。它们在性质上是法律体系中的基本法，属于宪法性质的法律文件。条约条文具有直接适用效力，不需要成员国进行任何特别的转化立法行为，而对个人以及成员国的各级机构直接产生法律上的约束力，可以直接对抗成员国内业已存在的法律或者其他法律文件。

2. 一般法律原则。欧盟法院在适用和解释欧共体法时发展了一些法律一般原则，这些原则构成欧共体法的有机组成部分。欧盟法是纲要性法律体系，在一些领域难免有所疏漏，如对共同体机构行使公权力的实质性限制、对公民基本权利的保护等方面。因此，欧盟法同其他任何以成文法为主的法律体系一样，需要不成文法加以补充，共同体法律体系中的不成文法除了习惯法和法官法以外，主要指所谓的"一般法律原则"。关于欧盟法中的一般法律原则，学者多有不同见解，一是因为一般法律原则本身具有抽象性、不确定性，二是因为一般法律原则还在发展之中。一般而言，经常适用的原则是基本权利原则、禁止歧视原则、法律的确定性原则、比例原则和国家责任原则。

（三）派生的法律规范

这是根据共同体条约或者其他法律文件的授权，由共同体机构颁布的法律文件。主要是由欧盟理事会、委员会以颁布条例与指令、决定的形式来行使最主要的立法权。建议和意见不具有法律约束力。

1. 条例。欧盟条例与成员国国内法律体系中的"法律"在法律约束力上类似。它直接适用于成员国，对个人有直接适用效力。主要由欧盟理事会颁布，欧盟委员会仅仅能够根据授权，颁布实施细则。

2. 指令。主要针对所有成员国，并要求他们履行把指令内容转化为本国国内法的义务。因此对于指令而言，其制定颁布意味着两个层次：首先，完成第一步立法程序，通过并颁布指令，同时要求成员国履行转化立法的义务；其次，成员国把指令内容通过转化立法，成为本国国内法。对指令转化为国内法的法律表现形式没有限制，但是所采取的法律规范必须具有普遍的法律拘束力。

指令不具有直接适用效力，这是它与条例的最大区别。指令通过内容上的协调一致，为各国国内法对欧盟法的实施制定了一致的标准，并给予成员国一定的自由发挥空间。指令与条例的这一区别，被欧盟法院通过判例抹杀了不少。指令对成员国完成转化立法义务都设定了明确的时间期限。根据判例，如果成员国在转化期限届满时，仍然没有将该指令转化为国内法，指令将具有直接的法律适用效力。在这个前提下，个人可以直接援引指令中有利于自己的条款以对抗本国政府及其下属的行政当局。

3. 决定。一般由委员会就特定具体事项针对成员国或者个人作出的有法律拘束力的文件。某些情况下，针对成员国作出的决定里，包含确定的、非常明确的要求成员国履行有利于个人的某些义务，那么个人对该决定享有的利益可以得到直接保护。

四、欧盟法的基本原则

欧盟通过立法和欧盟法院的司法活动，在实践中发展形成了直接效力原则、欧盟法优先原则和从属原则，用来处理欧盟法与其成员国国内法的关系，使得欧盟的超国家权力与成员国的主权维护在一个双方均能接受的限度和范围之内。在《马约》产生以前，欧共体的发展方向是努力促成各成员国之间的接近与融合，使决策权力向欧共体层面集中。欧共体法律之目标在于克服各成员国国内法可能造成的分离倾向，防止成员国片面要求主权而阻碍欧洲一体化的推进，确保欧共体法律的有效性和一体化的实现。为此，欧共体在立法与司法实践中确立了直接效力、优先效力原则，确立了欧共体法优先于成员国国内法的地位，这对欧盟法律的贯彻实施和欧洲一体化目标的实现产生了积极而深远的影响。《马约》订立前后，欧共体权力过分集中的情形已日益凸显，欧洲一体化的深化给成员国国家主权造成重大挑战，一些成员国强烈要求彰显国家利益与民族特性。欧盟与成员国之间如何确定权利分配的界限成为一个十分突出的问题。在此背景下，从属原则应运而生，规定在并存权限领域，除非在特定情形之下，欧盟权力从属于成员国的权力，表达了各成员国希望在国家主权与超国家权力之间寻求平衡和妥协，防止权力过分向欧盟集中的愿望。

（一）直接效力原则

欧盟法具有直接效力的含义是：在一定条件下，欧盟法可以在成员国国内直接适用，直接为个人创设权利和义务，欧盟成员国的公民和法人可以要求其国内法院依据欧盟法的有关规定保护其权利。在实践中，欧盟法在成员国内直接适用、产生直接效力有以下几种不同情形：

1. 欧盟基础条约的直接效力。欧盟基础条约是指以建立三个共同体（即欧洲经济共同体、欧洲煤钢联合体和欧洲原子能共同体）的条约为核心的原始共同体法，以及后来补充和完善各《欧洲共同体条约》的条约，如1981年的《单一欧洲文件》、1992年的《马约》、1997年的《阿姆斯特丹条约》。作为一项普遍的原则，条约和国际协定在国际法上一般不能直接赋予其成员国国内的个人以权利。但是根据欧盟法院的解释，欧共体基础条约创制了自己的法律体系，该法律体系也是其成员国法律体系不可分割的一部分。这说明欧共体的基础条约可以在成员国内直接适用。

一般认为直接效力分为纵向的和横向的。纵向直接效力是个人针对政府不履行具有直接效力的条款的行为而提起诉讼的可能性。欧盟法院通过不同的裁决确认了《罗马条约》中的一些条款具有纵向直接效力，如要求成员国避免采取某种行为的第12、31、32、53条，要求成员国在规定时间内修改或废除有关规定的第95条。横向直接效力体现在个人与个人的关系上，如第95、96条关于竞争规则，第119条关于男女同工同酬，第59条关于服务的规则等。

2. 派生性立法的直接效力。派生性立法是指由欧盟所制定的旨在实施各《欧洲共同体条约》的法律，主要包括规则、指令和决定等。派生性立法是欧盟机构根据基础条约的授权颁布的，在一定条件下也可以在其成员国直接适用，根据各种法律的性质不同，直接适用的情况也不相同。

条例具有直接适用性。《罗马条约》第189条，《欧洲原子能共同体条约》第161条，都规定规则具有强制力，可以在所有成员国直接适用。但是，法学界一直在争论"直接适用"和"直接效力"之间的区别。尽管欧盟法院实际上通用这两个概念。一般认为，直接适用是直接效力得以产生的前提和基础。条例只有满足两个条件之后才能产生直接效力：条例的规定必须清楚明确；条例必须是无条件的，其实施必须不依赖于成员国或共同体机构进一步的行为。条例在直接适用时，也包括纵向效力和横向效力两个方面。

指令不能在成员国领域内直接适用。指令的对象是成员国，需要成员国在特定期限内以国内法的形式制定一些措施来落实指令的要求，只有在期限过后成员国仍不落实，指令才能产生直接效力，但是欧盟法院在1970年第33号案等案件的判决中，认为在"一定条件下"指令也可以直接适用，"一定条件"是指指令所规定的义务是"无条件的、相当精确、足以在成员国与其所管辖的公民或法人的关系中产生直接效力"。一般认为，指令的直接效力只及于公民或法人与国家之间的关系（即具有纵向效力），不适用于公民和法人之间的关系（即不具有横向直接效力）。

决定是由欧盟部长理事会或欧盟委员会作出的具有拘束力的立法性文件，适用对象是欧盟成员国或公民和法人。决定规定了特定事项的范围，被决定者必须在该范围内行事。决定具有直接适用性，无需成员国采取任何国内法的措施来辅助执行。欧盟法院在判例中认定，决定在满足了前面提到的条件之后，可能产生直接效力。

3. 欧盟签订的国际条约的直接效力。《欧洲共同体条约》第228条规定，当共同体法院判定共同体机构或成员国所签国际条约不符合基础条约时，只有依法对共同体基础条约作出修改后，此类条约才能生效，因此，只有在符合基础条约或基础条约许可的情况之下，共同体缔结的条约才有法律效力。可见欧共体与第三国缔结的国际条约构成欧共体法的组成部分，对欧共体机构与成员国均具有约束力。

从欧盟法院的角度来看，它一贯强调欧共体法和欧盟法的优先地位和直接适用性。具体到欧盟签订的某一具体条约是否能够产生直接效力，则要具体分析。如果一个国际条约自身规定了它是否具有直接效力，将由该规定决定该条约的直接效力。但是如果没有这样的条款，欧盟法院将在个案的基础上，根据自己的标准决定某一条约是否具有直接效力。

（二）欧盟法优先原则

优先效力与直接效力不同。优先效力是指国内法与条约的规定发生冲突时，条约的效力优于国内法。它不一定取决于个人的援用，国内法院或其他机构也可依据有关法律主动给予条约优先效力。直接效力也并不必然导致优先效力。就某一特定事项而言，国内法无规定而条约有规定时只适用条约，国内法与条约的规定一致时，只涉及同时适用或协调一致解释的问题，均不存在优先效力问题；只有在国内法与条约规定不一致且不能协调一致解释时，才涉及优先效力问题。

1. 欧盟法优先原则的含义及其确立。欧盟法优先原则是指当成员国的国内法与欧盟法发生冲突时，成员国必须停止适用与欧盟法相抵触的国内立法，而优先适用欧盟法。该原则的确立是基于这样一种思想：欧盟法效力若低于成员国国内法，则欧盟法将收效甚微。成员国出于自身利益的考虑，仅只通过立法即可避免适用欧盟法的有关规定。而这样下去对于欧洲的融合和一体化进程非常不利。欧盟法院在其一系列的司法实践中确认了欧盟法效力优先原则。

2. 欧盟主要成员国对欧盟法优先原则的确认。欧盟各成员国目前或以宪法的方式或以法院判决的方式确认了欧盟法效力优先的地位。法国《宪法》第55、61条规定：凡与法国业已承担的国际义务相左的法律议案，议会均不予通过，且此种议案可被宪法委员会宣布为违宪。德国宪法承认国际法的一般原则构成德国法律制度的一部分，学者们也主张德国立法应对欧洲一体化有所作为，法院和法官应给予欧盟法效力以优越地位，从总体上来看，德国法院在司法实践上也承认欧盟法效力的优先性。意大利虽承认欧盟法效力优先原则，但却不够彻底，意大利法院认为：如果欧盟法院不能通过欧盟法对公民的基本权利作出恰当保护，则它就可能主张自己的权利来维护意大利宪法规定的公民基本权利。在英国，议会于1972年制定并通过了《欧洲共同体法案》，承认共同体法可以在英国直接适用，并赋予欧共体法律优先的地位，无论英国的法律是制定在欧共体法之前还是之后。爱尔兰在其修改后的《宪法》第 29 条第 4 款中规定：本宪法的任何条款不能使国家为履行其作为共同体成员的义务而接受的规范、法令和措施无效，也不能阻止共同体或其机构作出的规范、法令和措施在国内发生效力。比利时、卢森堡、荷兰三国宪法均确认：欧盟可以独立行使权力，欧盟的活动不受成员国国内宪法的监督，同时规定可以将本国的主权移转给给合法的国际组织。西班牙在其《宪法》第 93 条中作了类似规定，葡萄牙《宪法》第 8 条规定：在葡国所参加的国际组织中，这些组织的职能机构依据该组织基础条约的授权而颁布的法律规范，可以在葡国内直接生效。

（三）从属原则

1. 从属原则的含义。从属原则作为与联邦制国家密不可分的一个概念，是一个拥有较长历史的政治原则。它根源于天主教的社会哲学，关注国家的作用，认为个体是社会的基础，应尽可能地保证个体的自治。从属原则认为国家为共同利益而行使的权力，应仅仅是个人所不能单独行使的那些权力，在社会有机体的等级和结构中，国家应为个体公民的福利免责。

2. 从属原则在协调欧盟法与成员国法关系中的作用。根据《欧洲共同体条约》第 38 条的规定，从属原则只适用于欧共体的非专属权限领域。不适用于其专属权限领域，但是欧盟并没有对专属权限与非专属权限作出一个界定。欧盟这种模棱两可的做法颇耐人寻味：欧盟一直处于不断的发展变化之中，超国家权力与国家主权之间的争斗一直在进行，欧盟不可能一时在条约中就专属权与非专属权之间划出一条明确的界限，这也从另一个侧面反映出欧盟试图寻求自己与成员国之间的一种妥协。但这同时给从属原则的适用带来很大难度。考察一下欧盟几十年来的实践，有学者认为：人员的自由流动，服务，货物和资本，成员国之间的贸易，竞争和商业政策属于欧盟专属权限；而货币和信用政策，货币联盟，部门政策和许多其他政策（如社会政策），则属于共有（非专属）权限领域。

欧盟将联邦体制中的从属原则纳入其法律体系之中，其作用在于协调欧盟法与成员国法律体系之间所产生的权力关系，将欧盟法限定在一定的范围之内，消除成员国对欧盟权力日益扩张和深入而导致的主权范围限缩的隐忧，寻求在欧洲一体化结构内超国家权力与国家主权之间的一种动态平衡。

五、形成中的欧盟行政法

随着欧洲政治经济一体化的深入，目前在学理上和司法实践中已经形成了欧盟行政法这一全新法律部门，欧盟行政法已经发展成为复杂的法律规范体系，包括所有源自欧洲共同体法以及保障共同体法实施的法律规范和法律文件。德国学者施瓦茨教授认为"就某种程度而言，欧盟法院将欧共体描述为建立在法律基础上的共同体，更确切地说，是建立在行政法基础上的共同体"。

传统观念认为，行政法是国家主义的"领地"，这一认识是以法律实证主义、权力分立理论和公共行政优益理论为基础的，截然不同的制度和原则很难被认为同属一个"体系"，每个国家的行政法都植根于其自身的政治和社会传统之中。在 20 世纪前半叶，欧洲学者主流观点认为，尽管欧洲共同体法深受各成员国行政法制度的影响，但是在欧洲共同体的层面上，不可能存在独立的行政法。一方面在于欧洲共同体的局限性，即欧洲共同体不同于主权国家，它并不是一个普遍性的公共权力主体。另一方面在于个人并不完全是欧共体法律秩序的主体。

但是，20 世纪以来，行政法发生了很多变化。公共责任的观念已经从执行法律和命令朝着保障福利的方向发展；在经济全球化进程中，国家的观念逐渐淡化，公共职能越来越多地委托给私人组织承担，从而形成了一种公私融合式的"新政府治理"模式；欧洲一体化的进程使得欧洲共同体立法的重要性越来越突出。大量的研究成果表明，公法领域中也能够发生法律制度的"借鉴"、"引进"和"移植"，两大法系之间的"显著差异"正在淡化，欧洲共同体内部的新行政法虽然不同于大陆法系的行政法，但是已经初露端倪。于是，20 世纪70 年代末以来，欧洲公法学者一直在强调不同行政体系之间的相互作用，特别是欧洲共同体的影响。基于增强地区和社会凝聚力的特殊考虑，共同体机构承担了多项经济行政职能，也直接针对个人作出决定。司法审查有了发展，初审法院（CFI）主要负责审查对个人的行政行为。而且，欧盟法院逐渐强化了对成员国行政法原则和规则的影响，欧盟法院的判例法发展了行政法的基本原则，这些基本原则对成员国法院和行政当局都具有约束力。这意味着法官的权力有了广泛的扩张，这种扩张不但创设了法律原则，也有政策性的影响。欧洲共同体法使得各成员国法律秩序之间的合作和竞争成为可能。于是，新的法律秩序便是一种"各种秩序之上的秩序"。

欧共体近年来不断发展的实践正在促进统一的"欧盟行政法"的形成。由于欧盟法尚处于不断的发展过程之中，在一般行政法和行政程序等领域尚缺乏统一的成文规定，欧盟法院的"基于共同体特殊需要的理论创新"——判例构成了欧盟行政法的主体。就此，欧洲一体化进程的深入为各成员国的行政提出了新的问题，这就是必须维护共同体的利益，与欧盟法院的司法判例保持一致来开展行政。可以说，共同体层面上的立法以及欧盟法院的判例，不再允许各个成员国自行孤立的发展本国行政法，甚至"强迫"各个成员国将本国行政法的概念与共同体行政法融合，朝欧洲化的行政法方向发展。

第二节　欧盟行政法的一般原则

一、概述

与欧盟成员国行政法发展类似的是，欧盟行政法很大程度上通过法院判例得以发展完善，在成文法缺乏解决法律纠纷所必需的规则时，欧盟法院运用法官造法来创造规则。在几十年的行政法司法实践过程中，欧盟法院发展出一套独特的决定方法以及独立的一般法律原则体系。欧盟法院早在 1957 年的一个判例中就明确表示，如果条约缺乏明确规定，法院可以借鉴成员国的判例和理论来保障共同体施行正义[1]。此后，欧盟法院通过丰富的判例法，确立一系列法律基本原则，包括行政法治原则、禁止歧视原则、比例原则、法律确定性与合法期待原则、公正程序原则等。这些原则来源于成员国的宪法和行政法、成员国缔结的重要条约（如《欧洲人权公约》）以及欧共体条约本身，以不成文法的形式主要适用于宪法基本权利和普通行政法两个领域，在具体行政法案件中的应用包括行政行为的合法性与行政赔偿责任两个方面。保护个人免受共同体公权力损害，使共同体承担非契约责任，是欧盟法院进行司法审查的主要标准。

作为一项判例法的基本原则，一般法律原则这一概念原先来自法国的行政法规范，后来对共同体其他成员国产生了广泛影响，最后为欧盟法院所吸收。在历史上，一般法律原则开始主要运用于具体行政决定，后来越来越普遍地运用到抽象（"规范性"）行政行为，甚至是立法决定。因此，相当一部分基本原则不仅是约束行政行为的行政法原则，也构成了约束立法行为的宪法原则。同时，随着一般法律原则的发展，其主要作用也从为规范行政行为提供客观标准转移到对个人权利的保护。这里举例说明其中两个原则的适用。

二、比例原则

比例原则原是德国法律体系中的一项原则。这项原则意味着：适当性，即该措施是为实现合法目的所采取的；必需性，即所采取的措施是实现目的所必需的，没有其他较少限制性的手段能够获得相同的效果；最小限制性，即所采取的措施对申请人的利益没有过度的不利影响。欧盟法院通过判例确立了比例原则用以判断共同体及其成员国行为的合法性。

（一）比例原则在欧盟法中的发展

随着欧洲一体化的推进，欧盟成员国的各种制度包括法律制度，都在不断

---

[1] Joined Cases 7/56, 3－7/57, Algera et al v. Common Assembly［1957］ECR 39.

地彼此影响与同化。被德国公法界奉为圭臬的比例原则，引起了欧盟法院的强烈兴趣。比例原则在欧盟法中的适用，最初萌芽于法院在煤钢共同体条约下衡量限制经济自由的市场管制措施的有效性问题。欧盟法院在 1955 年判例中首次涉及比例原则[1]。在该案中，欧盟法院认为：根据普遍接受的法律规则，高级管理局（现欧盟委员会）对企业的非法行为的反应必须与行为的程度相适应。1971 年 Internationale Handelsgesellschaft 案[2]法院开始明确依赖比例原则作出判决。法院指出，比例原则渊源于《EEC 条约》第 40 条第 3 项：共同体……可以采取一切措施来实现第 39 条所要求的目的，但是，只能是对实现这些目的所必需的措施。在 1976 年案件中[3]，法院判定有关法规无效，理由之一就是违反了比例原则。通过这一判例，德国法上的比例原则成为欧洲共同体法的不成文法的一部分，比例原则作为一项一般法律原则得以正式确立。案件涉及共同体为缓和奶粉生产过剩的矛盾，制订了一项计划，规定在生产饲料时必须加入脱脂奶粉代替原来用以保证饲料蛋白质含量所使用的大豆。但奶粉的成本比大豆高出 3 倍，如此必然给饲料生产者造成损害。法院认为强制购买脱脂奶粉并非是减少生产过剩的必不可少的办法，同时也不能以损害饲料生产者利益的手段达到这一目的。此后，法院将比例原则从原先控制行政或者执行层面的裁量，逐渐拓展到对政策性措施的普遍适用。此外，欧盟法院司法政策的转型，使得比例原则在审查性别歧视、平等报酬支付以及人员与服务流动等案件过程中功勋卓越。如今，比例原则作为"一般法律原则"渗透到共同体法律制度的各个方面。在成员国与共同体的关系上，比例原则也被写入《欧洲共同体条约》第 5 条第 3 款。《欧洲共同体条约》以立法的形式正式确认了比例原则。该条规定："共同体的任何行动，均不应超出实现本条约目标所必需的范围。"正如有学者所说的那样，欧盟法中已经很少有领域与比例原则无关。

（二）比例原则在欧盟法院的适用

比例原则灵活多元的审查强度受到学理与实务界的广泛关注。不少学者在梳理相关判例的基础上指出，欧盟法上比例原则的适用，跨越了一个从温和审查到异常严格的手段与目的间正当性论证的谱系。它根本不是一个稳定不变的标准，而是一个在保护不同利益的不同场景中，变化审查强度要求的灵活标准。

欧盟法院最为常见的是按照案件性质不同调整司法审查强度，尤其是个案中受质疑的措施，究竟属于弹性裁量的政策性选择措施，还是属于涉及基本权

---

[1] Case 8/55, Federation Charbonniere Belgique v. High Authority [1954 – 56] ECR 292.

[2] Case 11/70 Internationale Handelsgesellschaft v. Einfuhr – und Vorratsstelle Getreide [1970] ECR 1125.

[3] Case 114/76 Bela – Muhle Josef Bergman KG v, Grows – Farm GmbH & Co. KG [1977] ECR 1211.

利保护的刚性管制，究竟是可能间接影响社会规范的抽象性规则，还是直接以剥夺财产权为目标的惩罚性措施，直接影响了司法审查强度的选择。宽松审查强度适用于裁量性的政策选择。质疑一个裁量性政策措施是否恰当，是欧盟法上比例原则最常见的适用模式。对于这类案件，司法态度非常谨慎。法院一般不会仅仅因为有更好的替代手段而推翻原有措施，更不愿意替代政府当局来作出决定。因此，比例原则在这类案件中的审查强度就会比较宽松，除非手段的成本远远超过利益，或者手段对于目的是明显的不适当或者不必要，一般不倾向于宣布原有措施无效。法院认为，当欧盟立法对一项涉及政治、经济或者社会的政策选择具有广泛裁量权并要求异常复杂的价值评估时，采用相对低程度的审查。这类案件涉及的情形很多，例如食品安全与风险管制，专家技术要求的领域，设备装置与反倾销，以及对中间机构的控制措施。

学理和实务一般认为，如果一项管制措施涉及对基本权利的限制，那么，采用比例原则进行审查时，其审查强度就会比较严厉。例如欧盟条约保护的货物、工人、设施和服务自由流动的四项基本自由，旨在保护欧盟公民积极的经济权利；其次，1998 年《欧洲人权公约》颁布实施，从基本权利视角审查管制措施以及对于比例原则的司法适用，都产生了一定的影响。法院有更为强烈的意愿来仔细审查一项涉及基本权利限制的管制措施。

当比例原则用于审查一项惩罚性措施或者所施加的经济性负担是否过分时，欧盟法院一般会显得比较积极，司法审查强度也会较为严格。这主要由两个原因导致：首先，即使法院宣布某项罚金或者经济性负担无效，并不会影响到作为管制政策的整体。因为惩罚性措施往往已经是第二阶段的义务，这种事后监管的放松不会导致前阶段规制失败的严重后果。其次，与那些可能间接地影响社会规范的抽象性规则相比，惩罚性措施往往以直接剥夺财产权为特征，因此需要司法加强干预来实现个案的实质正义。

三、法律确定性原则与合法期待原则

（一）法律确定性原则

法律确定性原则是指法律主体所享有的权利和承担的义务不能被置于不确定状态。在 Gondr and Freres 案[1]中，欧共体法院认为，法律确定性原则要求向纳税人纳税的法规必须清楚和明确，这样纳税人就可以毫不含糊地知道自己的权利和义务是什么，并且可以采取相应的措施。如果关于征收税费的有关规定模棱两可，缺乏明确性，有关问题就应该按有利于纳税人的原则予以解决。

---

[1] Case 169/80, (1981) ECR 1931.

（二）合法期待原则

与法律确定性原则相关的原则包括合法期待原则。该原则意味着，共同体机构制定的法律措施不得违反该措施适用对象的正常的、合法的期望和谨慎处事之要求。如果欧洲共同体相关机构制定的法律措施违反了这种期望，将不予执行。所谓正常的、合法的期望，是指在一般条件下，根据其所具有的知识和获得的经验能产生的合理期望。如当事人所抱有的期望不具备这些条件，不能认为是合法的期望。

1. 合法期待原则在欧盟法中的发展。在 20 世纪 70 年代，欧盟法院已经确认合法期待是欧共体法律秩序的组成部分。合法期待原则是在德国信赖保护原则基础上发展起来的。例如，德国的财政法院向欧盟法院申请先行裁决时，提出欧盟的一个条例违反法律确定性原则，由此当事人的信赖利益应当得到保障。欧盟法院政府专员 Roemer 认为，颁发许可证的问题会导致合法期待，如果行政当局改变决定，会对相对人造成损失。行政当局改变决定时必须权衡各方利益，只有公共利益需要绝对优先考虑时，才能牺牲个人的期待。

欧盟法院在合法期待这个问题上采取的是谨慎发展的态度。现代行政法必须保证公共计划得到公正有效的实施。法院运用合法期待原则，既确保公共利益的实现，达到公共行政的目的，又要为个人免受不公正对待，提供最基本的保护，从而增强欧共体行政合法性，促进行政活动的顺利执行。以 Mulder 案[1]为例。该案涉及欧共体牛奶生产争议，鉴于牛奶市场一直存在供给过剩，1977年欧盟理事会颁布条例，给予暂时停止生产牛奶 5 年的人发放奖金。但是牛奶过剩的问题依然没有解决。1984 年理事会颁布新条例，牛奶生产者只能根据前一年牛奶产量获得一个配额产量，如果实际生产的牛奶超过配额，将被科以重税。原告 1979 年开始同意暂停生产牛奶 5 年，之后申请牛奶配额产量，由于1983 年没有生产牛奶，因此无法获得牛奶配额。如果继续生产牛奶，只能接受重罚。欧盟法院认为，原告于 1979 年暂停生产牛奶时，不可能预见到 1984 年实施的牛奶配额制度。该条例违反生产者的合法期待，这个期待就是生产者不会因为暂停生产牛奶，而无法恢复牛奶的生产。当然该合法期待不包括正常的贸易损失，因为这属于生产者自己可预期的市场风险，而不是共同体对个人不合理对待所导致的损失。

欧盟法院关注的是如何公正实现政策目标，欧共体机构实施新政策时必须考虑那些生产者的期待。法院支持原告的合法期待，并不是反对政策的变更，

---

[1] Case 120/86 Mulder v. Minister van Laudbouw en Visserij [1988] ECR 2321.

而是保护这些生产者的特殊地位。欧盟法院的政府专员 Trabucchi 评述说，合法期待原则具有衡平的功能，确保欧共体行政活动达到公平诚信这个最低标准。如果没有足够理由，就必须满足行政活动产生的某些期待。法院运用该原则实现公正与严格执行法律之间的平衡。德国学者 Jurgen Schwarze 认为，这个原则就是从法治原则引申出来的。法律必须确定、具有可预见性。法律确定性是法治的基本元素，保护合法期待有利于促进法律的确定性和可预见性。

保护合法期待的另一个理由就是必须尊重对共同体法律秩序的信赖。个人实施行为时至少对共同体有基本的信赖。当个人只能依赖行政当局时，合法期待原则要求行政当局必须值得信赖。上面 Moulder 案中原告暂停生产牛奶时，只能相信不会因此而承受不利后果。保护这种期待使得人们对行政当局的信赖得以实现。同时人们也相信由政府判断何为公共利益之所需。当二者发生冲突时，在保证实现政策目标的前提下，对个人的信赖提供充分的保护。

合法期待原则与法律确定原则有所区别。法律确定原则要求特定时间特定领域所适用法律确定无疑。除特别目的，法律自公布之日起生效。虽然这两个原则存在共同之处，都是维护法律安全性与可预见性，但是法律确定原则对共同体行为作出实质限制，而合法期待因行政行为引起，涉及的是个人或特定团体与行政当局之间的关系。

合法期待原则适用的范围很广，但是欧盟法院对原告的请求设定了比较严格的条件。原告必须指出行政当局的某个行为使自己合理产生某种期待，而且这个期待是有可能产生变化的。如果产生无法合理预见的变化，法院将提供保护。即使原告有合理期待，行政当局也可以公共利益为由进行抗辩。这样一来，法院将决定对该期待提供何种程度的保护。相对而言，基于合法期待提起的诉讼，胜诉率并不高。当事人必须清楚证明受到不合理对待，行政当局对个人的期待作出极其错误的考虑。

2. 合法期待原则的适用条件。

(1) 期待的产生。该原则所保护的期待，必须是行政当局的行为引起的期待，而不是由于个人主观愿望产生的期待。比如，Moulder 案中，原告按照条例规定暂停生产牛奶后，产生其合法期待。相对另一个 Kuhn 案[1]中，原告并不是按照规定暂停生产牛奶，而是将农场出租。期间承租人经营不善，有意减少了牛奶产量，而此期间正是原告申请牛奶配额的前一个参考年份。原告因此无法提供其正常牛奶产量数据。法院认为该案不存在违反合法期待的情形，因为

---

[1] Case C – 177/90 Kuhn v. Landwirtschaftskammer Weser – Ems [1992] ECR I – 35.

共同体没有作出任何行为导致原告将农场出租，他应当自行承担出租农场的风险。

行政当局的惯例也可能产生合法期待。1987 年的一个案件中，法院判决委员会的一个决定无效。该决定对一个超过配额生产钢铁的企业处以罚款。而委员会在过去两年，对于企业配额外的生产一直采取放任的做法，这种惯例使当事人产生合法期待。[1]

合法期待可以因行政不作为产生。如果行政当局没有在合理期间内作出决定，可以产生有利于相对人的期待后果。例如，在一个案件中委员会用了 26 个月决定某个成员国的补贴措施是否符合共同体规则。法院认为这种延迟足以使成员国确信其补贴的合法性。[2] 但是，如果延迟的产生部分归咎于原告自己，就不能产生合理的期待。

（2）行为合法性与期待。如果公共当局的行为本身超越其权限范围，能否产生合法期待？这个问题一方面涉及保护个人的信赖期待，另一方面涉及依法行政的法治要求。

欧盟法院拒绝保护违法行政行为产生的期待。在 Maizena 案[3]中，涉及德国海关要求返还产品退税的决定。德国行政当局执行的产品退税的计算方法违反共同体规则，法院认为成员国违反共同体规则的做法不能产生任何可以获得法律保护的情形，即使委员会没有采取必要措施确保成员国正确适用共同体规则。法院认为在这个禁区适用合法期待原则，将扩大行政当局的法定权限范围，允许其任意行使权力，破坏法治原则。

（3）期待的法律保护。如果存在合理的期待，法院必须审查这个期待是否值得保护。对个人来说，他信赖这个期待，就是对将来自己与行政当局之间关系的合理预期。如果基于公共行政的需要，情况有所变化，个人的这个期待应当得到一定程度的保护，毕竟个人已经基于这样的期待付出一定投入。当然，公共利益的实现并不能取决于是否干涉了个人的期待，因此为实施新政策，个人的期待有必要作出相应的调整。

欧盟法院如何解决这种公共利益与个人利益之间的冲突？它试图在其中寻求一种利益的平衡，来解决个人期待的法律保护。行政当局有权决定何为公共利益之所需，怎样实现公共利益。如果公共利益要求改变政策，行政当局就要

---

〔1〕 Case 344/85 Ferriere San Carlo v. Commission［1987］ECR 4435.

〔2〕 Case 223/85 Rijin‐Schelde‐Verolme（RSV）Machinefabrieken en Scheepewerven NV Commssion［1987］ECR 4617.

〔3〕 Case 5/82 Hauptzollamt Krefeld v. Maizena GmbH［1982］ECR 4601.

确定是否有必要采取有损个人期待的方式。所以第一次的利益衡量是由行政当局进行。如果个人认为其期待受到不公正或不必要的损害，法院将审查寻求达成的公共目标与所采取的措施之间是否存在成比例的关系。有一点很明确，如果保护个人的期待将破坏公共利益，这种期待就不值得保护。欧盟法院审查的目的不是代替行政当局对公共利益作出判断，而是要确定为达成该公共目标，是否必须损害个人的期待。

判例显示，法院对行政行为的理由进行详细审查，判断是否确实有必要损害个人的期待。以 CNTA 案[1]为例，法院在这个案件中，对损害原告期待的基础事实进行了审查，发现委员会以公共利益为由所采取的措施，忽视了包括原告在内的一部分人的特殊情况，正因如此，公共利益不足以损害原告的合法期待。本案涉及 20 世纪 70 年代开始实施的，针对各国货币汇率差异导致农产品价格差异而提供补贴的制度。由于汇率波动常常使得农产品的价格过高或过低，不能反映其真实价值，于是引入补贴机制，补救这种价格扭曲。成员国可以对进口产品征收补贴费，对出口产品发放补贴，共同体希望这样一来不论以何种货币标价，都保持农产品价格稳定。共同体根据实际需要不断对补贴进行调整，但是贸易商要维护其交易安全，由此产生合法期待问题。本案原告已签订种子出口合同，但是产品出口前，委员会取消该项产品补贴。原告主张对准备付运的产品及其产生的汇率损失享有合法期待，应当获得补贴。欧盟法院认为，既然发放出口许可时，根据申请人的保证金，确定了补贴费，出口商当然产生一种期待，即可以因此避免出口产品的汇率风险。并且本案不存在重大公共利益，委员会应当采取过渡措施保护原告利益。欧盟法院政府专员 Trabucchi 认为，必须根据具体情况来权衡各方利益，不存在一个统一的标准。本案中，废除种子补贴的欧盟条例指出，该项补贴已无存在必要，因为 84% 的共同体产品已经出售，只有 16% 市场余额，不会再危及共同体该项产品价格。但是，84% 产品中有 30% 属于售出待运的，一旦取消补贴，这部分出口商必然受到不利影响，因为只有货物付运后才能得到补贴。取消补贴的理由中没有考虑这部分人的利益，而这 30% 是影响经济决策的重要因素。委员会的决定丝毫不符合公共当局应当遵循的公平诚信原则。因此，原告的期待应当得到法律保护。

而在 Durbeck 案[2]中，法院认为基于公共利益需要，不能支持原告的期待。原告进口一批智利苹果，正在运输途中。但是委员会决定暂时禁止进口这种苹果，因为进口苹果扰乱共同体相关行业，对共同农业政策构成威胁。原告主张

〔1〕　Case 74/74 Comptoir National Technique Agricole（CNTA）SA v. Commission〔1975〕ECR533.

〔2〕　Case 112/80 Firma Anton Durbeck v. Hauptzollamt Frankfurt am Main‒Flughafen〔1981〕ECR 1095.

其货物正在运输中，委员会没有针对他这样的贸易商采取过渡措施，损害其期待。法院认为，考虑到临时禁止进口决定的目的，任何开放市场、允许进口的过渡措施都将危及共同体市场。既然没有可替代选择，为了公共利益，只能放弃个人期待。

Spagl 案[1]能够说明欧盟法院对个人期待提供保护的程度，可以说欧盟法院对原告的期待尽可能提供保护，在公共利益与个人利益之间进行仔细权衡，认为在保证公共利益前提下，如果存在替代措施，就不能对特定个体进行限制，法院判决意在使所有个体为了公共利益受到同等限制。案件涉及 Mulder 案后新的牛奶配额规定，共同体采取了两个措施，以便对暂停生产牛奶者提供保护的同时，实现减少牛奶过剩的目标。本案原告也是暂停生产牛奶，后来无法获得牛奶产量配额。原告对新配额措施提出两点反对理由。一是共同体是否能够规定一个截止日期。新措施规定暂停生产牛奶者在 1983 年 12 月 31 日之前停产期限到期的，不能获得特别产量配额。原告主张该截止日期损害了他的期待。理事会和委员会抗辩说公共利益要求规定一个截止日期，否则牛奶配额制度无法有效发挥作用，有限的配额资源会被某些人利用。法院驳回这个抗辩，认为如果公共利益需要，可以制定更好的具有普遍适用性的规则，而不是特别针对那些暂停生产牛奶者。二是特别产量配额是否只能限于暂停生产牛奶者停止生产之前一年产量的 60%。这个计算方法中扣除 40%，是避免给予这些生产者不适当的利益。法院在委员会的文件中发现，其他生产者的扣除比率不超过 17.5%，而 40% 是这个比率的两倍多，是对暂停生产牛奶者的不平等对待。法院认为扣除比率过高，违反合法期待原则。欧盟理事会与委员会声称不可能给予超过 60% 的配额，否则就无法实现控制牛奶市场供给过剩的目标。委员会估算即使按照 60% 配额，总计会发放 100 万吨牛奶配额，而计划目标最多只能允许 60 万吨。换句话说，暂停生产牛奶者已经获得了最大程度的保护。法院却认为，这个公共利益的考虑不足以损害原告的期待。因为共同体可以采取其他办法实现对市场风险的控制，比如相应减少其他生产者的配额，就可以给暂停牛奶生产者更多的配额，即对该行业整体性的减少配额，而不是仅仅针对暂停牛奶生产者削减过多配额。本案中法院为了保护某些特定生产者的合法期待，极为认真的提出替代方案，而这个方案需要重新计算所有配额产量。

综合上述案件，欧盟法院进行以公共目标为导向的审查，确定某个期待是否值得保护。在公共目标得以实现的范围内，为个人的期待提供最大程度的保

---

[1] Case C – 189/89 Spagl v. Hauptzollamt rosenheim [1990] ECR I – 4539.

护。在判断行政当局是否超越合理界限时，法院并不是扮演辅助性的角色。法院审查所有相关情况，以及替代措施的可行性，来判断为实现公共利益，是否必须采取损害个人期待的措施。它不仅审查行政，实质上也参与了行政活动。通过对个人期待提供法律保护，欧盟法院有效的促进行政目标的实现。

第三节　欧盟行政程序

一、概述

欧盟行政程序法律制度的发展与成员国相关法律紧密相关，反映这些国家现有制度的趋势。共同体法律对当事人在行政程序权益方面的保护是逐步提高的，《欧洲共同体条约》没有对行政程序作出系统的规定，最主要的规定体现在条约第253条关于共同体机构发布条例时说明理由的义务，当事人的听证权在较早的煤钢共同体条约中有所涉及，而共同体条约对于个人听证权没有相应规定。改善最明显的是20世纪60年代和80年代在竞争法、反倾销领域先后颁布的条例、决定，使相关企业有权参与到欧盟委员会主持裁决的对抗性程序中。在缺乏成文法的情况下，欧盟法院承担了行政程序法制化的主要工作，如在1973年和1974年的判例中通过比较分析成员国法律，认为保障当事人听证权应当作为对抗行政权的一般法律原则[1]，判例法还将行政程序权利与司法救济保障相联系，明确当事人对行政程序享有请求权就意味着具有原告资格，不需要按照有关规定证明与被诉行为之间存在个别和直接的联系[2]。当然考虑到行政效率的实现，特别是有可能影响到行政目标的达成时，当事人行政程序权的保障必须存在一定界限，欧盟法院曾在判例中认为欧盟委员会作为负责调查涉嫌违反竞争法的主管机构，可以不必事先通知就开展对涉嫌违法企业的现场调查[3]。

二、行政调查

根据《欧洲共同体条约》第284条以及其他关于竞争法、反倾销等条例的相关条款，为履行条约授予的职责，欧盟委员会有权向成员国和个人收集信息、进行检查，具体而言，可以进行统计、调查盘问。所收集的信息是委员会完成工作所必要的，这种必要性应当符合比例原则，可以接受法院司法审查。如果

---

[1] Case 46/72 De Greef v. Commission［1973］ECR 543；Case 17/74 Transocean Marine Paint Association v. Commission［1974］ECR 1063.

[2] 如 Case 169/84 COFAZ v. Commission［1986］ECR 391.

[3] Case 136/79 National Panasonic v. Commission［1980］ECR 2033.

委员会向当事人发出正式通知，当事人有义务提交信息，但是基于基本权利的保障，当事人有权根据下列理由拒绝提供相关信息：涉及职业秘密（如律师与当事人之间往来资料），存在自证其罪的风险等，商业秘密不构成拒绝提供信息的正当理由，但委员会未经授权不得将该类信息提供给第三方。违反成文法或一般法律原则收集的信息不得用来作为认定事实的依据。

三、听证权

听证权存在于所有成员国法律制度中，只是形式各有不同。欧盟法院已经承认听证原则是行政程序的重要规则。共同体机构的调查程序以提供当事人听证权为最后步骤，构成行政决定的基础。

（一）不同阶段听证权的主要内容

1. 行政程序开始的告知。

2. 相关指控的说明。

3. 文件的获取。该项权利的重要限制在于有关文件不得向申请人公开，包括机密文件，比如委员会调查取得的第三人的商业秘密，以及内部备忘录，行政决定草拟稿，军事或者其他国家秘密等。

4. 听证性质与范围。包括听证目的和类型，听证程序等。

（二）听证权的限制

根据欧盟法院判例，行政机关可以在下列情况下不受听证权要求的约束：

1. 存在无法实现行政决定目的的风险。这个限制与欧盟委员会在竞争法程序中享有的调查权相关联，法院判例确认委员会可以未经事先通知就对涉嫌违法企业进行现场调查取证，目的在于避免相关文件遭到损毁或藏匿，事后当事人的司法救济权可以得到保障。如果经过法院审查认为委员会的调查决定属于非法，相关文件必须退还或者不得用来作为依据。

2. 对当事人影响轻微。如果对当事人权益影响不大，行政机关可以不经听证就采取措施。

3. 延迟采取措施存在危险。比如反倾销领域如果受威胁的损害比较大，可以在告知利害关系人之前就采取临时措施。

4. 无法提供权利保障。比如无法联系到当事人等情况。

5. 当事人自己请求放弃。这种情况仅适用于委员会依据当事人自己提供的事实作出决定。

四、作出决定的程序

在欧盟委员会对事实进行认定并且当事人行使了程序权利后，必须按照要求作出决定，并告知当事人，其中主要的成文法程序要求是《欧洲共同体条约》第253条规定的说明理由的义务。在经济领域，欧盟委员会面临大量的待处理案件，为减轻沉重负担，委员会采取一些非正式解决办法，在不作出正式决定的情形下完成行政程序，并给予相关当事人一定程度的法律确定性。比如在竞争法领域，委员会采用所谓的"安慰信"来告知当事人，说明委员会根据当前事实，不认为当事人违反竞争法，并将内容公布以便利害关系第三方有机会提出异议。相关企业对此持肯定态度，认为有助于迅速明确情况，还可以作为证据在国内法院诉讼中使用。

第四节　欧盟的司法审查

一、欧盟司法制度概述

欧盟法院扮演着欧盟体系内宪法法院和行政法院的角色。以实现欧洲一体化为最高准则的欧盟法院，如何在不同场合下行使不同程度的司法监督权与救济权，使其既发挥对公民权利保护的作用，又不致损害欧盟公共政策目标的达成，这是欧盟法律体系中尚在形成的行政法面临的重大问题与课题，也是欧盟行政法成熟和完善的重要标志。

欧盟法院的能动性深受法国行政法传统与欧盟经济目标的影响。法国最高行政法院前身、拿破仑一世设立的国家参事院，是建立强有力中央集权政府的工具，它处理行政纠纷的目的在于"解决行政过程中出现的困难"[1]。历史上，这个特殊职能使行政法官享有不同于普通法院法官的裁量权，行政法官的判决在科层式权力组织中有很强的执行力。欧洲共同体前身欧洲煤钢共同体的六个创始国法国、德国、比利时、意大利、荷兰和卢森堡，在历史上曾经都是拿破仑帝国的一部分，法国行政法对其他五个国家法律产生了重大影响。由于共同体法院管辖的事项大多涉及行政法性质，它的设立与发展自然而然也秉承法国行政法传统，如法院的组成、审理程序和审查理由、法律适用与解释方法等无一例外。欧盟为促进成员国之间聚合，实现决策权力向共同体层次集中，建立了众多的干预机制，特别是过去的煤钢共同体，带有计划经济的突出特点。相应地，法院对共同体法律的统一解释与适用，既有解决纠纷的基本功能，还包含实施推行共同体政策的强烈动因，尤其是在共同体发展前期，法院在经济一体化进程中扮演相当积极的角色。

欧盟法院审理的案件，以共同体各个机构颁布的法律文件为诉讼标的，主要是在当事人向欧盟法院提起的直接诉讼中，对共同体各个机构的行为效力

〔1〕　L. Neville Brown, John S. Bell, Jean – Michel Galabert, *French Administrative Law*, 5 th ed. , London：Oxford University Press, 1998, pp. 24 ~ 27.

（包括作为和不作为）进行司法审查。同时，以先行裁决的方式，受理成员国国内法院在有关案件中提出的对判决具有重要意义的共同体法律文件进行审查的请求。需要注意的是，如果就欧盟法律在成员国国内的执行适用，个人与成员国及其行政当局之间产生争议，不能直接在欧盟法院进行诉讼。一旦起诉，应当在国内法院进行，涉及的欧盟法律解释及效力问题由法院向欧盟法院提交，作先行裁决，属于间接诉讼。另外，个人也可以向欧盟委员会投诉，委员会收到投诉后，应及时促请有关国家采取措施，并可以视情形在欧盟法院针对该成员国提起诉讼。

根据《欧洲共同体条约》第 242、243、244、256 条以及《ECJ 程序规则》第 83~90 条，在欧盟法院提起诉讼不停止被诉行为的执行，诉讼当事人可以在诉讼过程中向法院申请临时措施，中止被诉行为的执行。每年约有 1/4 的申请获得法院准许。

根据《ECJ 程序规则》，在直接诉讼程序中，原告起诉时提交形式上符合规则要求的文件后，法院书记处即可为其登记立案，并进入审理阶段。整个审理一般分为四个步骤：书面程序、调查、口头程序、审议与判决。法院结合具体案情有时会省略第二和第三步骤。法院程序规则没有规定案件的审理期限，受到审理步骤与案件数量影响，一般从起诉立案至法院作出判决需要 20~24 个月，而且这个时间长度有增加的趋势。如果对被诉行为的可审查性、原告资格等受理程序问题存在争议，法院将在最终判决书中对此作出裁决（《ECJ 程序规则》第 42 条）。被告可以在书面程序中对受理问题先行抗辩，要求法院在审理实体问题前作出可否受理的裁决，法院有权决定是否将该问题保留至实体问题审理结束后再行判决。

二、可审查行为

（一）欧盟法律对可审查行为的界定[1]

《欧洲共同体条约》第 230 条第 1 款以排除方式列举了可审查行为的范围，规定："法院得审查下列行为的合法性：除建议与意见以外，议会和理事会、理事会、委员会、欧洲中央银行的行为，以及议会作出的欲对第三人产生法律影响的行为。"根据本条，可以认为欧盟法院对除建议和意见以及议会单独作出的内部行为以外的其他各种"行为"都可以审查，享有默示管辖权。

但是，条约第 249 条又同时列举了五种可以由议会和理事会共同作出的行为、理事会以及委员会分别有权作出的行为，分别是：条例、指令、决定、建

---

[1]　可作为欧盟法院司法审查对象的行为，涵盖范围相当广泛。这里的讨论限于共同体各个机构的作为行为，不涉及其他主体或其他行为。

议和意见，并指出建议和意见没有拘束力。因此，对于条约第 230 条"行为"范围的理解，出现了争议，争议的焦点在于：第 249 条的肯定列举与第 230 条的排除式规定之间是怎样的关系。一种比较普遍的观点认为，第 249 条的规定穷尽了可审查行为的种类，第 230 条排除式规定仅仅出于文字修辞的考虑，原因是欧盟法院作为国际组织的机构之一，其管辖权限于条约明示规定，不得随意扩大；另一种观点则坚持第 249 条对行为种类的规定是有限列举，并未穷尽可审查行为的范围，可审查行为应当依据第 230 条界定，否则不利于法院行使条约第 220 条赋予的司法审查职能。

　　欧盟法院于 1971 年 ERTA 案[1]确认了第二种观点，突破了条约第 249 条的明示规定。在 1971 年 ERTA 案的判决中，欧盟法院认为第 249 条规定不是穷尽列举，还存在其他自成一类、没有命名的行为，这些行为不属于建议或意见，根据第 230 条的规定，属于欧盟法院可审查行为。[2]　在该案中，被告理事会辩称其 1970 年 3 月 20 日制定的谈判程序规则不构成条约第 173 条（230）规定的行为，只是在成员国之间所作的政策协调，从形式到内容都不是第 189 条（249）所指的条例、决定或指令。但是法院认为：把可审查行为严格限定于第 189 条（249）罗列的种类，不符合第 164 条（220）"法院应确保条约的解释和适用遵守共同体法律"的规定。既然第 173 条（230）排除的只有建议和意见，第 189 条（249）又指出二者不具有法律拘束力，那么第 173 条（230）的意思就是法院应当可以审查产生法律拘束力的各种行为，无论其性质与形式。

　　ERTA 案所反映的不单纯是对第 173 条（230）扩大解释的问题，更重要的是表现出欧盟法院积极参与共同体发展的强烈政策主导倾向。具体来讲，作为本案审查对象的谈判程序规则，一方面，如果法院将其归为第 189 条（249）规定的三种行为之一进行审查，根据共同体条约和判例，由于该被诉行为没有说明理由，违反重要程序要求，必然宣告无效，那么共同体与成员国之间的所有谈判成果肯定会付之东流；另一方面，如果法院认为其不属可审查行为而不予审理，则丧失了对案件实体问题的审查机会，即对本案被告对外缔约能力是否符合共同体法律，不能作出解释，这不仅不利于法院行使第 164 条（220）规定的职能，而且妨碍法院参与共同体事务。于是，法院将被诉措施解释为条约没有列举、自成一类、具有拘束力的行为，既可以行使司法审查权，又避免没有

---

[1]　Commission v. Council, Case 22/70, [1971] ECR 263.
[2]　《欧洲共同体条约》几经修订、整合，内容相同或相似的条款在不同时期以不同序号出现，下文援引的判例中提到的第 164 条、第 173 条和第 189 条，分别是现行第 220 条、第 230 条和第 249 条，文内用括号加以标注说明。

进行实体审查就直接宣告其无效。这也在一定程度上表明，所谓的法律解释理论，只是法院用来掩盖其裁决的真实政治立场和意图的技术手段。在包括本案在内的许多判决中，法院都利用条约第 220 条规定，积极推动共同体一体化进程。

（二）可审查行为的判断标准

从上述 ERTA 案判决理由中不难发现，第 230 条所规定的可审查行为的主要特征就是该行为必须具有拘束力，换句话说，它必须产生法律影响。而且，对于欧盟议会单独作出的行为，第 230 条明确指出，只有那些对第三人产生法律影响的行为，才可以提交法院审查。因此，根据共同体条约，能够被法院审查的行为必须是产生法律影响的行为。所谓"产生法律影响"，是指使某个人的权利和义务发生改变，即如果该行为改变一个人法律上的权利和义务，暨其法律地位，就可以说它产生法律影响。欧盟法院在诸如 IBM v. Commission[1]、Italy v. Commission[2] 等判例中也对此做了确认。

值得注意的是欧盟法院在涉及竞争法、共同体雇员待遇，如 Cimenteries and others v. Commission[3]、Deshormes v. Commission[4] 等案的判决中进一步将可能产生影响或对未来利益产生影响的行为也纳入到可审查行为的范围之内，以便对当事人的权益提供及时保护。

在 Cimenteries and others v. Commission 案中，欧盟法院认为对于当事人的法律地位产生可能影响的行为，属于可审查行为。本案被告委员会根据欧盟竞争法的规定，对企业涉嫌限制竞争协议进行审查，分为初审和最终决定。初审结果出来前，企业执行协议的行为免于处罚。但是如果初审结果认为协议涉嫌限制竞争时，企业将面临两难选择：一方面，企业如果继续执行协议，须承担协议被最终认定为违法，受到处罚的风险；另一方面，企业如果停止执行协议，则须承担协议最终被确认为合法，或可以享受豁免而带来的在等待期间的商业利益损失。在本案中，有关企业对委员会的初审通知提起诉讼，要求撤销通知里的决定。委员会辩称法院不能受理该诉讼，因为不存在一个可以撤销的行为，该通知只是委员会的意见，有待进一步考虑和最终决定，它没有法律拘束力，不是一个可审查的行为。欧盟法院则指出，该初审结果中的决定具有法律影响，其后果就是取消了条约规定的豁免权，具体来说，本案中的通知使原告丧失了

---

〔1〕　Case 60/81,〔1981〕ECR 2639.

〔2〕　Case 151/88,〔1989〕ECR 1255.

〔3〕　Joint Cases 8 – 11/66,〔1967〕ECR 75.

〔4〕　Case 17/78,〔1979〕ECR 189.

等待最终决定期间的处罚豁免权，导致极大的财政风险，原告的法律地位由此产生了明显变化，影响了企业利益，毫无疑问，这是一个触及相关企业利益、产生法律影响、具有拘束力的行为，因此该通知构成一个决定，而不是意见，法院可以受理该案。在该案中，初审结果通知对当事人的法律地位仅仅产生可能的影响，然而即便如此，法院仍然给予了当事人司法救济的机会。

在 Deshormes v. Commission 案中，欧盟法院将对当事人未来利益产生影响的决定纳入了审查范围。该案中，原告任职于共同体委员会，曾经分别作为专家和辅助职员为共同体工作过。她向共同体委员会提出申诉，要求按照有关条例，把前述两个工作时期计入退休金领取年限，遭到拒绝，于是提起诉讼。委员会认为法院不应当受理该案，理由之一是原告仍然在职，无权质疑将来养老金支付的原则，只有养老金实际支付时才能由法院审查。法院则认为，尽管退休前养老金的领取是不确定的，但是将某个工作时期不计入养老金领取年限的行政决定，即使将来才实施，仍然立即直接影响当事人的法律地位，因为如果等到退休时再确定这一点，就使当事人的财务状况陷入不确定的状态，不能立即为将来作必要安排，因此可以要求法院对此作出裁决。

（三）几类行为可审查性的判断

1. 内部行为。欧盟法院认为如果行为只产生内部影响时，不可审查，即如果该行为只对作出行为的机构内部组织或运作产生影响，则第三方不能提起诉讼[1]。

这个原则首先在 Les verts v. Parliament 案[2]中确立。欧盟法院不仅通过该案澄清内部行为的涵义，最重要的是借此机会又一次突破条约的明示规定，将欧盟议会的行为纳入司法审查范围，使自己的管辖权再度扩张。针对欧盟议会单独作出的行为可否审查问题，该案判决认为：欧盟法院对包括议会在内所有机构的行为有权审查，但是可以由法院审查的行为必须是对他人有所影响的行为，换句话说，不能审查内部行为，而对于内部行为的判断标准就是：是否对第三人产生法律影响。该判决的观点被后来修订的条约吸收在第 230 条，规定：法院可以审查欧盟议会作出的欲对第三人产生法律影响的行为。在该案中，由于当时的条约第 173 条（230）没有专门提到议会的行为可以由法院进行审查，被

---

[1] 但是机构雇员的权利如果因此受到影响，可以对该行为提起诉讼，法院对此类案件的管辖权参见《欧洲共同体条约》第 236 条："The Court of Justice shall have jurisdiction in any dispute between the Community and its servants within the limits and under the conditions laid down in the Staff Regulations or the Conditions of employment. "

[2] Case 294/83，［1986］ECR 1339.

告据此提出抗辩。而欧盟法院认为，正如在 ERTA 案已经强调过的，条约宗旨
在于使每个机构产生法律影响的措施都可以受到审查。之所以第 173 条没有明
确提及议会行为，是因为早前的共同体条约仅赋予其咨询、政治控制上的权力，
没有权力采取对他人产生法律影响的措施。但是议会行为仍然有可能侵犯成员
国和其他机构或团体的权力。《欧洲共同体条约》第 173 条（230）应该是普遍
适用的条款，排除对议会行为的审查违反条约第 164 条（220）以及条约法律体
系。因此法院可以审查议会对他人产生法律影响的行为。本案两个被诉措施都
是议会对 1984 年选举经费作出的预算，其中包括现任议会代表和其他参选各方
活动经费，涉及除议会内政治团体以外其他参选团体的权利和义务，欧盟法院
认为：根据第 173 条（230），上述措施都对第三人产生法律影响，可以由法院
审查。

　　但是在纯粹的内部行为和影响第三人行为之间划出明确界限，并不容易，
经常出现借内部行为之名，行影响他人权利之实，所以判断一个措施是不是内
部行为，往往需要对相关实体事项进行全面审查。如 France v. Commission 案[1]，
法院通过全面审查案件实体问题，即被告涉嫌超越或滥用权限，宣告某内部指
示实质是可以审查，并且无效的决定。该案被告委员会发布内部指示，授予其
官员对成员国农产品独自采样分析权，规定了详细的行政和技术程序。被告辩
称，该内部指示，正如其名称所指，对第三方即任何经济组织和成员国没有产
生法律或财政上的影响，不属于可审查的行为。法院指出，被诉措施与一般内
部工作指示不同。根据有关条例，现场采样分析，无论出于成员国主动履行监
管职能，还是应委员会要求，都只能由成员国执行。委员会抛开成员国，为自
己增设条例中没有赋予的权力，并规定了详细的操作程序，以及自己与当事人
之间如何分摊费用，该内部指示影响到第三方权利，具有可审查性。因此，法
院总是需要透过现象看本质，对那些形式和名称上不属于可审查行为的被诉措
施，有责任仔细考察它是否构成一个伪装的决定。

　　2. 约束将来行为的决定。欧盟法院认为，对于行政机关作出的约束自己将
来行为的决定，只要行政机关在决定被撤销之前受其约束，就应当可以审查。
例如 Lassalle v. European Parliament 案[2]中，被诉招聘通告特别说明应聘条件之
一是熟练掌握意大利语，而实践中不存在任何理由要求该职位必须熟练掌握意
大利语。法院认为行政机关事先设定各种条件，限制自己将来的选择并发布通
告，对于像原告这样不具备限制条件的职员，立即产生负面影响。因此，该通

---

[1]　Case C－366/88，［1990］ECR I－3571.
[2]　Case 15/63，［1964］ECR 31.

告属于可审查的行为。

此外，欧盟法院试图把对将来行为的说明视为约束将来行为的决定，进行审查，使当事人免于遭受可能的更大损害。行政机关对将来行为的说明，形式上与拘束其将来行为的决定相似，但是它仅仅是行政机关意图的说明，不产生法律效力，因此严格说来，不应当属于可审查的行为。由于二者实际上不易区分，如果等到行政机关受到其说明约束时法院才能审理，当事人有可能失去有效的救济，而且当事人有权认为行政机关说到就会做到，应当能够质疑行政机构将要采取的行为是否合法。于是欧盟法院在实践中形成这样一个基本做法，即共同体任何一个机构发布说明，告知对方特定情形下打算采取的行动，只要这个意图说明确定无疑，就认为其构成可审查的行为。

Federation Charbonniere de Belgique v. ECSC High Authority 案[1] 就是一例。本案被告煤钢共同体高级管理局写信告知比利时政府可以采取的几点措施，共同体向比利时煤矿发放的补贴与这些措施一同进行。严格地讲，没有任何人的权利受到影响，因为该说明不具有法律效力，高级管理局不受这个说明的约束，但是可以从信件措辞中清楚地推断出高级管理局的意思，即如果比利时政府不采取某些措施，将停止发放补贴。如果煤矿公司此时针对该说明提起诉讼，而不是等待高级管理局采取进一步的行为，救济效果会比较好。法院于是把这封信视为一个决定，是可以审查的行为。尽管这种意图的说明也许不是严格意义上的法律行为，在缺乏其他救济手段的情形下，应当把它当作法律行为看待。

比照这些早期判例，欧盟法院对 United Kingdom v. Commission 案[2] 的判决截然相反。本案中，委员会对共同体援助项目招标进行初审时，宣布将考虑竞标公司的国籍。国籍配额的意思是合同名额尽可能按照成员国对项目的捐款额度分配给各成员国的公司，如果有相当多来自同一个成员国的公司早前已经投到了合同，意味着这次该成员国的公司可能不会通过初审。英国提起诉讼，认为这个国籍配额制度足够确定地表明委员会的意图，产生了法律影响，因为它将导致本国公司被排除在初审之外。但是法院驳回了起诉，表面理由是认为国籍只是委员会拟定名单时打算考虑的因素，由于委员会通常不会完全按照其标准做事，所以这个配额制度是不确定的，故不可审查。但实际上，本案中委员会关于国籍配额的意图并不比 Federation Charbonniere de Belgique v. ECSC High Authority 案中被告写给比利时政府的信更具不确定性，而且原告同样无法采取其他更好的救济手段。影响欧盟法院作出这样相反判决的更重要的因素在于

[1] Case 8/55, [1956] ECR 245.
[2] Case 114/86, [1988] ECR 5289.

"政策面的考量"，本案涉及的政策"影响"面显然广泛得多，其一，委员会的政策是得到大多数成员国支持的；其二，如果给予原告实质有效的救济将会导致援助项目被拖延；其三，如果审理本案就会产生一个先例，引发成员国关于国籍歧视的一系列案件，这些都是法院不愿意看到的。因此法官在本案中的推理显得更加谨慎。本案表明，司法审查处于法律、政治和行政相互交织的境地，在运作中显然需要相当程度的技巧，法院不能孤立的寻求冤屈的昭雪，因为可审查行为的判定不完全是法律推理解释问题，更是多方利益权衡之后得出的相对合理结果。

3. 前置性的决定。前置性决定产生于作出最终决定前必须经过的前置程序。判例表明[1]，欧盟法院认为前置决定本身不是可审查的行为，它不能独立影响当事人权利，其法律后果只在于影响了最终决定，当事人一般不能在最终决定作出前提起诉讼。如 Piergiovanni Pistoj v. Commission 案[2]涉及任命一个委员会职员，根据有关条例，必须先得到确认委员会的批准，再由任命机关作出决定。本案中确认委员会没有批准，法院认为，虽然确认委员会的决定使任命机关无法行使任命官员的权力，当事人的就职机会因此丧失，但是这个决定与最终决定不可分离，不是可审查行为。本案判决理由很牵强，因为该前置决定本身的确对当事人权利产生独立的影响，但是正如法院在裁决中指出的，当事人可以等到起诉最终决定时一并质疑前置决定的合法性，前置决定的起诉期限也从最终决定公布或通知当事人之日起算[3]。

法院之所以作出这样的安排，主要是考虑司法救济的必要性。法院运用"明显改变当事人的法律地位"衡量这种决定的可审查性：如果不审查，当事人受到的损害是否可以在审查最终决定时得以弥补，如果不可以，那么当事人的法律地位确实发生明显改变，法院有可能审查该前置决定。例如 AKZO Chemie v. Commission 案[4]，法院对委员会的前置决定进行了审查。被告委员会在涉及竞争法的调查程序中决定向申请调查方披露某些文件，被调查方 AKZO 公司认为这些文件是商业机密，不能让竞争对手看到，于是对委员会披露文件的决定提

---

〔1〕　参见 Bossi v. Commission（Case 346/87，［1989］ECR 303）以及 Marcopoulos v. European Court of Justice（Case T－32, 39/89，［1990］ECR II－281），分别涉及向晋升委员会提交的晋升候选人名单和评审委员会的委员任命决定。

〔2〕　Case26/63，［1964］ECR 341.

〔3〕　起诉期限之规定见《欧洲共同体条约》第 230 条第 5 款："The proceedings provided for in this article shall be instituted within two months of the publication of the measure, or of its notification to the plaintiff, or, in the absence thereof, of the day on which it came to the knowledge of the latter, as the case may be."

〔4〕　Case 53/85，［1986］ECR 1965.

起无效之诉。法院认为该决定直接影响原告保密权，这个影响独立于最终决定，虽然原告可以等到审查最终决定时，质疑披露文件的决定，却不能因此获得有效救济，因为损害早已产生，只有审查该决定，才能使当事人获得共同体法律规定的足够的司法保护。

总之，为实现商品、人员、服务以及资本自由流动，确保建立欧洲共同市场过程中成员国私人实现最大经济自由，保证市场竞争不被扭曲，现代有限能动型经济哲学指导下的欧盟法院，在一系列涉及补贴、公平竞争权的案件中，从保护个体权利的有效性与及时性角度，对可能产生影响的措施，包括对将来行为的意图说明都进行审查，并区分不同情形下前置程序决定的可审查性，另行规定起诉期限的起算。在此法院没有僵硬地将案件的受理要求与实体问题一分为二，而是按照有效规制的需要对司法救济进行调整。法院不仅审查行政，实质上也参与了行政活动，体现了"审理行政案件也就是在进行行政工作"的思想。

三、原告资格

（一）欧盟法律的规定

《欧洲共同体条约》将原告分为特权原告和非特权原告，各成员国以及共同体机构如欧盟议会、理事会和委员会被称为特权原告，对任何可审查行为都享有原告资格；同时，个人直接对共同体机构起诉时被称为非特权原告，因为欧洲共同体是由主权国家组成的国际组织，具有超国家权力性质，共同体机构制定的共同体措施在特定情形下对个人具有直接适用效力。根据《欧洲共同体条约》第 230 条第 4 款，"任何自然人或法人，在同等条件下，可以就对本人的决定起诉，或对以条例形式作出的决定以及向他人作出的决定起诉，只要其与申请人存在直接和个别的联系"。

欧盟司法审查制度中原告资格的问题是围绕个人作为非特权原告起诉国际组织机构而产生。共同体条约以实现经济一体化为最高目标，为加强共同体机构集中决策权和执行力，对个人的原告资格使用了限制性字句，强调原告必须与被诉措施存在直接和个别的联系。在上述特殊背景下，欧盟法院解决个人的原告资格问题时，必须考虑到欧盟作为具有超国家权力的国际组织，如何看待个人在组织中的地位，以及怎样协调个人民主与推进共同体一体化之间的利害关系。因此，尽管理论上自然人或法人依据条约第 230 条规定提起的无效之诉应当是对个人开放的主要司法审查途径，事实上这种可能性一直受到限制，欧盟法院对条约的严格解释是个人成为司法审查原告的主要障碍。

《欧洲共同体条约》关于原告资格的条款中，首先将被诉措施划分成决定以及条例，然后对原告资格进行规定，如果个人针对条例起诉，申请人必须证明这个形式上普遍适用的条例实际为一系列与申请人存在直接和个别联系的决定。判例显示，虽然某些情况下法院没有拘泥于个人起诉的行为只能是决定，认为不必利用"个别联系"将条例解释为事实上的决定才能起诉，承认条例本身即使是普遍适用性质，仍然可以与个人存在个别联系，从而使得行为的可诉性与原告资格有一定程度的区别。但是，无论被诉措施采取怎样的形式，如果申请人不是该措施直接相对人，那么申请人必须与该措施存在直接和个别联系，才能得到法院救济的机会。法院利用个别联系这个条件，将一些涉及共同体农业政策的案件、集体权利的案件排除在司法审查之外。

（二）直接联系

直接联系比较容易确定，由于大部分决定是以成员国为对象作出的，申请人与该决定之间是否存在直接联系，取决于成员国作为决定的接受方，在执行决定时，成员国是否享有任何裁量权。如果成员国没有任何裁量权，该决定属于直接影响申请人法律地位，与申请人存在直接联系。比如当委员会要求某成员国撤回对企业发放的补贴时，成员国必须要求有关企业退回补贴，而已经获得补贴的企业是特定的，那么这些企业与决定之间就属于存在直接联系。成员国实施决定必须是自动的按照共同体规则，不需要适用其他中间过渡规定。

（三）个别联系

法院在个别联系问题上的解释，是确定原告资格的焦点。法院在 Plaumann 案[1]的判决为整个司法审查制度定下严格解释原告资格的基调，成为日后所有案件解决问题的指南，使相当多的申请人很难满足这个苛刻的条件。该案申请人对欧盟委员会向德国作出的一个决定起诉，该决定拒绝授权德国降低进口小柑橘关税。法院认为本案中当申请人不是决定的接受方时，该决定并没有出于特别原因影响到申请人，申请人所称的影响，仅仅是作为进口商从事商业活动的结果，这是任何人在任何时间都可以从事的活动，没有使其处境有别于其他人，不具有原告资格。该案判决确定了一个适用于所有案件的"个别联系"标准：个人由于自身某种特定特征，或者由于区别于其他所有人的特定情况，而如同直接相对人那样，个别的受到该决定影响。这个标准适用于之后很多案件，法院在判例中进一步明确了几个标准，如要求当事人属于固定和可确定的封闭群体，并采用不同时间点划定范围：决定作出前、决定作出时以及决定作出后某个时间。

从判例来看，Plumann 标准并非左右原告资格的真正标准，法院有意识的区

---

〔1〕 Case 25/62，Plaumann v. Commission，〔1963〕ECR 95.

别案件内容，维护共同体机构在特定领域行使强有力的管理权，不愿放宽这些事项上的原告资格，以便共同体政策的实施。严格限制个人对共同体政策提起诉讼的判例，集中于共同体特定领域，如农业和关税，几乎所有被驳回的请求都是关于按照共同农业政策作出的行为。在这个领域委员会和理事会面临复杂的裁量权行使问题，法院认为这些机构对于各种目标利益的平衡已经进行相当程度的考虑，最后的措施并不会让所有人满意，措施数量多，涉及范围广，所以争议不可避免。法院不希望再次面对大量有关机构费心裁量过的问题，所以它采取的方式就是在实体审理时对审查标准把握的比较宽松，或者对原告资格加以严格限制，而后者花费的时间比较少。

同时，绿色和平组织案[1]的判决显示，"个别联系"排除了包括环境权在内任何基于集体或分散利益性质权利提出的诉讼。虽然1992年《马约》增加了环保规定，对共同体机构设定明确义务，为共同体公民创设某些环保权，但是这些权利性质是集体性的，环境损害对任何个人都无法特定，个人起诉要求保障这类权利时无法跨过个别联系这个障碍。案件涉及欧洲共同体委员会向西班牙加纳利群岛电站建设提供援助的决定。法院认为，当地居民、绿色和平组织等环境组织与该决定不存在个别联系。法院拒绝考虑申请人环保方面的利益，认为居民作为申请人与其他任何在该地区学习生活游览的人受到同样影响，环保组织未能表明自己的利益有别于组织成员的利益，因而与当地居民一样与该决定不存在个别联系，不具有原告资格。法院还认为不能改变判例法以允许环保组织起诉，否则那些本来没有原告资格的人会通过建立组织来突破程序上的障碍，而且理论上环保组织的数量也是不确定的。

对于涉及集体权利的诉讼，法院持谨慎态度的表面理由是：其一，赋予集体权利人原告资格被视为超越法院管辖权限，不符合条约规定的个别联系，有"违宪"嫌疑；其二，受理这类案件将导致法院陷入个人诉讼洪流中，这是法院一直担心和避免的。欧盟法院在公共权利案件中对原告资格的限制性适用受到欧洲学者和法官的批评，认为违反了共同体条约规定的有效司法保护原则，导致当事人丧失司法救济，从而违背欧洲共同体所遵循的基本宪法精神。欧洲有学者在比较了美国公益诉讼发展情况之后，指出公共权利诉讼在美国20世纪70年代发展起来，是作为一种司法手段解决影响第三人或更广泛公共利益的问题，但是在欧盟没有相应的发展状况，不仅因为欧盟行政机构设置和职能方面与美国存在差异，更深层次的原因在于就欧盟层面而言，欧洲一体化发展至今，是

---

[1] Case T – 585/93 Stichting Greenpeace Council（Greenpeace International）v. Commission，[1995] ECR II – 2205.

在各个主权国家参与下、自上而下的政治推进，没有明确的与欧共体组织相对的"欧洲市民社会"群体与共同利益意识产生的空间，作为个体的公民自觉组织团体参与治理欧共体事务方面存在某些制度缺失，因而其司法框架内没有与维护群体成员主张与利益相回应的机制。

四、诉讼类型

欧盟法院对共同体机构行使司法审查权的主要形式有：无效之诉；不作为诉讼；请求确认非法；在损害赔偿之诉中对有关行为的合法性进行审查；根据成员国法院的请求，对该法院正在审理的案件中涉及共同体机构行为合法性问题进行先行裁决。

（一）无效之诉

法院通过审查共同体机构的行为，对其效力作出裁判。可以由共同体机构、成员国以及有资格的个人按照以下几种诉讼理由提起诉讼：无权限、违反重要程序要求、违反条约或者任何相关适用的法律规则以及滥用权力，如果理由充分，法院可以宣告被诉行为无效。

《欧洲共同体条约》第 233 条规定，行为被宣告无效或不作为违反条约的机构应采取必要的措施以履行法院的判决。第 231 条还规定，当一项条例被宣告无效时，欧盟法院可以在其认为必要的情况下，说明被宣告无效的条例具有什么样的效力。如欧盟法院曾宣告欧盟理事会一项有关欧盟机构雇员工资标准的条例无效，但为保证雇员在新条例颁布之前仍然享有加薪的权利，法院裁决在欧盟理事会制定新条例前，原条例应继续执行[1]。法院还可以认定仅有部分被诉措施是无效的，在此情况下其他部分仍然有效。

（二）不作为诉讼

对于不作为行为，成员国和其他共同体机构可以诉至欧盟法院，以认定其行为违法。对不作为行为提起诉讼的条件是，共同体机构事先已被要求作为，并提出了明确的时限要求，从被要求作为之日起两个月内，该机构一直没有表明态度，则在其后的另两个月内可以提出诉讼。此外，个人在共同体机构不作为时也可以向欧盟法院提起诉讼。但从实际情况来看，个人要在此类诉讼中获胜，有两个较难克服的障碍。首先，原告必须明确地向法院说明他所请求作出的行为，按理应当早已告知自己。通常必须证明有关决定"直接地、个别地涉及他"，而证明这一点很困难。其次，如果被告已"表明了态度"，则被告不再属于不作为，许多案例表明，共同体机构时常表明其态度，但不采取可能引起

---

〔1〕 Case 81/72, Commission v. Council, 〔1973〕ECR 575.

争议的法律措施。鉴于此，不作为诉讼对个人的保护实际上是不充分的，胜诉的很少。

（三）请求确认非法

请求确认非法不是一个独立之诉，当事人不能以请求确认非法作为一个独立的诉因提起诉讼，只有在因其他诉因而提起的诉讼中，当事人才可以不受限制地援用这项权利，其针对的目标是正在进行的诉讼中准备适用的条例。请求确认非法是对无效之诉的一种救济手段，它是在无效之诉已过时限的情况下启动的。请求确认非法是对无效之诉的重要补充，它减轻了后者时限极短的压力。据此，法院可以通过受理请求确认非法的方式，认定某一条例不能适用，并进而使依该条例作出的决定没有法律根据而予以撤销。该程序主要是用来保护个人免受非法条例的伤害，防止因条例非法又衍生出非法的决定、指令。

请求确认非法协调了欧盟法律制度中两项有所冲突的政策。一是从法律的稳定性角度出发，在经过一段时间后，应使欧盟机构制定的法律成为不可指控；与之相对的是，不允许一项非法性的法律随着时间的推移成为完善的法律并进而培育出新的非法行为。

请求确认非法的法律后果是被确认非法的法律不能适用，而不是使之无效。具体来讲，如果请求确认非法的诉讼获得成功，则有关条例被判定不可适用，而不是绝对地判定为无效，相对其他人而言仍然有效，这是与无效之诉的主要区别。另外，请求确认非法的范围仅限于条例，对指令、决定、建议或意见则不能请求确认非法。

（四）损害赔偿之诉

欧盟法院通过一系列案件的审理，确立了欧盟机构因其违法行为承担非契约责任的某些要件：必须有损害；有违法行为；损害与被诉行为之间有因果关系。

对于非契约责任，欧盟法院认为应包括欧盟机构因立法所造成的损害责任，即所谓的规范侵权责任。欧盟法院对此类侵权的认识是，当某欧盟机构所制定的具有立法性质的法令后来被发现违反了欧盟条约或其他欧盟法，则可能产生规范侵权。但为了对此类纠纷予以限制，减少欧盟机构的诉讼负担，欧盟法院对规范侵权确立了一个严格的检验标准，即只有在欧盟机构的法令"公然地充分地违反了一项保护个人利益的具有更高法律效力的法律时"，才可以构成侵权。简而言之，如果欧盟机构的法令只是一般违反，而不属公然违反，则规范侵权不能成立。

（五）先行裁决

先行裁决是根据成员国法院的请求，对该法院正在审理的案件中涉及欧盟法的含义及共同体机构行为合法性问题进行审查并作出裁决。先行裁决的目的在于保障欧盟法的统一性，使其在各种情况下，欧盟法在所有成员国保持相同。由于在欧盟范围内缺乏有力的联邦机构或欧盟范围内的上诉法院，先行裁决就成为保障欧盟法得以统一执行的重要手段。

先行裁决只能由成员国审判机构提出，当事人自己不得自行直接请求欧盟法院裁决。成员国法院可以基于当事人的要求或基于自己的动议提出此项申请。在申请提出后，除非情况特殊，在成员国法院进行的诉讼程序应予中止，直至欧盟法院作出先行裁决。

就其性质而言，先行裁决不属于对抗式的诉讼程序，而是成员国法院和欧盟法院之间的一种司法合作。先行裁决制度设立之初，成员国法院对此反应冷淡，担心本国司法权会受到干涉。如今成员国法院对此有了相反的认识，提请先行裁决的案件日益增多，已使欧盟法院负荷过重。为此，欧盟法院要求成员国法院对进行诉讼的案件事实和法律背景作出充分详细的叙述，从而使欧盟法院能作出及时的答复。

五、审查标准

如果申请人具有原告资格，在期限内提起直接诉讼，要使共同体行为宣告无效还必须表明存在一定理由，《欧洲共同体条约》第230条规定了四个理由：无权限，违反重要程序要求，违反条约或者任何有关条约适用的法律规则，滥用权力。根据第234条提起的间接诉讼也适用同样的理由。

（一）无权限

欧共体机构必须能够指出条约授予其采取某个行为的权限，否则该行为将被宣告无效。这个无效之诉的理由一直较少适用，主要有以下两个原因。一是法院为了使共同体目标得以实现，有意对共同体机构的权限进行宽泛解释；二是《欧洲共同体条约》有关条款特别是第94条与第308条本身就授予共同体机构比较广泛的立法权限。原告可以利用这个理由指控共同体机构存在非法授权。在一个涉及共同体机构把某项管理权力授予其他社会机构的判例中，法院认为把确定的行政权力授出，并置于授权机关制定的客观标准监督之下，这是合法正当的，但是不允许授权太宽泛使被授权人可以作出相当大的自由判断[1]。

（二）违反重要程序要求

并不是所有违反行政程序的行为都会导致宣告无效，行为中存在的程序瑕疵必须属于重要的程序要求，而什么是重要程序则由法院通过个案进行解释，

---

〔1〕　Case 9/56, Meroni and Co. Industrie Metallurgiche SpA v. ECSC〔1957–8〕ECR 133.

如提供听证的要求，说明理由的义务，获得文件权，以及进行咨询的义务。比如欧盟理事会制定的一个条例因为没有遵守向欧盟议会咨询的程序要求被宣告无效[1]，法院认为条约规定的这个咨询程序是让议会在欧共体立法程序中发挥实际作用，议会这个权力是条约意图实现机构制衡的重要条件之一，虽然作用有限，但是反映了欧共体基本民主原则，即人民应当通过代表性的议会参与行使权力。因此向议会进行恰当咨询构成重要的程序要求，遵守该程序意味着议会表达过它的意见，而欧盟理事会仅仅提出过咨询并不能满足条约规定的咨询议会的程序要求。

（三）违反条约或者任何有关条约适用的法律规则

这个理由与前面两个实际上存在重合之处，在几乎所有的案件中都被援引过。任何有关条约适用的法律规则包括除条约以外的欧共体法律所有规则，共同体法律一般原则，以及效力等级高于被诉行为的其他共同体行为，甚至可以是欧共体与非成员国缔结的国际协定，只要该协定对共同体有约束力，并具有直接效力。

（四）滥用权力

各国的公法体系中都包括与此相同或类似的原则，在欧共体法院这个理由相对适用的少一些，主要是因为当事人根据其他理由就可以达到目的了。

欧盟法院对欧盟委员会以及欧盟理事会所作决定特别是涉及裁量权行使进行审查时，存在不同的审查程度问题，而法院通常不愿意过多介入需要共同体机构进行复杂权衡采取的经济政策措施，主要涉及共同农业政策、国家补贴、倾销以及并购等领域。比如共同农业政策包括很多概括性特别强的目标条款。原告常常质疑共同体机构决策时所选择追求的目标，以及是否运用了恰当的手段。而法院则认为共同体机构就此享有广泛的裁量权，只有严重不适合达到目标时被诉措施才产生合法性问题。适用一般法律原则如合法期待、比例原则以及禁止歧视原则审查共同体机构在经济政策方面的行为也存在类似情况。

第五节　损害赔偿责任

一、共同体赔偿责任

（一）概述

《欧洲共同体条约》第 288 条就共同体承担损害赔偿责任的问题作出以下规

---

[1]　Case 138/79, Roquette Freres SA v. Coucil [1980] ECR 3333.

定："对于非契约责任,共同体应当根据成员国法律的普遍原则对共同体机构或者履行职责的共同体工作人员造成的任何损害作出赔偿。"这个条款用语宽泛,没有具体说明赔偿条件,法律界普遍认为这实际上是把赔偿责任这个问题留给共同体法院进行解释,用判例法构建共同体赔偿责任体系,与法院在其他领域所作的一样。对于什么是成员国法律的普遍原则,责任构成应当包括哪些条件,法院并不是把所有成员国法律体系进行简单协调,而是进行比较与评价,总结适合共同体特定目标与法律体系的规则。

早期的判例并不利于个人提出请求并获得赔偿。根据 1963 年的 Plaumann案[1]判决,无效之诉是适用共同体条约第 288 条进行赔偿的必要条件。如果法院坚持这个要求,条约第 288 条对于索赔的个人来说几乎毫无用处,因为判例法严格限制了提起无效之诉的个人原告资格。不过后来的判例逐渐放弃这个要求,损害赔偿之诉与无效之诉不再挂钩,成为独立自动成立的诉因。这样一来,尽管个人很多时候因为原告资格的限制无法提起无效之诉要求法院判决被诉行为违法无效,但是原则上可以直接针对被诉行为造成的损害寻求司法救济。

(二) 赔偿责任条件

欧盟法院在 1971 年的 Lutticke 案[2]判决中总结了共同体对行政行为承担赔偿责任的条件："根据第 215 条(即现行第 288 条)以及该条款所指的普遍原则,共同体承担责任包括以下前提条件,即实际损害,诉称损害与被诉共同体机构行为之间存在因果关系,以及该行为的违法性。"在涉及共同体制定具有政治经济方面影响的法律规范时,按照法院判例[3],共同体对个人承担责任与否,还要看共同体的该种立法行为违反的上位法是否旨在保护个体利益,违法性是否达到显而易见并且严重的程度。至于如何判断违法的严重性,近些年的判例显示法院逐步放松严格的解释,并考虑包括过失在内的一些因素,比如违法行为是否属于故意或者自愿实施,过失是否属于不可谅解的错误,有关权力机构的裁量权范围,被违反的规范是否含义明确等[4]。

对于赔偿范围,法院已经认可当事人对利润损失有权获得赔偿,也可以包括利息与成本,比如与缔结或终止合同相关的费用,在计算赔偿金额时,法院适用与成员国法律相似的减轻损害原则来避免过度赔偿。另外,当事人可以寻

---

〔1〕　Case 25/62, Plaumann v. Commission [1963] ECR 95.

〔2〕　Case 4/69 Lutticke v. Commission, [1971] ECR 325.

〔3〕　如 Case 5/71, Aktien – Zuckerfabrik Schoppenstendt v. Council [1971] ECR 975.

〔4〕　如 Case C – 352/98, Laboratories Pharmaceutiques Bergaderm SA and Goupil v. Commission [2000] ECR I – 5291.

求非物质损害的赔偿，不过这方面成功索赔的判例集中在共同体雇员纠纷案件，毫无疑问主要是因为这一领域法律关系对个人权益产生的严重影响。

二、成员国违反共同体法的国家赔偿责任

欧盟法院在法律发展方面走得更远的一个领域，当属成员国违反共同体法时应当承担的国家赔偿责任问题。欧盟法院的相关判例，迫使各个成员国在欧盟法院规定的框架内，对国内法有关国家赔偿责任的制度进行大幅度调整。如果国内有关国家责任的法律规范根本不能对违反共同体法的国家赔偿责任请求权提供法律依据，比如，缺乏对不当立法行为的责任规定，那么个人对国家提起的损害赔偿之诉，就是依据共同体法本身。

（一）国家赔偿责任的确立

依照《罗马条约》，欧盟法院对于私人诉讼主体（自然人或法人）对成员国提起的诉讼是没有管辖权的，但是在实践中对于个人因国家违反欧盟法的行为而带来的损失应如何寻求救济，欧盟法院在 Francovich 案[1]等一系列案件中，借助于条约赋予欧盟法院的初步裁决权以及对成员国规定的义务，确立了成员国对于违反欧盟法律给个人带来损害而承担的国家责任。

根据《罗马条约》的规定，欧盟法院的诉讼管辖权仅限于两种：即成员国或代表欧盟的一个欧盟机构对另一个成员国提起的诉讼，以及一个或几个欧盟的机构对另一个欧盟机构提起的诉讼。在这种管辖权制度下，自然人和法人仅在情况特殊时有权对欧盟的机构提起诉讼，并无权对成员国提起诉讼。但是《罗马条约》第 177 条赋予了欧盟法院一项重大的权力，即对共同体法进行解释的权力。根据该条规定：成员国法庭或法院若认为有关共同体法的某个问题是其作出判决的先决条件，应当提请欧盟法院就该项问题作出初步裁决，并且这种裁决对提请解释的成员国法院具有权威性的约束力。该条款在 Francovich 案中产生了重大的影响，为国家责任原则的确立提供了依据。Francovich 案中，意大利的工人认为由于意大利没有将欧盟第 80/ 987 号指令纳入本国法律，他们根据这一指令所拥有的权利将无法受到保障，因而向意大利法院提起了对国家的诉讼。意大利法院依照《罗马条约》第 177 条的初步裁决条款，向欧盟法院提出解释请求。欧盟法院因而事实上受理了这一起个人对国家的诉讼。

欧盟法院认为，由于 Francovich 案中涉及的第 80/ 987 号指令的相关条款并不是绝对无条件的，因此这一指令不具有直接效力，不能直接成为个人在内国法院寻求救济的法律依据，它必须通过成员国的立法转化为国内法后方可实施。

---

[1] Case C – 6 & 9/90, Francovich & Bonifaci v. Italy [1991] ECR I – 5357.

但是，由于意大利未将这一指令由欧盟法的层面转化为内国法的层面，确实使Francovich案中的当事人遭到了损失，因此产生了成员国对于这种损失是否应当承担责任、进行补偿的问题。欧盟法院依据《罗马条约》的基本体系与一般原则，判定国家应当承担责任。因为《罗马条约》作为欧盟宪法性质的法律，已经建立了它自身与成员国法律体系相融合的法律框架，成员国有义务去实施它们。当然，这一法律框架的对象不仅仅是成员国，还应包括成员国的公民。法院强调，成员国必须确保条约上的条款得到完全的实施，以保障它们以任何方式赋予个人的权利。当个人无法对由于某个成员国未履行其欧盟法上的责任而受到的侵害寻求救济时，欧盟法律的效力以及欧盟法律对于其授出权利的保护就因此受到了极大的侵害。同时，各成员国在《罗马条约》第5条下还承担着一项义务，即"成员国应采取一切适当的措施，无论是一般的还是特殊的，以保证本条约所产生的或共同机构采取行动所造成的义务得到履行，各成员国应当促进共同体各项任务的完成"。

因此若某个成员国违反欧盟法律，给个人造成损害，不仅侵害了欧盟法律赋予个人的权利，还违反了它在第5条所承担的义务，理所当然应当承担责任。这样，欧盟法院在Francovich一案中，借助于先行裁决程序，获得了管辖权，认定其成员国（意大利）违反了条约义务，从而确立了国家责任原则。

（二）国家赔偿责任的范围

《罗马条约》并未规定国家应当对其违反欧盟法律给个人造成的损失承担赔偿责任，这一责任是由欧盟法院确立的。因此欧盟法院在确立国家责任原则后，承担着解释清楚该原则应在什么情况下适用的义务。这一任务是在Factortame一案中完成的[1]。在Factortame案中，原告因1988年《英国商船法令》施加的注册条件而遭受损失，而1988年《英国商船法令》在先前的案子中已被认定为违反《欧洲共同体条约》第52条，因而要求国家承担责任进行赔偿。欧盟法院借此案说明了国家责任的适用范围。

1. 无论违反的条款有无直接效力，国家赔偿责任都应当适用。在Factortame案中存在着一个问题，英国当局违反的条款具有直接效力，是欧盟的基本法律条款，即个人可以直接援引在国内法院寻求救济。而在Francovich一案中，因为意大利所违反的指令不具有直接效力，使个人无法直接获得救济，才确立国家责任予以补救。所以，就产生了Francovich案确立的这种国家责任是否可以适用到Factortame一案中的争议。

---

〔1〕　Joined cases C – 43 &48/ 93 Brasserie duPecheur v. Germany and The Queen v. Secretary of State for Transport, ex parte Factortame Ltd〔1996〕ECR I – 1029.

德国、爱尔兰、荷兰的政府认为，成员国仅应当在违反的条款不具有直接效力时才对给个人造成的损失负赔偿责任，在 Francovich 一案中，法院仅是在弥补对个人的保护中出现的漏洞。对于有直接效力的条款，法律已经赋予个人在成员国法院起诉的权利，那么就无须再赋予个人新的权利，要求成员国在欧盟法院承担国家责任。

但是欧盟法院驳斥了这种观点。欧盟法院认为在各成员国的法院中，个人依靠条款的直接效力去保护自己，仅是一项最低限度的保证，这项权利的目标是确保欧盟的法律优先于成员国的法律，它并不能在所有的案件中保证由欧盟法律所赋予的权利都得到保护，尤其是在避免由于成员国违反欧盟法律而给个人造成损失这一方面。因此欧盟法院强调，当某个成员国为实施某项不具有直接效力的指令，使个人无法直接在成员国法院获得救济时，国家责任可以适用，而当成员国违反了具有直接效力的欧盟基本法律条款，使个人受到损害时，国家责任更可以适用。在此，赔偿请求权是国家违反了法律条款，致使个人遭受损失的必然结果。

所以，根据欧盟法院的观点，个人从国家获得救济，现在可以采取两种方式：①对于违反有直接效力的条款，在成员国法院直接提起诉讼要求救济；②直接向欧盟法院提起诉讼，要求成员国承担国家责任。

2. 国家的任何机关造成损害，国家赔偿责任都应当适用。由于国家责任的赔偿是基于国内法进行，而各成员国（特别是一些议会主权的国家）的国家赔偿法一般只针对行政行为，而不针对立法行为，但是，Francovich 案确立的国家责任，却常常是因为立法机关的行为而引起的，在国内法缺乏规定的情况下，国家责任原则是否适用于立法行为？

在 Factortame 案中，法院进一步明确，无论国家的任何机构违反欧盟法律而造成了个人的损害，国家责任原则都应当适用。因为作为国际法主体的国家，如果违反了应当承担的国际责任，无论造成责任的行为者是立法机关、司法机关还是行政机关，该国家仍被视为一个整体，由国家对外承担责任。所以，虽然有些损害是由于国家的立法行为造成的，这也不能影响到对个人权利的保护，各成员国必须为其各机关违反欧盟法律的行为向个人负赔偿责任。

（三）国家赔偿责任的构成要件

1. 不履行指令转化立法义务时的国家赔偿责任。Francovich 案确立了这种情形下的国家赔偿责任原则。本案涉及的指令内容是在雇主陷入支付不能的情况下，考虑到雇员尚未得到满足的请求权，成员国应当为雇员提供最低保护的制度。意大利没有按时将该指令转化为国内法。在一些案件中，许多雇员起诉意大利政府要求支付被拖欠的工资，承担由于没有履行转化立法义务造成的损害赔偿责任。欧盟法院认为："假如个人应当享有的某些权利，由于成员国违反共同体法的行为，而受到损害，却不能因此从国家取得赔偿，那么，共同体法律规范的完整法律效力就会受到破坏，而且为个人设定的权利也会大打折扣。"

欧盟法院对此时国家责任的构成设定了三个要件：①没有在法定期间内被转化为国内立法的指令，应当属于为个人设定具体权利为目的的指令；②按照该指令的标准，这些具体权利的内容所提供的最低保护标准，还应当通过成员国国内立法行为进一步具体化；③成员国违反共同体指令转化立法义务，与应当从该指令中受益的个人所受到的损害之间存在因果关系。欧盟法院不允许成员国对个人进行限制，使得符合条件的国家赔偿请求无法实现；另外，对个人根据共同体法规定提出的国家赔偿请求不得进行刁难。

2. 成员国对个人因国内立法行为及行政行为引起的赔偿责任。欧盟法院确定了国内立法者违反基础性的共同体法的行为，对指令进行错误转化的立法行为，以及国内的行政行为违反共同体法时，对个人承担国家赔偿责任的构成要件：①违反共同体法律规范，该规范应该为个人设定了某种特定权利；②该违法行为应该达到"足够特定"的程度；③违法行为与损害之间存在因果关系。

欧盟法院对成员国立法行为违反共同体法时应承担国家赔偿责任的确认，使许多成员国需要改革本国的国家责任制度，将立法不当引起的国家赔偿责任纳入本国制度，并对共同体法确定的国家赔偿责任的构成要件问题做出安排。

综上所述，欧盟法院确立国家赔偿责任对个人权利进行有效保护，已经远远超出了原来对于指令的实施或对于损害的赔偿。欧盟法律不仅加强了在欧盟法律体系中对个人的保护，而且正在扩大有关欧盟法律权利在成员国层次执行、直接获得救济的影响。

图书在版编目（ＣＩＰ）数据

外国行政法学 / 姬亚平主编.—北京：中国政法大学出版社，2016.3
ISBN 978-7-5620-6663-7

Ⅰ. ①外⋯　Ⅱ. ①姬⋯　Ⅲ. ①行政法学－研究－国外　Ⅳ. ①D912.101

中国版本图书馆CIP数据核字(2016)第039484号

出　版　者　　中国政法大学出版社
地　　　址　　北京市海淀区西土城路 25 号
邮　　　箱　　fadapress@163.com
网　　　址　　http://www.cup1press.com（网络实名：中国政法大学出版社）
电　　　话　　010-58908435(第一编辑部)　58908334(邮购部)
承　　　印　　固安华明印业有限公司
开　　　本　　720mm × 960mm　1/16
印　　　张　　18.5
字　　　数　　342 千字
版　　　次　　2016 年 3 月第 1 版
印　　　次　　2016 年 3 月第 1 次印刷
印　　　数　　1～3000 册
定　　　价　　36.00 元